竹业长青

——基于生态、经济与文化相协同的战略视角

张国良 著

·北京·

图书在版编目（CIP）数据

竹业长青：基于生态、经济与文化相协同的战略视角／张国良著．--北京：中国经济出版社，2021.7
ISBN 978-7-5136-6506-3

Ⅰ.①竹… Ⅱ.①张… Ⅲ.①竹材－产业经济－经济发展－研究－中国 Ⅳ.①F326.2

中国版本图书馆CIP数据核字（2021）第125085号

责任编辑　孙晓霞
责任印制　马小宾
封面设计　任燕飞

出版发行　中国经济出版社
印 刷 者　北京九州迅驰传媒文化有限公司
经 销 者　各地新华书店
开　　本　710mm×1000mm　1/16
印　　张　25
字　　数　370千字
版　　次　2021年7月第1版
印　　次　2021年7月第1次
定　　价　98.00元
广告经营许可证　京西工商广字第8179号

中国经济出版社 网址 www.economyph.com 社址 北京市东城区安定门外大街58号 邮编 100011
本版图书如存在印装质量问题，请与本社销售中心联系调换（联系电话：010-57512564）

版权所有　盗版必究（举报电话：010-57512600）
国家版权局反盗版举报中心（举报电话：12390）　服务热线：010-57512564

代　序

竹文化与企业家精神境界

竹林簇团生，志超欲登云，强劲拔节立，韧承八面风。境界源于修养，修养源于知识，知识源于学习，学习源于追求，追求源于信念。胸有成竹雅君子，腹容大海伟丈夫，与竹交友，弱者变强成劲节；以竹为师，狂人戒躁也虚心；以笋为食，健康养生春常在。竹之劲节与企业家精神境界颇为相似：修道弘德，取义明理，和谐治理，抱团发展，凡此种种，都在向我们展示一种企业家精神境界。

一、心虚骨坚，亮节高风

"未出土时便有节，及凌云外尚虚心"。竹子心虚骨坚，竿叶俱青，竿身挺拔，长势蓬勃，生命力极强，它心虚根底固，经霜不变色，坚节不挠物，竿直志不屈，具有不畏风寒强暴的品格和坚韧挺拔、高风亮节的精神。竹林在荒山野岭中默默生长，无论是峰峰岭岭，还是沟沟洼洼，它都能以坚韧不拔的毅力在逆境中顽强生存。尽管长年累月守着无边的寂寞与凄凉，一年四季经受着风霜雪雨的折磨，但她始终"咬定青山"、专心致志、无怨无悔。"昨夜西风凋碧树，独上高楼，望尽天涯路"。企业创业者在创业前期，最重要、最痛苦的是目标选择。企业家在分析了内外环境的基础上，高瞻远瞩，把握机会，确定方向，为成功创业引领正确的航向。实践证明，那些继往开来，走向辉煌的企业家，关键是有一个能让全体员工共同高擎的战略旗帜——企业使命。有了共同的愿景，职工才能待得安心，学得用心，干得舒心。心往一处想，劲儿往一处使，当大家都认准一个正确方向，树立信念，高擎战旗，结合群力，使命一定，就去拼命，不达目标，绝不罢休，还有什么是不可战胜的吗？

强烈的事业心可以影响、带动、感染其他人。事业可以凝聚人心，事业可以增强积极性，事业可以催人奋进。张瑞敏为什么能够放弃家电公司副经理的位子，去一家濒临倒闭的小厂当厂长？柳传志为什么能够放弃研究所所长的位子，领着几个人从头创业？吴仁宝为什么可以把华西村领导成为天下第一村？是什么动力？是什么原因？就是他们都有一颗金不换、银不换，最最珍贵的松风竹节般的事业心。正如董必武诗曰："竹叶青青不肯黄，枝条楚楚耐严霜。昭苏万物春风里，更有笋尖出土忙。"作为企业家，求真务实，脚踏实地，扎根基础，诚实苦干，内强素质、外树形象，坚持求真务实，是一种修养，一种品格，一种境界，一种追求。千百年来，竹子清峻不阿、高风亮节的品格形象，为人师表、令人崇拜，"俏也不争春，劲节满乾坤"。竹子代表了企业家的品格和情操，竹子的自然天情和独特品格象征着企业家的心路历程与人格魅力！

二、刚柔相济，适者生存

"屈屈伸伸，雪压千屋犹奋直；潇潇洒洒，风来四面又何妨？"以竹拟人，大丈夫能屈能伸，有凌云壮志，且风承四面，左右逢源，得心应手，何等潇洒自如。难怪白居易在《题李次云窗竹》中留下这样的佳句："千花百草凋零后，留向纷纷雪里看。"竹子心无杂念，甘于孤寂，它不求闻达于莽林，不慕热闹于山岭，千百年过去了，却终成这瀚海般的大气候，拥有永不消失的春天。看到竹子，人们自然想到它不畏逆境、不惧艰辛、中通外直、宁折不屈的品格，这是一种取之不尽的精神财富，也正是竹子特殊的审美价值所在。达尔文在研究生物进化过程时，有一句话后来被管理学、经济学方面的专家引用了。他说，"最后生存下来的，不是品种最优秀的种群，也不是智商最高的种群，而是那些积极应对变化的种群"。这种生物衍变的规律也适用企业，也适用于企业家。执著是企业家精神的本色。英特尔总裁葛洛夫有句名言："只有偏执狂才能生存。"这意味着在遵循摩尔定律的信息时代，只有坚持不懈地创新，以夸父追日般的执著，才能稳操胜券。在发生经济危机时，资本家可以用脚投票，变卖股票退出企业，劳动者亦可以退出企业，然而企业家却是唯一不能退出企业的人。正所谓"锲而不舍，金石可镂；锲而舍之，朽木不折"。在20世纪80年代诺基亚人涉足移动通信，但到90年代初芬兰出现严重经济危机，诺基亚未能幸免地遭到重创，公司股票市值缩水了50%。在此生死存亡关头，公司非但没有退却，反而毅然决定变卖其他产业，集中公司全部的资源专攻移动通信。坚韧执着的诺基亚成功了，如今诺基亚手机在世界市场占有率已达到35%。"咬定青山不放松，立根原在破岩中。千磨万击还坚劲，任尔东西南北风"。这句千古流传的佳句，可说是把竹子坚贞不屈的精神品质写得淋漓尽致。这难道不也是当今企业家应有的精神境界和品格吗？

三、自我超越，蓬勃向上

竹子无牡丹之富丽，无松柏之伟岸，无桃李之娇艳，但它虚心文雅的特征，高风亮节的品格为人们所称颂。它坦诚无私，不苛求环境，不玄耀自己，默默无闻地把绿荫奉献给大地，财富奉献给人民。方志敏《咏竹》："雪压竹头低，低下欲沾泥，一轮红日起，依旧与天齐。"春风一吹，它就像一把利剑，穿过顽石，刺破土，脱去层层笋衣，披上一身绿装，直插云天。暑往冬来，迎风斗寒，经霜雪而不凋，历四时而常茂，充分显示了竹子不畏困难、不惧压力的强大生命力。这是一种人们看不见而确实存在的品格。它体现的不正是我们企业家自强不息、不屈不挠的民族精神吗？我们每个人需要的不也是这种自我超越精神吗？

自我超越是指突破自我实现，不断进取精神。常言道：学无止境，艺无止境，自我超越的意义在于创造。高度自我超越的企业家是通过不断学习，提升自我，成就事业、拓展才能、完美人生的人；自我超越也是一个自我磨炼的过程，即能吃苦耐劳、勤奋努力，不断自我否定，自我完善，是永不满足现状的人，他志向高远、以勤为径，好学上进，工作主动；自我超越是一个过程，是一种终身修炼。任何事物的发展都需要一个过程，成功是一个过程，而不是结果，不可以因为结果而放弃过程，过程是永恒的，努力是永恒的，结果是暂时的。关于敬业的精神，《周易》有云："天行健，君子以自强不息"，意思是要在其位、谋其教、尽其责、效其力、善其事。作为一位成功的企业家，要有一种自强不息的决心，要给自己一股内在的压力，兢兢业业，为国为己，把自己有限的生命，投入为社会、为人民创造福祉的事业中，形成一种标准的企业家风范。

四、簇团而生，茁壮成长

竹子轻盈细巧，四季常青，尽管有百般柔情，但从不哗众取宠，更不盛气凌人，虚心劲节，朴实无华才是她的品格。竹不开花，清淡高雅，一尘不染，它不图华丽、不求虚名的自然天性为世人所倾倒。清代诗人郑燮这样赞美道:"一节复一节,千枝攒万叶;我自不开花,免撩蜂与蝶。"竹子刚劲清新,生机盎然,蓬勃向上。有人为"企业森林模式"叫好,许多企业是大树模式,一个企业家就是一棵大树,而且大树周边没有小树,甚至连小草都不长。企业家的命运往往就是企业命运,大树一旦倒下,企业马上随之倒闭。而森林模式是大小树木一起成长,枝繁叶茂,共同发展。其实竹林模式更加优越,簇团而生,茁壮成长。当春风还没有融尽残冬的余寒,新笋就悄悄在地上萌发了,一场春雨过后,竹笋破土而出,直指云天,所谓"清明一尺,谷雨一丈",便是对它青春活力和勃勃生机的写照。大地雨后春笋,企业人才济济,许多中小企业面对国际金融寒流,抱团取暖,和衷共济,根系发达,生生不息。这难道不是企业集群与团队合作精神的真实写照吗?

合作是企业家精神的精华。正如艾伯特·赫希曼所言:企业家在重大决策中实行集体行为而非个人行为。尽管伟大的企业家表面上常常是一个人的表演(One–Man Show),但真正的企业家其实是擅长合作的,而且这种合作精神需要扩展到企业的每个员工。企业家既不可能也没有必要成为一个超人(Superman),但企业家应努力成为蜘蛛人(Spiderman),要有非常强的"结网"的能力和意识。西门子就是一个例证,这家公司秉承员工为"企业内部的企业家"的理念,开发员工的潜质。在这个过程中,经理人充当教练角色,让员工进行合作,并为其合理的目标定位实施引导,同时给予足够的施展空间,并及时予以鼓励。西门子公司因此获得令人羡慕的产品创新纪录和成长记录。

被誉为"用人之神"的日本松下电器公司前总裁松下幸之助认为,愿不愿意与人合作是一个人具不具备管理者基本素质的问题,而善不善于与人合作则是管理者的能力水平问题。如果你想领导一个企业朝着明确的目标前进,就需要一支高效的队伍做后盾。当然,合作不能靠命令来维持,人们在完成合作的任务时,如果仅仅是因为害怕,或者出于经济上的不安全感,那么这种合作在很多地方是不会令人满意的。

同时,市场经济条件下只有与顾客普遍联系,与对手公平竞争,企业才能得到永恒的发展。成功的合作应该是双赢,在合作中应树立正确的胜负观。"欲取先予"应该是合作的一大谋略。"欲致鱼者先通水,欲致鸟者先树木;水积而鱼聚,木茂而鸟集。"企业家与他人要做"合作的利己主义者"。然而，在实行市场经济以来，企业之间竞争有余，合作不足，有的甚至搞不正当竞争。在联系与合作中总想猛咬对方一口，甚至欺诈胁迫，这是十分危险的。经营者要以信为本，青山似信誉，绿水如财源，只有山清才能水秀，只有源远才会流长。财自道生，利缘义取，这样的竞争与合作才会有情有义，地久天长。

总之，竹是一首无字的诗，竹是一曲奇妙的歌。竹子精神在华夏文明史上写下光辉的一页。"千古虚心尊此老；九州高节拜先生。""宜和竹论虚和实；不与谁争高与低。"企业家应该以开放的心态放眼世界，纵揽古今；以宽广的心态，熔铸新知；以大无畏的心态，敢为人先，勇于创新；以诚敬的心态，追求创新，科学发展，永不停息。赋予企业家品格以竹子般的灵性，虚怀若谷，高风亮节，既虚又实，能高可低，簇团而生，茁壮成长，受到世人的尊敬，竹之劲节就是当今企业家应有的精神境界和独特品格。

本书是国家林业和草原局课题"基于经济、生态与文化相协同的竹产业创新驱动发展战略对策研究"（编号：201943）的阶段性成果。

新春伊始，雨后春笋。课题主持人即兴作藏头诗一首，对支持本课题的有关领导、同事及读者致谢：

绿竹新韵
张国良

新雨润原野
春笋乃发生
强劲拔节立
志超欲登云
万端皆上品
众山翠竹新
一卷无字书
心虚写丹青

张国良
2021年新春伊始

目 录

第1章 绪论/1
    1.1 "竹"的物质层面/1
    1.2 "竹"的生态层面/7
    1.3 "竹"的经济层面/9
    1.4 "竹"的文化层面/12

第2章 研究概述/19
    2.1 竹产业研究文献综述/19
    2.2 生态文化理论/23

第3章 竹产业发展综述/26
    3.1 竹产业相关概述/26
    3.2 竹产业的定义与分类/30
    3.3 竹产业特征分析/32

第4章 世界竹产业发展战略态势分析/38
    4.1 世界竹产业运行概况/38
    4.2 世界各地竹产业的发展/39
    4.3 世界各地竹产业发展状况的比较分析/43
    4.4 世界竹产业的提升路径研究/48
    4.5 世界竹产业发展趋势分析/50

第5章　中国竹产业发展概况与模式/52
    5.1　中国的竹资源丰富/52
    5.2　中国竹产业快速发展/52
    5.3　竹产业成为中国主要竹产区新的经济增长点/54
    5.4　中国将大力发展竹产业/55
    5.5　中国竹业产业化发展模式研究分析/56
    5.6　中国竹业产业化发展模式总体框架设计研究/61
    5.7　中国及世界竹产业的提升路径/64

第6章　竹产业运行环境（PEST）分析/65
    6.1　竹产业政治法律环境分析/65
    6.2　竹产业经济环境分析/68
    6.3　竹产业社会环境分析/83
    6.4　竹产业技术环境分析/90

第7章　中国竹产业运行分析/93
    7.1　中国竹产业发展状况分析/93
    7.2　竹产业发展现状/97
    7.3　区域市场分析/99

第8章　中国竹资源的生态旅游开发分析/104
    8.1　中国生态旅游开发概况/104
    8.2　国家森林公园的生态旅游开发探讨/106
    8.3　乡村生态旅游规划分析/110
    8.4　乡村生态旅游开发现状及存在的问题/113
    8.5　中国竹文化旅游市场开发分析/116

第9章　中国竹所属产业整体运行指标分析/119
    9.1　中国竹所属产业总体规模分析/119
    9.2　中国竹所属产业运营情况/120
    9.3　2012—2018年中国竹所属行业财务指标总体/122

目 录

第10章 竹产业结构和产业链分析/124
- 10.1 竹材产业结构分析/124
- 10.2 产业价值链条的结构分析/125
- 10.3 产业结构发展预测/127

第11章 中国竹产业供需形势分析/129
- 11.1 竹产业供给分析/129
- 11.2 中国竹产业需求情况/131
- 11.3 竹材市场应用及需求预测/132

第12章 中国竹产业链分析/135
- 12.1 竹产业链分析/135
- 12.2 竹材上游行业分析/136
- 12.3 竹材下游行业分析/143

第13章 中国竹产业渠道分析及策略/150
- 13.1 竹产业渠道分析/150
- 13.2 竹产业用户认知度情况/152
- 13.3 竹产业营销策略分析/153

第14章 竹产业领先企业经营形势分析/157
- 14.1 浙江永裕竹业股份有限公司/157
- 14.2 江西飞宇竹材股份有限公司/161
- 14.3 福建龙泰竹家居股份有限公司/164
- 14.4 连城县森威林业有限责任公司/166
- 14.5 浙江三禾竹木科技股份有限公司/167

第15章 中国竹业重点省市市场分析
——以浙江省竹产业为例/171
- 15.1 浙江省竹产业发展综述/171
- 15.2 浙江安吉县竹业/178

15.3　浙江杭州市竹业/186
15.4　浙江丽水市竹业/192
15.5　浙江龙泉市竹业/195
15.6　浙江义乌市竹业/200
15.7　浙江龙游县竹业/206

第16章　安吉竹产业集群技术创新发展路径/224
16.1　产业集群技术创新的主要理论及特点/224
16.2　产业集群技术创新的发展路径/231
16.3　安吉竹产业集群技术创新现状及影响因素研究/233
16.4　安吉竹产业集群技术创新现状/236
16.5　安吉竹产业集群技术创新 SWOT 分析/241
16.6　安吉竹产业集群技术创新的发展路径/247
16.7　基于技术创新的安吉竹工机械行业转型升级对策研究/250

第17章　生态文化视角下安吉竹产业发展对策/261
17.1　物质层面分析/262
17.2　制度层面分析/274
17.3　精神层面分析/279
17.4　生态文化视角下安吉竹产业提升依据/289
17.5　安吉竹产业发展存在的问题/292
17.6　国内重点竹产区的经验借鉴/299
17.7　生态文化视角下安吉竹产业提升对策/302
17.8　基于生态文明的安吉竹产业集群区域品牌建设发展路径/309

第18章　中国竹产业发展面临的机遇与挑战分析/318
18.1　竹产业发展面临的形势/318
18.2　市场需求分析与预测/320
18.3　竹产业未来发展态势/323
18.4　中国竹产业发展面临的挑战/326
18.5　加快中国竹产业发展的对策/328

第19章 竹产业发展前景与风险防范/333
    19.1 中国竹产业供需预测/333

    19.2 影响企业生产与经营的关键趋势/334

    19.3 竹产业投资风险及防范/336

第20章 竹业长青发展战略与生态文化建设/339
    20.1 战略综合规划/339

    20.2 对中国竹材品牌的战略思考/348

    20.3 竹产品品牌化绿色营销策略/354

    20.4 生态文化视角下的竹产业集群自主创新发展对策/358

    20.5 生态竹文化在企业落地生根路径探索/361

附 诸暨市农林品牌建设行动计划（2019—2021年）/367

参考文献/379

跋 企业集群与竹林模式/382

第1章 绪论

生态是根本，创新是动力，经济是颜面，文化是灵魂。竹产业拥有巨大的生态价值、经济价值和文化价值，已成为全球公认的绿色产业，并日益为人们所重视。竹文化是一种物质文化，还是一种精神文化，也是一种生态文化。在我国源远流长的文化史上，竹文化始终占据着不可或缺的位置。自古以来，竹子以其独特的美学价值一直为人们所推崇，并形成了独特的竹文化，成为我国传统文化的重要组成部分，在生态文明和现代森林文化建设中起到很重要的作用。特别是随着改革开放的不断深入，竹子的生态价值、经济价值、社会效益和文化价值更是日益凸显。"穷人的木头，富人的装饰品，艺术家的盟友，大自然的礼物。"这是对竹子所有价值的生动描写。基于生态、经济与文化相协同的战略视角来研究与发展竹产业，科学培育与合理开发和利用毛竹，通过创新驱动不断创造和提升竹产品的附加值，提高其市场认可度，使竹业长青，永续利用，是竹产业转型升级的重要战略课题。

1.1 "竹"的物质层面

在物质层面，竹文化是一种物质文化。众所周知，中国最早文字记载的竹简就是用竹子做的。所以竹子对中华民族文化的沉淀，在历史长河当中起到非常重要的作用，这是举世公认的。竹简和木简为我们保存了东汉以前的大批珍贵文献，如《尚书》《礼记》和《论语》等都是写在竹简和木简上的。殷商时代用竹简写的书叫"竹书"，用竹简写的信叫"竹报"。竹笔的发明在文化史上也具有开拓性的一页，在殷代文化遗迹出土的甲骨、玉片和陶器上都可以看出毛笔书写的朱墨字迹。湖北曾侯乙墓和汀鄂出土的春秋战国墓的文物中也有佐证。利用竹子的另一项伟大成果是造纸。早在9世纪我国就已开始用竹造纸，比欧洲约早1000年。当然，竹纸的大发展还是在此后。关于用竹造纸，明代《天工开物》中做了详细记载，并附有竹纸制造图。用竹造纸，标志着我国古代造纸技术的巨大发展和成就，促进了中国文化的繁荣。实际上在竹纸出现以前，制纸工具也离不开竹子。从竹简开始到竹纸出现，竹子在文化发展史上始终占有重要地位，对保存人类知识，形成中华民族源远流长、光辉灿烂的历史文化起到了直接和间接的作用。

早期的文字刻在甲骨和钟鼎上，由于其材料的局限，难以广泛地传播，所以直至殷商时期，掌握文字的仍只有上层社会的百余人，这极大地限制了文化和思想的传播，这一切直到竹简的出现才得以改变。原始社会的狩猎期、采集期，竹子曾经作为武器协助人类与野兽搏斗。竹子在武器发展史上曾经起过非常重要的作用，从竹弓、竹箭到抛石机，之所以弃木用竹，是因为竹子的韧性非常强，轻易拉不断。有许多箭也是竹子做的，尤其是南方。北方人喜欢用木，南方人习惯用竹。发展到宋代，有火药箭、竹管火枪等，都离不开竹子的协助。

竹简是我国历史上使用时间最长的书籍形式，是造纸术发明之前以及纸普及之前主要的书写工具，是我们的祖先经过反复的比较和艰难的选择之后，确定的文化保存和传播媒体，这在传播媒介史上是一次重要的革命。它第一次把文字从社会最上层的小圈子里解放出来，以浩大的声势，向更宽广的社会大步前进。所以，竹简对中国文化的传播起到了至关重要的作用，也正是它的出现，才得以形成百家争鸣的文化盛况，同时也使孔子、老子等名家名流的思想和文化能流传至今。从当时最早的时期，可能是五千年上下，最早从陶片上以及甲骨文上都发现有竹子的符号，竹子实际上从文字来讲像一个"个"字，它的叶子相当于两个"个"，尖尖的。我国养竹、用竹的历史悠久，早在人类蒙昧时期，《弹歌》就曾高唱"断竹、续竹、飞土、逐肉"。证明7000多年前，我国先民们便将竹用之于书写、衣着和娱乐。《诗经·小雅·斯干》亦云："下莞上簟，乃安斯寝。"宋代苏轼曾云："食者竹笋，庇者竹瓦，载者竹筏，炊者竹薪，衣者竹皮，书者竹纸，履者竹鞋，真可谓不可一日无此君也。"可见，竹进入中华民族的生活中，在各方面发挥了巨大的作用，深刻地影响了中国的文字、科技、文艺、日常生活。早在五六千年前仰韶文化的陶器上的符号和其后的甲骨文中，已有象形的"竹"字及和竹有关的字。而中国文字最早见于陶器上的象形符号，其后为甲骨文、金文。从战国到魏、晋，约800年间皆在竹简上刻字或写字，从而使中国的以象形表意为特征的方块汉字固定下来，并形成了中国独特的书法艺术。从汉字中竹部文字的情况来分析，也可看出中国竹子利用的古老历史，古人把"不刚不柔，非草非木，小异空实，大同节目"的植物称为竹。从形态上认识开始，把竹子进行加工，制成物品，又以"竹"字衍生出竹部文字。随着人类对竹子的认识不断提高，竹类利用日益广泛，而竹部文字也随之增加。我国《辞海》（1979年版）中共收录竹部文字209个，如笔、籍、簿、简、篇、筷、笼、笛、笙等。

这些竹部文字与成语涉及社会和生活的各个领域，历代各类字典收录的就更为可观。而诸如"竹报平安""哀丝豪竹""青梅竹马""日上三竿"一类的成语也都包含着与竹子有关的有趣典故。反映了竹子日益为人类所认识和利用，反映了竹子在中国几千年的历史中在工农业生产、文化艺术、日常生活等多方面起着重要作用（见表1-1）。

表1-1 中国竹部文字繁衍统计表　　　　　　　　　　　　　　　单位：个

年　　代	来源（出处）	总字数	竹部文字
商（公元前16—前11世纪）	甲骨文	2700	6
周（公元前11—前3世纪）	金文	—	18
东汉（25—220年）	《说文解字》	9353	151
梁（502—557年）	《玉篇》	16917	506
明（1368—1644年）	《字汇》	33179	573
清（1616—1911年）	《康熙字典》	47035	960

资料来源：辉朝茂等编著《竹类培育与利用》（中国林业出版社1996年）

竹在中国的科技发展中占有十分重要的地位。殷周时代，我国已使用竹钻。在两千多年前的四川都江堰水利工程中已大量使用竹子。世界上最古老的自来水管便是用竹制作的，当时称为"竹堰"。在盛产竹的四川，最晚在汉代已利用竹制成竹缆绳用于打井。由于竹缆的抗拉强度达每平方寸4000公斤，与钢缆的抗拉强度相似，故早在汉代便打出了深度达4800尺的盐井。这种用竹缆打井的技术，19世纪才传入欧洲。1859年美国人用这种方法在宾夕法尼亚州钻出第一口石油井。随着火药的发明，在南宋已出现用竹管内装火药的突火枪，元代有人用四支竹筒内装火药绑在椅子的四条腿上，利用火药喷射的反作用力，使坐在椅子上的人升空。这可以说是最早的"载人火箭"。明代已出现一种用竹筒制作的"二级火箭"，名叫"火龙出水"。

"华夏竹文化，上下五千年，衣食住行用，处处竹相连"。竹在中国人的日常生活中更比比皆是，与衣食住行有密切的关系。竹子生长快，适应性强，同时又具有广泛的用途。竹子与人民生活息息相关，竹子的利用涉及衣、食、住、行、用各方面，竹子用于建筑的历史久远，在远古时代，人类从巢居和穴居向地面房居演进的过程，竹子就发挥了重要的作用。江苏吴县新石器时代晚期的草鞋山遗址发现有用竹作建筑的材料，汉代的甘泉宫竹宫、宋代的黄冈竹楼，皆是取竹建造并负有盛名。从服饰方面看，竹对中国人的衣饰起源和发展起着重要作用。秦汉时期就出现用竹制布，取竹制冠，用竹做防雨用品的竹鞋、竹斗笠、竹伞，一直沿用至今。竹布在唐代曾是岭南地区一些州县的重要贡品之一，竹还是古代人装饰的材料，说明竹对人类服饰文化的贡献。

从食用方面看，竹笋和竹荪是极受人们喜爱的美味山珍，竹实是历代救荒的重要作物原料。先秦文献中记载，3000多年前的竹笋就是席上珍馔。竹笋的食用方法多种多样，可烹饪数千种美味佳食。竹还具有特别的医用价值，在中国最早的医书典籍中，就有用竹治病的历史记载。竹的全身都是宝，叶、实、根及茎秆加工制成的竹茹、竹沥，都是疗疾效果显著的药用材料，竹黄、竹荪也是治病的良药。

交通工具和设施的产生与发展，是中国文明的标志之一，竹在交通方面发挥了重要作用，古代交通运行工具和设施的起源与发展，均与竹子有极密切的关系，古代人取竹制造竹车、竹筏和船以及桥梁工程，创造了世界交通史上许多第一例，对世界交通工具和设施的发展，作出了较大的贡献。

考古资料证明，旧石器时代晚期和新石器时代早期，古代先民们就已开始用竹制造竹器。属于仰韶文化的西安半坡遗址发掘的陶器底部有竹编织物的印痕，南方良渚文化遗址发掘了大量的竹器纹饰的印纹陶器，浙江吴兴钱山漾遗址发掘有200余件的竹器实物。随着社会和文化的不断发展和进步，竹器的种类也日益增多。到春秋战国时代，竹器制作已成为当时社会的一个重要生产部门——竹器手工业，竹器制品已在当时广大民众生活中，成为"养生送死"不可缺少的物品。汉代有竹器生活物品60余种，晋代有100多种，唐宋时近200种，到明清时期达250余种。例如炊具的筜、筳、篮、碗、箸、勺、盘、厄、蒸笼等，盛放物品的筐、篮、笥、箱，家具有床、榻、席、椅、枕、几、屏风、桌、橱、柜，算具有算筹、算盘，量具有竹尺、竹筒，照明用具有灯笼、烛炬，卫生用具有帚、熏笼，装饰用具有帘、花瓶，把玩用具有扇子、手杖，赌博用具有筹，葬具有竹棺材，均是用竹为材料制成的。

从人类的生活环境看，竹子也发挥了其特殊的作用，古代先民很早就发现了竹子的特殊防护作用，注重发挥竹子的防护城池和居宅安全的屏障作用，历代取竹子做围篱墙垣，防御盗寇，保护城池和居宅安全。竹林因具有调节气候、涵养水源、保持水土、减弱噪声、净化空气、防止风害的作用，备受人们的青睐，古今人们都不得不取之以保护和美化人类的生活环境。

竹子是中国古典风格园林中不可缺少的组成部分，中国的造园史从公元前11世纪周文王"筑灵台、灵沼、灵囿"开始，可以说是最早的皇家园林。据《尔雅·释地》"东南之美者，有会稽之竹箭焉"，说明古人很早就懂得欣赏秀丽的竹林风光。秦始皇统一六国后大兴土木，为建"上林苑"从山西云冈引种竹子到咸阳（见《拾遗记》"始皇起虚明台，穷四方之珍，得云冈素竹"），这是竹子用于造园的最早记载。当时的种竹、建竹园大多只限于营建狩猎场和战略物资基地，竹子造园还处于萌芽状态。到了魏晋南北朝，中国园林从萌芽期进入了发展期。当时的文人、士大夫受政治动乱和宗教处世思想影响，崇尚玄谈，寄情山水，游访名山大川成了一时之风尚，讴歌自然景物和田园风光的诗文及刚萌芽的山水画，刺激了园林，产生了有别于皇家宫苑的"自然山水园"，竹子随即融入了造园之中。当时的皇家园林和官宦私家园林中的竹子造景也相应得到发展。《水经注》介绍北魏著名御苑"华林园"称："竹柏荫于层石，绣薄丛于泉侧。"《洛阳伽蓝记》记录了洛阳显宦贵族私园"莫不桃李夏绿，竹柏冬青"。

由唐代文人王维规划的"辋川别业"中有"斤竹岭""竹里馆"等竹景；"寿山艮狱"是北宋皇帝宋徽宗赵佶亲自参与规划的，从宋徽宗本人所写《艮狱记》中可知是北宋山水宫苑以竹造景的典型。南宋定杭州为行都，改称临安，贵族、官僚、富商聚居江南，皇家宫苑、私家园林之盛不言而喻，对后来发展的江南园林起了推动作用。竹子在唐宋两代运用较为广泛。北宋李格非所写《洛阳名园记》共评述了19座私园，对其中的归仁园、董氏西园、富郑公园、苗帅园等10座宅园作了专门的竹子景观描述。从南宋周密《吴兴园林记》也可了解到吴兴的宅园"园园有竹"。竹子造园进入了全盛时期。

明清园林继承了唐宋传统，且逐渐形成地方风格，其中以宅园为代表的江南园林是中国封建社会后期园林发展的一个高峰。竹子与水体、山石、园墙建筑结合及竹林景观，是江南园林、岭南园林的最大特色之一。沧浪亭、狮子林等苏州六大名园及扬州个园、惠州逍遥堂等在竹子造园上运用相当成功，许多造园手法仍为今人造园所采用。明清时期刊行多册造园技术理论书籍，有王象晋的《群芳谱》、屠隆的《山斋清闲供笺》、李渔的《闲情偶寄·居室部》等，其中最有影响的要数计成的《园冶》、文震亨的《长物志》，都对竹子造园作了详尽、精辟的论述，为后人推崇、仿效。明清园林，特别是竹子园林发展进入成熟阶段。

随着诗、书、画及造园艺术、技术的发展，人们已不满足于庭院造景，于是，就产生了能在屋宇内随时欣赏、掌玩的自然风景缩影——盆景。中国盆景的出现，据考证是在唐代，以竹子为材料制作的盆景从宋代的诸多名人画卷上可以见到，到明清年间，"岁寒三友"类盆景广为流传。《考盘余录》《群芳谱》等都对竹子盆景的制作、欣赏进行了介绍。北京故宫博物馆还珍藏着一座用翡翠制作的竹子盆景，这是乾隆皇帝弘历的八旬寿节上群臣贡献的一件珍宝。竹子盆景发展到今天出现了许多精品，如周瘦鹃先生的《竹林七贤》《竹趣图》等，还有扬州的《潇湘流水》《翠野图》《竹林逸隐》《东坡遗风》等一大批竹子盆景代表作。

由于竹具有坚、韧、柔、直、抗压、抗拉、抗腐等多方面的特性，因此是很理想的建筑材料。在南方产竹的地方，许多少数民族的住房皆用竹制。至今傣族人民还住这种楼，其家具如桌、椅、床、箱、笼、筐等多为竹制。中国人至少在3000年前就已使用竹筷，至今仍是我国广大人民的主要餐具。竹在交通上的用途更大，可以用于造船、造车、造桥，此外，晋代戴凯之所撰《竹谱》，以四季韵文，记载了70余种竹的性能。当时就发明了用竹造纸。竹笋有丰富营养，味鲜可口，早在唐以前就视为食中珍品。竹还可制酒，古代有竹酒，如庾信诗云："三杯竹叶酒，一曲鸡鸣。"中国的音乐与竹的关系也十分密切。古称音乐为"丝竹"，有"丝不如竹"之说。乐器演奏者为"竹人"。竹更是中国绘画、书法和诗文的重要题材。从《诗经》开始，咏竹的诗文历代皆有佳作。文人画竹，唐代已趋成熟。清代的郑板桥，集古今画竹之大成。"未出土时便有节，及凌云处尚虚心"。竹，代表了中华民族的品格和情操。中国人对竹有特殊的感情，中国文化深深浸透了竹的印痕。中国竹文化就是以竹为载体的中国文化，就其内容来说可以分为竹文化景观和竹文化符号。竹笋、竹制书写工具、工艺品、乐器、舞蹈道具、日用器物、生产工具、建筑、交通工具等是构成器物的物质材料，文化内涵的显示不是竹本身而是竹所构成的器物及其使用规范，它能显示出文化性的人化了的自然，或者说是中华民族为了特定的实践需要而有意识地用竹所创造的景象，此为竹文化景观。而宗教、文学绘画、伦理规范中的"竹"本身即直接表现与象征着人的情感、思维、观念、价值、理想等精神世界，此为竹文化符号。

如今，以竹代木、以竹代塑、以竹代金属的各类、各种竹产品可以说遍及人们生产、生活的各个领域。2010年在上海世博会的国际竹藤组织馆中，游客可以看到各种各样的竹产品：竹子造的别墅、竹键盘、竹鼠标、竹钢琴、竹纤维织成的衣服、从竹叶中提取的保健成分竹叶黄酮以及可以用来吸附废气的竹炭等不胜枚举。

1.2 "竹"的生态层面

当今世界，低碳运动已经成为一场涉及人类生产方式、生活方式和价值观念的全球性革命。《京都议定书》签署后，从哥本哈根到坎昆，世界各国对"温室效应"、生存环境恶化等问题的关注日益凸显。我国北方和中东部地区近段时间多次出现严重雾霾天气，引起社会广泛关注。中国政府承诺延缓二氧化碳的排放，到2020年单位GDP二氧化碳排放量比2005年下降40%~45%，当工业减排面临技术极限和经济发展挑战的时候，各国纷纷转向挖掘林业碳汇的潜力。森林是陆地生态系统的主体，林业是一项重要的公益事业和基础产业，承担着生态建设和林产品供给的重要任务，做好林业工作意义十分重大。加强生态建设，维护生态安全，是21世纪人类面临的共同主题，也是我国经济社会可持续发展的重要基础。全面建设小康社会，加快推进社会主义现代化，必须走生产发展、生活富裕、生态良好的文明发展道路，实现经济发展与人口、资源、环境的协调，实现人与自然的和谐相处。

众所周知，森林经营是固碳的有效方法之一，其减少温室气体浓度的作用已得到广泛认同。而毛竹的固碳能力远超普通林木，1公顷毛竹的年固碳量为5.09吨，是杉木林的1.46倍、热带雨林的1.33倍。而且具有很好的涵养水源、保持水土、调节气候、净化空气等功能，在维持生态平衡方面发挥着重要的作用。

据统计，竹林的负氧离子含量为15万~20万个/立方米，一般森林为10万~15万个/立方米，城市街区为1000个/立方米，而密集住宅只有50个/立方米。由此可见，竹林的负氧离子含量远远高于其他陆地类型。这也是为什么人们在竹林里会倍感空气清新，心旷神怡，也难怪我们的大文学家苏轼"不可居无竹"。竹子有涵养水源之效用。

古诗云："桃花江岸美人多"，特指湖南省桃江县桃花江畔的女子皮肤白皙嫩滑，容貌俏丽，其实有其科学道理。桃花江两岸的集雨区绝大部分被竹林覆盖，竹子里的一些有机元素，如有机硅、有机锗等活性成分会渗入桃花江，对两岸长期饮用和使用桃花江水的女子的皮肤有着滋养作用，其实这种现象在中国的江南地区是非常普遍的，长期生活在两岸中有茂密竹林的江河边的女性，都皮肤光滑，美若桃花。

竹子还具有很强的抗辐射和抗毒的能力。"二战"时期，日本广岛、长崎遭到原子弹的轰炸，在爆炸中心及周围地区，动植物几乎灭绝，唯有竹子和银杏存活下来；越战期间，美军用化学杀虫剂杀死地面植物，借以攻击利用丛林作战的游击队员，但唯独竹子生存了下来。由于竹林根系发达，竹鞭错综复杂、交叉盘结，林内土壤疏松，通透性良好，竹叶茂密。竹子每两年更换一次新叶，地面枯枝落叶层厚，对周围的环境有良好的改善。它不仅能调节气候、净化空气，还能保持水土、防风固沙。同等生物量的竹子其氧气的释放量比其他植被多35%；每公顷竹林固碳5.09吨，是杉木林的1.46倍，是热带雨林的1.33倍；每根竹子能固定6立方米的土壤。从生态学的角度来讲，竹子种得越多，越有利于净化空气，保护自然。难怪在当前人类居住环境日益受到污染和威胁的时候，有生态学家呼吁："让竹子来拯救地球。"

竹子有着超强的繁衍能力和生命力。虽然它在地面上各自独立生长，而在地下却连成一个网状的整体，通过竹鞭自身繁殖，彼此传递营养和信息。每公顷的竹林大约有两公里的鞭根，一万多棵蓄势待发的竹芽。所以，在植物学家看来，一片竹林其实就是一整棵植株。毛竹林的换叶季节一直会持续到春分。春分过后，新生的枝叶刚出头，就开始从阳光中获取营养，通过地下茎输送到新的生命体内。幼小的竹笋准备破土而出。经历三月里的第一场春雨，竹笋终于按捺不住寂寞，钻出地面，一探究竟。笋在春天阳光的沐浴下，四十天就能长到二十多米高，生长最快的时候，一昼夜能长高一米以上。在温润的空气中，竹子夜间生长的速度更是白天的一倍。因此，它们也被称为世界上生长速度最快的植物。竹子在春季用短短几十天的时间，就能够长到其他树木几十年才能到达的高度。当竹子的高度和直径固定后，就不再长高长粗，只是变得更加强壮和坚韧，在其四到六岁时便可进行采伐。竹林长成后须及时砍伐，立竹时间过长，将导致竹林密度过大，竹竿自行枯萎死亡。竹为高大、生长迅速的禾草类植物，茎为木质。分布于热带、亚热带至暖温带地区，东亚、东南亚和印度洋及太平洋岛屿上分布最集中，种类也最多。中国是竹的故乡，也是世界上竹类分布最广、资源最多、利用最早的国家之一。根据第六次全国森林资源清查,中国现有竹林面积 500 万公顷,为世界竹林总面积的 39%。中国竹类植物有 38 属、500 余种,其中世界上最具商业经济价值的毛竹 85% 分布在中国。我国毛竹林又主要分布在南部地区,尤其以浙江、福建、江西、湖南、安徽等省最为集中。

总而言之,与一般类型的森林相比较,竹林具有更加显著的生态环境效益。

1.3 "竹"的经济层面

在经济层面,竹子具有生长快、周期短、用途广、经济价值高等特点,已成为一大新兴产业,并被广泛应用于建筑、交通、家具、造纸、工艺编织等诸多领域,对农民脱贫致富、增加收入发挥着重要作用。竹产业作为林业的重要组成部分,日益成为产竹地区的新兴支柱产业之一,与花卉业、森林旅游业、森林食品业一起,并称中国林业的四大朝阳产业。竹子的特点是产量高、更新容易、适应性广、收益快、一次栽种永续利用,全身是宝。

竹笋,为我国传统佳肴,《诗经》中记载"其蔬伊何,惟笋及蒲""加豆之实,笋菹鱼醢",说明我国人民食用竹笋已有 2500 多年的历史。笋是山中的珍品,流传千年的中华美食最多受到文人青睐的除了酒恐怕就要算笋了。古人苏东坡有诗:"无肉令人瘦,无竹令人俗。若要不瘦又不俗,每日笋烧肉。"可见其对笋执着的热爱。近年来有关专家对多种竹笋的营养成分进行了测定,证明竹笋的营养成分是非常丰富的,特别是蛋白质的含量,在蔬菜中为最高之一。雷笋的蛋白质含量为 2.74%,高节笋的蛋白质含量为 2.76%,均为大白菜蛋白质含量的二倍多。脂肪含量也高于常见蔬菜;总糖低于一般蔬菜;粗纤维的含量较常见蔬菜低;在无机元素中含磷较丰富,高于常见蔬菜。在竹笋中还含有 18 种氨基酸,所以竹笋的营养成分是非常丰富的。雷竹笋与高节竹笋,笋味鲜美,鲜中带甜,营养丰富,清爽可口,无论生炒、烤煮、油焖,或做汤,或制成罐头,其味均佳。竹笋不仅脆嫩鲜美,而且对人体大有益处。古代人对此早有认识。《本草纲目》概括竹笋诸功能为:消渴,利水道,益气,化热,消痰,爽胃。如治疗肾炎、心脏病、肝病等的浮肿腹水,可用竹笋、陈蒲瓜各 100 克,或加冬瓜皮 50 克,水煎服;治疗久泻、久痢及脱肛等症,可用鲜竹笋煮白米粥食之。以毛竹笋烧猪肉、鸡肉,是春夏的滋补佳品。此外,竹笋对防治咳喘、糖尿病、高血压、烦渴、失眠等症，也有较好的疗效。竹笋的营养价值相当丰富，它含有蛋白质、脂肪、维生素C、维生素B、维生素B_2以及磷、镁、微量元素和氨基酸等成分，对人体非常有益。中医学认为，竹笋性味甘寒，具有滋阴益血、化痰、去烦、利尿等功能，是一款绿色无公害的保健食品。

食用鲜竹笋能够增进食欲，促进消化，帮助肠胃蠕动，预防便秘。经常食用竹笋不易引起身体肥胖，可以减少肠癌的发生。增加肌肉弹性。所以竹笋是一种健康食品，又是一种卫生食品，随着人们生活水平的提高，人们食用高脂肪，高强白增多，对鲜竹笋需求量也越来越大。笋干是临安的特产之一，因其鲜香味美而闻名，早在清朝年间著名食客袁枚对天目笋干便情有独钟，在《随园食单》里大加赞赏，并把由天目笋、冬笋、问政笋煨鸡汤而得的鲜汤取名为"三笋羹"，现如今笋干老鸭煲更是以江南第一美食而闻名遐迩。

天目山峦，竹海茫茫，太湖源头，曲径通幽。涓涓飞泉腾细浪，唧唧莺歌荡幽谷，云丝玉带系山腰，茂林修竹吐新秀。胸有成竹雅君子，腹容大海伟丈夫，与竹交友，弱者变强成劲节；以竹为师，狂人戒躁也虚心；美食竹笋，健康养生春常在。

竹资源是热带、亚热带地区森林资源的重要组成部分，是可再生和可持续利用的资源，具有广泛的生态价值、经济价值、社会效益和文化价值。竹子作为优良的风景园林植物，景观优美，有着极高的园林观赏价值和深厚的文化内涵。同时竹林还是经营森林碳汇的有效方法之一，毛竹的固碳能力远远超过普通林木，其减少温室气体浓度的作用已得到广泛认同。

我国是世界上竹资源最丰富、竹林面积最大、竹产量最大的国家，素有"竹子王国"之称。全国约有竹林330万公顷，占世界的30%以上，竹材产量约占世界总产量的1/3。中国竹类资源丰富，栽培利用历史悠久。英国著名学者李约瑟在《中国科学技术史》中指出，东亚文明过去被称作"竹子文明"，中国则被称为"竹子文明的国度"。我国有竹类植物39属、500多种，面积、蓄积量、竹制品产量和出口额均居世界第一，素有"竹子王国"之誉。

截至2017年底，全国16个主要产竹省份的竹林面积达672.74万公顷，占全国土地总面积的0.70%，占森林面积的3.48%，立竹总数量为283.22亿株。其中：笋用竹林面积37.38万公顷，占竹林总面积的5.56%；纸浆竹林面积94.06万公顷，占竹林总面积的13.98%；材用竹林面积244.36万公顷，占竹林总面积的 36.32%；笋材两用竹林面积 162.17 万公顷，占竹林总面积的 24.11%；生态公益竹林面积 125.57 万公顷，占竹林总面积的 18.67%；风景竹林面积 5.05 万公顷，占竹林总面积的 0.75%；竹苗圃年产竹种苗 1.20 亿株，竹类公园数量 43 个，竹类植物园 26 个，盆景竹种苗面积 181 公顷（见表 1-2）。

表 1-2　全国主要产竹省（自治区、直辖市）竹林面积统计表　单位：公顷

省（区、市）	福建	江西	四川	湖南	浙江	广东	广西	安徽
面积	1041475	986448	860019	847196	831900	651400	340900	340000
占比（%）	15.48	14.66	12.78	12.59	12.37	9.68	5.07	5.05
省（区、市）	湖北	云南	陕西	重庆	贵州	江苏	海南	河南
面积	239105	193447	117294	111825	106482	31085	16491	12347
占比（%）	3.55	2.88	1.74	1.66	1.58	0.46	0.25	0.18

资料来源：国家林业和草原局

2012 年全国竹产业总产值约 900 亿元人民币，出口创汇 18.5 亿美元，从业人员 2000 多万人；同时，竹产业中的生态旅游业发展势头强劲，2012 年全国竹生态旅游产值达到 76 亿元。竹产业已经成为我国林业的一大新兴产业和农民脱贫致富的经济增长点。竹子具有生长快、周期短、用途广、经济价值高等特点，并被广泛应用于建筑、交通、家具、造纸、工艺编织等诸多领域，已成为一大新兴产业，对农民脱贫致富、增加收入发挥着重要作用。全国约有竹林 330 万公顷，占世界的 30% 以上，竹材产量约占世界总产量的 1/3。到 2010 年底，我国竹材加工企业达 1.27 万家，年产值 5000 万元以上的竹加工企业 163 家，通过龙头企业的带动作用，形成了竹产业的竞争优势。2012 年全国竹产业总产值约 900 亿元人民币，出口创汇 18.5 亿美元，从业人员 2000 多万人；同时，竹产业中的生态旅游业发展势头强劲，2012 年全国竹生态旅游产值达到 76 亿元。竹产业已经成为我国林业的一大新兴产业和农民脱贫致富的经济增长点。例如，浙江省安吉县 2011 年竹产值达到 143 亿元，占全县 GDP 比重为 64.4%，全县农民人均从竹子中增收 8000 元左右，占当年农民人均纯收入的 58% 左右，竹产业为促进农民增收、生态文明、县域经济又好又快发展做出了巨大贡献，使安吉真正实现了因竹而变、因竹而美、因竹而富、因竹而名，被联合国人居署授予 2012 年"联合国人居奖"，"富饶秀美，和谐安康"的"安吉模式"给建设"美丽中国"带来深刻的启示。安吉县现有竹产

业大小企业2400余家，其中规模以上企业64家。2013年，全县竹产业产值达到170亿元，并实现了以1.8%的竹资源创造全国22%竹产业产值的产业奇迹。2018年全县竹业经济产值突破225亿元，无论竹林培育、竹产品开发与利用，还是竹旅游资源的推广，都走在全国乃至全世界的前列，走出了一条富民强县的绿色发展之路。安吉素有"中国第一竹乡、中国椅业之乡"之称，竹子资源丰富，面积达101.1万亩，蓄积量1.8亿根。以全国1%的竹量创造了全国20%的竹产业。安吉竹产业发展经历40余年，实现了从卖原竹到进原竹、从用竹竿到用全竹、从物理利用到生化利用、从单纯加工到链式经营的四次跨越，达到全竹、高效利用。

竹子最明显的特点和优势就是生长周期短、产品多元化、投资风险小、市场潜力大。以其优良特性和独特优势，能够把生态环境建设和产业开发有机结合起来，有利于保护森林资源和保护生态环境、有利于加快山区群众脱贫致富和促进边疆安定团结、有利于建成"绿色经济"新的增长点实现林业跨越式发展、有利于保护民族文化和建成新的生态文化旅游景观。通过培育竹资源发展竹产业，可以在较短的时间内辐射带动若干相关产业，成为发展山区经济帮助农民脱贫致富的新途径，同时更好地突出生态环境建设。在林业建设中，竹子可谓"长中之短"和"慢中之快"。发展竹产业，"退耕还竹"、以竹代木、以短养长、以竹致富，既能协调人与自然、资源环境与经济发展的多重关系，又能实现生态环境、经济和社会可持续发展。

1.4 "竹"的文化层面

在文化层面，自古以来竹子以其独特的美学价值一直为人们所推崇，形成了独特的竹文化，成为我国传统文化的重要组成部分，在生态文明和现代森林文化建设中起到很重要的作用。劳动人民在长期生产实践和文化活动中，把竹子的生物形态特征总结升华成了一种做人的精神风貌，如虚心、气节等，被列入人格道德美的范畴，其内涵已形成中华民族品格、禀赋和美学精神的象征。的确，看到竹子，人们自然想到它不畏逆境、不惧艰辛、中通外直、宁折不屈的品格，这是一种取之不尽的精神财富。

竹枝杆挺拔，修长，四季青翠，凌霜傲雨，倍受中国人民喜爱，有"梅兰竹菊"四君子之一，"松竹梅"岁寒三友之一等美称。竹子四季常青、姿态优雅、鞭根发达，不但有很高的经济价值，而且有很好的生态、旅游、观赏价值，在绿化环境中具有独特的作用，在经济社会发展中具有重要的作用。竹文化的发展，不仅在物质层面上满足了人们的需要，更在精神层面上熏陶了人们的情操，成为品格的象征。

竹文化是人类在社会发展历史过程中，从认识竹、种竹、用竹到升化成文字、绘画、文艺作品、人格力量的物质和精神、财富的总和。竹文化已成为世界独树一帜的文化遗风，广为播散，流传濡染不息。中国是世界文明古国，竹文化的发源地，正如著名英国学者李约瑟在深入研究中国科学史后认为，东亚文明乃是"竹子文明"！

中国竹文化历史悠久，源远流长。竹与我国的文字、文学艺术、绘画等均有密切关系。竹的文字符号最早出现在五六千年前的仰韶文化的陶器上，其后形成竹部首的甲骨文字，到了清代康熙年间（1663—1722年），竹部首的文字就发展到960个；竹是中国音乐、诗文、绘画的重要题材，从《诗经》开始，咏竹的诗文历代皆有名人佳作。晋代有"竹林七贤"，唐有"竹溪六隐"；晋代戴凯于公元317—420年就著有《竹谱》《笋谱》专著。文人画竹在唐代日趋成熟，宋代以后形成名派，清代郑板桥集古今画竹之大成，流传后世。从唐太宗起，以后历代咏竹名家有：唐代的李白、杜甫、白居易、李贺、李商隐、刘禹锡、薛涛（女）；宋代的苏轼、陆游、王安石、范成大、朱淑贞（女）；元代的赵孟頫；明代的唐伯虎；清代的郑板桥；现代的方志敏、董必武、叶剑英、陈毅、王济夫及诸多文人等均写了不少的咏竹诗文如《竹诗词三百首》等。

郑燮的"咬定青山不放松，立根原在破岩中。千磨万击还坚劲，任尔东西南北风"等诗句都是借竹来表达自己的情怀或表现自己的人格理想。而湘妃的斑竹泪更是使竹成为女子对于爱情坚贞不渝的写照。享有诗佛之誉的王维最擅长以竹来传达自己的禅悟体验："独坐幽篁里，弹琴复长啸。深林人不知，明月来相照。"在中国革命史中，先辈们以竹题诗作画也颇多，其中以方志敏烈士最为典型，他自撰对联挂于卧室以自勉："心有三爱，奇书骏马佳山水，园栽四物，青松翠竹白梅兰"，甚至自己的儿女也以松、竹、梅、兰命名，足见竹子在他心中的地位。他在革命的艰难关头写下了气贯长虹的史诗："雪压竹头低，低下欲沾泥。一轮红日升，依旧与天齐。"

古代文人刘岩夫对竹的实用功能做了精辟的论述，竹之"及乎将用，则裂为简牍，于是写诗书象象之辞，留示后代。微则圣哲之道，坠地而不闻矣，故后人又何所宗欤？至若簇而箭之，插羽而飞，可以征不庭，可以除民害，此文武之兼用也。又划而破之为筬席，敷之于宗庙，可以展孝敬。截而穴之，为箎为箫，为笙为簧，吹之成虞韶，可以和人神，此礼乐之并行也"。这就是说，有了竹简，古人就能记录和传播生产生活知识，传给后代子孙并发扬光大。如果没有竹，那么圣贤的大道早就默默无闻了，后人又到哪里去寻找文化的源头呢？倘广用于战争，竹制弓箭可以征讨邪恶，可以为民除害，所以竹兼有文治武功之用。竹剖开，制为竹席，铺在宗庙里，可以表现子孙孝敬之心。竹截断了，打上小孔，可以制作乐器，沟通人和神的关系，成就5000年的中华礼乐文明。

我国古代的神话传说中，已经反映出竹子的使用。1954年在西安半坡村发掘了距今6000年左右的仰韶文化遗址，其中出土的陶器上可辨认出"竹"字符号，说明在此之前，竹子已为人们所研究和利用，也即是我国人民研究和利用竹子的历史可追溯到五六千年前的新石器时代。汉字起源于原始社会崩溃的仰韶文化，而"竹"字的原始符号则应在此之前就已出现了。此后在7000年前的浙江余姚河姆渡原始社会遗址当中，考古学家发现了竹子的实物。

研究证明，我国商代已知道竹子的各种用途，其中之一就是用作竹简，即把字写在竹片上，再把它们用绳子串在一起就成了"书"。竹简和木简为我们保存了东汉以前的大批珍贵文献，如《尚书》《礼记》和《论语》等都是写在竹简和木简上的。殷商时代用竹简写的书叫"竹书"，用竹简写的信叫"竹报"。竹笔的发明在文化史上也具有开拓性的一页，在殷代文化遗迹出土的甲骨、玉片和陶器上都可以看出毛笔书写的朱墨字迹。

利用竹子的另一项伟大成果是造纸。早在9世纪我国已开始用竹造纸，比欧洲约早1000年。竹纸的大发展还是在此以后。从竹简开始到竹纸出现，竹子在文化发展史上始终占有重要地位，对保存人类知识、形成中华民族源远流长、光辉灿烂的历史文化起到了直接和间接的作用。

在古代士大夫精神生活层面，竹子的地位是非常尊贵的。它曾经与松和梅并称为"岁寒三友"，竹又与梅、兰、菊合称为"四君子"。可见，竹子在先民心目当中是有至高无上的地位的。

竹最大的特点，是虚怀寂静的特征，高风亮节的品格，朴实无华的外貌。而且它不苛求环境，不炫耀自身，什么地方它都能活，它也不是特别高大，可以说它是悠然恬淡、默默无闻的。古人把它这种亦柔亦刚、坚韧有节的生物形态予以归纳升华，并比附于人中君子，所以就成了有德之人精神风貌的实物参照和楷模，并且逐渐升华为中华民族品格、禀赋和美学精神的重要象征。

我国最早的诗歌总集《诗经》就有着竹的诗篇："瞻彼淇奥，绿竹猗猗。有匪君子，如切如磋，如琢如磨。"白居易在《养竹记》中，从本固、竹直、心空、节贞四个方面概括了竹的高尚品格："竹本固，固以树德，君子见其本，则思善建不拔者。竹性直，直以立身；君子见其性，则思中立不倚者。竹心空，空以体道；君子见其心，则思应用虚受者。竹节贞，贞以立志；君子见其节，则思砥砺名行，夷险一致者。"杜甫在《严郑公宅同咏竹》中写道："绿竹半含箨，新梢才出墙。色侵书帙晚，阴过酒樽凉。雨洗娟娟净，风吹细细香。但令无剪伐，会见拂云长。"宋代文学家苏东坡爱吃肉更爱竹："宁可食无肉，不可居无竹。无肉令人瘦，无竹令人俗。人瘦尚可肥，士俗不可医。"

古人不仅写诗咏竹，而且用画笔抒写出对竹的微妙感受。中国画竹始于唐朝，至五代十国时期，中国画的重要一科——墨竹画已问世，北宋文同、苏轼等人开始大量画竹，完善了画竹艺术。清朝涌现出倾毕生精力于竹的画家郑燮，他不仅留给我们大量写竹画，而且在画竹艺术上多有创新，理论上颇多总结。从正直、高洁、孤傲、坚贞、抗争到直爽达观、体恤民情等，画家们都借画竹得以象征与表现其思想，并形成别具一格的简淡逸远的绘画风格。

竹是中华民族乐器的重要制作材料，被列为中国古代的音乐分类"八音"之一，甚至常用"竹"代表管乐，用"丝竹"代称音乐。竹制乐器体现了中华民族对待自然的"天人合一"或"天人协调"的态度，亦显示了中国传统音乐简明、灵活的特征。

中国的宗教文化也与竹文化有着很大的关联。中华文化在战国时期开始把竹神圣化和非凡化，对其加以崇拜，把竹视为具有送子和延寿神秘力量的"灵草"，人们常崇拜竹以祈求得子或求子健康成长，并驱病延寿。彝族、傣族、景颇族等少数民族视竹为本民族源出的植物或搭救其祖先性命之物，将竹作为本民族的祖先和保护神进行祭祀，使竹成为一种图腾。

竹是东方美的象征，它不仅仅在中国人民的生产生活中发挥了巨大的作用，它更代表了中华民族的品格和情操，为中华文化的发展做出了巨大的贡献。

在精神文化方面，竹文化内涵十分丰富和独特，影响着中国人的审美观和审美意识以及伦理道德，对中国文学、绘画艺术、工艺美术、园林艺术、音乐文化、宗教文化、民俗文化的发展，有着极其重要的促进作用。竹是中国文学的重要题材，历代皆有咏竹诗文佳作，创作了难以计数的作品，在中国文学中独树一帜，异彩纷呈。

中国竹文化的核心，白居易在《养竹记》中总结竹的品性"本固""性直""心空""节贞"，将之比作贤人君子。刘岩夫在《植竹记》中赋予竹子"刚""柔""忠""义""谦""贤""德"等品格。在生活中，人们往往容易把竹的特性拟人化，如人们极易由竹的不畏严寒联想到人的坚贞不屈的人格品质，由竹的清风瘦骨联想到一种"超然脱俗"的人生境界。这种竹的自然属性同人的人格特点发生契合是中国竹文化的核心所在。

由生产生活的资料到具有自然观赏价值的景物再到表现人类精神追求的审美载体，在人们的生活中发生了质的变化。从自然到"人化的自然"再到"自然的人化"，实用性向审美性的转变标示出人们对同自己息息相关的自然的终极关照。

中国竹文化的特征，中国竹文化具有突出的伦理主义特征。竹文化是中华民族文化的一部分，与其他类型的文化相比，竹文化具有浓重的文学和美学、宗教和民俗、生活和乡土气息特点。它既有道德人格的比附意义，又有理想爱情的象征意义，同时又是禅宗禅趣的载体。

竹文化是中华文化的一个结丛，折射出中华文化的整体光彩，竹文化的伦理性特征正是中华文化伦理性的反映。竹文化渗透的领域之所以如此广泛、所凝聚的民族精神之所以如此深厚，是因为竹的某些特征与中国传统哲学思想"异质同构性"，竹文化兼收并蓄地融合了中国古代诸家的思想。中国传统文化的强烈伦理精神对竹提出了文化的需要并赋予它丰富的内涵，"天人合一"的类比思维则使竹与人及其文化相结合。

竹文化是中华文化区别于其他文化的重要标识。无论是竹文化的构筑材料、形制特征还是它所体现出的文化氛围，无论是竹文化的能指还是它所象征与表现的意指，均能非常鲜明而突出地显示出中华文化的特色，透露出深厚的中华内涵。一双竹筷，一座竹楼，一架竹桥，一根竹笛，一把竹丝扇，一支竹管毛笔，一首咏竹诗，一幅墨竹画，一句"无竹令人俗"的人生格言……无不弥漫着迥异于欧洲文化、非洲文化、拉美文化的中华文化的浓郁气息：竹筷是中餐区别于西餐的标记，筒车是中国古人独有的运输工具，竹丝扇是中国能工巧匠的杰作，竹管毛笔是古老中华文化的象征，竹笛是中国特有的乐器，咏竹诗是中国咏物诗的一类，墨竹画代表着中国画，借竹喻人格只为中国哲人所道出……不必诠释，无须标签，人们自会睹物思人，见景生情。中华文化的基本特征正是通过竹及其他文化事象得以显现，从而与其他文化判然相别。

竹与中国的音乐文化有着重要的联系，竹是制作乐器的重要材料，中国传统的吹奏乐器和弹拨乐器基本上是用竹制造的。竹子，对中国音律的起源产生了重要的影响，历史文献和考古资料证实，自周朝以后，历代使用定音律，故此，晋代就有以"丝竹"为音乐的名称，有"丝不如竹"之说，唐代演奏乐器的艺人称为"竹人"。可见竹是中国音乐文化中不可替代的物质载体。

中国改革开放以来，竹文化产业得到快速发展。第一，竹子资源的保护和发展成为保护生态的重要内容，全国命名了浙江安吉、江西崇义、福建建欧等10个"竹子之乡"；第二，竹编、竹雕、竹建材等艺术产业，也成为民间一大艺术特色，其产品远销海外几十个国家和地区，精档艺术品也成为国之瑰宝，如四川青神的竹编"百帝图""颂伟人""百仙图""竹编艺术巨龙"均获国家和国际博览会金奖，青神县被文化部命名为全国唯一的"中国竹编之乡"；第三，竹文化也成为当今文化旅游的重要内容，形成了独特的"中国竹文化艺术节"。1996年在江西吉安举办第一届中国竹文化节，1999年在湖南溢阳举办了第二届中国竹文化节。2001年，四川省长宁举办了第三届中国竹文化节。以竹为内容的音乐、舞蹈、电视专题片、文艺作品丰富多彩。如成都市创作的舞蹈《竹雨沙沙》获2000年四川舞蹈大赛的金奖。洪源的《竹》（电视专题片解说词），把竹与人类自然的关系描写得淋漓尽致，《郑板桥与竹》《苏东坡与竹》《朱老总（朱德）细说竹子精神》《管竹仙画竹斗慈禧》《竹歌》等一大批文艺作品，陶冶着人们的情操。以《中国竹艺城》、长宁竹海为代表的竹艺旅游景点，正以自己的魅力吸引着广大旅游者……竹文化在华夏文明史上留下了光辉的一页，并将恢宏于未来。

作为人类文明的新境界和新动力，生态文化是以整体论思想为基础，以生态价值观为取向，以谋求人与自然协同发展为宗旨的文化（雷毅，2009）。生态文化是朝向全球综合的、更积极的进化，并以区域和国际文化作为补充，它标志着走向文化多样、和平等有积极意义的运动（埃布尔，1995）。生态文化大致包括物质层面、精神层面和制度层面（余谋昌，1996；陈寿朋，2005）。因此，从这三个层面对竹产业创新战略协同效应进行分析，有利于推动竹产业的创新发展。

在党和国家把增强自主创新能力与建设"美丽中国"作为国家战略的背景下，基于生态、经济与文化相协同的视角分析探讨自主创新与竹产业集群发展具有重要的现实意义（见图1-1）。

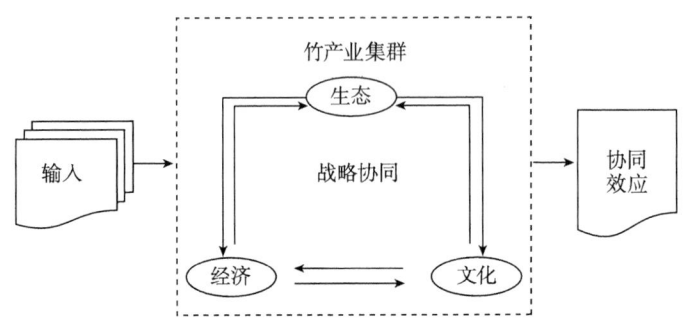

图1-1 竹产业集群经济、生态、文化的协同效应

生态文化、创新驱动与竹产业集群发展是相辅相成的。一方面，竹产业集群发展需要依靠自主创新作为内在驱动力，通过创新驱动提高竹林覆盖率、解决植被恢复难题、提高竹产业经济与生态效益；另一方面，竹产业创新驱动投入资金有赖于产业发展作为后盾支持，而生态文化又是竹产业集群发展的精神驱动力，没有价值观和哲学信仰，再高明的经营战略也无法成功。

竹子资源具有特殊的观赏价值和审美价值，千百年来，竹业对竹文化发展带来了相当大的影响，成百上千的诗词竹画，形成了中国文化的重要组成部分。竹子资源还是园林绿化不可缺少的重要组成部分，园林、风景区、名胜中竹景随处可见，以竹林形成的森林环境为依托，以竹文化为内容的旅游成为人们的好去处。湖南桃江洪山竹海、浙江安吉竹种园、贵州赤水竹海国家森林公园、四川蜀南竹海都成为当地旅游的新热点，而且在建设"美丽中国"中有积极的作用。

第 2 章 研究概述

本章回顾了国内外学者竹产业的研究进展情况，对以上发展及研究情况进行综合评述，发现当前研究的不足及未来的发展趋势。同时，对生态文化相关的理论基础进行回顾。在此基础上对竹产业进行内涵界定与产品分类。

2.1 竹产业研究文献综述

2.1.1 国外研究现状

世界上竹类植物主要分布于亚洲、非洲和南美洲热带与亚热带地区，少数种类分布于温带和寒带地区。除中国以外，其他竹区多以竹子的技术利用研究为主。而专门针对竹产业发展的研究是从产业发展的理论开始的。印度学者对竹产业的研究早于我国，但其研究长期局限于造纸方面，后来随着该国竹浆造纸产业受挫，研究逐渐转向生态方面；日本学者认为对竹产业的战略导向应为把握精加工技术，利用知识产权弥补资源劣势，近些年来提倡将竹产业日本特色化，即将竹子在日本文化中的传统元素加入产品中，形成不同于其他竹产品的文化产品以提高附加值；近年来美国强化了用竹子美化环境和加强竹材利用的意识，特别是竹子园艺业发展异常迅猛，但其本土竹产业并不强；欧洲基本从竹材的经济性能以及环保的角度出发进行研究；同时，国际竹藤中心和全国竹藤标准化技术委员会就国内外竹子标准的现状与发展进行了研究，并结合我国实际情况，从工作思路、协调管理、宣传培训、标准国际化等方面对我国竹子技术标准化体系工作提出建议。

竹产业在世界各地均有发展，但是发展的侧重点有很大差异，对竹子的认识也有所不同，东西方国家竹产业发展不平衡。竹产业在世界的发展呈现以下趋势：各大竹区的竹产业发展迅速，竹林的用途不断扩大，竹产品类别更加丰富，科技含量不断提高，竹林的生态效益得到广泛关注。但是，由于文化的差异，国外对竹文化的认识与研究较少，也没有提出有关竹子的文化价值，总体上看，国外学者偏重于竹产品的工业化与市场化的可行性分析，对竹产业的生态文化价值问题研究不足。

2.1.2 国内研究现状

（1）竹产业发展重要性的研究

学者普遍认为，我国是世界上最主要的产竹国，竹类种质资源、竹林面积、竹材蓄积和产量均居世界首位，发展竹产业意义重大。江泽慧（2003）、吴平（2010）、李智勇等（2006）均提出了自己的观点，主要包括：①发展竹产业是"三个代表"的重要体现，具有重要的经济价值、社会价值、生态价值；②林业实现跨越式发展的重要手段，可以有效缓解木材供需矛盾，退耕还林工程的重要工具；③是参与国际竞争的重要方式，尤其是竹食品、保健品开发，受到北美、西欧等国的青睐，同时竹材造纸、竹质人造板、竹园艺也是进入国际市场的重要产品；④竹产业是解决"三农"问题、培育经济增长点的重要途径，尤其是在发展山区经济中起到重要作用；⑤是保护生态环境、发展低碳经济的重要举措，具有调节气候、涵养水源、保持水土、固土防冲的作用；⑥实现以竹代木、竹木并举的有效途径，在板材加工、家具制造、造纸等传统林木行业可以代替木材，同进竹浆纤维有较好的物理力学强度，是优良的造纸原料。

（2）竹产业发展现状、问题及策略研究

1）竹产业发展现状研究。国内学者一致认为：除了传统的竹笋、竹材和竹工艺品外，竹子还能生产出竹炭、竹醋液、竹叶提取物、竹质纤维纺纱等。学者们在确定了竹产业发展的地位以后，对国内竹产业现状研究主要集中在国家、省级和县级层面。如张齐生（2003）、李智勇（2006）、杨开良（2012）等对我国竹产业现状进行系统回顾，包括竹资源现状、竹资源分布及竹加工业现状，竹材的利用正在从生产、生活用材，向工业用材转变的重要阶段；竹子的利用突破传统行业向电子、国防、航天等领域发展，竹产品也达到了十大系列千种产品以上，竹企业数量增多，工艺和技术水平领先世界。

许多学者对浙江省竹产业进行了研究，如麻锡亮（2012）、单胜道（2012）等，在各县级单位的研究中，杨健（2009）、李建华（2009）、唐陆法（2012）、周红敏（2012）等分别对湖州市、龙游县、安吉县、龙泉市进行了研究，主要研究现状集中在各地区的竹资源现状、竹林培育情况、竹产业化发展三个方面。

2）竹产业发展问题研究。国内学者的研究，把主要问题归纳为以下几个方面：①竹林经营体制落后，培育水平较低。②各地区在时间和空间上发展不平衡。③竹企业规模小、素质低。④市场开发不全面，认知度低。我国竹产品大半以出口为主，低价竞销、无序竞争此起彼伏，低劣产品充斥市场。⑤社会化服务体系不够完善，行业标准与政府政策欠缺。⑥行业管理薄弱，职能混乱。⑦基础设施落后，资金投入不足。竹资源丰富地区多处于山区，道路、通信等设施不足，尤其是在中西部地区更是明显。⑧科技含量低、科技推广力度不足。⑨产业结构不优化，技术创新进步较慢。一产比例不高，二产偏重于传统竹加工，竹碳、竹纤维、竹制药等发展较少，三产多集中在竹景区门票收入，没有扩大多种形式的三产收入。⑩产业发展日益受到环境承载能力制约。在生态和资源方面存在较多的矛盾。

3）竹产业发展策略研究。针对竹产业发展存在的问题，学者们提出了促进竹产业发展的对策建议。主要包括：①明确林地经营主体，加大培育力度，提高竹林集约化经营效率；完善竹林经营管理体制，家庭承包责任制、调整延长承包期、规范承包合同等措施，同时加快丰产林基地建设，提升毛竹种植管理和经营水平，提高竹山的经济效益，达到丰产增收的目的。②扩大企业规模、调整产品结构、加强市场拓展、增强品牌意识，提高企业整体竞争力。开发具有较强市场吸引力，科技含量高的产品，提高产品质量，把握产品趋势；实施市场多元化战略，在巩固扩大传统的销售市场的同时，挖掘潜在的消费者，开拓新市场。③建立健全竹产业协会，加强企业间合作与交流。积极支持国际竹藤组织，开展"竹子外交"。④加大科技兴竹力度，增强技术推广建设。一是加强基础研究和应用研究；二是要引进、培养竹专业技术人才，加强竹产业的人才队伍水平；三是增强技术推广工作。整合多种推广力量，分国家推广机构、企业与科研单位机构、民间组织和农民技术员三层推广机构进行推广。⑤完善社会化服务体系，创造良好经营环境。加强信息化及电子商务建设，加强社会化服务队伍建设；创造良好的经营环境，加大产业扶持力度。

（3）竹产品细分的研究

国内学者根据竹产品的不同，对竹产业的进行了细分研究，主要集中在竹炭、竹纤维、竹地板等主要竹产品细分。研究思路多是在分析地区竹产业现状的基础上分析问题，提出对策与建议。

1）学者最先开始的是竹炭产业研究。李华等（2008）、李霞镇等（2007）在分析我国竹炭性能、制作方法及用途等的前提下，回顾了我国竹炭产业发展现状，并提出问题和对策；周子贵（2005）根据浙江省数据，分析了浙江省竹炭产业发展现状，指出现有问题并提出对策；朱永法等（2008）对浙江省遂昌县竹炭产业发展现状进行了调研，分析了竹炭产业发展存在的问题并提出对策。同时，该学者案例研究了竹炭产业对遂昌新农村建设贡献。他们得出的主要结论在竹炭应用、产业存在的问题及对策三个方面。一是竹炭利用方面，用于环境保护及生态保护。二是竹炭产业存在的生产效率低下、环境污染严重等问题。三是提出了发展对策。

2）学者对竹纤维产业稍有研究。江宏飞等（2007）在对我国竹纤维产业的优势、劣势进行分析的基础之上，提出我国竹纤维产业发展的对策；孙志刚（2008）研究了我们竹纤维产业的概况，包括发展历程、性能特点、生产工艺、产业发展现状及未来前景。

3）学者研究了我国竹地板产业。张勤丽等（2002）、邓金龙（2010）对我国竹地板产业进行了研究，前者分析了我国竹地板产业的资源现状、加工方法、竹地板标准、产业存在的问题及发展前景。赵林等（2009）、童明龙等（2009）分别对江西和江苏宜兴竹地板产业发展的优势和问题进行分析，并提出发展对策。

4）基于不同视角的竹产业发展研究。国内学者用不同视角对竹产业进行了研究，他们的观点具体可分为标准化与竹产业、集体林权制度与竹产业、产业集群与竹产业、金融支持与竹产业、专利文献视角下的竹产业、竹文化与竹产业、生态文化与竹产业及乡村生态模式与竹产业。侯新毅、江泽慧（2009）在分析我国竹产业标准化基础上提出加强竹产业标准化理论和方法研究；杨明等（2010）探索了集体林权与竹产业发展关系；李志刚（2010）提出竹产业集群发展路径：构建基于核心企业的互动网络，创新研发投入体系，重视竹产业品牌的建设，掌握产业链条的治理权；王衍等（2012）在分析了我国竹产业相关专利文献后，得出从2011年开始，发展低碳经济，转变经济发展方式已成为一种发展趋势；骆高远等（2007）、张宏亮等（2007）研究了竹文化与竹产业发展，提出充分发挥生态与竹资源优势，以创建竹影视基地、竹主题公园、竹文化活动等方式，促进旅游业走可持续发展之路。

2.1.3 综合评述

通过文献回顾可以看出，学者们进行了大量研究，取得了一系列成果：

①从研究内容来看，国外学者对竹文化的研究相对较少，研究多集中在竹子的环境保护、竹子园艺品、竹子深加工和竹子的扶贫开发作用；国内学者对竹产业的研究多以现状、问题及对策的模式对竹产区的宏观和微观地区进行研究。而系统研究竹产业结构、产业阶段、产业演化等深层次规律性的研究较少。②从研究趋势来看，近期出现了林权改革、产业集群、金融支持等与竹产业发展有关的新视角。但是，关于生态文化与竹产业相融合发展及其机制的研究成果非常少；鉴于此，着重从生态文化的视角研究竹产业的发展问题，提出竹产业发展的对策建议，从而指导竹产业的发展。

2.2 生态文化理论

2.2.1 生态文化发展历程

生态文化的概念来源于罗马俱乐部创始人佩切伊。他强调生态文化是人与自然环境和谐相处。余谋昌教授于1986年自意大利的《新生态学》杂志引进。此后，国内众多学者积极投入对生态文化的研究之中。生态文化作为人类文化发展脉络的一个重要方面，学者的研究也是先从其发展历程来着手。任永堂（1995）以人与自然关系的尺度考察人类文化史，把人类文化划分为历时态的三种类型：以自然中心主义为核心的"原始文化"；以人类中心主义为核心的"人本文化"；以人与自然协调发展思想为核心的"生态文化"，这三种类型是在人类历史上依次出现和规律性展开的；黄映玲（2006）提出人与自然的关系在人类文化发展的脉络中，更多地影响和规定着人类总体的生存与发展，人类对自然的认识，经历了神化自然、物化自然、人化自然三个阶段，伴随人类对自然认识的变迁，相继产生了自然文化、人文文化、科学文化和生态文化。综上所述，文化发展包括三个历程：原始文化、人本文化及生态文化，生态文化是现代文化的最佳模式。

2.2.2 生态文化内涵及层次

生态文化就是从人统治自然的文化过渡到人与自然和谐相处的文化。这是人的价值观念的根本转变，这种转变解决了人类中心主义价值取向过渡到人与自然和谐发展的价值取向。生态文化重要的特点在于用生态学的基本观点去观察现实事物，解释现实社会，处理现实问题，运用科学的态度去认识生态学的研究途径和基本观点，建立科学的生态思维理论。

(1) 生态文化内涵

柴毅龙（2003）把生态文化分为广义与狭义。广义"生态文化"论把"生态文化"视为一种人类所创造和选择的"新文化"。狭义的生态文化范畴，主要是指一种社会文化。它主要是自19世纪以来，人类在重视自身生存的生态环境保护的过程中，逐渐产生出来的一系列的环境观念、生态意识。

欧阳志云等（2002）认为生态文化是一种追求与自然生态系统和谐相处、协同进化的文化。其核心是建立一种与自然相和谐的价值观、道德观与伦理观。白光润（2003）把生态文化这一术语定义为三个方面，一是自然环境影响下的物质文化，主要有生产形式、畜牧产品、传统工艺、作物、建筑等；二是行为文化，主要有饮食文化、居住文化、生活习俗等；三是精神文化，主要有文学艺术、宗教信仰等。

(2) 生态文化层次

生态文化，作为人类新的生存方式，是人与自然和谐发展的文化，是人类文化发展的新阶段，是人类最重要的抉择，是实施可持续发展战略的选择。关于生态文化的层次，学者有比较统一的结论：余谋昌（2003）把生态文化分为人类文化的制度层次、物质层次和精神层次。黄百成等（2005）、邹冬生（2007）认为生态文化的三个主要层次为：生态文化的物质表层、生态文化的制度中层、生态文化的观念深层。本书采用的观点是生态文化包括：物质表层、制度中层和精神深层。生态文化大致包括物质层面、精神层面和制度层面（余谋昌，1996；陈寿朋，2005）。因此，从这三个层面对竹产业发展现状进行分析，有利于推动竹产业创新发展。

我国人民历来喜爱竹子，中国也是世界上研究、培育和利用竹子最早的国家。从竹子在中国历史文化发展和精神文化形成中所产生的巨大作用，竹子与中国诗歌书画和园林建设的源远流长的关系，以及竹子与人民生活的息息相关中不难看出，中国不愧被誉为"竹子文明的国度"。没有哪一种植物能够像竹子一样对人类的文明产生如此深远的影响，我们把竹子给人类物质文明和精神文明带来的作用和影响，称为竹文化。竹文化也是一种精神文化。竹，有着"未曾出土便有节，纵使凌云仍虚心"的美德，有着"不随夭艳争春色，独守孤贞待岁寒"的品性。历代文人墨客咏竹励志、以竹写意、借竹言情的作品层出不穷，且大多是借竹子的形象寄托一种高尚的人格和情操。"宁可食无肉，不可居无竹"，苏东坡此诗中对竹超凡脱俗的喜爱，为世人所推崇，也成为今人返璞归真的生活愿望。我国人民历来喜爱竹子，竹制品加工技术更是一流，竹子在中国象征君子。中国也是世界上研究、培育和利用竹子最早的国家。从竹制品在中国历史文化发展和精神文化形成中所产生的巨大作用，竹子与中国诗歌书画和园林建设的源远流长的关系，以及竹子与人民生活的息息相关中不难看出，中国不愧被誉为"竹子文明的国度"。没有哪一种植物能够像竹子一样对中国的文明产生如此深远的影响，将竹文化与竹旅游相融合，依托竹林优美的自然景观和优良的生态环境条件，目前竹业旅游这块蛋糕也在逐步做大。竹海泛舟的双溪漂流、叠石流泉茂林修竹的山沟沟等旅游项目相继落成，成为区域经济增长的新亮点。发展竹产业是繁荣竹文化、开拓竹生态旅游的需要，竹子还有很高的观赏价值和文化内涵，"岁寒三友"中的松、竹、梅，"园林四贤"中的梅、兰、竹、菊，都少不了竹子，大力发展和培育观赏旅游竹林，对于弘扬中华民族的优良传统，加强社会主义精神文明建设，同样具有十分重要的意义。

2.2.3　生态文化的界定

生态文化是一种追求与自然生态系统和谐相处、协同进化的文化。生态文化在结构上包括物质、制度和精神三个层面，在制度层面，要求通过生产关系和社会制度变革，按照公平和平等的原则，实现社会全面进步；在物质层面，摒弃掠夺自然的生产方式和生活方式，倡导学习自然界的智慧，创造新的技术形式和能源形式，采用生态技术和工艺进行清洁生产，既实现文化价值，为社会提供足够多的产品，又保护自然价值，实现人与自然的和谐双赢；在精神层面，抛弃人统治自然的思想，走出人类中心主义，按照"人与自然和谐"的价值观，实现精神领域的一系列转变。而生态文化将是可持续发展的选择，从而实现生态可持续性、经济可持续性、社会可持续性三者相协调发展。

2.2.4　综合评述

鉴于理论研究的缺陷、生态文化的要求、现实应用的需要，通过本研究来弥补以上不足。大力开发新技术、新产品，开拓产品应用领域，扩大竹材加工产品的国内市场；加快产业结构调整，积极转变经济发展方式，高起点发展竹加工业；从创新发展战略模式入手，探索出一条"以二促一带三"的发展战略模式，即重点发展以竹材加工为主的第二产业，促进发展以竹资源培育为主的第一产业，带动发展以竹产物流、信息服务、生态旅游及文化创意为主的第三产业，形成资源增量、产业增效、林农增收、生态环保、永续利用的协同战略。

第3章 竹产业发展综述

3.1 竹产业相关概述

竹（拉丁学名：Bambusoideae）是多年生禾本科竹亚科植物，是禾本科的一个分支，是高大、生长迅速的禾草类植物。竹叶呈狭披针形，长7.5~16厘米，宽1~2厘米，茎为木质，有些种类的竹笋可以食用，竹的开花周期长，繁殖器官材料不易获得，其营养体特征易受生长环境影响。

竹品种繁多，原产于中国，分布在热带、亚热带地区，东亚、东南亚和印度洋及太平洋岛屿上分布最集中，种类很多，有的低矮似草，有的高如大树，生长迅速。通常通过地下匍匐的根茎成片生长，也可以通过开花结籽繁衍，种子被称为竹米。竹枝杆挺拔，修长，四季青翠，凌霜傲雨，倍受中国人喜爱，与梅、兰、菊并称为"四君子"，与梅、松并称为"岁寒三友"，古今文人墨客，爱竹咏竹者众多。

3.1.1 竹的基本概况

竹为常绿多年生植物，一般的竹子在春冬夏生笋，且有年份之分。茎有很多节，中间是空的，质地坚硬，种类很多。是种坚强的植物，有君子之称，一生中仅开一次花。竹子的寿命与繁殖：竹子是多年生一次开花植物，竹子开花是一种正常的自然现象，属于竹子结籽繁殖的一个过程。我国古代人民早就观察到这种现象，在2000多年前的《山海经》中就有"竹生花，其年便枯"的记载。晋代戴凯所著的《竹谱》中记述着："药必六十，复亦六年。"其注解是："竹六十年亦易根，易根辄结实而枯死。"不过，竹子主要是进行无性繁殖的，每年春季从地下的竹鞭上长出笋来，然后发育成新竹。竹鞭不是它的根，而是地下茎。地下茎可以分为三种类型：单轴型的地下茎能继续生长，芽着生于两侧，侧芽发育成笋；合轴型的顶芽发育成笋，侧芽产生新的地下茎，相连形成合轴，地下茎产生竹秆密集成丛，大熊猫喜欢吃的愉竹和华桔竹，就属于这一种；此外还有一种复轴型，是上述两种的混合型。竹子的有性生殖则像其他有花植物一样，先开花，后结籽，完成整个生长周期。竹子开花的周期，也因竹子种类不同有三种类型：少数竹子可以年年开花，开花后竹秆并不死亡，仍然可以抽鞭长笋；大部分竹子在整个生长过程中只开一次花，而且有一定周期，从40年到80年不等，开花后秆叶枯黄，成片死去，地下茎也逐渐变黑，失去萌发力，结成的种子即所谓竹米，下种后萌发生长，才能长成新竹，箭竹和华桔竹就属于这种类型；还有一种类型是不定期零星开花，开花后，竹林并不死去，例如慈竹就是其中的一种。华桔竹、大箭竹等都属于定期成片开花的一类。这类竹子开花的间隔时间很长，一般为50～60年——还有的甚至要近百年才开一次花。但是，不论哪一年长出的竹竿，只要竹鞭的年龄相同或相近，那么开花的时间就大体相同。即使生态环境差别很大，如阳坡、阴坡、陡坡、缓坡，不同的土壤，不同的海拔高度，都能同时开花。

3.1.2 竹材的构造

（1）竹材的宏观构造

竹子是世界上生长最快的植物，能在40～120天的时间内达到成竹的高度（15～30米或40米）。竹材主要指竹子的竹竿，它是竹子利用价值最大的部分。竹竿是竹子地上茎的主干，竹竿外形多为圆锥体或椭圆体。竹竿由竹节和节间两部分组成，竹竿的长度、胸径、竹壁厚度和竹节的数量，根据竹种不同，其差异很大。

竹节由秆环、箨环和竹横隔壁组成，起着加强竹竿直立和水分、养分横向输导作用。竹竿的节间，竹材维管束排列互相平行，而在竹节处的维管束呈弯曲走向并且纵横交错。横隔壁把竹竿分隔成空腔，即髓腔。髓腔周围的壁称为竹壁。竹壁在宏观上由三部分组成，自外而内依次为竹皮、竹肉和髓环组织（髓环和髓）。竹皮是竹壁最外层，通常横切面上看不见维管束的部分。竹肉是界于竹皮和髓环组织间的部分，横切面上有维管束分布。维管束是在竹材横切面上，见到的许多呈深色的菱形斑点，在纵切面上它呈顺纹股状组织。维管束在竹壁内的分布一般自外而内由密变疏。竹肉内侧与竹腔相邻的部分为髓环，其上也无维管束分布。在生产习惯上，常将竹壁厚度的不同组织由外至内称为竹青、竹肉和竹黄三个部分。

（2）竹材的微观构造

竹材的微观构造是指竹材内部的细胞特征、细胞排列及组成成分。竹材由细胞组成，细胞是竹材显微镜下构成竹材的基本形态单位。可以把竹材细胞分为表皮系统、基本系统和维管系统三部分。在解剖学上则进一步细分为表皮层、皮下层、皮层、基本组织、维管束和竹腔壁等六个部分。

（3）表皮系统

表皮系统包括从竹青最外沿至开始出现维管束纤维帽的界线处之内的细胞组织，分为表皮层、皮下层和皮层。均由体小壁厚、排列紧密的细胞构成。

1）表皮层。表皮层是竹竿壁最外面的一层细胞，也是细胞组分最丰富的层次。由长形细胞、硅质细胞、栓质细胞和气孔器及刚毛等构成。长形细胞占大部分表面积，顺纹平行排列，且竹竿中段表皮层的长形细胞数量最多。长形细胞外侧胞壁特别肥厚。栓质细胞和硅质细胞形态短小，常成对结合，插生于长形细胞的纵列之中。栓质细胞略呈梯形（六面体），小头向外；硅质细胞近于三角形（六面体或五面体），顶角朝内，硅质细胞中有硅酸盐结晶，加强了表面的硬度。表皮上穿插着许多小孔，即为气孔。

2）皮下层。紧接表皮层之下的是皮下层细胞。通常为1~2层或3层柱状细胞，细胞壁稍厚或很厚，纵向排列，细胞呈柱状，横切面为方形或矩形。

3）皮层。皮下层之内无维管束分布的部分即为皮层。皮层细胞大于皮下层，细胞呈圆柱状，纵向排列。细胞层数因竹种不同而异，通常为3~7层不等。在竹竿横切面上，皮层细胞为圆形至椭圆形，细胞壁明显地比表皮细胞和皮下层细胞壁薄。但有些竹种，皮层和皮下层细胞并无显著区别。

3.1.3 基本系统

基本系统由基本薄壁组织和髓环组织（髓环和髓）两部分组成。

（1）基本薄壁组织

基本薄壁组织由薄壁细胞组成，主要分布在维管束系统之间，环绕维管束，其作用相当于填充物，是构成维管束内外的营养组织。基本组织细胞一般较大，在横切面上呈多角形或长方形。依据纵切面的形态，可区分为长方形和接近于正方形的短细胞两种，但以长形细胞为主，短细胞分布于长细胞之间。长细胞大小不一，其特征是胞壁有多层结构，在笋生长的早期阶段已木质化，其细胞中的木素含量高，胞壁上出现瘤层。短细胞具有浓稠的细胞质和薄的细胞壁，不木质化，而有些厚壁长细胞木质化程度高。基本组织中横向流通能力很小，但仍比纵向要大。

（2）髓环

髓环位于髓腔竹膜外围，由多层排列紧密的石细胞组成，其质地相当坚硬。其细胞形态与基本组织不同，呈横卧短柱状，排列整齐紧密，横切面上可见有非尖端形、多角形、扁圆形、长菱形等。石细胞一般由薄壁组织细胞形成，最初由于它们有较大的细胞核而与邻近细胞相区别，随着细胞生长，次生壁增沉积并变得很厚。一般髓环细胞的石化程度与竹龄关系密切。

（3）髓

髓一般由大型薄壁细胞组成。髓组织破坏后留下的间隔，即竹竿的髓腔。髓呈一层半透明的薄膜黏附在秆腔内壁周围，俗称竹衣。但并不是所有竹种皆如此，也有含髓的实心竹。

3.1.4 维管系统

维管系统由包藏在基本薄壁组织中的维管束群组成，主要有向上输导水分和无机盐的木质部与向下输导光合作用产物的韧皮部两个部分，通常包含纤维、导管、筛管及伴胞等细胞。

维管束是输导组织与机械组织的复合体，其外方为初生韧皮部，内方为初生木质部。初生木质部包括原生木质部和后生木质部，其总轮廓大体为"V"形。木质部的特征细胞为导管。初生韧皮部位于木质部的外方，它的特征细胞是筛管和伴胞。通常在维管束的外缘有发达的厚壁纤维组织，这就是竹材具有十分坚韧特性的缘故。

3.1.5 竹的独特优势

竹子最明显的特点和优势就是生长周期短、产品多元化、投资风险小、市场潜力大。以其优良特性和独特优势，能够把生态环境建设和产业开发有机结合起来，有利于保护森林资源和保护生态环境、有利于加快山区群众脱贫致富和促进边疆安定团结、有利于建成"绿色经济"新的增长点实现林业跨越式发展、有利于保护民族文化和建成新的生态文化旅游景观。通过培育竹资源发展竹产业，可以在较短的时间内辐射带动若干相关产业，成为发展山区经济帮助农民脱贫致富的新途径，同时更好地突出生态环境建设。在林业建设中，竹子可谓"长中之短"和"慢中之快"。发展竹产业，"退耕还竹"、以竹代木、以短养长、以竹致富，既能协调人与自然、资源环境与经济发展的多重关系，又能实现生态环境、经济和社会可持续发展。

竹子用途广泛，具有极高的经济效益，农民易于接受，是富民强国的好树种。竹子的用途之广，相信每一个人都有切身感受。在农村，竹子常用于编制各种农具和渔具，如箩筛、簸箕等。它纹理通直，光滑坚硬，是制造乐器、工艺品、体育用品的重要材料。如四川、江西等地的竹席、竹屏、竹帘、竹瓶，都是驰名中外的工艺美术品，而浙江嵊州竹编厂制作的"鹰"已飞进美国白宫，作为高档工艺品陈列。在工业加工产品方面，其用途就更加广泛，已有产品近百种，如竹材人造板、纸浆、竹炭及活性炭等。以竹材人造板为例，就有竹材胶合板、竹编胶合板、竹篾集成胶合板、竹材拼花板、竹材碎料板等产品，现各地上马的成百万亩竹林项目，就有不少是为竹材人造板厂和造纸厂提供原料。在我国天然林资源保护工程实施后，木材的供需矛盾加一下加剧。大力发展竹材资源，推广以竹代木，将是缓解供需矛盾的有效途径。因此，竹材将成为代替木材的最有潜力的产品。

3.2 竹产业的定义与分类

竹产业是以竹林资源为基础，以技术和资金为手段，有效组织生产和提供竹材、竹笋及其深加工产品的行业。竹产业包括竹林种植业、竹材采运业、竹材加工业、竹笋采收及加工业等。

3.2.1 竹产业的定义和发展方向

竹产业是指以竹林资源为基础，从竹笋食品一直到竹质结构材、竹质装饰材、竹日用品、竹纤维制品、竹质化学制品、竹木加工机械、竹工艺品等，其基本涵盖一二三产业，并形成了一条资源培育、加工利用、休闲旅游的完整的产业链。

现代竹产业的基本发展方向应该为：按照"减量化、再使用、可循环"的经济发展思路，加大从竹根到竹叶的资源循环利用，聚焦于国际和国内两个市场，构建现代产业集群，实现绿色与环保并举、科技与效益共存的低碳经济发展模式，最终实现以资源为基础、市场为导向、科技为依托的竹业全面发展的新路子。

本节对论文研究所涉及的相关概念进行界定，以下的研究将在自己的研究界定下进行，主要包括对竹产业的概述界定和生态文化的概念界定以及对当前竹产品进行分类。

3.2.2 竹产业的界定

产业是社会生产力发展到一定程度的结果，是社会分工的产物，它随着社会分工的产生而产生，同时随着分工专业化程度的提高而不断发展和变化。"产业"作为经济学概念，是介于宏观经济与微观经济之间的中观经济，其内涵与外延的复杂性，随着社会生产力水平不断提高，产业的内涵不断充实，外延不断扩展。产业有不同的分类，最常见的是由费希尔和克拉克创造的三次产业分类法，把产业分为第一产业、第二产业和第三产业。

竹产业发展主要集中在中国等少数国家，国外对竹产业的研究较少，对竹产业的内涵与外延界定相当模糊。按照传统的三大产业划分方法来看，可以对竹产业进行一次界定。同时，通过"广义"及"狭义"两种方式界定，从广义上来说，竹产业是指跟竹子相关的一二三产的集合与相加，其中包括竹子的种植、加工、销售、物流、服务等一系列环节；而从狭义上来看，竹产业指第一产业的竹种植业，包括用材竹和食用竹；第二产业的竹加工业，包括竹材加工制造业，竹纤维等化工业，竹醋液制造业等以竹为主要原料的产业；竹产业的第三产业是最难界定的产业内容，我们包括竹子旅游、竹文化产品等产业。例如，安吉竹产业生产技术已经进入比较成熟的阶段，从原竹加工到产成品产出的生产过程可以完整地在安吉本地实现。其中，竹产业前道工序包括：毛竹、截断、修平外竹节、开条、去内节、竹条双面刨光、蒸煮、干燥、竹条精刨、竹条分选到半成品的工序已经非常成熟。后道工序包括：竹工艺品、竹日用品、竹质装饰材、竹质结构材和竹质化学制品的工艺和技术正逐步形成，并成为竹产业发展的主流趋势。

综上所述，我们认为竹产业是以竹资源经营为基础，以竹产品加工为主导，以竹贸易和旅游为补充的，涉及一二三产的联动产业，并以此形成一条竹资源培育、竹产品加工、竹产品贸易及旅游的完整的产业链。

3.2.3 竹产品的分类

根据中国林业网、中国竹网等相关数据，他们把竹子分为21类，3000多个品种（见图3-1）。

经过分类与归纳研究，本书将竹产品划分为八大类。一是竹子食品，包括保鲜笋、罐头笋、笋干等；二是竹日用品，主要包括竹凉席、竹筷、竹刀架、竹餐垫、竹菜板、竹托盘等；三是竹质装饰材，包括竹地板、竹胶板、竹纤维板、竹地毯、竹窗帘、空间装饰用材等；四是竹质结构材，包括竹家具、竹建筑用材、竹胶模板、车厢板、竹楼梯等；五是竹木加工机械，包括竹拉丝、竹地板、竹筷等加工机械；六是竹纤维制品，涵盖了卫浴、服饰、家纺等日常生

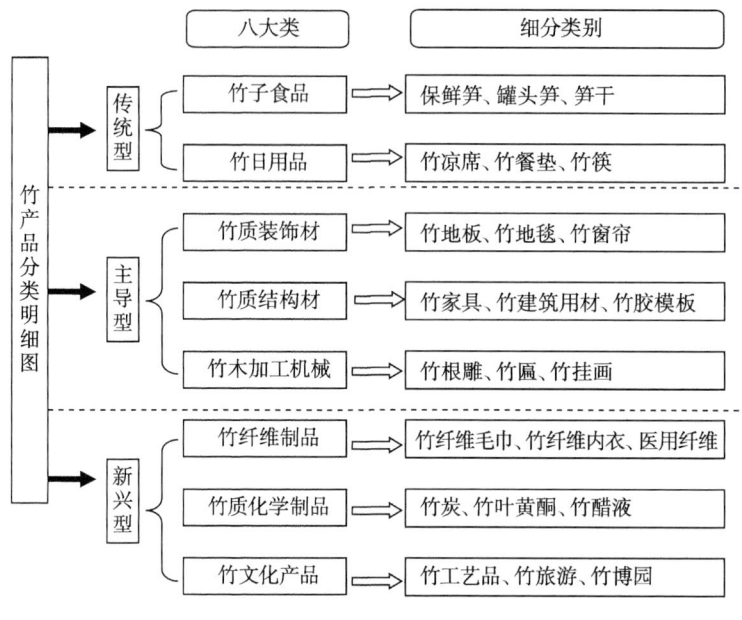

图 3-1 竹产品分类

活的各个领域，如竹纤维内衣和竹纤维毛巾等，七是竹质化学制品，包括竹炭、竹醋液、竹叶黄酮等；八是竹文化产品，包括竹工艺品，包括竹根雕、竹扇等，竹绿化、竹旅游、竹博园、竹海影视基地等。

竹种植业经营模式是森林可持续经营的模式，即进行经营的多目标管理、适度利用，编制森林经营方案进行经营，在年合理采伐量内采伐森林，注重保持并提高森林地力、林地利用率、森林生态系统整体功能、生物多样性、森林生产力和森林质量，改善林区经济社会状况，实现长期的生态和经济效益。

目前，行业经营单位众多，情况不一，差别很大。小规模单位不具备可持续经营的条件。因此，国有林场和国有采育场依然是国家在生态建设、国土保安、良种培育和科技示范等方面的骨干力量。

3.3 竹产业特征分析

3.3.1 产业链分析

产业链是一个包含价值链、企业链、供需链和空间链四个维度的概念。这四个维度在相互对接的均衡过程中形成了产业链这种"对接机制"，是产业链形成的内模式,作为一种客观规律,它像一只"无形的手"调控着产业链的形成。

产业链是产业经济学中的一个概念,是各个产业部门之间基于一定的技术经济关联,并依据特定的逻辑关系和时空布局关系客观形成的链条式关联关系形态。产业链主要是基于各个地区客观存在的区域差异,着眼发挥区域比较优势,借助区域市场协调地区间专业化分工和多维性需求的矛盾,以产业合作作为实现形式和内容的区域合作载体。

产业链的本质是用于描述一个具有某种内在联系的企业群结构,它是一个相对宏观的概念,存在两维属性:结构属性和价值属性。产业链中大量存在着上下游关系和相互价值的交换,上游环节向下游环节输送产品或服务,下游环节向上游环节反馈信息。

随着技术的发展,迂回生产程度的提高,生产过程划分为一系列有关联的生产环节。分工与交易的复杂化对使得在经济中通过什么样的形式联结不同的分工与交易活动成为日益突出的问题。企业组织结构随分工的发展而呈递增式增加。因此,搜寻一种企业组织结构以节省交易费用并进一步促进分工的潜力,相对于生产中的潜力会大大增加。企业难以应付越来越复杂的分工与交易活动,不得不依靠企业间的相互关联,这种搜寻最佳企业组织结构的动力与实践就成为产业链形成的条件(见图3-2)。

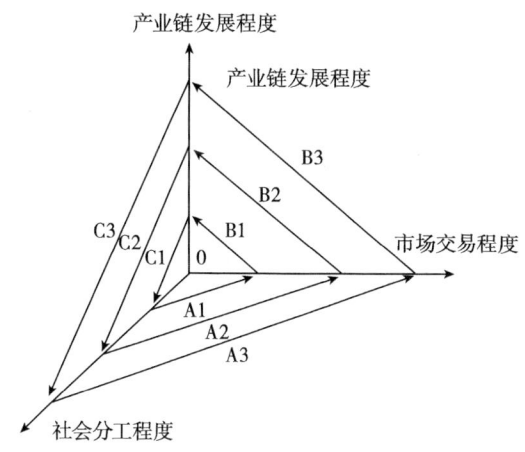

图3-2 产业链

资料来源:根据公开资料整理

如图3-2所示,产业链的形成首先是由社会分工引起的,在交易机制的作用下不断引起产业链组织的深化。在图中，C1、C2、C3 表示社会分工的程度，其中，C3＞C2＞C1 表示社会分工程度的不断加深；A1、A2、A3 表示市场交易的程度，A3＞A2＞A1 表示市场交易程度的不断加深；B1、B2、B3 表示产业链的发展程度，其中，B3＞B2＞B1 表示产业链条的不断延伸和产业链形式的日益复杂化。三个坐标相交的原点 O，表示既无社会分工也无市场交易更无产业链产生的初始状态。

从 C1 点开始，而不是从坐标原点开始，意味着社会分工是市场交易的起点，也是产业链产生的起点社会分工 C1 的存在促进了市场交易程度 A1 的产生，在 A1 作用下，需要 B1 的产业链形式与它对接 B1 这种产业链形式的产生又促进了社会分工的进一步发展，于是，社会分工就从 C1 演化到 C2。相应地，在 C2 的作用下，市场交易程度从 A1 发展到 A2，A2 又促进了产业链形式从 B1 发展到 B2。接着，按照同样的原理，B2 促使 C2 发展到 C3，C3 又促使 A2 发展到 A3，A3 又促使产业链从 B2 发展到 B3……如此周而复始，使产业链不断形成发展。

产业链形成的动因在于产业价值的实现和创造。产业链是产业价值实现和增值的根本途径。任何产品只有通过最终消费才能实现，否则所有中间产品的生产就不能实现。同时，产业链也体现了产业价值的分割。随着产业链的发展，产业价值由在不同部门间的分割转变为在不同产业链节点上的分割产业链也是为了创造产业价值最大化，它的本质是体现"1＋1＞2"的价值增值效应。这种增值往往来自产业链的乘数效应，它是指产业链中的某一个节点的效益发生变化时，会导致产业链中的其他关联产业相应地发生倍增效应，产业链价值创造的内在要求是：生产效率≥内部企业生产效率之和（协作乘数效应）；同时，交易成本≤内部企业间的交易成本之和（分工的网络效应）。企业间的关系也能够创造价值。价值链创造的价值取决于该链中企业间的投资。不同企业间的关系将影响它们的投资，并进而影响被创造的价值。通过鼓励企业做出只有在关系持续情况下才有意义的投资，关系就可以创造出价值来。

3.3.2 竹产业在产业链中的地位

竹产业产品丰富，涉及众多行业，上下游关系如图 3-3 所示。细分子行业受国内外宏观经济形势和各自市场供求环境的影响，景气度也不尽相同。

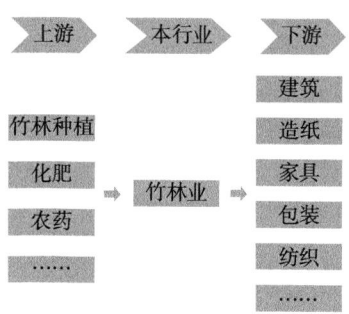

图 3-3　竹产业在产业链中的地位

资料来源：根据公开资料整理

3.3.3　竹产业生命周期分析

（1）行业生命周期理论基础

通常，每个行业都要经历一个由成长到衰退的发展演变过程。这个过程便称为行业的生命周期。一般地，行业的生命周期可分为四个阶段，即初创阶段（也叫幼稚期）、成长阶段、成熟阶段和衰退阶段（见表 3-1）。

表 3-1　行业发展周期

	初创阶段	成长阶段	成熟阶段	衰退阶段
市场需求	狭小	快速增长	缓慢增长或停滞	缩小
竞争者	少数	数目增加	许多对手	数目减少
顾客	创新的顾客	市场大众	市场大众	延迟的买者
现金流表	负的	适度的	高的	低的
利润状况	高风险、低收益	高风险、高收益	低风险、收益降低	高风险、低收益

资料来源：根据公开资料整理

1）初创阶段。在这一阶段，由于新行业刚刚诞生或初建不久，而只有为数不多的创业公司投资于这个新兴的产业，由于初创阶段行业的创立投资和产品的研究、开发费用较高，而产品市场需求狭小（因为大众对其尚缺乏了解），销售收入较低，因此这些创业公司财务上可能不但没有盈利，反而普遍亏损；同时，较高的产品成本和价格与较小的市场需求还使这些创业公司面临很大的投资风险。另外，在初创阶段，企业还可能因财务困难而引发破产的危险，因此，这类企业更适合投机者而非投资者。在初创阶段后期，随着行业生产技术的提高、生产成本的降低和市场需求的扩大，新行业便逐步由高风险低收益的初创期转向高风险高收益的成长期。

2）成长阶段。在这一时期，拥有一定市场营销和财务力量的企业逐渐主导市场，这些企业往往是较大的企业，其资本结构比较稳定，因而它们开始定期支付股利并扩大经营。在成长阶段，新行业的产品经过广泛宣传和消费者的试用，逐渐以其自身的特点赢得了大众的欢迎或偏好，市场需求开始上升，新行业也随之繁荣起来。与市场需求变化相适应，供给方面相应地出现了一系列的变化。由于市场前景良好，投资于新行业的厂商大量增加，产品也逐步从单一、低质、高价向多样、优质和低价方向发展，因而新行业出现了生产厂商和产品相互竞争的局面。这种状况会持续数年或数十年。出于这一原因，这一阶段有时被称为投资机会时期。这种状况的继续将导致生产厂商随着市场竞争的不断发展和产品产量的不断增加，市场的需求日趋饱和。生产厂商不能单纯地依靠扩大生产量，提高市场的份额来增加收入，而必须依靠追加生产，提高生产技术，降低成本，以及研制和开发新产品的方法来争取竞争优势，战胜竞争对手和维持企业的生存。

但这种方法只有资本和技术力量雄厚，经营管理有方的企业才能做到。那些财力与技术较弱，经营不善，或新加入的企业（因产品的成本较高或不符合市场的需要）则往往被淘汰或被兼并。因而，这一时期企业的利润虽然增长很快，但所面临的竞争风险也非常大，破产率与合并率相当高。在成长阶段的后期，由于产业中生产厂商与产品竞争优胜劣汰规律的作用，市场上生产厂商的数量在大幅度下降之后便开始稳定下来。由于市场需求基本饱和，产品的销售增长率减慢，迅速赚取利润的机会减少，整个行业开始进入稳定期。在成长阶段，虽然行业仍在增长，但这时的增长具有可测性。由于受不确定因素的影响较少，行业的波动也较小。此时，投资者蒙受经营失败而导致投资损失的可能性大大降低，因此，他们分享行业增长带来的收益的可能性大大提高。

3）成熟阶段。行业的成熟阶段是一个相对较长的时期。在这一时期里，在竞争中生存下来的少数大厂商垄断了整个行业的市场，每个厂商都占有一定比例的市场份额。由于彼此势均力敌，市场份额比例发生变化的程度较小。厂商与产品之间的竞争手段逐渐从价格手段转向各种非价格手段，如提高质量、改善性能和加强售后维修服务等。行业的利润由于一定程度的垄断达到了很高的水平，而风险却因市场比例比较稳定，新企业难以打入成熟期市场而较低，其原因是市场已被原有大企业比例分割，产品的价格比较低。因而，新企业往往会由于创业投资无法很快得到补偿或产品的销路不畅，资金周转困难而倒闭或转产。

在行业成熟阶段，行业增长速度降到一个更加适度的水平。在某些情况下，整个行业的增长可能会完全停止，其产出甚至下降。由于丧失其资本的增长，致使行业的发展很难较好地保持与国民生产总值同步增长，当国民生产总值减少时，行业甚至蒙受更大的损失。但是，出于技术创新的原因，某些行业或许实际上会有新的增长。在短期内很难识别何时进入成熟阶段，但总体而言，在这一阶段一开始，投资者便希望收回资金。

4）衰退阶段。这一时期出现在较长的稳定阶段后。由于新产品和大量替代品的出现，原行业的市场需求开始逐渐减少，产品的销售量也开始下降，某些厂商开始向其他更有利可图的行业转移资金。因而原行业出现了厂商数目减少、利润下降的萧条景象。至此，整个行业便进入了生命周期的最后阶段。在衰退阶段里，厂商的数目逐步减少，市场逐渐萎缩，利润率停滞或不断下降。当正常利润无法维持或现有投资折旧完毕后，整个行业便逐渐解体了。

（2）竹产业生命周期

目前我国竹行业竞争较为激烈，市场处于较为分散的状况，行业中占据品牌优势的企业市场份额也较小，行业整合空间较大。我国竹的生产处于第二阶段成长期，现阶段的主要工作是突破产业关键技术，形成中国竹标准体系，拓展应用领域，建立一个应用与产业合作共赢的商业发展模式（见图3-4）。

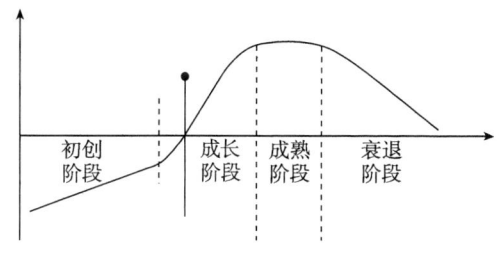

图3-4 竹产业生命周期

资料来源：根据公开资料整理

第4章 世界竹产业发展战略态势分析

4.1 世界竹产业运行概况

竹产业成为全球公认的绿色产业，拥有巨大的经济价值、生态价值和文化价值，日渐为人们所重视。作为一项重要的非木质资源，在当今关注全球气候变暖，木材短缺的背景下，研究世界竹产业的发展有着现实意义。

4.1.1 竹林在世界被称为"世界第二大森林"

竹林在世界范围内分布广泛，被称为"世界第二大森林"。以竹子资源利用发展的竹产业成为全球公认的绿色产业。但是世界各地竹产业发展不平衡，产业方向与关注的元素有所不同。因此世界各地应相互借鉴，共同提升竹产业的发展，树立一个优秀的产业榜样，例如进一步挖掘竹子品牌价值，加强科技进步与创新，通过国际合作共享与传播价值，参与国际林业碳汇等。

4.1.2 世界竹类资源分布状况

全世界竹类植物有70多属、1200多种，主要分布在热带及亚热带地区，少数竹类分布在温带和寒带。全球森林面积急剧下降，竹林面积却以每年3%的速度递增。目前全世界竹林面积已有2200万公顷，占森林面积的1%左右；年竹材产量1500万~2000万吨。世界竹子可分为亚太竹区、美洲竹区和非洲竹区。亚太竹区是世界最大的竹区，有竹子50多属、900多种。主要产竹国家有中国、印度、缅甸、泰国、孟加拉国、柬埔寨、越南、日本、印度尼西亚、马来西亚、菲律宾、韩国、斯里兰卡等。

印度有竹林面积约209.7万公顷；缅甸有竹林面积约217万公顷；泰国有竹林面积81万公顷左右；孟加拉国有竹林面积60万公顷；越南有竹林面积100万公顷；美洲竹产区南至阿根廷南部、北至美国东部，共有18属，270多种在北美洲，主要集中在东部。亚马孙河流域34000万公顷的森林中，有1020

万公顷的竹林,占森林面积的3%;非洲竹区范围较小,南起莫桑比克南部,北至苏丹东部;欧洲没有天然分布的竹种,北美洲原产的竹子也只有几种。近百年来,英国、法国、德国、意大利、比利时、荷兰等欧洲国家和美国、加拿大等从亚洲、非洲、拉丁美洲的一些产竹国家引种了大量的竹种。

4.2 世界各地竹产业的发展

4.2.1 中国竹产业历史悠久,树立了产业榜样

中国竹类资源丰富,栽培利用历史悠久。英国著名学者李约瑟在《中国科学技术史》中指出,东亚文明过去被称作"竹子文明",中国则被称为"竹子文明的国度"。中国现有竹类资源500多种,竹林面积520万公顷,占世界竹林总面积的近1/4。竹产业涉及建筑、建材、家居等多个领域,竹产品形成100多个系列,数千个品种,与花卉业、森林旅游业、森林食品业一起,成为中国林业发展中的四大朝阳产业。如此巨大的产业为世界做出了榜样,促使人们更加关注竹子补充木材资源消耗与维护生态平衡的作用,带动了世界各地竹产业的发展。据统计,中国竹产业产值1981年仅有4亿多元,2000年竹产业产值则达到200亿元,2006年竹产业产值达到660亿元,2007年竹产业产值达到800亿元。

4.2.2 日本丰富的竹文化与高科技竹产业

日本竹产业发展同中国一样历史悠久。中国文化传入日本后,日本吸收了中国竹文化,并有着较好的传承与发展,与日本固有的竹文化结合在一起,形成了独特的日本竹文化。日本竹文化是日本文化的重要组成部分,日本人用竹制作的折扇在宋朝的中日贸易中是最主要的交易商品之一,深受中国人的喜爱。日本人自古以来对树木就有着一种独特的信仰,他们认为树木中附着一种精灵,管它叫作"木灵"(Kodama),树木则是神从天上降落地面的媒体。他们对树木的这种信仰就是在树木被采伐以后也依然不变,原木(即原色木料)作为清净而有灵性之物受人尊重。

早在日本平安时代(794—1192年),就流行着一个名叫"竹取物语"("采竹物语")的故事,讲的是一名采竹老翁从竹子里发现一个仅仅三寸长的小女孩,没过多久,这小女孩便成长为一个在太阳下熠熠发光的美丽少女。与此同时,老翁从竹子中不时取得黄金,从此富裕起来。远近贵族们络绎不绝地

前来求婚，皆因解答不了少女提出来的难题而失败。后来帝王也闻及此事，派人前来求婚，无奈此女原是月界仙女，不久便要返回月界。帝王在仙女升天后，派兵将仙女留下的长生不老之药和留给他的信付之一炬。传说焚烧的地点就是富士山，至今山顶上还在袅袅冒烟。

这个故事从一个侧面反映了日本古时候的竹文化：古时候，那些采伐竹子，制作竹器特别是簸箕等沿村叫卖的竹匠（故事中的采竹老翁），在贫困的生活中仍然经常摆弄着清纯而富有神秘性的竹子，靠制作簸谷类（谷类是古时候庶民生活的中心）的簸箕营生。人们深信，簸箕是件神圣的器具，附着谷物的精灵，这些竹匠们也幻想着有朝一日自己也能依靠这竹子的精灵、簸箕的精灵得到财富，过上幸福的生活。于是，这个从竹子中得到相当于福神的仙女并且日渐富裕起来的采竹老翁的故事代代相传，家喻户晓。

抑或是竹子自身迅猛异常的生长力和繁殖力，也抑或是那富有神秘色彩的空洞（例如从中能诞生美丽的女子，能产生黄金）所吸引的缘故，在日本，竹子自古以来如同树木一样被人们视为清洁而神圣之物，被广泛使用于日常生活之中。就拿筷子而言，日本就有这方面的独特文化。筷子原诞生于中国，后向朝鲜、日本、越南等周边国家扩伸。在日本，不同的用途有不同的筷子，日本人称其为"晴箸"（Halenohashi"隆重的筷子"之意）。在民俗仪式中所见的筷子多以清洁干净的原木或青竹制成，被视为神灵依附之物，而新年和其他庆祝活动中则使用名为"太箸"（Hutohashi）的粗筷，这种中间鼓起，两头都可使用的筷子据说一头由神使用，另一头由人使用。在日本与神交流、神人合一是祭祀的神圣的宗教意义，这种宗教思想在"太箸"上也得到了体现。至于卫生筷子（日语里称为"Waribashi"），则更是筷文化中的一朵奇异的花朵，尽管现在已经普及于世界，但不要忘记，世界上首先发明这种一次性筷子的就是日本人。小小的一个构思却是日本人喜好清洁感的最大的佐证。尽管现在的卫生筷子几乎都用原色木料制作，但我们不妨把它看作竹文化的一种延伸。

除了日常生活中的这种筷子以外，竹子在茶道和祭祀等庄重的仪式中更是必不可少。茶道中使用的茶勺和茶刷就是用青竹制就的。在茶道这样庄重肃穆的仪式的整个过程中，那制作精细的茶勺和茶刷十分引人注目，茶人就是用茶刷一遍遍调匀抹茶，用茶勺依次将调匀的抹茶舀到客人的茶具中去的。茶道中为什么称茶勺和茶刷是代表人格的象征性工具，其个中道理想必各位应该有所领悟了。

日本的竹木文化的发展固然依赖于富有杉树、扁柏等优良木材和各类竹子的自然条件，但它与日本人作为清洁、神圣之物喜好、崇拜原木的纹路和挺拔的竹子这一审美意识和其民族性也有密切关系。一个民族独特的文化总是与其审美意识和民族性相关，日本的竹文化与木文化不最好地说明了这一真谛吗？

日本现有竹林面积为14.13万公顷，有13属，230种。在森林的周边生长着繁茂的竹林也是日本植物分布的最显著的特征。除北海道外，其他地区均有竹子生长，60%集中在九州。日本竹林97%为私人所有，集约经营管理，年产竹材20万~30万吨。随着罐头笋和竹制品输入的增加，竹产区人口的老龄化，人工费高居不下的影响，山区种竹人口下降，竹林面积从20世纪70年代不断减少。日本每年向外国大量进口竹材和竹产品，尤其是笋食品。为了维护竹产业的发展，日本加强高科技支持竹产业的发展，在竹材利用技术开发上注重科技投入，开发了竹炭、竹醋液、竹纤维、竹炭纤维等高科技竹产品。2006年日本三重县开发出了以竹子为原料制造可进行生物分解的成型材料新技术。日本的竹产业有着浓郁的竹文化与高科技内涵，引领着世界竹子的加工利用方向。

4.2.3　印度"国家竹子计划"

竹材在印度有"穷人的木材"之称。印度前总理瓦杰帕伊称竹子为"绿色黄金"，并表示印度将把大力发展竹产业作为推动农村经济发展的火车头，争取在竹产业中为全国创造800万个工作岗位，使500万个农村家庭摆脱贫困，并为政府带来每年1600亿印度卢比的税收。印度政府计划在2015年前后，使印度成为世界领先的竹制品出口大国。1999年，印度成立国家竹子开发委员会，实施"国家竹子计划"。纺织部关注对竹子手工艺品的制造；工业部关注竹子的工业用途；食品加工部关注竹笋加工业；科技部通过设在印度东北部竹产区的试验基地进行竹子的研究和开发；商业部注重开发竹产品的出口。印度的一些主要林业研究部门也开始在印度热带雨林以外的地区开发和建立由农户经营的竹资源培育基地。这种农户经营人工林的方式将成为未来竹材供应的保障和适应市场特殊需求的竹原材料的来源，同时还有利于保持印度各个地区的生态平衡。印度是世界上使用竹材造纸最多的国家，全国近百个造纸厂中有一半以上的工厂利用竹子做原料，估计竹材在造纸原料中的比例为45%~60%。印度也是世界上首批开发竹子发电潜能的地区之一。2006年，印度开始在东北部最大的竹产区米佐拉姆邦省建造两座以竹子为燃料的新型环保电厂。米佐拉姆邦将成为印度第一个使用这种"绿色"电力的地方邦。用竹子和竹子边角料发电,不仅成本低,也有利于环境保护,其原理类似于用稻壳发电,即将竹子干燥后再热解汽化,然后用产生的可燃气体来发电,在印度竹子利用的程度可以同木材相比拟,消耗量亦很大。

4.2.4 "美洲竹子"行动

美国原产的竹子资源并不多,原产的竹子也只有几种,除大青篱竹及其两个亚种外,没有乡土竹种,19世纪末期就开始引入竹子。20世纪初期,美国农业部组织对竹子制浆进行了研究,从世界各地进行了较大规模的竹种采集和引进。种植在美国各地的植物引种站,竹种引进取得了较大进展。美国人对竹子产生较大兴趣,把它作为景观利用、防治侵蚀、制作工艺品的原材料和食物。20世纪70年代末,美国成立了"竹子协会",开展了大量竹子教育、宣传和引种工作,为竹子在美国的普及和推广及美国竹业发展做出了很大贡献。据美国竹产业协会提供的数据:美国2002年的竹产业产值为3000万~4000万美元。美国竹子协会南加州分会实施"美洲竹子"的行动,对原产美洲的竹种实施有效保护和合理开发利用;竹子加工品的制作和交易也非常活跃。全美有40~50家生产和经营竹制加工产品的公司和企业,其中大部分为竹制品分销商。美国竹子园艺业发展异常迅猛,现有进行竹种买卖的竹种园、竹子苗圃150余个。其中有6个规模较大的生产销售公司,12个专门的竹子苗圃,约10个有权进口外来竹种的公司,初具产业规模,并建立了较完善的产供销服务体系,产生了良好的社会、生态和经济效益。美国同时也是世界上最大的竹制品进口市场。目前有几百种竹制产品,大部分从国外进口。

4.2.5 "竹子在欧洲"

欧洲没有天然分布的竹种,但由于当地居民的个人爱好和对环境美化与保护生态的重视,意大利、德国、法国、荷兰、英国等欧洲国家从亚洲、非洲、拉丁美洲的一些产竹国家引种了大量的竹种。2000年成立了"欧洲竹子协会",半年召开一次会议,竹子研究与经济技术交流活动非常热烈。欧洲已经建立了多处竹子观赏园与用于科研试验的竹园。2002年,欧洲委员会资助了"竹子在欧洲"的项目。在德国北部种植了一些竹种,收集了不同的竹种和它们的基因类型,对它们进行了评估。这项工作由德国农业研究中心所属的农作物科学研究所实施。实验的重点放在那些有可能适用于欧洲的农业发展,可能作为新的能源替代农作物或用于其他方面的竹种的栽培。德国把有关育种的进一步研究项目重点放在提高竹子的生物量上。竹子的蒸发系数小于300，低于传统的植物。因此水的利用率更高。竹竿蕴含的能量（每千克干物质燃烧可释放出17.1MJ的热值）和其超过40%的纤维素含量使得它更加适合作为产生能量和造纸以及生产纸浆的原材料。2002年，德国联邦农业研究中心曾对65种适于生产生物能量的植物进行了研究，其中竹子具有很大的优势。如果设定优先级的话，竹子会被排在前5名之内，主要是缘于竹子的生产力比较好，可以连年采伐，而且产量也不降低；竹子在冬天保持绿色，这对于欧洲日照时间较短的地区尤为重要；竹子比其他可供选择的作物对水的利用率更高；而且竹竿具有很好的机械性能，适合生物能量的转化。

4.2.6 非洲"加纳方案"

非洲竹产区是三大分布区中最小的一个，竹产业相对落后于其他产竹区。由于生产和加工技术落后，以及发展资金的匮乏，竹子发展很难形成一个完成的产业体系。近几年来，由于竹子产品的优势得到越来越广泛的认识。联合国工发组织十分重视竹子产品的开发、利用和加工，选择了加纳来开展竹产业这一领域的合作。在联合国工发组织组织的"加纳综合方案"项目下，加纳派代表参加了中国举办的国际竹子培训班；委托中方对加纳竹子样品进行了技术测试，并派加纳的相关人员对中国进行了考察。在联合国工发组织的推动下，加纳土地和森林部向该国内阁提交了一份备忘录，要求政府通过一项加纳的竹藤开发政策。竹产业即将成为非洲一项重要的扶贫与农业收入来源。

4.3 世界各地竹产业发展状况的比较分析

4.3.1 世界各地发展不平衡

世界竹子资源的分布是不均匀的，依据资源优势与发展历史看，亚洲竹产业最为发达，其中中国最为发达，2007年竹产业产值达800亿元，每年以20%增长速度发展，为世界做出了一个优秀的产业榜样。日本竹子资源不断下降，但是林地集约经营程度高，大部分移作水土保持和园林绿化等用。日本竹产品加工利用的新技术开发研究很活跃。竹材加工企业重视竹制产品的精加工深度，一般不生产粗加工产品，以充分有效地利用竹类资源。日本近年开发了竹纤维，竹叶黄酮系列保健品和竹炭系列等高科技产品。日本竹制品企业的经济效益主要来源于其产品的精加工上，不是指传统的、花费更多劳动力的手工艺品式的生产模式，而是以现代设计理念为基础，对产品从市场开发分析到生产管理技术等一系列的科学、高效的生产手段。印度竹林资源丰富，但是真正集约经营的竹林很少。竹林生长很差，产量极低。竹林在印度最大的用途是造纸，造纸废水利用处理后用于灌溉。竹子亦被用于笋笪等容器编制，较为现代化的竹材利用是竹胶合板制造，主要集中在北方邦、中央邦的一些较大城市附近。但是印度竹产业刚刚起步，并得到政府的财政、科技支持，赶上世界科技、金融和信息产业发展的浪潮，未来将展现如同班加罗尔一样的国际影响。欧美竹子资源并不丰富，竹产业刚刚起步，规模小，但是影响较大，对竹产业的发展投入很多热情与兴趣，资源利用水平较高。非洲竹产业相对落后于其他产竹区。

4.3.2 东西方产业方向

（1）东方关注传统产业

亚洲集中了世界 45% 的世界竹类资源，虽然资源丰富，但是经济发展水平的不同带来了与西方国家不同的产业道路。中国竹产业依然是以传统产业为主。竹子在建筑、造纸、轻工、食品、家具、包装、运输等行业中广泛应用，部分生产出来的产品用于出口。印度、泰国等竹产区国家的竹产业处在起步阶段，加上这些亚洲国家本身经济增长方式还处于传统模式，对于竹子资源的利用开发无法摆脱传统模式的束缚。在亚洲国家的竹产业发展传统产业的同时，欧、美、日等发达国家不断加强在竹子资源利用方面的攻关。日本高科技竹产品不断推陈出新。

（2）西方关注新兴产业

欧盟已经连续资助德国、比利时、荷兰、法国、意大利、西班牙等国进行"竹子可持续经营和竹材质量改进"及"欧洲竹子行动计划"等重大项目。欧美发达国家工业化程度较高，服务业比重较高，自然把竹子作为一种新的资源用于服务业等新兴领域，关注竹子在新兴领域方面的利用，着重在竹子生物性能开发、竹产品深加工在新领域的应用、园林绿化、竹子生态服务和把竹子用于设计等。

4.3.3 东西方关注元素不同

（1）东方关注人文元素

出于历史文化等原因，以中国和日本为代表的亚洲国家的竹产业在发展过程中更为关注竹子的人文元素，而欧美西方国家更关注竹子的环保元素与设计。中国悠久的文化与竹结下了不解之缘，形成了丰富多彩、独具特色的中国竹文化，构成了中国文化的独特色彩。"宁可食无肉，不可居无竹"，揭示了中华文明史中一个特殊的现象：竹作为一种特殊的载体，已渗透到中华民族物质和精神生活的方方面面。在我国源远流长的文化史上，松、竹、梅被誉为"岁寒三友"，而梅、兰、竹、菊被称为"四君子"，竹子均并列其中，可见竹子在我国人民心中占有重要地位，这是因为其秆挺拔秀丽、叶潇洒多姿、形千奇百态；它四季常青，姿态优美，独具韵味，情趣盎然。公园里，村寨旁，一丛丛一片片的翠竹既美化了人的生活，又能陶冶和升华人的高尚情操。

竹子无牡丹之富丽，无松柏之伟岸，无桃李之娇艳，但它虚心文雅的特征、高风亮节的品格为人们所称颂。它坦诚无私，朴实无华，不苛求环境，不炫耀自己，默默无闻地把绿荫奉献给大地，把财富奉献给人民。

在精神文化方面，竹文化内涵十分丰富和独特，影响着中国人的审美观和审美意识以及伦理道德，对中国文学、绘画艺术、工艺美术、园林艺术、音乐文化、宗教文化、民俗文化的发展，有着极其重要的促进作用。竹是中国文学的重要题材，从《诗经》时代开始，历代皆有咏竹赋竹的诗文佳作，创作了难以计数的文学作品，形成了中国独特的竹文学，在中国文学中独树一帜，异彩纷呈。工艺美术是美学和生活的结合，是科学和艺术的产品，竹是工艺美术品的重要材料，数千年来，中国先人们用竹子编织和雕刻各种赏心悦目的工艺美术作品，丰富了竹文化的内涵。考古资料证实，在新石器时代早期就开始用竹编织器物，春秋战国时期竹编艺术已达到了很高的境地，尤以楚国最为发达，品种极为丰富，以高超的技艺和独特的风格而著称于世。商周时期就已形成了雕刻工艺，汉代有竹雕刻艺术品存世，六朝时期文献中有竹雕刻艺术品的记载。唐代以后，竹刻名家辈出。宋代出现了詹成，明代出现了以嘉定朱松邻祖孙三代为代表的嘉定竹刻派，金陵（今南京）则出现李文甫等竹刻家。清代中期形成了湖南邵阳、四川江安和浙江黄岩等地的翻簧竹雕，并成为竹雕刻艺术的主流，民国初期出现北京张志渔开创的北派竹刻。竹还是工艺美术中的表现题材，寄寓着福、禄、寿、喜、财、发顺、吉等吉祥内容的图案，数千年来一直在民间装饰美术中流行，被广泛应用于雕刻、织绣、印染、陶瓷、编织、剪纸等各种工艺品的创作中。

竹与中国的音乐文化有着重要的联系，竹是制作乐器的重要材料，中国传统的吹奏乐器和弹拨乐器基本上是用竹制造的。竹子，对中国音律的起源产生了重要的影响，历史文献和考古资料证实，自周朝以后，历代使用竹定音律，故此，晋代就有以"丝竹"为音乐的名称，有"丝不如竹"之说，唐代把演奏乐器的艺人称为"竹人"。可见竹是中国音乐文化中不可替代的物质载体。

竹对中国的宗教文化也产生了很大的影响，古代的先民奉竹图腾，视其为图腾崇拜物，把竹作为祭祀的工具和祭品。道教和佛教出于教义崇奉竹子，追求竹子所构筑的环境。竹子在民俗文化中具有极为重要的作用。竹文化联系着口承文艺和游乐活动以及信仰习俗；进入了人类的礼仪制度之中，在祭祀、婚丧、交际、节日、朝规等社群文化中构成了民间竹文化的重要元素。古往今来，历代文人对梅花不知倾注了多少情。南宋诗人陆游的"无意苦争春，一任群芳妒"的佳句，把梅花推到了群芳之首。然而，梅毕竟有"花"。而竹呢？它既具有梅花笑迎风霜雪雨的坚强品格，更以文静、高雅、虚心进取、高风亮节、乐于奉献的美德而给人留下完美的形象。我爱竹、欣赏竹、崇拜竹、赞美竹，不仅是因为竹的万般风情给人以艺术的美感，更是因为竹的自然天性和独特品格给了我哲理的启迪和人格的力量！"咬定青山不放松，立根原在破岩中。千磨万击还坚劲，任尔东西南北风"。这千古流传的佳句，可说把竹子坚贞不屈的精神品质写得淋漓尽致。竹在荒山野岭中默默生长，无论是峰峰岭岭，还是沟沟壑壑，它都能以坚韧不拔的毅力在逆境中顽强生存。尽管长年累月守着无边的寂寞与凄凉，一年四季经受着风霜雪雨的抽打与折磨，但它始终"咬定青山"、专心致志、无怨无悔。千百年来，竹子清峻不阿、高风亮节的品格形象，为人师表、令人崇拜。

竹子刚劲、清新，生机盎然，蓬勃向上。当春风还没有融尽残冬的余寒，新笋就悄悄在地上萌发了，一场春雨过后，竹笋破土而出，直指云天，所谓"清明一尺，谷雨一丈"，便是对它青春活力和勃勃生机的写照。当春风拂去层层笋衣，它便像个活泼的小姑娘，亭亭玉立在明媚的春光里。到了盛夏，它舒展长臂，抖起一片浓郁的青纱，临风起舞，婀娜多姿。暑尽寒来，它仍绿荫葱葱，笑迎风霜雪雨。难怪白居易在《题窗竹》中留下这样的佳句："千花百草凋零后，留向纷纷雪里看。"竹，拥有永不消失的春天。

松树，使人想起了志士；芭蕉，使人想起了美人；高大的槐树，使人想起了将军；而修竹呢？它使人想起了隐者。竹轻盈细巧、四季常青，尽管有百般柔情，但从不哗众取宠，更不盛气凌人，虚心劲节，朴实无华才是它的品格。竹不开花，清淡高雅，一尘不染，它不图华丽，不求虚名的自然天性为世人所倾倒。清代诗人郑燮这样赞美道："一节复一节，千枝攒万叶。我自不开花，免撩蜂与蝶。"竹子心无杂念，甘于孤寂，它不求闻达于莽林，不慕热闹于山岭，千百年过去了，却终成这瀚海般的大气候。置身万倾碧波的竹海，只见苍翠挺拔的老竹，如同甲胄裹身的武士，而弯弯新竹，却又像柔情似水的少女；举目望去，那成方成阵的竹林，就像一队队、一排排跨马飞戈的兵团，而当漫步两旁茂竹夹道，竹叶轻轻拂面，又显得万般温柔，宁静和幽雅。刚柔相济能屈能伸，这又是竹的另一品性。"莫嫌雪压低头，红日归时，即冲霄汉；莫道土埋节短，青尖露后，立刺苍穹。"这副对联，道出了竹子的博大胸怀与豁达开朗的性格。

哪怕是在条件艰苦的破岩中，竹子也能顽强生存；它不求索取，只有奉献。竹子的一生是奉献的一生。竹笋做的佳肴，为人类所食用；用笋衣缝的布鞋，忍辱负重，默默承受着煎熬。用竹子制作的竹凉席、竹家具、竹胶板、竹筷、竹厅、竹工艺等应有尽有。在咸宁竹乡，苏东坡"宁可食无肉，不可居无竹"一说，道出了竹乡人与竹密不可分的关系。竹乡人打的是竹伞、戴的是竹笠、住的是竹楼、坐的是竹椅、睡的是竹床、吃的是竹笋……竹子还以它残留的枝丫扎成扫帚，为人类清除污垢，就是竹沫、竹头等，也在灶底燃烧，发挥光和热。有副对联这样写道："竹头虽微餐餐灶底炊肴馔，器皿虽小户户厨中要斗筲。"竹与人类结下不解之缘，竹为人类奉献了自己的全部。这真是"出世予人惠，捐躯亦自豪"。修竹千竿，情牵历代诗人，丹管一枝，写尽人间春色。竹是一首无字的诗，竹是一曲奇妙的歌。竹子精神在华夏文明史上写下光辉的一页。

在日本，竹子自古以来被视若清洁而神圣之物。广泛使用于生活之中，不仅体现在衣食住行上，还体现在文学、教育以及民族心理构造等各个方面。竹文化成为日本文化中重要的组成部分。

东方创造了独特的富有人文色彩的竹文化。竹产业在发展过程中向西方不断传播东方竹文化，西方人也表现出对竹子的极大兴趣。

（2）西方关注环保元素与设计

在西方人眼中，竹子是具有中国韵味的产物，这是西方人们对竹子产生兴趣的根源，而竹子在生产和加工过程中的生态性，又恰好与西方人健康、自然、环保的理念不谋而合，经过优秀设计和精细加工制作的竹产品在国外具有良好的市场前景。在绿色环保的建筑理念大行其道的背景下，被西方建筑界誉为"植物钢筋"的竹子，受到越来越多的建筑大师的青睐，并付诸设计实践。

2003年，世界著名设计师罗杰斯（Richard Rodgers）设计的马德里国际机场采用中国竹制防火天花板，引起世界瞩目，开始有更多的人尝试研究在新的领域内应用竹材，越来越多的消费者开始接受这种全新的天然材料。随后美国克林顿图书馆、欧洲耐克球场、日本东京东武百货、德国宝马展厅、欧洲IBM总部都使用了中国制造的竹地板。2005年宝马汽车开始用中国进口的竹板用于汽车内饰贴面。2006年大庄公司与英国剑桥大学合作研发了风车轮的竹板页面，竹子开发进入能源领域。竹地板用于建筑、家庭、公共场所，得到好的环保评价。美国一个公共场给使用竹子材料的环保评价加10分。西方的设计师们，更多地在文化层面开始尝试以现代的设计语言来赋予竹子新的活力。2007年由世界著名"走在设计前端建筑事务所"（Foreign Office Architects）设计的坐落于马德里南郊的名为"The Carabanchel"的公共住宅筑出庐，引起世界建筑界的震撼。该建筑的外墙采用竹子为主要材料，不仅绿色环保，更具有概念性的探索意义，堪称一幢既前卫又实用的现代竹楼。

在世界各地都能看到东方色彩浓郁的设计作品，诸多西方设计师正是利用其敏锐的设计嗅觉发掘了东方古老而浓重的历史文化基奠，造就了今天西方设计界一度引领时尚风潮的辉煌局面，其中具有浓郁东方色彩和环保色彩的竹子充当了重要的媒介。

4.4 世界竹产业的提升路径研究

4.4.1 挖掘竹子品牌价值，提升产品竞争力

"穷人的木头，富人的装饰品，艺术家的盟友，大自然的礼物。"这是对竹子所具有生态价值、经济价值和文化价值的生动描写，合理的开发利用，不断创造和提升竹产品的附加值，提高产品的市场认可，是提升世界竹产业发展的首要路径。对于竹产品而言，其核心品牌价值的归属应当侧重竹文化符号与环境友好特性。竹产品的"品牌的核心价值"如同生物体内的遗传基因一般，是一个世代延承、生生不息的、不变的中心要素，是区别竹产品与其他产品的根本因素。世界各地竹产业应积极参与世界经济交换竹品牌，通过高科技含量高质量的产品传递资源语言——竹文化语言。在全球化语境下，一方面，新科技的普及和应用为国际贸易打破时间和空间的障碍提供了条件，商品的世界流动成为现实；另一方面，伴随着商品的全球流动。商品所附带社会文化意义也传播到全球，在大众媒介的推波助澜之下，就形成基于全球商品的大众文

化。全球市场的形成和大众文化的流行给竹子品牌的国际传播提供了基本语境。竹文化和天然的环境友好特性以其独特的差异性成为商业世界售卖的新热点。随着科技进步与产品多元化的影响，商品讲求更多的精美和多功能，而传统的竹产品所讲求的朴实、耐用的特点已不再是商品价值的重点，而工艺的价值，随着人们对生态保护诉求的提升，竹产品由生活工艺转变为具有美学价值、人文价值和环保价值的产品，这种隐含的价值往往要大于其原材料所表现出来的价值。可以通过优秀的设计和精细的加工技术，生产出极具价值，满足消费者心理需求的高档竹产品。借此，竹产业提升其产品竞争力，竹产业水平也整体提高。

4.4.2 依靠科技进步与创新，提高产业核心竞争力

中国、印度、泰国的竹产业属于劳动密集型产业，生产率低，而且易造成污染，影响产品质量，突出资源与环境问题，容易受到"技术壁垒"影响。竹加工出口企业应注重科技投入。改进工艺和技术水平，有效规避技术壁垒。同时科技的驱动和创新是企业提高核心竞争力的必要条件。"创新"是一个"内在的因素"，"经济发展"也是"来自内部自身创造性的关于经济生活的一种变动"。全球竹产业发展存在不平衡性，中国竹业经济走在世界前列。政府的支持，中国企业家的创新动力和产品快速更新换代，是中国竹产业发展的内在动力。

4.4.3 参与国际合作与交流，共享与传播产业价值

全球竹产业发展存在不平衡性。欧美等发达国家缺乏竹类资源，但他们有巨大的市场需求，而中国、印度、东南亚则有得天独厚的竹类资源优势，多数产竹国家仍处于以传统利用为主的阶段，极具发展空间和潜力。发达地区可以带动其他地区，为国际合作增加内在动力。竹产区国家应加强双边与多边合作，建立示范基地，共享与传播竹产业价值。同时，在经济全球化的条件下，企业可以借助全球营销网络实现产品销售，这样可以降低运行费用和交易费用。全球竹产品市场营销网络的构建应关注市场定位和产品定位。竹产区利用地理优势，如有充足的原料供应，劳动力供给，方便的交通，以及良好的气候条件建立成熟的产品基地。这样的基地能为将来消化自己的产品提供广阔的市场。

4.4.4 参与国际碳汇，扩大融资渠道，增强竹产业国际影响

气候变暖是人类面临的十大生态问题之首，CO_2等温室气体排放形成的温

室效应是气候变暖的根源。森林的固碳作用在制氧、减缓温室效应方面有着重要作用。《京都议定书》规定将绿色植被固持 CO_2 纳入其中，森林碳汇可以抵冲企业等排放的 CO_2 量，成为当今与工业减排并行的应对气候变化的方法。森林碳汇功能具有比其他减排方式更经济和高效的优点。在市场上，森林碳汇被当作商品，通过碳信用自由转换成温室气体排放权，帮助国家完成温室气体减限排义务，形成了森林碳汇服务市场。竹林被誉为"第二森林"，生态效益优势明显。生物多样性保护价值大，造林成本低，天然具有优势。研究表明，竹林的固碳能力十分巨大，1公顷毛竹的年固碳量为5.09吨，是杉木林的1.46倍。世界各地竹产业可以通过碳汇交易获得设备、技术、资金，借此增强竹产业的国际影响和提升产业水平。2008年4月，中国绿色碳基金在浙江临安启动了毛竹林碳汇项目，成为全球首个竹林碳汇项目，为竹林资源利用与产业化提升开辟新的路径，也是当下学术讨论的热点问题之一。

4.5 世界竹产业发展趋势分析

4.5.1 竹材加工利用的发展趋势

随着国际热带资源的日益减少，和我国天然林保护的实施，由于竹子具有分布广、速生丰产、再生能力强，用途广泛，经济价值高的特点，竹材加工利用的发展目标，是建立大规模开发利用以竹材胶合板材和造纸为主导产品的高效利用技术体系，以实现资源和经济的持续发展，从而促进产区经济发展，提高群众的生活水平。由于竹子具有良好的加工特性，竹材胶合板材，如复合板、隔板、天花板、地板、模压板、椅心板、风磨叶片、预制混凝、复合结构、竹镶花地板、层压竹片、装饰片、竹胶板、竹丝板等，尤其是竹子重组成型材将是我国现阶段以及今后相当长的一段时间内竹材加工利用的主要发展方向；由于竹子具有良好的纤维特性，利用竹子，特别是利用丛生竹资源造纸也将是我国今后竹材加工利用的另一个主要发展方向；竹子活性炭的制作工艺及应用开发；随着科技水平的提高，竹子加工的综合利用水平将会有较大的提高。

4.5.2 竹笋加工利用的发展趋势

竹笋加工利用的目标是生产多种多样的笋制品，丰富群众的菜篮子，以满足人们日益增长的物质需求。

(1) 竹笋保鲜

竹笋保鲜技术目前所采用的主要是化学保鲜法和传统的盐渍笋或制酸笋的保存方法，但这些方法在保存竹笋原有风味及营养品质方面存在缺陷。竹笋保鲜技术重点应放在无毒的物理方法和生物方法或两者相结合的保鲜技术研究上，尽量减少防腐剂和化学保鲜剂的使用，例如竹笋的辐射处理、现代先进的真空软包装、快速低温冷冻等技术。

(2) 竹笋产品加工

竹笋产品加工应朝着安全卫生、食用方便、经济实惠、便于携带、符合不同地区人们口味的多种多样调味笋方向发展，如五香笋、辣味笋、佐餐笋等系列产品的开发。

竹副产品加工利用的发展目标是建立竹副产品加工利用的产业化技术体系，突破传统的利用范围，开发竹副产品的新用途、新领域，提高竹副产品资源利用率，并进一步向深度加工发展，减少竹笋、竹材加工废料对环境的污染；竹副产品加工利用向产业化方向发展，在竹副产品深度加工方面，向竹子食品、竹子保健及医药品、饲料和其他化工制品等方面的生产应用方向发展。

第5章　中国竹产业发展概况与模式

5.1　中国的竹资源丰富

中国是竹的故乡，竹类植物资源丰富、品种繁多，在世界60多属1100多种的竹子中，我国占37属近500种。

在悠悠几千年的历史发展长河中，竹子与人民的生活息息相关，与灿烂的古代文化艺术结下了不解之缘，形成了丰富多彩、独具特色的中国竹文化，人们称赞竹子是"东方美的象征"，人们誉中国为"竹子文化的国度"。另外，竹子因其特殊的美感和自然物性一直成为中国园林中最具特色、不可缺少的植物造景材料之一，在以追求"虽由人作，宛自天成"为宗旨的中国古典园林中发挥了重要的作用。

在现代园林植物造景中，竹景更以其特有的艺术风格和审美情趣为现代园林带来了无限的诗情画意，成为一道亮丽的风景线。

5.2　中国竹产业快速发展

我国是世界上竹类资源最丰富的国家，拥有40多属500余种竹子，竹林面积484万公顷，占世界竹林总面积的1/5。竹制品在我国有悠久的使用历史，其认可度高，而且竹制品价格低廉、清凉消湿，很受欢迎。这些年来，我国竹产业快速发展，在对竹子的科研、生产和利用等方面，我国已处于世界领先地位。

5.2.1　竹制品几大特性

具体而言，竹制品具备以下几大特性：一是冬暖夏凉，由于竹子的天然特性，其吸湿、吸热性能高于木材。二是竹子具有抗拉、抗压、抗弯强度好等优点，在东方竹子也是优雅、挺拔、坚毅的象征，人们利用竹子可以制作出各种各样的生活用具，像竹篮、竹筐、竹凳、竹床甚至竹屋等，广泛地运用于人们生活中。三是环保，竹子属于草本植物，是世界上生长最快的植物之一，竹子三四年就可成材，且砍伐后还可再生，对于环境恶化、天然林存量甚低的我国来说，不失为一种优质的替代材料，而且在黏结上使用特种胶，避免了甲醛对人体的危害，有益于人体健康。竹家具泛指以竹子、竹集成材、竹人造板为基材，开发制作的家具用品。曾有专家这样预测：竹制家具由于原料充足、价格低廉，再加上精心的设计，在全球木材资源缺乏的前提下，将成为未来家具的新宠。下面介绍目前我国在竹材方面几个常见应用。

竹地板，20世纪90年代初，中国出现了以竹材为原料的竹制地板，由于竹制地板具有色泽清新自然、平整光滑、强度大、韧性好、耐磨损等特点，所以一经出现便被广泛用于室内装修。而且由于中国有非常丰富的竹子资源，竹子的成材时间短、生存能力强，这些都为竹制地板的大面积推广奠定了坚实的基础。在当今木材资源越来越紧张的情况下，竹制地板越来越受到重视，被人们称作环保产品。

虽然我国竹地板发展史并不长，开始成规模进入市场是近几年的事，但是，由于具有独特的特点：纹理通直、色调高雅，有"宁可食无肉，不可居无竹"之誉。加上生产过程中人工精选，竹地板尺寸稳定性，力学强度好，经久耐用，取自自然，用于自然，无污染，而且还为居室平添更多的文化品位，深得国内外消费者喜爱。

竹门，原木涨价、运费涨价、企业竞争激烈，20世纪80年代末，一些企业为避开同质化生产，不与同行争原料，率先开始采用了以竹代木的套装门新技术，在行业中独树一帜。他们研制成功了一次成型竹碎料及纤维空心板生产技术。该技术被权威机构认定为国内首创，专家认定：这种空心板的独创性在于中空为方形，而且采用平压法压制，中空结构的方式用在竹门板上，不但节约竹材，减轻重量，而且还有隔热、隔音的效果。同时，竹材的强度比木材强，采取中空结构的设计工艺，增强了门板的力学强度，使其不会变形。

竹别墅，竹材不仅能够用在民用建筑上，甚至能当作大型工程建筑材料，这跟以往只是用竹子搭建乡土民居有巨大差别。竹子用作建筑装饰材料一般是三种用途——承重材料（如大梁）、板材（如竹地板）和装饰材（如竹家具贴面）。有了这三类材料，用竹子盖别墅就具备了条件。建筑业内人士认为，竹材结构材料的应用将改变建筑业传统的材料构成，使竹材这种速生植物资源进入建材领域。

5.2.2 竹材料创新

提起竹质家具人们总会想到两广地区用粗细不同的竹竿拼接起来的竹柜、竹床、竹椅。它们的外形虽然清新秀丽，但在北方使用极易开裂、变形，且竹家具不如钢制、木制家具结实。目前，我国已有厂家引进了美国的新技术，制成的新式竹木家具既保持了竹子的独特质感，又克服了其易干裂变形的"先天缺陷"，处理后的竹材还有防虫蛀，不会变形、脱胶等优点，各种物理性能相当于中高档硬杂木。竹质高档家具不仅是实用的商品，还具有相当的观赏性，让人不仅有回归自然的惬意，还能感受到扑面而来的中国传统文化气息，因而全竹家具在国际市场也是大有可为的。

目前一种被称为"竹集成材"的新材料也开始流行，它是一种新型家具基材，它是以竹材为原料加工成一定规格的矩形竹片，经三防处理（防腐、防霉和防蛀）、干燥、涂胶等工艺处理进行组坯胶合而成的竹质板材。竹集成材作为一种新型的家具基材保持了竹材物理、力学性能的特性，具有幅面大、变形小、尺寸稳定、强度大、刚度好、耐磨损等原有特点，并可进行锯截、刨削、镂铣、开榫、钻孔、砂光，装配和表面装饰方式加工。由于竹集成材生产时经过一定的水热处成品封闭性好，可以有效地防止虫蛀和霉变。与木质家具比较，由于竹材具有较强的物理力学性能，因此在同等承载力学强度下，新型竹集成材家具构件能以较小的尺寸满足强度要求，在家具的整体造型上显得更为轻巧，更能体现竹材的刚性以及力的美学。

新型竹集成材家具能够实现家具的模块化组合、延展，可以通过材料的多种应用和丰富的色彩变化，使其在风格上形成多样化以满足不同层次消费者的需求。

随着我国竹产业科技研发能力的不断增强，相信在资源日趋紧张的今天，作为环境友好型产业的竹产业，其前景将不可限量。

5.3 竹产业成为中国主要竹产区新的经济增长点

我国在竹资源的工业化应用上已经走在世界前列。过去产品主要局限在竹胶合板、竹工艺品、生活用品等物理应用方面，其实竹产品的开发利用范围很大，前景非常广阔。竹子的化学应用是今后的研究方向，这方面的科技含量很高，产品附加值也高。竹加工企业必须注重科技创新，在提高产品附加值上下功夫。

从事竹制品行业的人都知道，卖一个笋顶多 1 元钱，卖一根竹至少 10 元钱，而加工一根竹起码赚 20 元，如果是制成竹炭之类的科技产品，利润就更高了。各竹产区近年都相继出台了不同鼓励竹产业发展的政策并已初见成效。不仅竹业加工利用水平不断攀上新台阶，竹林资源的多种效益也得到有效开发。

依托竹资源开展生态旅游等第三产业在浙江、福建、四川等产竹省区迅速发展，已成为竹产业新的经济增长点。如浙江安吉县农民人均收入和县财政收入的 1/3 以上来自竹业，福建省竹业产值上亿元的县已有近 20 个。

福建建阳市黄坑镇近年来通过实施"以竹强镇、以竹富民"措施，全镇竹业总产值已达 1.2 亿元，形成了从竹筷、竹勺到竹地板的系列产品，每一根竹子的竹篼、竹梢、竹节、竹丝和竹粉都得到充分加工和利用，大大提高了毛竹的综合利用率和附加值。

以笋竹为农村经济第一大主导产业和农民增收致富的主渠道的浙江临安笋竹面积达到了 48.9 万亩，2006 年全市竹业总产值 24 亿元，竹笋的产值 642 亿元，产区 15 万竹农近六成收入来源于竹业。

随着竹产业资源培育、加工利用和旅游服务业的快速发展，"公司＋农户""公司＋粗加工户"成为产业化经营的有效模式。同时，各类先进适用技术的应用，竹业科技型企业蓬勃发展，竹材加工正向全竹利用和创新增长转变。竹业龙头企业正成为竹业技术和产品创新的主体。

据了解，目前全国年销售收入过亿元的竹加工企业超过 10 家，5000 万元以上的近 30 家，1000 万元以上的有 300 余家。竹产业化、市场化进程明显加快，全国年生产竹材达 11.52 亿根，竹笋产量达 420 万吨，竹地板产量约 600 万平方米，竹胶合板产量达 167.32 万立方米。

5.4 中国将大力发展竹产业

相关资料显示，我国将在 22 世纪大力发展竹产业，以改善生态环境，带动经济发展。我国是世界上竹资源最丰富的国家，今后 15 年，我国将在保护现有竹林资源的基础上，改造和新建竹林基地 6000 万亩。到 2015 年，竹业总产值 300 亿元，年出口创汇 10 亿美元。

水土流失是我国环境的头号难题。竹子四季常青，盘根错节，具有很好的截流降水、涵养水源、保持水土功能，是一个理想的防护林种。研究结果表明，每公顷竹林可蓄水1000吨，夏天可增加空气相对湿度5%~10%，竹林的平均降水截流率11%。大力发展竹林，将有效改善生态环境。

包括竹雕、竹编、竹乐器在内的竹制工艺品是中国的传统产品，增值率是一般制品的10倍以上，是林业创汇的重要产品，也是旅游纪念的珍品，发展前景十分广阔。中国近年来开辟的一些竹林旅游区，也迅速发展成为旅游热点。全国90%的竹子分布在丘陵山区，竹业的发展，将有助于我国山区农民脱贫致富。此外，大力发展竹产业将有效缓解22世纪中国木材供需矛盾。

5.5 中国竹业产业化发展模式研究分析

5.5.1 中国竹业产业化发展模式研究背景分析

中国是一个竹子大国，有竹类植物35属，近400种，且栽培利用历史悠久。无论是竹种资源的数量、竹林面积和蓄积，还是竹林产品的产量及其加工水平，中国皆居世界产竹国之首，有"世界竹子王国"之美誉。特别是改革开放以来，在竹产区各级政府的高度重视下，经过广大人民群众和竹业工作者坚持不懈的努力，我国的竹产业得到了迅猛的发展，已成为我国林业发展的一个新的经济增长点，为改善生态环境，繁荣山区经济，增加农民收入，扩大出口创汇，作出了重要的贡献。近几年来，对我国竹产业来说机遇与挑战并存：一方面，竹子是生态、经济和社会效益结合最好的树种，具有其他林种、树种不可比拟的优势。同时随着我国市场经济的建立，人们生活水平的提高，国家正大力扩大内需，调整产业结构，基础设施建设向生态建设倾斜，低附加值、低产的粮食生产向其他种植业转变，这些都为竹产业的发展带来了良好机遇。另一方面，我国竹产业目前从资源培育、产品加工利用到市场的开拓尚缺乏统一规划和协调发展的产业政策；主管部门的宏观调控和行业管理薄弱；竹林整体经营水平不高；加工企业规模小，产业化经营程度低；竹农税费负担重，生产积极性不高；拳头产品和名牌产品缺乏，市场竞争力不强。这一切都影响到了我国竹产业的健康、持续发展。特别是我国加入WTO后，如何把握竹产业发展的趋势，探索适合我国国情的竹子高效利用的产业化发展模式，促进我国竹产业的发展，已是一个急待解决的问题。

5.5.2 中国各地不同竹业产业化发展模式概述

不同条件下产业化发展模式是不同的，尤其是竹业的特点所决定的不同时空条件使得这种不同更为明显。当前,竹业生产经营活动由于所有制构成、区域资源条件、经营时期、经营对象及经营目的的不同,形成了不同的竹业产业化发展模式,可概括为以下几种类型。

(1) 加工企业(集团)拉动型模式

这种模式是基于市场、社会需求,以加工企业或企业集团为主导,以产品加工、销售为龙头,根据资源条件,重点围绕一种或几种市场需求潜力大的产品的生产、销售活动,与资源生产基地有机结合,所形成的"风险共担、利益共享"的一体化经营模式。这种发展模式运转的关键是加工企业(集团),因此,对其要求较高。它必须是与市场密切相连、有广阔市场前景和较大市场占有率、具有较强的实力,以先进技术和高新技术为先导,具有较高的管理水平,拥有精深加工的能力,从而达到产品的高技术含量、高产出率、高附加值,这样的加工企业才具有拉动作用,才能拉动相关产品生产乃至相关产业的发展。如将我国纸业的生产与造纸竹林的培育和原料供应结合起来,统筹规划,实现利益共享,风险共担,资金互补,责任明确的林纸一体化经营。

目前,我国竹浆造纸主要在四川,年产竹浆纸 26.2 万吨,占全国产量的 52.4% 以上。大型竹浆造纸厂需要大量竹材原料,四川现有竹业用地 3604 万公顷,立足于现有原料林基地,充分合理利用退耕还林地和宜林荒山荒地发展竹林生产,形成以龙头企业带动竹资源发展,促进地方经济与竹农增收的格局。宜宾市以宜宾纸业集团、长江包装纸业公司、长宁县纸厂为龙头的 24 个造纸厂,纸浆年产量达 20 万吨,其中竹浆产量达 13 万吨,消耗竹材 45 万吨,带动 7 万公顷以上竹子种植。乐山市永丰纸业、犍为县凤生纸业公司、沙湾区明珠纸厂等以竹材为原料,每年产纸 7.7 万吨,消耗竹材 29 万吨,带动 4.2 万公顷竹子种植。全省建竹林基地乡 64 个,村 584 个,组 4438 个,基地联竹农 12 万多户,竹农每年从竹业基地中收入 8000 多万元,人均收入 200 元。这一模式的特点是加工企业与生产基地形成统一的生产经营体系,其中两者的联结方式关系到这一经营体系的正常运转。最为普遍的联结方式是合同或契约,也可通过股份的联结方式,这样竹农可以享受到竹产品生产的后续利润,利用公司的市场经验和信息渠道获取市场供求信息,及时调整生产经营结构,指导生产经营过程。不足之处在于一旦市场出现波动,市场风险会再度转到竹农身上。一旦遇到自然灾害,竹农无力承担违约责任和灾害损失,公司也会因为自身利益受到影响而拒绝给竹农以必要的补偿。所以应建立加工企业对生产基地的扶持和生产基地对加工企业的资源供应之间长期稳定的关系。

(2) 流通组织带动型模式

这种模式是以流通组织（通常是建立专业市场或交易中心）为龙头，通过流通组织与产品加工、生产基地的联结，带动区域专业化生产，实行一体化经营的模式。在市场经济和买方市场条件下，流通对竹业生产具有导向功能、实现产品价值功能、提高商品率功能、优化竹业产业结构功能和增加产品价值功能。这种模式的特点是，以市场流通带动特色产业的建立，以特色产业带动区域经济的发展。这一模式运转的条件，一是流通企业或专业市场的构建，二是形成特色产业的规模化。这两个条件相互制约、相辅相成，共同推动该产业化模式的运行。没有知名的流通企业或市场，特色产业就得不到发展；而特色产业不达到一定的规模，流通企业或市场也不可能得以建立。该产业化模式较适合具有特色资源，并形成一定规模的区域或企业。如浙江省安吉县的竹业城和龙游县的溪口竹产品批发市场，初步形成了市场联基地，基地带竹农，实现竹子原产品自产自销的市场发展格局。这种形式有利于竹农直接根据市场需求组织生产，减少中间环节，体现竹农自主决策经营的权利。

现在全国的竹产品流通市场有4种状况：第一种是高级流通市场。它具有7种功能：商品集散功能，促销功能，价格形成功能，信息发布功能，推进竹产品标准化功能，全方位服务功能，催生竹产业化龙头功能。它是现代大流通市场形式，与现代大生产相适应。这种流通市场在全国还是很少的，在竹业比较发达的浙江、湖南等省正在积极培育这种市场。第二种是初级市场。是小业主聚集经营，市场统一管理服务。虽然办得比较规范，但它只与小农户、小作坊和小商贩的小商品经济相适应，并为其服务。它虽然是在改革开放中产生的新形式，但本质上还是传统的小流通。其中有些是以零售为主，批零兼营的集贸市场。这种市场在全国占多数。第三种是落后混乱的市场。这种缺乏管理监督的集贸市场有4种弊端：假冒伪劣产品的集散地，逃税漏税的"特区"，藏污纳垢的庇护所，行政执法机关个别工作人员的"腐败源"。这种市场虽然不占多数，但也为数不少。第四种是有场无市的。竹区人口分布过于零散，城镇化步伐缓慢，规模市场条件不够成熟，集聚效应弱，潜在需求难以转化为现实需求，限制了竹区的消费需求。

(3) 生产基地启动型模式

其特点是以区域的生产基地为依托，带动产业化的发展。该基地的确定是依托于区域的特色资源或特色产业。浙江省临安市林业局依靠自身技术力量强、信息灵的优势，在全市各地建立雷竹技术推广站，迅速把雷竹早出高产技术转化为生产力，促进了雷竹培育、加工作为临安支柱产业的形成和发展。菜竹笋面积从1997年的8000公顷猛增到现在的18000公顷，产量从6万吨增加到现在的15万吨，产值从2.27亿元增加到现在的3.34亿元。全市目前已拥有11个竹笋收入超千万元乡镇、120余个超百万元村和8000余个超万元户。在基地建设上，科技示范和推广起重要作用。在浙江省安吉县，中国竹子研究中心、浙江林学院、浙江省林科院等科研院所和大专院校等，建有毛竹现代科技示范园、科技示范和科研示范教学基地986.7公顷，县里还有示范区、乡镇示范点和示范村、组、户。由省里办的一个毛竹丰产示范点，竹材产量为31.95吨/公顷，为全国丰产林指标的1.13倍，鲜笋产量为4875千克/公顷，笋和竹材平均产值23670元/公顷。全县"九五"期间累计名、特、优竹造林5300多公顷，改造低产竹林1万公顷，亩产值上千元的丰产林已占到整个竹林的12.3%。通过推广笋竹两用林丰产技术、冬笋开发技术、早园竹高产技术等，突破了传统的冬笋禁挖、早园笋自然发展的模式，近15年间，冬笋和早园笋产量由不到100吨增加到2000多吨。

这种生产基地形式能迅速形成区域主导产业，形成专业化、社会化的生产体系。但也存在不利的方面，企业与竹农不能形成关系紧密的利益共同体，竹农不能参与产业化的全过程，参与过程中处于被动接受状态，得不到产业化的平均利润。

（4）合作组织协作型模式

这种模式是在分散经营主体独立经营的基础上，利用某种较为合适的联结方式组成联合体，以联合体为龙头带动各经营主体的一体化经营。该种产业化模式能够克服以往分散经营的种种弊端，降低经营主体经营风险，有利于经营主体行为外在性的内部化，在比较分散经营的情况下，这是发展产业化经营的一种较为理想的模式。但必须完善联合体内各经营主体的利益分配机制以及监督、约束机制，以免使联合体的纽带作用受阻。当然，要发挥联合体的带动作用，各种类型的服务组织尤其是政府部门的扶持与服务是必要的。江西奉新县是全国重要的商品粮和毛竹生产基地，但由于长期以来固守传统竹业生产模式，经济结构矛盾日趋突出，资源强县却成了经济弱县。近几年来，他们立足资源、市场以及品牌三大优势，重点扶持20多家具有较大带动能力的企业，与竹农建立"捆绑式"合作关系，使全县70个以上的竹农重新组织起来，按合同生产，依市场经营，东明牌高档竹地板畅销日本、韩国等10多个国家和地区。又如湖南洪江竹业股份有限公司将初级产品编制竹席、竹帘放到千家万户，与4个县的1万多个竹农签订合同，使每根原竹获得的收益由10元增加到20元，户年平均增收2001元，该厂加工产值由1990年的4000万元增加到现在的9500万元。

竹业合作经济组织采取的是自愿互利的创办原则，与农户在根本利益上是一致的，与其他形式相比更易组成利益共同体。它在不改变农户原有经营规模的同时扩大了整体规模，从而提高了农民的市场主体地位。作为非营利性的法人，合作组织可以进行产销活动，为农民提供各种服务。可以负责把竹产品加工、储藏、运输组织起来，承担起生产技术指导和信息服务的功能。可以把竹产品加工、贮运、批发和其他服务环节所取得的竹产品附加值返还给农民。合作经济组织在运作过程中既可以向产前的生产资料、购销等部门延伸，又可以向竹产品销售、加工等产后部门延伸，还可以向产中环节提供全方位的服务。

(5) 中国竹业产业化发展模式须遵循的思路

从前面的分析可以看出，竹业产业化过程同林业产业化过程一样，是自然再生产和经济再生产相交织的过程。它除了林业一般特点外，还具有自身的特点。竹林对土地要求的程度低于农林业，不适宜栽种农作物的土地，只要自然气候适宜，都可以用来发展竹林；且一次种植，可永续利用；竹林的管理培育、采伐、加工利用，主要取决于社会经济和生态的需要，对各种专用竹林，如造纸林、笋用林、工业用材林及其他特用林实行定向培育；竹林的采伐和永续高产利用是密切联系、相互制约的，它们相辅相成，构成竹产业中各部分的不断循环和周转。

因此，我们在构建竹业产业化发展的市场模式时必须遵循以下思路。

第一，竹业产业化发展模式应能反映竹业可持续发展的要求。首先，竹业产业化模式应以生态环境与竹产区资源的永续利用为基础，使生态、经济和社会效益的综合水平最佳；其次，竹业产业化模式应突出在时间、空间、活动三维系统内的公平；最后，竹业产业化模式应体现竹业各部分之间的有机联系，以竹产业的发展带动整个竹产区社会的发展。

第二，竹业产业化发展模式应能体现市场和社会需求导向。以市场及社会需求为导向是构建竹业产业化模式的前提，无论是竹业产业链群的构建、龙头企业的培植及规模大小,还是竹资源基地的建设,最终都由市场及社会需求所决定。由市场及社会需求决定竹产业间的关联、竹产业的布局,同时,以市场及社会需求拉动竹产业的发展。

第三,竹业产业化发展模式应能体现科技的支撑作用。竹业产业化应以现代科学技术为支撑,竹业产业化水平的高低取决于现代科学技术的运用程度。因此,在构建竹业产业化模式时要体现科技的支撑作用,以高科技的运用促进竹业产业化各环节的发展。实行竹业产业化,企业应成为技术创新的主体,并使创新科技成果与竹业产业化实践密切关联。

第四,竹业产业化发展模式应能使竹业产业内外关系恰当协调。竹产业的内部关系是指竹业产业中的资源培育、竹材及竹产品加工、竹林生态环境、多资源利用、销售、服务等产业的相互关联,外部关系是指竹业产业与其他产业,如农业、牧业、水利等的关联。竹业产业化模式应能体现这种竹业产业内部的紧密连接,以及竹产业与国民经济各相关产业间的联系,而不是孤立和封闭的。

第五,从实际情况出发,突出优势,构建有特色的竹业产业化发展模式。不同地区、不同时期由于资源禀赋条件、技术条件、所有制、市场化程度等的不同,竹业产业化发展模式也不可能是完全相同的。同时应考虑到竹业产业化是一个由低级向高级发展的动态过程。不同的产业化发展阶段应采取相应不同的产业化组织模式,要由初级向高级不断推进,在选择更高一级的竹业产业化发展模式时,除了根据当地竹业生产特点和生产力发展水平外,还应根据当地市场经济体制的完备程度,在吸取成功经验的基础上不断创造新的发展模式。

5.6 中国竹业产业化发展模式总体框架设计研究

无论设计哪种竹业产业化模式,它们在运行过程中都遵循一定的原则:一是利益驱动原则。竹业产业化模式对其参与主体要有利益诱因,使它们通过参加一体化经营实现各自的利益目标。二是高效率原则。在一体化模式系统运行过程中,各参与主体按照系统内的目标和一定秩序、规则进行有规律的生产、经营和销售,这种一条龙式的经营方式,必然产生凝聚效应,更有效地充分利用给定的资源,创造新价值。三是风险共担、利益均沾的利益共同体原则。这是一体化经营能否继续发展的重要前提。各参与主体对其在一体化系统中的生产要素等的投入以及他们在其中的资产产权得到承认,得到应有的回报,能极大地调动各参与主体的生产积极性，并通过经济利益共同体的高效运作，实现模式系统的整体目标与参与主体个人目标的最佳结合。四是自主经营、自负盈亏、自我约束、自我发展的企业化管理原则。

在上述思想的指导下，遵循竹业产业化的内在要求和借鉴产业化发展的已有模式，结合竹产业的特点，竹业产业化模式总体框架如图5-1所示。

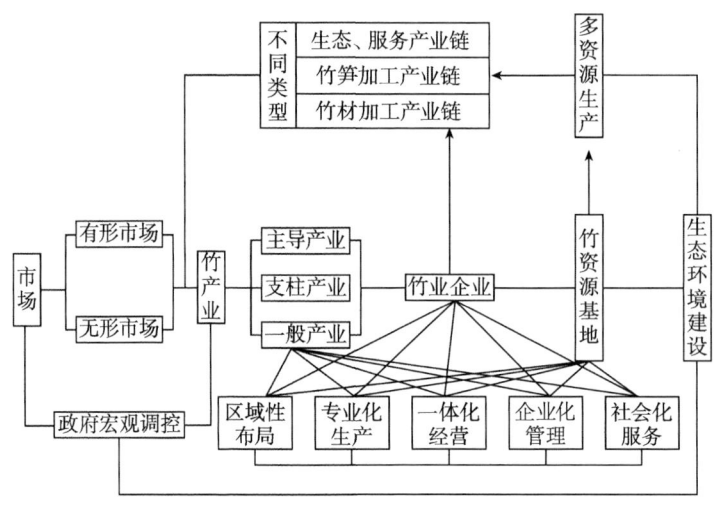

图5-1 竹业产业化模式总体框架

资料来源：智研数据

在这个总的框架中，包括3个主要组成部分的关键，即竹业产业化资源基地建设、竹业产业化市场体系、竹业产业化龙头企业选择。这3个部分之间存在着相互制约、相互依赖、相互促进的关系，任一部分发展滞后，都会影响到其他部分乃至整个竹产业化功能的发挥，从而影响竹业产业化发展模式的运转。产业化核心的问题是所涉及各方面关系的协调，这其中包括龙头企业与市场、龙头企业与资源培育基地以及竹农、中介组织、非林企业等之间的关系，这些关系如果不进行很好的协调，它们之间的联结就会受阻，产业化就不能正常运转。产业化发展模式对利益机制、约束机制等进行界定，对各方面关系进行协调，以保证它们间密切联结，使产业化链条有机连接，保证产业化运行的顺畅。

竹资源基地指竹产业经营所依托的各种竹林资源的培育基地，是竹业产业化的"第一车间"，是产业链中的源头，它在实施竹业产业化过程中起着基础作用，同时资源基地建设是连接竹产区群众生产经营活动与市场的桥梁，通过资源基地的建设，将分散的竹农生产经营活动集中起来，形成一定的规模，既能使竹业产业化取得规模效益，又保证了竹农生产活动的稳定。竹业产业化资源基地建设应以市场与社会需求为导向，根据区域优势和特点，合理区划，合理布局，确定资源基地合理生产经营规模，加大科技投入，集约经营，提高农民组织化程度，完善资源基地社会化服务体系，形成生态、经济、社会效益最佳的竹业产业化资源基地。各区域在进行竹业产业化资源基地建设时，可根据不同条件，采取不同的建设模式。比如龙头企业自建资源基地模式，独立资源培育企业模式，龙头企业与竹农的合约式模式。

竹业产业化市场体系的建设，是竹业产业化发展模式运行的首要环节。市场的取向决定了竹业产业化的发展方向。同时，竹业产业化发展模式的运行效果也要通过市场来检验。只有培育健全的市场体系，才能带动各项生产的发展，将生产与销售有机联系起来，提高竹业产业化的水平。所谓市场体系是指相互联系、相互制约的各类市场的有机统一体。从竹业产业化的视角，其市场体系应是完整的、高开放度的。不仅需要有完善的商品市场（包括有形商品市场和无形商品市场），更需要有健全的要素市场，包括竹资源市场、林地市场、资金市场、技术市场和劳动力市场等。根据竹产业及竹业产业化的特性，在构成市场体系的各类市场中，林地产权交易市场、竹产品流通市场、利益分配机制等市场的有效运行对实行竹业产业化是至关重要的。

龙头企业起着上连市场，下连基地，连接中间各环节，形成一体化经营体系的作用，它是竹业产业化的载体，在实行竹业产业化过程中起着十分重要的作用。其选择合理不仅关系到企业自身的发展，而且关系到整个竹产业的增长和结构的协调。因此，选择合理的龙头企业，是实现产业化模式合理化的关键。作为竹产业的龙头企业，一般要具备如下标准：①规模较大。能在区域经济中起到更好的示范作用。②经济效益好。产品转化增值能力强，抵御市场风险的能力较强。③带动能力强。有稳定的、较大规模的原料生产基地，生产、加工、销售各环节利益联结机制健全，能带动较多竹农。④产品具有市场竞争优势。主营产品符合国家产业政策，对区域经济带动作用大；科技含量高、市场潜力大；有较健全的市场营销网络，市场份额在同类产品中居前列，并且比较稳定。

有的龙头企业虽然目前的规模不是很大，但具备下列条件的，也可纳入龙头企业：①有较强的科技创新能力和可持续发展能力。所开发和生产的产品属高新技术产品或绿色食品,能有力地促进和带动相关新产业形成。②主营产品优势明显,出口创汇潜力大或进口替代能力强,能形成带动面较大的特色产业。

总之,正确确定龙头企业是竹业产业化的关键,应本着上述原则,结合竹产区的实际,科学合理地确定。但龙头企业也并不是长期不变的,应根据市场需求、资源等条件的变化及时做出调整,以使龙头企业持续发挥应有的效应。

5.7 中国及世界竹产业的提升路径

一是发展经济必须强化科技进步。竹产业是一项技术密集型与劳动密集型相结合的产业。我国从竹林培育到加工利用,形成了一整套促进产业发展的技术体系,并且在发展中不断创新。同时要注重深加工、高附加值竹产品的研发。

二是发展经济必须注重绿色低碳、保护环境。竹子在生长过程中,与树木一样有着固碳、释氧能力,对于生态保护意义重大。竹子加工实行全竹利用,提高了资源利用率和产品附加值,实现了资源消耗减量、循环产出增量目标。对于调整优化经济结构,建设以低碳排放为特征的产业体系和消费模式有着重要意义。

三是加大竹资源培育力度。建立竹林培育基地,是竹产业发展的基础和"第一车间",成为连接竹产区群众生产经营活动与市场的桥梁,从而实现规模经营。为实现绿色低碳战略,做大做强竹产业作出应有的贡献。

第6章 竹产业运行环境(PEST)分析

6.1 竹产业政治法律环境分析

6.1.1 行业管理体制分析

行业实行主管部门监管和行业协会自律规范相结合的监管体制。主管部门主要为国家及各省的林业部门,行业自律机构则是中国林产工业协会竹材专业会(见表6-1)。

表6-1 竹材行业相关进出口税率情况

编号	名称	进口税率(%)		出口税率(%)
		最惠国	普通	
44092019010	一边或面制成连续形状的其他濒危竹材	4	50	0
44092019090	一边或面制成连续形状的其他竹材	4	50	0

资料来源:中国海关

6.1.2 行业主要法律法规

表6-2 行业相关产业政策

序号	发布日期	文件名称	主要内容
1	2014年5月	关于进一步改革和完善集体林采伐管理的意见(林资发〔2014〕61号文)	竹林的经营利用有别于其他森林和林木。各地要根据竹林资源的特点和限额已放开的实际,从赋予林农最大经营自主权出发,进一步放宽竹林采伐和竹材运输管理,实行竹林经营利用由经营者自主决策
2	2013年6月	全国竹产业发展规划(2013—2020年)	从竹产业发展概况、竹产业发展面临的形势与需求、竹产业发展基本思路、重点建设任务、投资估算、保障措施六个方面进行详细阐述

续表

序号	发布日期	文件名称	主要内容
3	2011年7月	林业发展"十二五"规划	在华东、华南、华中、西南等竹子主要分布区，重点发展竹笋、竹板、竹胶、竹炭、竹家具、竹纤维、竹浆造纸等竹产业基地；大力培育竹产业，优化竹产业生产布局，推进优势竹产品生产向优势区域集中，发展规模生产，构建具有区域特色的竹产业带，培育相应的拳头产品和龙头企业
4	2011年11月	关于调整完善资源综合利用产品及劳务增值税政策的通知（财税〔2011〕115号）	以三剩物、次小薪材和农作物秸秆等3类农林剩余物为原料生产的林（竹、秸秆）纤维板、木（竹、秸秆）刨花板，细木工板、活性炭、栲胶、水解酒精、炭棒，实行增值税即征即退80%的政策，自2011年1月1日起执行
5	2010年7月	中国资源综合利用技术政策大纲	推广以竹材为主要原料造纸、生产人造板、层积材（集成材）、地板、家具等技术
6	2007年8月	林业产业政策要点（林计发〔2007〕173号文）	明确提出鼓励国家林业重点龙头企业利用资本市场筹集扩大再生产资金，支持符合条件的重点龙头企业在国内资本市场上市。限制以优质林木为原料的一次性木制品与木制包装的生产和使用以及木竹加工综合利用率偏低的木竹加工项目；以南方和西方地区竹资源集中分布区为依托的竹产业带

资料来源：根据公开资料整理

表6-3　竹材行业现行部分标准

标准编号	标准名称	发布部门	实施日期	状态
DB13/T 1362—2011	竹材粘胶棉纤维混纺产品纤维含量的测定	河北省质量技术监督局	2011/2/28	现行
DB33/T 959—2015	毛竹材用林培育技术规程	浙江省质量技术监督局	2015/3/31	现行
DB34/T 1849—2013	紫竹材用林丰产栽培技术规程	安徽省质量技术监督局	2013/4/7	现行
DB35/T 1421—2014	茶秆竹材用林培育技术规程	福建省质量技术监督局	2014/6/5	现行
DB35/T 913—2009	竹材收购规范	福建省质量技术监督局	2009/4/1	现行
DB36/T 502—2017	大径级毛竹材用林培育技术规程	江西省质量技术监督局	2018/1/1	现行

续表

标准编号	标准名称	发布部门	实施日期	状态
DB51/T 1148—2010	梁山慈竹材用林丰产经营技术规程	四川省质量技术监督局	2010/10/1	现行
DB51/T 1158—2010	白夹竹材用林丰产栽培技术规程	四川省质量技术监督局	2010/10/1	现行
DB51/T 1161—2010	硬头黄竹材用林丰产栽培技术规程	四川省质量技术监督局	2010/10/1	现行
FZ/T 52006—2006	竹材粘胶短纤维	国家发展和改革委员会	2006/10/1	现行
GB/T 15780—1995	竹材物理力学性质试验方法	国家技术监督局	1996/7/1	现行
JG/T 199—2007	建筑用竹材物理力学性能试验方法	建设部	2007/10/1	现行
JG/T 537—2018	建筑及园林景观工程用复合竹材	住房和城乡建设部	2019/4/1	现行
LY/T 1055—2002	汽车车厢底板用竹材胶合板	国家林业局	2002/12/1	现行
LY/T 1316—1999	竹材加工机械型号编制方法	国家林业局	1999/12/1	现行
LY/T 1574—2000	混凝土模板用竹材胶合板	国家林业局	2000/7/1	现行
LY/T 1660—2006	竹材人造板术语	国家林业局	2006/12/1	现行
LY/T 1842—2009	竹材刨花板	国家林业局	2009/10/1	现行
LY/T 2074—2012	竹材胶合板生产综合能耗	国家林业局	2012/7/1	现行
LY/T 2395—2014	竹材刨花板生产综合能耗	国家林业局	2014/12/1	现行
LY/T 2484—2015	竹材液化发泡工程材料通用技术要求	国家林业局	2015/5/1	现行
LY/T 2553—2015	家具用竹材胶合板	国家林业局	2016/1/1	现行
LY/T 2713—2016	竹材饰面木质地板	国家林业局	2016/12/1	现行
LY/T 2822—2017	紫竹材用林丰产栽培技术规程	国家林业局	2017/9/1	现行
LY/T 5004—2014	竹材胶合板工程设计规范	国家林业局	2014/12/1	现行

资料来源：工标网

6.1.3 行业相关发展规划

《全国竹产业发展规划（2013—2020）》已经国家林业局局务会审议通过，于2013年8月2日正式公布，要求各地林业部门、竹产业相关部门贯彻执行。本规划期限为2013—2020年，规划的总体目标是：按照绿色经济、低碳经济的发展要求，通过一二三产业的协调发展，力争到2020年竹产业实现跨越式的发展,为实现竹资源大国向竹产业强国转变奠定基础。2015年竹产业总产值达到2000亿元,比2011年增长66.5%;2020年竹产业总产值达到3000亿元,竹产业直接就业人数1000万人,竹区农民竹业收入2100元,占农民人均纯收入的20%以上。

6.2 竹产业经济环境分析

6.2.1 国际宏观经济形势分析

近年来,全球各主要国家GDP均保持了较为稳定的低速增长,全球GDP在2014年至2018年的增长率分别为3.58%、3.44%、3.37%、3.79%及3.60%(见表6-4)。

表6-4 2014—2018年全球部分主要国家GDP产值增速情况 (%)

指标	2014年	2015年	2016年	2017年	2018年
全球GDP产值增速	3.58	3.44	3.37	3.79	3.60
美国GDP产值增速	2.45	2.88	1.57	2.22	2.90
德国GDP产值增速	2.18	1.48	2.16	2.46	1.45
英国GDP产值增速	2.95	2.35	1.79	1.82	1.40
日本GDP产值增速	0.38	1.22	0.61	1.93	0.70
澳大利亚GDP产值增速	2.62	2.46	2.78	2.38	2.81
俄罗斯GDP产值增速	0.70	-2.5	0.30	1.65	2.33
巴西GDP产值增速	0.51	-3.55	-3.31	1.06	1.11
泰国GDP产值增速	0.98	3.13	3.36	4.02	4.13

资料来源:联合国、智研咨询

(1)美国经济环境

按照美国商务部网站公开的信息,2018年美国的国内生产总值(GDP)同比上年实际增长2.9%,GDP总量达到了20.494万亿美元——不仅继续在全球各国中排第一,而且也是唯一的GDP总量达到和超过20万亿美元的国家。

2008年美国的GDP约为14.72万亿美元,到2018年按照美国官方发布的信息,已经上涨到了20.494万亿美元——增长了39.2%。

2008年14.72万亿美元的美国GDP,是英国、法国和意大利GDP之和(8.2万亿美元)的1.8倍。而到2018年,20.494万亿美元的美国GDP,是英国、法国和意大利GDP之和(7.671万亿美元)的2.7倍。

(2) 日本经济环境

日本内阁府近日公布的初步统计结果显示,2018年日本实际国内生产总值(GDP)增长0.7%,较2017年1.93%的增速大幅下滑。虽然日本经济已连续7年保持增长,但增长势头已显露疲态。

数据显示,日本2017年四个季度经济增幅分别为-0.2%、0.6%、-0.7%和0.3%,其中第三季度经济大幅萎缩主要是因为日本西部地区暴雨和北海道地震等自然灾害。这种正负交替的经济增长态势被日本经济界人士称为"原地踏步",全年来看难寻亮点。

2018年日本人口接近1.266亿人,全年日本人均名义GDP为4334940日元。按照全年日元与美元的平均汇率折算,2018年日本GDP总量约为49684亿美元,人均约为4.92万美元。

(3) 欧元区经济环境

根据欧洲统计局最新公布的数据,2018年欧盟GDP增幅为1.9%,就业率增长1.3%;欧元区GDP增长率为1.8%,就业率增长1.4%。货物贸易方面,2018年欧盟进出口总额为39324亿欧元,同比增长5.4%,其中出口19549亿欧元,同比增长4%,进口19775亿欧元,同比增长6.5%,贸易逆差达226亿欧元。2018年美国仍是欧盟第一大贸易伙伴和最大出口市场,双边贸易额为6731亿欧元。中国是欧盟第二大贸易和最大进口来源国,2018年中欧双边贸易额达6039亿欧元,同比增长5.3%,其中欧盟对中国出口2099亿欧元,同比增长6.2%,自中国进口3940亿欧元,同比增长5%。

(4) 新兴国家经济环境

2018年,包括阿根廷、巴西、中国、印度、印度尼西亚、韩国、墨西哥等"新兴11国"(E11)经济增长率略微放缓。根据国际货币基金组织的估计数据加权计算,2018年E11的国内生产总值(GDP)增长率约为5.1%,略低于上年5.2%的增长率。

6.2.2 国内宏观经济形势分析

初步核算,2018年全年国内生产总值900309亿元,按可比价格计算,比上年增长6.6%,实现了6.5%左右的预期发展目标。分季度看,第一季度同比增长6.8%,第二季度增长6.7%,第三季度增长6.5%,第四季度增长6.4%。分产业看,第一产业增加值64734亿元,比上年增长3.5%;第二产业增加值366001亿元,增长5.8%;第三产业增加值469575亿元,增长7.6%

（见图6-1和表6-5、表6-6、表6-7）。

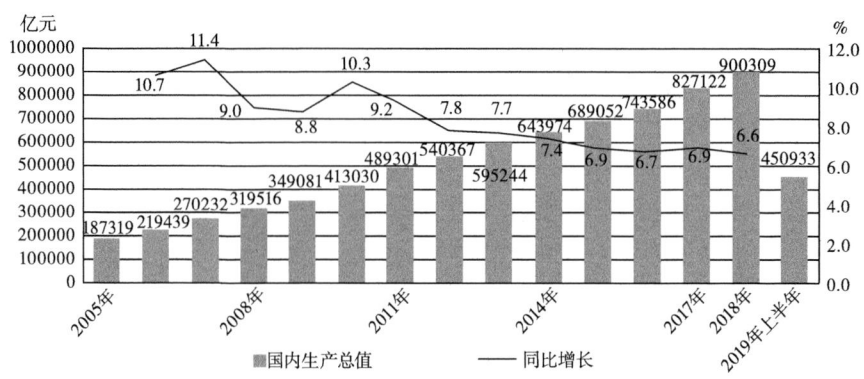

图6-1　我国GDP发展运行情况

资料来源：国家统计局

表6-5　2019年上半年GDP初步核算数据

指标	绝对额（亿元）	比上年同期增长（%）
GDP	450933	6.3
第一产业	23207	3.0
第二产业	179984	5.8
第三产业	247743	7.0
农林牧渔业	24358	3.2
工业	152994	5.8
#制造业	132911	6.0
建筑业	27466	5.5
批发和零售业	42678	5.9
交通运输、仓储和邮政业	20495	7.3
住宿和餐饮业	8109	6.2
金融业	37854	7.3
房地产业	31095	2.5
信息传输、软件和信息技术服务业	18516	20.6
租赁和商务服务业	12631	7.8
其他服务业	74739	5.4

价格计算，同比增长6.3%。分季度看，第一季度同比增长6.4%，第二季度增长6.2%。分产业看，第一产业增加值23207亿元，同比增长3.0%；第二产业增加值179984亿元，增长5.8%；第三产业增加值247743亿元，增长7.0%。

表 6-6 2012—2019 年 GDP 同比增长速度（%）

年份	第一季度	第二季度	第三季度	第四季度
2012	8.1	7.6	7.5	8.1
2013	7.9	7.6	7.9	7.7
2014	7.4	7.5	7.1	7.2
2015	7.0	7.0	6.9	6.8
2016	6.7	6.7	6.7	6.8
2017	6.8	6.8	6.7	6.7
2018	6.8	6.7	6.5	6.4
2019	6.4	6.2		

资料来源：国家统计局

表 6-7 2012—2019 年 GDP 环比增长速度（%）

年份	第一季度	第二季度	第三季度	第四季度
2012	1.9	2.1	1.8	2.0
2013	1.9	1.8	2.1	1.6
2014	1.8	1.8	1.8	1.7
2015	1.8	1.8	1.7	1.5
2016	1.4	1.9	1.7	1.6
2017	1.5	1.8	1.7	1.6
2018	1.5	1.7	1.6	1.5
2019	1.4	1.6		

资料来源：国家统计局

2017 年，全国居民人均可支配收入 25974 元，比上年名义增长 9.0%，扣除价格因素，实际增长 7.3%。2018 年，全国居民人均可支配收入 28228 元，比上年名义增长 8.7%，扣除价格因素，实际增长 6.5%。2019 年上半年，全国居民人均可支配收入 15294 元，比上年同期名义增长 8.8%，扣除价格因素，实际增长 6.5%（见表 6-8 和表 6-9）。

表 6-8 我国居民人均可支配收入情况

年份	居民人均可支配收入（元）
2011	14551
2012	16510
2013	18311

续表

年份	居民人均可支配收入（元）
2014	20167
2015	21966
2016	23821
2017	25974
2018	28228
2019 年上半年	15294

资料来源：国家统计局

表6-9　我国城镇及农村居民收入及消费支出情况

年份	城镇居民收支		农村居民收支	
	城镇居民人均可支配收入（元）	城镇居民人均消费支出（元）	农村居民人均可支配收入（元）	农村居民人均消费支出（元）
2008	15781	11243	4761	3661
2009	17175	12265	5153	3994
2010	19109	13472	5919	4382
2011	21810	15160	6977	5221
2012	24565	16674	7917	5908
2013	26467	18488	9430	7485
2014	28844	19968	10489	8383
2015	31195	21392	11422	9223
2016	33616	23079	12363	10130
2017	36396	24445	13432	10955
2018	39251	26112	14617	12124
2019 年上半年	21342	13565	7778	6310

资料来源：国家统计局

工业增加值是指工业企业在报告期内以货币形式表现的工业生产活动的最终成果，是指工业企业在一定时期内工业生产活动创造的价值，是国内生产总值的组成部分。公式：工业增加值=固定资产折旧+劳动者报酬+生产税净值+营业盈余。增加值是国民经济核算的一项基础指标。各部门增加值之和即是国内生产总值，它反映的是一个国家（地区）在一定时期内所生产的和提供的全部最终产品与服务的市场价值的总和，同时也反映了生产单位或部门对国内生产总值的贡献。因此，建立增加值统计，将为计算国内生产总值提供可靠依据。计算方法有生产法和收入法（见表6-10）。

表6-10 2014—2019年我国工业增加值增长情况

时间	工业增加值同比增长（%）	工业增加值累计增长（%）
2014年1—2月		8.6
2014年3月	8.8	8.7
2014年4月	8.7	8.7
2014年5月	8.8	8.7
2014年6月	9.2	8.8
2014年7月	9.0	8.8
2014年8月	6.9	8.5
2014年9月	8.0	8.5
2014年10月	7.7	8.4
2014年11月	7.2	8.3
2014年12月	7.9	8.3
2015年1—2月		6.8
2015年3月	5.6	6.4
2015年4月	5.9	6.2
2015年5月	6.1	6.2
2015年6月	6.8	6.3
2015年7月	6.0	6.3
2015年8月	6.1	6.3
2015年9月	5.7	6.2
2015年10月	5.6	6.1
2015年11月	6.2	6.2
2015年12月	5.9	6.1
2016年1—2月		5.4
2016年3月	6.8	5.8
2016年4月	6.0	5.8
2016年5月	6.0	5.9
2016年6月	6.2	6.0
2016年7月	6.0	6.0
2016年8月	6.3	6.0
2016年9月	6.1	6.0
2016年10月	6.1	6.0

续表

时间	工业增加值同比增长（%）	工业增加值累计增长（%）
2016年11月	6.2	6.0
2016年12月	6.0	6.0
2017年1—2月		6.3
2017年3月	7.6	6.8
2017年4月	6.5	6.7
2017年5月	6.5	6.7
2017年6月	7.6	6.9
2017年7月	6.4	6.8
2017年8月	6.0	6.7
2017年9月	6.6	6.7
2017年10月	6.2	6.7
2017年11月	6.1	6.6
2017年12月	6.2	6.6
2018年1—2月		7.2
2018年3月	6.0	6.8
2018年4月	7.0	6.9
2018年5月	6.8	6.9
2018年6月	6.0	6.7
2018年7月	6.0	6.6
2018年8月	6.1	6.5
2018年9月	5.8	6.4
2018年10月	5.9	6.4
2018年11月	5.4	6.3
2018年12月	5.7	6.2
2019年1—2月		5.3
2019年3月	8.5	6.5
2019年4月	5.4	6.2
2019年5月	5.0	6.0
2019年6月	6.3	6.0
2019年7月	4.8	5.8
2019年8月	4.4	5.6

资料来源：国家统计局

2019年8月，规模以上工业增加值同比实际增长4.4%（以下增加值增速均为扣除价格因素的实际增长率），比7月回落0.4个百分点。从环比速度看，8月，规模以上工业增加值比上月增长0.32%。1—8月，规模以上工业增加值同比增长5.6%。

分三大门类看，8月，采矿业增加值同比增长3.7%，增速较7月回落2.9个百分点；制造业增长4.3%，回落0.2个百分点；电力、热力、燃气及水生产和供应业增长5.9%，回落1.0个百分点。

分经济类型看，8月，国有控股企业增加值同比增长4.1%；股份制企业增长5.3%，外商及港澳台商投资企业增长1.3%；私营企业增长6.0%。

分行业看，8月，41个大类行业中有32个行业增加值保持同比增长。农副食品加工业增加值与上年同月持平，纺织业增长0.1%，化学原料和化学制品制造业增长1.2%，非金属矿物制品业增长8.1%，黑色金属冶炼和压延加工业增长10.4%，有色金属冶炼和压延加工业增长8.5%，通用设备制造业与上年同月持平，专用设备制造业增长3.3%，汽车制造业增长4.3%，铁路、船舶、航空航天和其他运输设备制造业增长7.8%，电气机械和器材制造业增长10.0%，计算机、通信和其他电子设备制造业增长4.7%，电力、热力生产和供应业增长5.1%。

分地区看，8月，东部地区增加值同比增长2.8%，中部地区增长6.5%，西部地区增长5.3%，东北地区增长3.0%。

分产品看，8月，605种产品中有302种产品同比增长。钢材10639万吨，同比增长9.8%；水泥21018万吨，增长5.1%；十种有色金属491万吨，增长4.4%；乙烯165万吨，增长1.8%；汽车200.0万辆，下降0.6%，其中，轿车80.9万辆，下降7.3%；新能源汽车10.0万辆，增长9.9%；发电量6682亿千瓦时，增长1.7%；原油加工量5400万吨，增长6.9%。

8月，工业企业产品销售率为98.3%，比上年同期下降0.3个百分点。工业企业实现出口交货值10464亿元，同比名义下降4.3%。

2017年全国固定资产投资（不含农户）631684亿元，比2016年增长7.2%，增速比2016年回落0.9个百分点。2018年，全国共完成固定资产投资（不含农户）635636亿元，比上年增长0.6%。

2019年上半年，全国共完成固定资产投资（不含农户）299100亿元，同比增长5.8%，增速比1—5月加快0.2个百分点；比2018年全年小幅回落

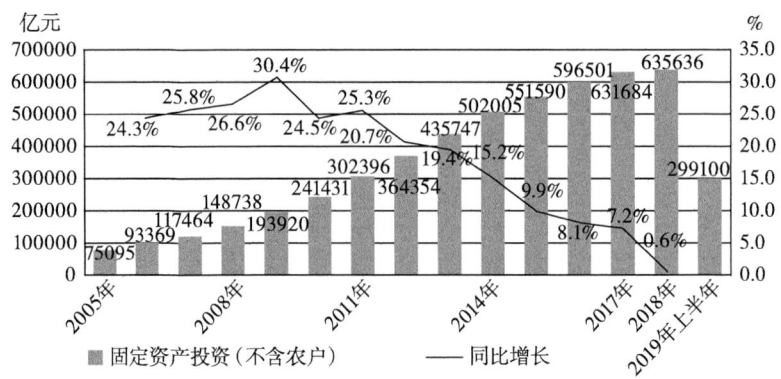

图 6-2　我国固定资产投资情况

资料来源：国家统计局

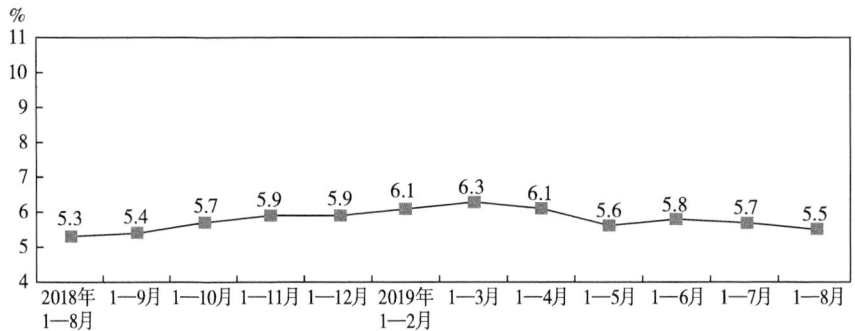

图 6-3　固定资产投资（不含农户）同比增速

资料来源：国家统计局

0.1 个百分点。2019 年上半年各月投资增速均保持在 6% 左右，增长比较平稳。2019 年 1—8 月，全国固定资产投资（不含农户）400628 亿元，同比增长 5.5%，增速比 1—7 月回落 0.2 个百分点。从环比速度看，8 月固定资产投资（不含农户）增长 0.40%。其中，民间固定资产投资 236963 亿元，增长 4.9%，增速比 1—7 月回落 0.5 个百分点（见图 6-2、图 6-3）。

分产业看，第一产业投资 11005 亿元，同比下降 3.4%，降幅比 1—7 月扩大 2.2 个百分点；第二产业投资 131824 亿元，增长 2.1%，增速回落 1.3 个百分点；第三产业投资 257799 亿元，增长 7.3%，增速加快 0.3 个百分点。

第二产业中，工业投资同比增长 3.3%，增速比 1—7 月回落 0.5 个百分点。其中，采矿业投资增长 26.2%，增速回落 1.2 个百分点；制造业投资增长

2.6%，增速回落 0.7 个百分点；电力、热力、燃气及水生产和供应业投资增长 0.4%，增速加快 0.4 个百分点。

第三产业中，基础设施投资（不含电力、热力、燃气及水生产和供应业）同比增长 4.2%，增速比 1—7 月加快 0.4 个百分点。其中，铁路运输业投资增长 11%，增速回落 1.7 个百分点；道路运输业投资增长 7.7%，增速加快 0.8 个百分点；水利管理业投资增长 0.7%，1—7 月为下降 0.3%；公共设施管理业投资下降 0.3%，1—7 月为增长 0.1%。

分地区看，东部地区投资同比增长 3.8%，增速比 1—7 月回落 0.7 个百分点；中部地区投资增长 9.3%，增速回落 0.1 个百分点；西部地区投资增长 5.2%，增速回落 0.4 个百分点；东北地区投资下降 4.3%，降幅扩大 0.6 个百分点。

分登记注册类型看，内资企业固定资产投资同比增长 5.6%，增速比 1—7 月回落 0.3 个百分点；港澳台商投资企业固定资产投资增长 1.7%，增速回落 0.2 个百分点；外商投资企业固定资产投资增长 2.5%，增速回落 1.1 个百分点。

2017 年社会消费品零售总额 366262 亿元，比 2016 年增长 10.2%，增速比 2016 年回落 0.2 个百分点。2018 年，我国消费品市场总量继续扩大，结构优化调整，消费升级持续推进，市场供给方式不断创新，消费继续发挥经济增长第一驱动力的作用。2019 年上半年，我国消费品市场总体平稳，市场规模持续扩大，分季度增速稳中有升。城乡市场共同发展，消费结构持续优化，线上线下加速融合，促进消费增长的新动能不断壮大（见图 6-4）。

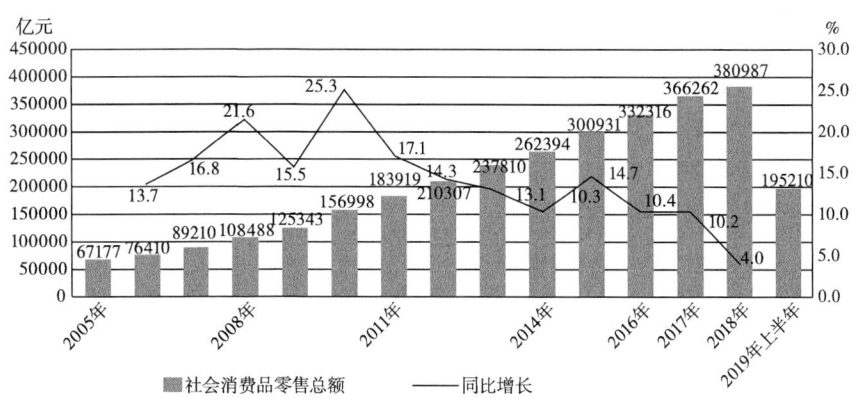

图 6-4　我国社会消费品零售总额及增速

资料来源：国家统计局

2019年上半年，社会消费品零售总额195210亿元，同比名义增长8.4%（扣除价格因素实际增长6.7%，以下除特殊说明外均为名义增长）。其中，6月社会消费品零售总额33878亿元，同比增长9.8%（见图6-5）。

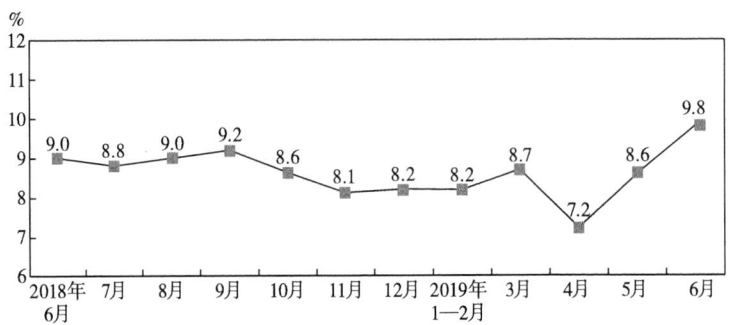

图6-5 社会消费品零售总额分月同比增长速度
资料来源：国家统计局

按经营单位所在地分，2019年上半年城镇消费品零售额166924亿元，同比增长8.3%；乡村消费品零售额28286亿元，增长9.1%。其中，6月城镇消费品零售额28959亿元，同比增长9.8%；乡村消费品零售额4919亿元，增长10.1%。

按消费类型分，2019年上半年餐饮收入21279亿元，同比增长9.4%；商品零售173930亿元，增长8.3%。其中，6月餐饮收入3723亿元，同比增长9.5%；商品零售30155亿元，增长9.9%。

按零售业态分，2019年上半年限额以上零售业单位中的超市、百货店、专业店和专卖店零售额比上年同期分别增长7.4%、1.5%、5.3%和3.0%。

2019年上半年，全国网上零售额48161亿元，同比增长17.8%。其中，实物商品网上零售额38165亿元，增长21.6%，占社会消费品零售总额的比重为19.6%；在实物商品网上零售额中，吃、穿和用类商品分别增长29.3%、21.4%和20.9%。

2017年，我国进出口总额41044.7亿美元，同比（下同）增长11.4%。其中，出口额22634.9亿美元，增长7.9%；进口额18409.8亿美元，增长15.9%；贸易顺差4225.1亿美元，下降17%。12月当月，我国进出口总额4088.9亿美元，增长8%。其中，出口额2317.9亿美元，增长10.9%；进口额1771亿美元，增长4.5%；贸易顺差546.9亿美元，增长38.3%。

2018年全年，我国进出口总额46230亿元，同比增长12.6%。其中，出口额24874亿美元,增长9.9%;进口额21356亿美元,增长15.8%;贸易顺差3518亿美元。12月,我国进出口总额3854亿美元,同比下降5.8%。其中,出口额2213亿美元,下降4.4%;进口额1642亿美元,下降7.6%;贸易顺差571亿美元(见图6-6、图6-7)。

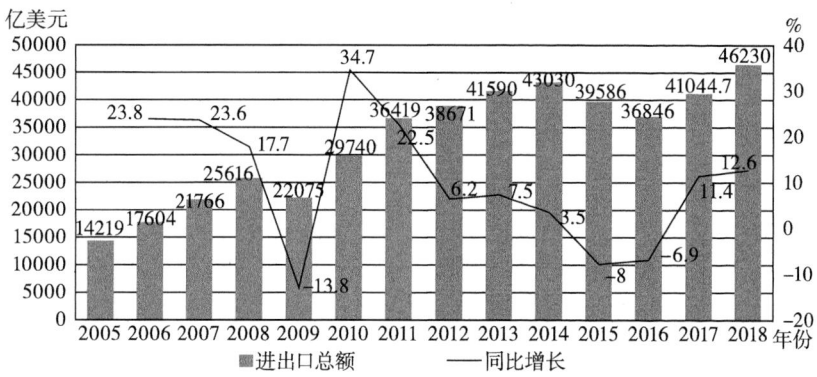

图6-6 我国进出口总额走势及增速

资料来源:中国海关

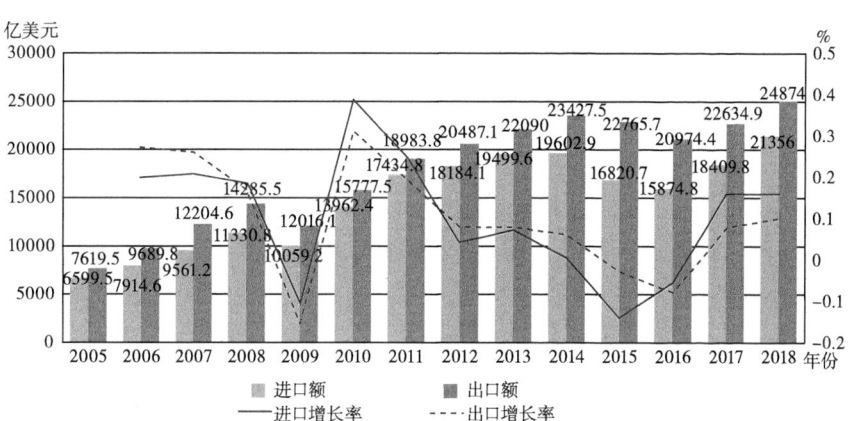

图6-7 我国出口额与进口额走势及增速

资料来源:中国海关

6.2.3 产业宏观经济环境分析

在乐观情景下,2019年中国GDP预计将增长6.40%,增速比2018年降低0.20个百分点,2020年GDP增速可能进一步回落至6.22%;而在悲观情景下,2019年GDP增速可能大幅下降至6.24%,比2018年降低0.36个百分点;2020年则为6.27%。这表明,即使在可能的不确定性下,未来两年中国经济增速"稳中趋缓"的态势还将持续。当前中国经济增长的下行压力依然来自国内投资和消费的减速。

(1) 产业结构更呈现服务业化、智能化、高端化的特征

1)产业结构服务业化。从产业结构演进的规律来看,随着人均收入水平的提升,资源配置将由第一产业到第二产业再到第三产业转换,第三产业的比重将持续提升。而从消费结构的演进规律来看,随着居民衣食住行等必需品消费需求的满足,精神享受型的、发展型的消费比重将不断提高,而这类需求的满足恰恰依赖于服务业的大力发展。目前第三产业在GDP中所占的比重已超过第二产业,并且从增长速度来看,第三产业的增长也要快于第二产业。因此,认为"十三五"期间无论是服务业占比还是服务业对经济增长的贡献都将超过50%。

2)智能化:《中国制造2025》主攻方向。"十三五"期间,产业结构将会出现的又一重大趋势就是信息技术与制造业的融合,推动制造业向智能化转型。工业和信息化部印发的《关于开展2015年智能制造试点示范项目推荐的通知》,将重点推进流程制造、离散制造、智能装备和产品、智能制造新业态新模式、智能化管理、智能服务等6大领域的试点。《中国制造2025》也明确要加快推动新一代信息技术与制造技术融合发展,把智能制造作为两化深度融合的主攻方向。

《中国制造2025》明确提出,要到2020年实现制造业重点领域智能化水平显著提升,使试点示范项目运营成本降低30%,产品生产周期缩短30%,不良品率降低30%。这意味着,"十三五"期间,智能制造的重点领域将会取得实质性的进展,具有广阔的投资空间。

3)高端化:战略性新兴产业。根据《国务院关于加快培育和发展战略性新兴产业的决定》,节能环保、新一代信息技术、生物、高端装备制造、新能源、新材料、新能源汽车等战略性新兴产业到2015年的增加值占国内生产总值的比重要达到8%左右;到2020年,战略性新兴产业增加值占国内生产总值的比重要达到15%左右。未来五年的GDP增长率约为7.5%,要实现上述目标,"十三五"期间战略性新兴产业的规模就要保持年均22%的增长率,明显高于GDP增长率。有哪个行业可以实现3倍于GDP的增长,恐怕也只有战略性新兴产业。因此,"十三五"期间,节能环保、新一代信息技术、生物、高端装备制造、新能源、新材料和新能源汽车产业发展前景广阔,将进入快速

增长期。

(2) 中西部领跑四大地区增长

从东、中、西和东北四大板块来看,"十二五"期间,西部增速最高,中部次之并高于东部,东北则呈现出"塌陷"式增长。这种格局将延续至"十三五"。主要的原因有以下三个方面:

一是东部步入工业化后期,中西部大多处于工业化中期;

二是中西部人均收入较低,具有明显的后发优势;

三是东北"塌陷"源于以制度扭曲、重化工业为主的产业结构及人口净流出等多方面不利影响。

(3) 国企改革取得实质进展

2015年中国政府提出要推进供给侧结构性改革,紧扣中国当前经济发展结构性问题最突出、矛盾主要方面在供给侧的阶段特征,以改革的办法推进结构调整,以结构优化要素供给的质量和效率。近期的工作重点是"去产能、去库存、去杠杆、降成本、补短板",即"三去一降一补"。长期的工作重点是通过深化改革,增加有效制度供给。

当前国际国内总需求不足和结构性矛盾突出的基本状况并没有改变,中国经济增长的内生支撑动力依然不足,经济企稳趋好的可持续性不强,持续惯性回落的风险仍然存在,供给侧结构性改革也任重道远。

供给侧结构性改革的本质是改革,核心是体制机制创新,最终目标是通过深化改革培育中国经济增长新机制、新动能。在改革开放带来30多年高速增长之后,中国经济增速进入换挡调整期,尽管近年来中央政府采取了一系列需求刺激政策,增发货币、降息降准、增加公共投资,但传统增长动力正在衰退,需求侧调控政策的效应不断递减,高投资、高消耗、高出口拉动经济的旧模式不可持续。中国经济进入新常态,既有国际因素、周期性因素,也有供求结构性失衡的因素,而供给侧的最大问题,正是制度供给不足,束缚了实体经济的创新动力,导致全要素生产率和潜在增长率不断降低。为了保持平衡、协调、可持续发展,必须以改革为根本手段,清除不利于生产要素供给和合理配置的体制障碍,实现新旧动能转换,培育新的可持续的增长动能。

供给侧结构性改革的核心是坚持市场化的改革方向。近期的结构性改革是按照问题导向的原则,完成"三去一降一补"五大任务;但其远期的目标则应是按目标导向的原则,在市场化改革的重要领域和关键环节取得突破,加快建立更成熟完善的市场经济体制。

一方面，完成供给侧结构性改革近期任务要避免行政化、部门化、碎片化的倾向，坚持依靠市场、靠创新、靠竞争的力量。

另一方面，一些基础性关键性的重大市场化改革决不能放松，如国有企业、财税金融、价格体制、土地制度、社会保障、构建开放型经济新体制等改革必须尽快取得实质性进展。要加快全面实施市场准入负面清单制度，进一步完善产权保护制度，认真落实公平竞争审查制度，破除一切行政垄断，为各类所有制企业平等竞争、创新发展提供良好的市场竞争环境。要正确处理中央和地方的关系，合理划分界定中央地方财政事权和支出责任，充分调动各方面的积极性。要深化土地制度改革，紧紧围绕处理好农民和土地关系这条主线，打通"三块地"改革试点，推进城乡要素平等交换和公共资源均衡配置，等等。这类目标导向的改革必须尽快取得突破和实质性进展。

（4）直接融资大发展，金融和实体有望形成良性互动

"十三五"期间将是金融深化加快推进的时期，一直追求的金融与实体经济的良性互动有可能在""十三五""实现。经济和金融应该是一体两翼、密不可分。都希望通过金融深化使得金融对经济有更好的支撑作用，同时发现其他国家在经济发展中屡屡遭到金融泡沫破灭的冲击。因此在十三五期间，一方面要大力推进金融自由化和发展金融，另一方面要大力加强金融监管，维持金融安全。在这个背景下，"十三五"期间三个方面的变化值得高度关注。一是大力发展金融战略方针不会变，现在是大国经济、小国金融，"十三五"期间应该是大国经济匹配大国金融。二是以证券法修改为标志，一方面简政放权，另一方面要把监管的漏洞堵上。伴随着证券法的修改，多层次的资本市场会建立。希望看到的资本市场应该是一种沿着券商柜台交易市场、区域股权市场、场外市场——新三板、中小板和创业板以及沪深主板的正金字塔状，这是多层次资本市场发展的方向，现实情况却更类似一种倒金字塔状。如果多层次的资本市场可以建立起来，作为一个结果，直接融资比重毫无疑问会大幅度提高。2015年以来，直接投资的比重发生了明显的变化，现在只占15%，认为未来会提高到30%，甚至会更高。三是居民家庭的财富越来越转向股权投资。居民的储蓄主要用于投资金融资产，伴随着中国证券化率的提升，中国的股市和经济将形成良性互动。伴随着中国经济的新周期，中国股市将再起牛市。

6.3 竹产业社会环境分析

6.3.1 竹材产业社会环境

2016年末中国总人口（包括31个省、自治区、直辖市和中国人民解放军现役军人，不包括中国香港、中国澳门和中国台湾以及海外华侨人数）138271万人，比2015年末增加809万人；2017年末中国总人口（包括31个省、自治区、直辖市和中国人民解放军现役军人，不包括中国香港、中国澳门和中国台湾以及海外华侨人数）139008万人，比2016年末增加737万人。2018年末中国总人口（包括31个省、自治区、直辖市和中国人民解放军现役军人，不包括中国香港、中国澳门和中国台湾以及海外华侨人数）139538万人，比上年末增加530万人（见图6-8）。

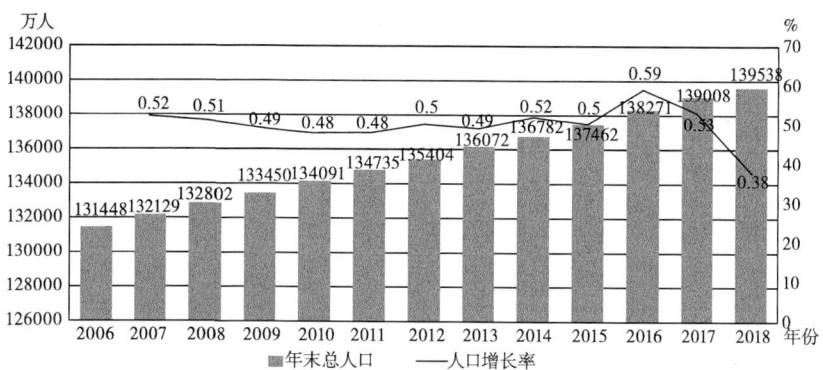

图6-8　2006—2018年中国人口数量及增长率

资料来源：国家统计局

2017年全年出生人口1723万人，人口出生率为12.43‰；死亡人口986万人，人口死亡率为7.11‰；人口自然增长率为5.32‰。从性别结构看，男性人口71137万人，女性人口67871万人，总人口性别比为104.81（以女性为100）。从年龄构成看，16周岁至59周岁的劳动年龄人口90199万人，占总人口的比重为64.9%；60周岁及以上人口24090万人，占总人口的17.3%，其中65周岁及以上人口15831万人，占总人口的11.4%。从城乡结构看，城镇常住人口81347万人，比2016年末增加2049万人；乡村常住人口57661万人，减少1312万人；城镇人口占总人口比重（城镇化率）为58.52%，比2016年末提高1.17个百分点。全国人户分离人口（居住地和户口登记地不在同一个乡镇街道且离开户口登记地半年以上的人口）2.91亿人，比2016年末减少98万人；其中流动人口2.44亿人，比2016年末减少82万人。年末全国就业人员77640万人，其中城镇就业人员42462万人。

2018年全年出生人口1523万人，人口出生率为10.94‰；死亡人口993万人，人口死亡率为7.13‰；人口自然增长率为3.81‰。从性别结构看，男性人口71351万人，女性人口68187万人，总人口性别比为104.64（以女性为100）。从年龄构成看，16周岁至59周岁的劳动年龄人口89729万人，占总人口的比重为64.3%；60周岁及以上人口24949万人，占总人口的17.9%，其中65周岁及以上人口16658万人，占总人口的11.9%。从城乡结构看，城镇常住人口83137万人，比上年末增加1790万人；乡村常住人口56401万人，减少1260万人；城镇人口占总人口比重（城镇化率）为59.58%，比上年末提高1.06个百分点。全国人户分离人口（居住地和户口登记地不在同一个乡镇街道且离开户口登记地半年以上的人口）2.86亿人，比上年末减少450万人；其中流动人口2.41亿人，比上年末减少378万人（见表6-11）。

表6-11 2005—2018年我国人口性别分布情况

年份	男性人口（万人）	女性人口（万人）	男性人口占比（%）	女性人口占比（%）
2005	67375	63381	51.53	48.47
2006	67728	63720	51.52	48.48
2007	68048	64081	51.50	48.50
2008	68357	64445	51.47	48.53
2009	68647	64803	51.44	48.56
2010	68748	65343	51.27	48.73
2011	69068	65667	51.26	48.74
2012	69395	66009	51.25	48.75
2013	69728	66344	51.24	48.76
2014	70079	66703	51.23	48.77
2015	70414	67048	51.22	48.78
2016	70815	67456	51.21	48.79
2017	71137	67871	51.17	48.83
2018	71351	68187	51.13	48.87

资料来源：国家统计局

2018年全年全国国有建设用地供应总量64.3万公顷，比上年增长6.6%。其中，工矿仓储用地13.2万公顷，增长7.2%；房地产用地14.4万公顷，增长24.6%；基础设施等用地36.8万公顷，增长0.7%。

2018年全年水资源总量27960亿立方米。全年总用水量6110亿立方米，比上年增长1.1%。其中，生活用水增长1.4%，工业用水增长0.6%，农业用水增长1.1%，生态补水增长3.8%。万元国内生产总值用水量73立方米，比上年下降5.1%。万元工业增加值用水量45立方米，下降5.2%。人均用水量439立方米，比上年增长0.6%。

2018年全年完成造林面积707万公顷，其中人工造林面积360万公顷，占全部造林面积的50.9%。森林抚育面积852万公顷。截至年底，国家级自然保护区474个。新增水土流失治理面积5.4万平方公里（见图6-9）。

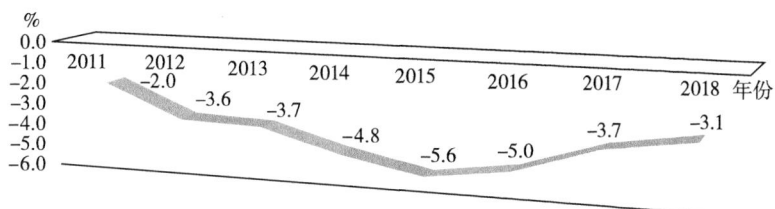

图6-9　2011—2018年万元国内生产总值能耗降低率

资料来源：国家统计局

初步核算，2018年全年能源消费总量46.4亿吨标准煤，比上年增长3.3%。煤炭消费量增长1.0%，原油消费量增长6.5%，天然气消费量增长17.7%，电力消费量增长8.5%。煤炭消费量占能源消费总量的59.0%，比上年下降1.4个百分点；天然气、水电、核电、风电等清洁能源消费量占能源消费总量的22.1%，上升1.3个百分点。全国万元国内生产总值能耗比上年下降3.1%。重点耗能工业企业单位烧碱综合能耗下降0.5%，单位合成氨综合能耗下降0.7%，吨钢综合能耗下降3.3%，单位铜冶炼综合能耗下降4.7%，每千瓦时火力发电标准煤耗下降0.7%。全国万元国内生产总值二氧化碳排放下降4.0%（见图6-10）。

近岸海域417个海水水质监测点中，达到国家一类、二类海水水质标准的监测点占74.6%，三类海水占6.7%，四类、劣四类海水占18.7%。

在监测的338个地级及以上城市中，城市空气质量达标的城市占35.8%，未达标的城市占64.2%。细颗粒物（PM2.5）未达标城市（基于2015年

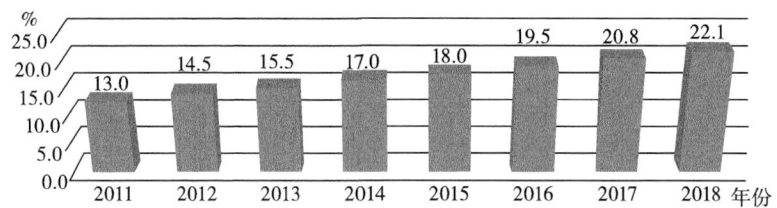

图 6-10　2011—2018 年清洁能源消费量占能源消费总量的比重
资料来源：国家统计局

PM2.5 年平均浓度未达标的 262 个城市）年平均浓度 43 微克/立方米，比上年下降 10.4%。

在开展城市区域声环境监测的 323 个城市中，声环境质量好的城市占 4.0%，较好的占 63.5%，一般的占 30.7%，较差的占 1.2%，差的占 0.6%。

2018 年全年平均气温为 10.09℃，比上年下降 0.30℃。共有 10 个台风登陆。

2018 年全年农作物受灾面积 2081 万公顷，其中绝收 259 万公顷。全年因洪涝和地质灾害造成直接经济损失 1061 亿元，因旱灾造成直接经济损失 255 亿元，因低温冷冻和雪灾造成直接经济损失 434 亿元，因海洋灾害造成直接经济损失 48 亿元。全年大陆地区共发生 5.0 级以上地震 16 次，成灾 11 次，造成直接经济损失约 30 亿元。全年共发生森林火灾 2478 起，受害森林面积 1.6 万公顷。

2018 年全年各类生产安全事故共死亡 34046 人。工矿商贸企业就业人员每 10 万人生产安全事故死亡人数 1.547 人，比上年下降 5.6%；煤矿百万吨死亡人数 0.093 人，下降 12.3%。道路交通事故万车死亡人数 1.93 人，下降 6.3%。

2017 年研究生教育招生 80.5 万人，在学研究生 263.9 万人，毕业生 57.8 万人。普通本专科招生 761 万人，在校生 2753.6 万人，毕业生 735.8 万人。中等职业教育招生 582 万人，在校生 1592.5 万人，毕业生 496.9 万人。普通高中招生 800 万人，在校生 2374.5 万人，毕业生 775.7 万人。初中招生 1547.2 万人，在校生 4442.1 万人，毕业生 1397.5 万人。普通小学招生 1766.6 万人，在校生 10093.7 万人，毕业生 1565.9 万人。特殊教育招生 11.1 万人，在校生 57.9 万人，毕业生 6.9 万人。学前教育在幼儿园 4600.1 万人。九年义务教育巩固率为 93.8%，高中阶段毛入学率为 88.3%（见图 6-11）。

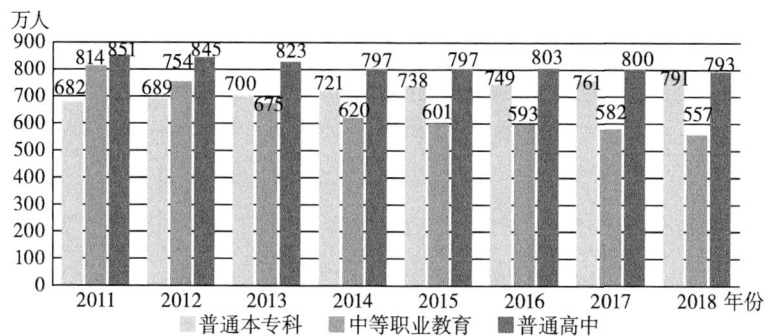

图6-11　2011—2018年普通本专科、中等职业教育及普通高中招生人数
资料来源：国家统计局

2018年研究生教育招生85.8万人，在学研究生273.1万人，毕业生60.4万人。普通本专科招生791.0万人，在校生2831.0万人，毕业生753.3万人。中等职业教育招生557.0万人，在校生1555.2万人，毕业生487.3万人。普通高中招生793万人，在校生2375.4万人，毕业生779.2万人。初中招生1602.6万人，在校生4652.6万人，毕业生1367.8万人。普通小学招生1867.3万人，在校生10339.3万人，毕业生1616.5万人。特殊教育招生12.4万人，在校生66.6万人，毕业生8.1万人。学前教育在幼儿园4656.4万人。九年义务教育巩固率为94.2%，高中阶段毛入学率为88.8%（见图6-12）。

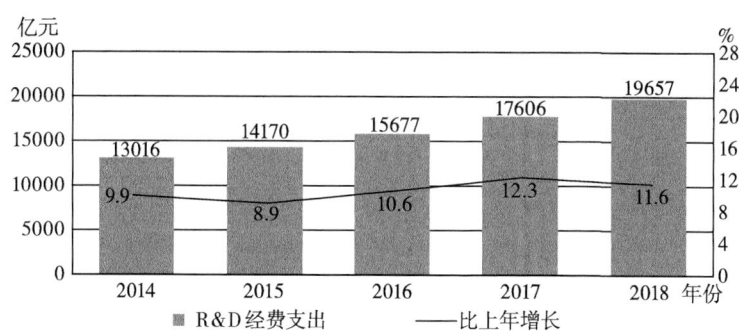

图6-12　2014—2018年研究与试验发展（R&D）经费支出
资料来源：国家统计局

2018年研究与试验发展（R&D）经费支出19657亿元，比上年增长11.6%，与国内生产总值之比为2.18%，其中基础研究经费1118亿元。全年国家重点研发计划共安排1052个项目，国家科技重大专项共安排563个课题，国家自然科学基金共资助44504个项目。截至年底,正在运行的国家重点实验室501个,累计建设国家工程研究中心132个,国家工程实验室217个,国家企业技术中心1480家。国家科技成果转化引导基金累计设立21只子基金,资金总规模313亿元。全年境内外专利申请432.3万件,比上年增长16.9%;授予专利权244.7万件,增长33.3%;PCT专利申请受理量为5.5万件。截至年底,有效专利838.1万件,其中境内有效发明专利160.2万件,每万人口发明专利拥有量11.5件。全年共签订技术合同41.2万项,技术合同成交金额17697亿元,比上年增长31.8%(见表6-12)。

表6-12 2018年专利申请受理、授权和有效专利情况

指　标	专利数(万件)	比上年增长(%)
专利申请受理数	432.3	16.9
境内专利申请受理	412.1	17.3
发明专利申请受理	154.2	11.6
境内发明专利	138.1	11.9
专利申请授权数	244.7	33.3
境内专利授权	231.9	36.0
发明专利授权	43.2	2.9
境内发明专利	34.0	6.0
年末有效专利数	838.1	17.3
境内有效专利	739.9	19.3
有效发明专利	236.6	13.5
境内有效发明专利	160.2	18.1

资料来源:国家统计局

2018年成功完成38次宇航发射。嫦娥四号探测器成功着陆月球背面并通过中继星将数据传回地球,标志着人类首次月球背面巡视探测任务正式开启;北斗三号基本系统完成建设,开始提供全球服务;我国地震立体观测体系首个天基平台中意电磁监测试验卫星、中法航天合作的首颗卫星中法海洋卫星成功发射。第二艘航母出海试航,国产大型水陆两栖飞机水上首飞,港珠澳大桥正式通车运营。

2018年末全国共有国家质检中心791家。全国现有产品质量、体系和服务认证机构484个,累计完成对63万家企业的认证。全国共有法定计量技术机构5030个,全年强制检定计量器具10406万台(件)。全年制定、修订国家

标准2668项,其中新制定1935项。全年制造业产品质量合格率为93.93%。

城镇化率(城镇化水平)通常用市人口和镇驻地聚集区人口占全部人口(人口数据均用常住人口而非户籍人口)的百分比来表示,用于反映人口向城市聚集的过程和聚集程度。2015年,中国城镇化率为56.1%,比2014年末提高了1.3个百分点。2016年,中国城镇化率为57.35%。2017年,中国城镇化率为58.52%,比2016年提高1.17个百分点。2018年,中国城镇化率为59.58%,比上年末提高1.06个百分点(见图6-13)。

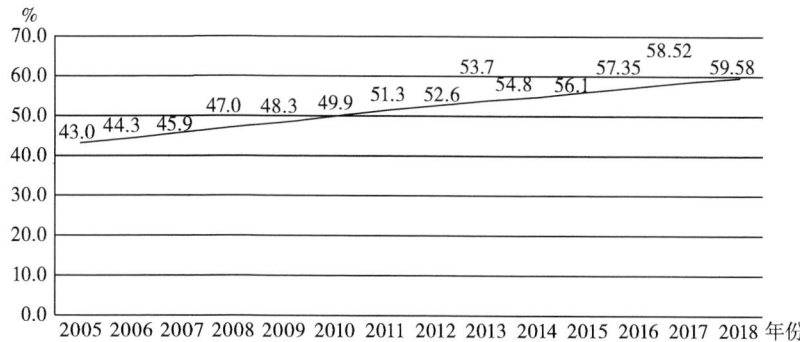

图6-13　2005—2018年中国城镇化率变化趋势
资料来源:国家统计局

6.3.2　社会环境对行业的影响

竹子的利用前景十分广阔。除了传统的竹笋、竹材和竹工艺品外,竹纤维纺织、竹浆造纸、竹提取物制药等新兴技术都已进入日常生活中,同时竹产业的不断发展也拉动了下游相关制造业(见图6-13)。

中国是世界上最主要的产竹国,竹林种植面积和竹产业产值均处于世界前列。当前,我国竹产业已经形成了一个由竹资源培育、产品开发、加工利用到出口贸易的庞大产业,与花卉业、森林旅游业、森林食品业一起成为我国林业的四大朝阳产业。中国竹产业的稳步发展有力地证明了竹产业在生态建设、生态安全和生态文明方面的重要性。

6.3.3　竹材产业发展对社会发展的影响

竹材需求的增加,加上收益稳定,能调动农民种竹的积极性;竹林面积增加了,其他竹产业也能随之发展,让竹农的钱包更鼓,同时也推动长江上游的生态建设,竹产业是一项实实在在的绿色产业。中国林业产业总产值在2018年已达到7.3万亿元,但目前竹产业在其中的占比还较小。对此,在越来越重视生态与发展有机统一的中国，竹产业正迎来前所未有的机遇。

6.4 竹产业技术环境分析

6.4.1 竹材技术分析

据统计，从 2010 年到 2019 年中国竹材行业专利申请数量总共达到 4310 件，其中 2018 年达到行业最高峰值为 725 件。详细情况见图 6-14、图 6-15 和表 6-13。

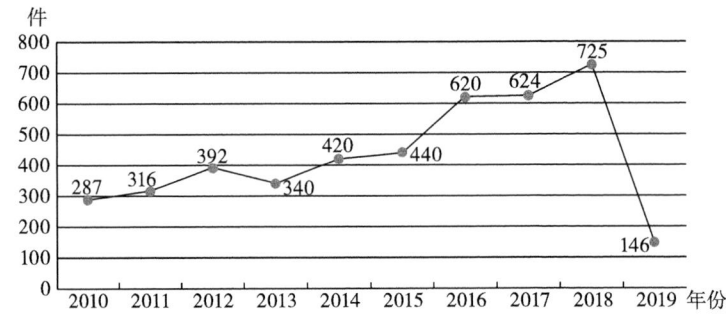

图 6-14　2010—2019 年中国竹材行业专利数量趋势

资料来源：佰腾网

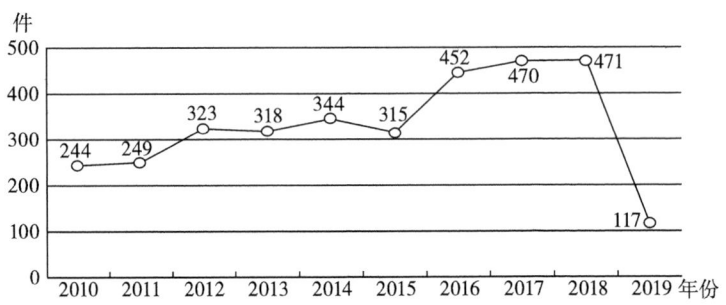

图 6-15　2010—2019 年中国竹材行业专利申请数量趋势分析

表 6-13　2010—2019 年中国竹材行业专利技术分类时间趋势分析 单位：件

年份	A（人类生活必需）	B（作业；运输）	C（化学；冶金）	D（纺织；造纸）	E（固定建筑物）	F（机械工程；照明；加热；武器；爆破）	G（物理）	H（电学）
2010	69	92	19	13	55	11	8	6
2011	57	125	26	41	40	6	9	7

续表

年份	A (人类生活必需)	B (作业；运输)	C (化学；冶金)	D (纺织；造纸)	E (固定建筑物)	F (机械工程；照明；加热；武器；爆破)	G (物理)	H (电学)
2012	73	182	29	15	60	17	9	4
2013	77	144	41	12	37	10	12	5
2014	95	178	47	10	51	19	10	5
2015	140	154	39	17	51	21	7	5
2016	124	212	81	25	64	22	20	4
2017	98	286	72	23	71	17	13	6
2018	54	402	69	23	118	15	25	11
2019	6	77	22	8	21	4	3	5

资料来源：佰腾网

国内竹产品市场不旺是制约竹产业发展的瓶颈问题。消费者认知度不高是国内竹产品市场不旺的主要原因之一。人们只了解部分竹子的自然属性，对于竹加工产品不甚了解。长期以来，我国的许多生活用品都是木质一统天下。由于竹加工产业的企业规模普遍偏小，缺乏市场宣传推广能力，产品市场竞争力低，加之为广大消费者喜爱接纳的产品少，因而竹产品市场的整体消费氛围尚未形成，对竹产业发展拉动力不强。相比较而言，在欧美众多国家和地区，竹纤维、竹地板、竹质家具、竹炭、竹制日用品等因其自然、生态、性价比高，并具有中国概念等综合因素得到普遍接受，从而存在"国内开花国外香"的状况。

竹产品加工企业普遍属于依赖资源的劳动密集型企业，处于原材料综合利用率低、机械化程度低、劳动生产率低的生产状态。近年由于原材料、劳动、运输成本的上升，企业利润普遍缩水，几乎已无利可图，经营十分困难。同时，企业在发展过程中比较重视规模扩张，低水平重复建厂，资源消耗大；不重视对科技的投入，企业创新能力差，产品科技含量低，品种少，同质化现象严重；产品精深加工不够，附加值低，产品价格长期在低水平徘徊；品牌意识薄弱，产品宣传力度不够，消费者认知度低。在市场上与其他同类产品竞争能力差。

6.4.2 竹材技术发展水平

我国竹制品行业目前尚存在较多的老式生产线，技术装备水平不高，竹材资源利用率较低，能源消耗较高，从而导致产品质量较差。进行生产设备改造、生产工艺升级的需求越来越强烈。但淘汰落后生产线的过程是漫长的，因为中低端市场的无序竞争还将存在，这在一定程度上损害了行业整体利益，限制了行业的有序发展。

6.4.3 行业主要技术发展趋势

竹子作为绿色新材料，加上新的信息技术为支撑，竹产业的发展为制造业走向绿色智能改造之路提供了很好的借鉴。

在全球木材资源缺乏的情况下，"以竹代木"的重要性越来越凸显。与其他林木相比，竹材属可再生资源，生长周期短，其材质硬度高、韧性强、可塑性好、经济价值大，是理想的家具用材和基础材料，可有效代替木材，对于保护森林作用明显。此外，我国是竹子大国，竹类资源面积和产量均居世界第一，其中竹材中性能最优、利用价值最高的毛竹90%都分布在中国，因此我国的竹制品在国际市场上具有很大的优势。

竹产业是近几年流行起来的新兴市场，长久以来，我国竹产品行业存在资源分布不均、政府扶持力度小、创新能力弱、品牌建设不受重视等现象，使得消费者对现代竹产品行业没有足够的认识，接受程度较差，市场潜力远未得到释放。随着竹产业关键技术的突破和物流产业的发展，产品品种及品质将得到丰富和改善，生产和经营成本下降，竹产品消费将越来越摆脱过去区域消费的特征，符合绿色、生态、环保、健康理念且性价比高的竹产品会越来越多地进入消费领域。在诸多因素作用下，竹制品行业将成为未来发展的趋势，市场前景广阔。

根据《全国竹产业发展规划》（2013—2020年）的预测，在全球强化环保观念的推动下，竹材以其环保、耐用、轻巧的特性已成为木材、玻璃、塑料、金属等材料的理想替代品，自然、稳重、典雅的竹制日用品显得更具舒适感，同时，竹制品还具有非常突出的优点：保温、防烫、耐用，所以日益形成全球流行的消费趋势。

第7章 中国竹产业运行分析

7.1 中国竹产业发展状况分析

7.1.1 中国竹产业发展阶段

我国从实行改革开放政策以来，竹产业大体分为两个发展阶段（见图7－1）。第一阶段为1978—2000年，在此期间，竹产业进入了恢复积累期，具体通过自主创新以及引进日本、中国台湾等地区新技术使得竹产业取得了长足的进步，竹产品突破传统应用领域，在建筑、造纸、轻工、食品、家具、包装、运输等行业中广泛应用。

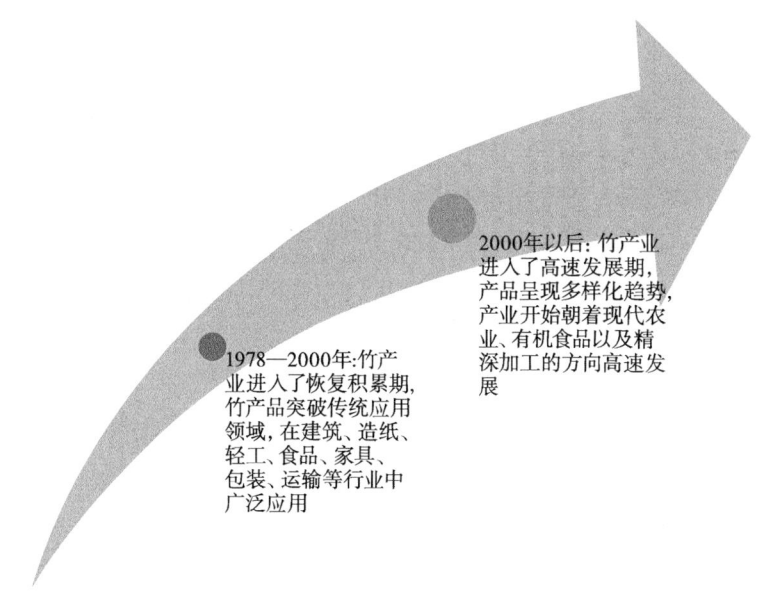

图7－1 我国竹产业发展历程

资料来源：根据公开资料整理

同时,竹材人造板作为竹产业主导产品,经历了3个发展阶段,一是在20世纪70年代末期到80年代初期,竹编胶合板的生产被广泛应用于包装领域;二是80年代末期到90年代初期,南京林业大学张齐生推出以"竹材软化展平"为核心的竹材胶合板,产品广泛应用于我国汽车车厢底板和公交客车底板;三是90年代中期,竹席/竹帘胶合板和竹集成材制造技术的开发,并形成了竹集成材地板和竹材水泥模板两大代表性产品。竹材人造板的发展实现了我国竹材利用由传统利用向现代化利用,由手工和半机械化生产向机械化生产,由单一产品向系列产品全面发展的产业转型,并形成了具有一定规模和经济效益的竹材加工工业体系,为竹产业的高速发展奠定了基础。

第二阶段为2000年以后,我国竹产业进入了高速发展期,竹林培育实现了从粗放经营向集约化经营、纯竹林向混交林的转变,竹材加工利用的机械化程度进一步提高,产品呈现多样化趋势,产业开始朝着现代农业、有机食品以及精深加工的方向高速发展。在此期间,我国竹材人造板产业发展到了第四阶段,形成了大规模工业化利用并开发出拥有完全自主知识产权的新产品——竹重组材,其产品的应用拓展到风电以及高耐候户外领域,使我国在竹材的研究和应用领域居于世界领先水平(见图7-2)。

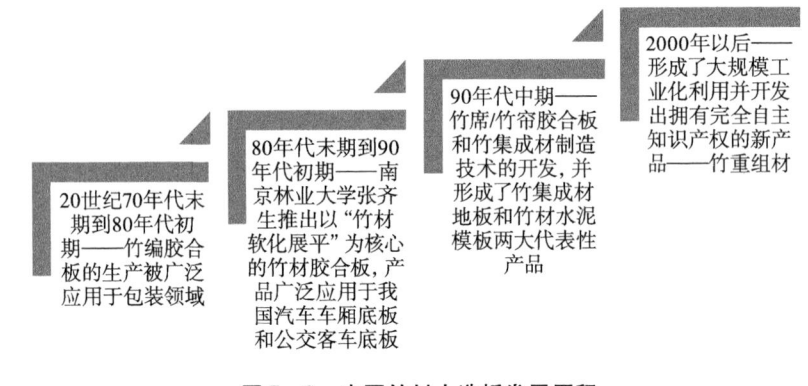

图 7-2 中国竹材人造板发展历程

资料来源:根据公开资料整理。

7.1.2 中国竹产业发展总体概况

我国是世界上竹资源最丰富的国家,竹类资源、面积、蓄积量均居世界第一。我国现有竹类植物39属,500余种,形成了散生竹、丛生竹,大型竹、中小型竹、乡土竹种、引进竹种,生态竹林、经济竹林综合发展的新格局。

我国现有竹林面积600多万公顷,主要集中在福建、江西、浙江、湖南、

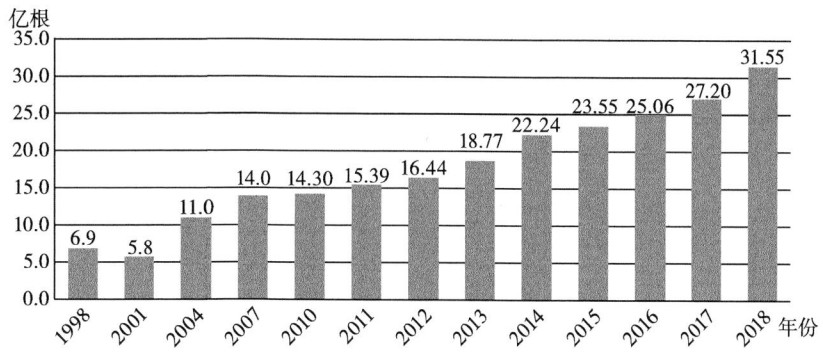

图7-3 1998—2018年中国竹材产量走势

资料来源：《中国林业统计年鉴》

四川、广东、广西、安徽、湖北、重庆等省市区，竹资源的广泛分布为竹产业的发展奠定了资源基础。2018年大径竹产量31.55亿根，其中毛竹16.95亿根，其他直径在5厘米以上的大径竹14.60亿根。2018年我国竹产业产值达到2456亿元，竹产业已发展成为一个由资源培育、竹林生态旅游、加工利用到出口贸易的颇具活力和潜力的新兴朝阳产业，主导产品有竹材人造板、传统竹制品（建材、日用品、工艺品）、竹浆造纸、竹纤维制品、竹炭和竹醋液、竹笋加工品、竹叶提取物等10大类，几千个品种，应用领域包括建筑、运输、交通、包装、家具、装饰、轻工、纺织、造纸、食品、医药、保健、环保以及旅游等行业，使我国成为全球最大的竹产品出口国，在国民经济建设中发挥了重要的作用（见图7-3）。

我国竹产业的快速发展伴随着竹材科技研发的不断投入和产出，在竹材加工利用技术方面，形成了竹编胶合板、竹材胶合板、竹帘胶合板、竹集成材和竹重组材5代升级换代系列工业化产品，并在竹产业发展的不同阶段作为核心主导产品带动竹资源培育的发展。目前，我国已经在竹材资源培育、竹材加工技术、竹产品质量标准体系建设等方面取得了突破性进展，同时，创新性的世界领先竹材人造板加工技术，实现了竹产业的由传统半手工、半机械化加工利用到现代机械化、规模工业化利用的转变。据统计，我国拥有有效的自主知识产权的竹产品相关专利技术9412项，国家和省部级竹类研究成果1000余项，获得国家科技进步奖6项，相关科技成果技术的推广应用对我国竹材资源培育、加工及竹产品深度开发发挥了重要作用。

7.1.3 中国竹产业发展特点分析

近年来,竹产业发展势头强劲,成效显著,主要有以下特点:

竹林资源进一步扩大。我国地处世界竹子分布的中心,素有"竹子王国"之美誉。竹种结构进一步优化,雷竹、麻竹、青皮竹、方竹等一批优良、高效竹种得到大面积培育和开发利用,并形成了散生竹、丛生竹,大型竹、中小型竹,乡土竹种、引进竹种,生态竹林、经济竹林综合发展的新格局。

产业效益进一步提高。2018年,全国竹材产量31.55亿根,竹产业总产值2456亿元。产品涉及传统竹制品(日用品、工艺品)、竹材人造板、竹浆造纸、竹纤维制品、竹炭和竹醋液、竹笋加工品、竹叶提取物等10大类,几千个品种,应用领域已发展到建筑、造纸、新材料、家具、包装、运输、医药、食品、纺织、旅游等。

竹林资源的多种效益进一步发挥。竹产业规模化、组织化程度逐步提高。全国拥有6500多家笋、竹加工企业,其中,年产值亿元以上的企业有29家,从业人员4500多万人,对于扩大就业,促进山区和农村经济社会稳定发展发挥了重要作用,社会效益明显。产业化、市场化进程明显加快,呈现出生机勃勃的景象,成为我国林业的四大朝阳产业之一。竹林资源的多种效益得到开发,依托竹资源开展生态旅游等第三产业在浙江、四川、广东、湖南、广西、贵州等产竹省区迅速发展,已成为竹产业新的经济增长点。

科技研发和创新能力进一步加强。随着竹业科技研发力度的不断加大和深入,我国在丰产竹林培育和经营技术、竹胶板、竹建材、竹家具、竹食品、竹饮料、竹炭、竹纤维等竹产品研发技术,竹产品质量和技术标准体系建设等方面取得了突破性进展。据统计,我国有国家和省部级竹类研究成果100多项,拥有自主知识产权的竹产品和专利技术450多项。科技成果的推广应用对我国竹林培育、加工及竹产品深度开发发挥了重要作用。

竹纤维纺织。完善产业链条,打造健康生态的服装、家纺品牌,重点发展以下内容:一是加强新型竹原纤维、竹浆纤维和竹炭纤维的研发生产;二是新型竹棉、竹麻、竹麻棉混纺纤维布料,提高竹纤维提取利用率;三是服装服饰、家用纺织品等竹纤维纺织系列产品。

竹家居用品。提高竹集成材家具、竹重组材家具生产工艺,研发生产竹结构楼梯、扶手、护栏和门窗等各类竹家居产品,丰富产品造型和结构设计,打造知名家居用品品牌。重点发展以下内容:一是原竹家具、竹藤家具、竹集成材和竹重组材家具等家具产品；二是竹盘、竹碗、竹菜板等竹餐厨产品；三是竹席、竹枕套、竹坐垫、沙发席、竹窗帘等家居用品。

竹食品。重点攻克竹笋加工利用保鲜技术、竹液提取深加工等关键技术，重点发展以下内容：一是清汁笋、手剥笋、笋干、竹笋罐头等竹笋深加工产品；二是竹酒、竹汁饮料、食用纤维等可食（饮）用系列产品开发。

竹工艺品。提升竹工艺品制作水平，拓展竹材料用途，丰富种类，提高质量，主要发展以下内容：一是巩固发展竹刻字、竹雕画、竹根雕、竹扇、竹编制品等传统竹工艺品；二是大力发展竹编画、竹地毯、竹挂件、竹首饰盒、竹烟酒包装盒等新型竹工艺品，提高产品的艺术性和观赏性；三是重点开发竹电脑机箱、竹键盘、竹车内饰板等以竹代塑产品。

竹化工。加快技术创新与推广应用，加大竹质活性炭、竹炭纤维、营养保健等高端、高档竹质新材料开发的力度，为新材料产业、高技术应用领域、民生保健领域等提供高性能、深加工领域应用前景广阔的基础材料。重点发展以下内容：一是竹炭及吸附净化系列、竹炭工艺品、竹炭纤维、纳米纤维竹活性炭和导电型高温竹炭等竹炭基复合材料产品；二是竹醋液及竹炭竹醋液香皂、竹炭竹醋液洗发香波、竹炭竹醋液洗面奶、沐浴露等竹系列洗漱用品；三是竹叶黄酮、叶绿素铜钠盐、游离氨基酸、竹膳食纤维等竹保健医用产品。

竹文化生态旅游业。加快推进竹文化与旅游休闲的融合，用竹文化提升旅游，用旅游传播竹文化，打造文化旅游系列活动品牌。重点做好以下工作：一是发挥旅游文化资源优势，加快竹海旅游风景区等重点项目建设，开发以竹资源为载体、以竹文化为依托的生态旅游业，充分展示竹乡风情、竹艺文化和山水生态；二是发展生态竹林、观赏竹林；三是加强竹文化和竹类科学研究，发掘和引种保存我省天然分布的珍稀观赏竹种，挖掘、保护和发展民族竹文化资源。

7.2 竹产业发展现状

7.2.1 中国竹产业市场规模

2017年全国竹业产值2346亿元，竹材采运业产值为348.25亿元；2018年全国竹业产值增长至2456亿元，其中竹材采运业产值约为352.44亿元（见图7-4）。

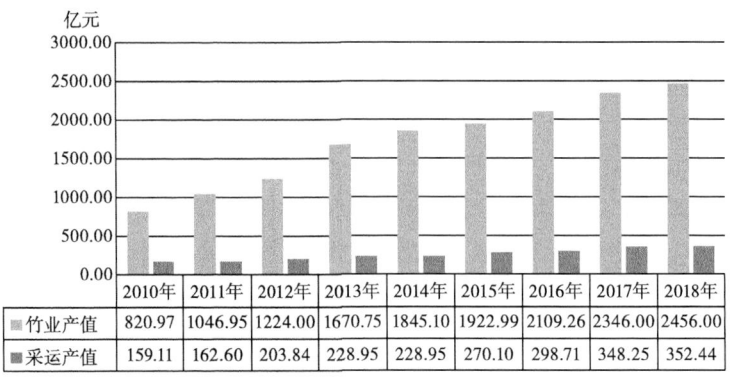

图 7-4 2010—2018 年中国竹业产值分析

资料来源:《中国林业统计年鉴》、智研咨询

7.2.2 2018 年中国竹产业发展分析

目前,竹产业处于工业化初级阶段,自动化、信息化程度不高,整体还属于劳动力密集型产业,竞争力较弱。主要表现有:

首先,竹产业生产加工技术落后于木材加工技术,由于竹的生长和地域特性,竹材的采收基本依靠人工,竹材加工基本为阶段式机械化加工,缺乏连续化生产技术装备,伴随着劳动生产成本的不断上升,连续化和自动化成为竹材加工产业转型升级急需破解的技术难题。

其次,我国竹产业企业万余家,分别从事竹浆造纸、竹人造板、竹地板、竹质家具、竹纤维制品、竹笋加工、竹饮料、竹炭等细分产品的生产,年产值超过亿元的大型企业仅有 100 余家,绝大多数属于中小微企业,企业综合实力弱,人均产值较低,产品同质化现象严重,抗风险能力差,急需进行整合兼并重组。

最后,我国竹产业在全球林业产业价值链中的地位,以及国际竞争力持续走弱,主要由于企业自主研发力量薄弱,相关研发项目投入明显不足等导致产品竞争力不强,后劲不足,同时企业品牌意识薄弱,产品宣传力度不够,造成消费者对产品认知度低,无法形成良好的竹产品市场消费气氛,因而,亟待采取科技创新等措施,提高产品品质和生产加工技术水平,引导产业从劳动密集型转向技术密集型。

现阶段,竹产业发展面临着重大政策和市场机遇,首先,竹产业作为我国实现"绿水青山就是金山银山"理念的优势产业,对加快山区经济发展、缓解农村社会就业矛盾、助力精准扶贫精准脱贫具有重大现实意义,同时竹产业对应对气候变化、促进绿色发展、缓解木材供需矛盾、维护国家木材安全、推动生态文明建设同样具有十分重要的战略意义。其次，各级地方政府为推动竹产业蓬勃发展，践行政策护航、资金支持、科技先行等发展理念，相继出台了一系列的产业发展政策，鼓励和扶持社会各界参与到竹产业的发展中。

特别是四川省相继出台了《关于推进四川省竹产业转型发展的意见》（川办发〔2018〕8号）《关于推进竹产业高质量发展建设美丽乡村竹林风景线的意见》（川委发〔2018〕34号）等文件，将47项重点任务分到28个省直部门和中央驻川单位，并建立考核激励机制。在市场方面，现阶段消费者对现代竹产品的认知程度低，接受度差，消费潜力远未得到释放。随着竹产业关键技术的突破和物流产业的发展，产品品种及品质将得到丰富和改善，生产和经营成本下降，竹产品消费将越来越摆脱过去区域消费的特征，符合绿色、生态、环保、健康理念，并且性价比高的竹产品会越来越多地进入消费领域，特别是竹建筑装饰板材、竹笋、竹饮品、竹纤维等产品的市场需求会以较快速度增长（见图7-5）。

7.2.3　2018年中国竹材企业发展分析

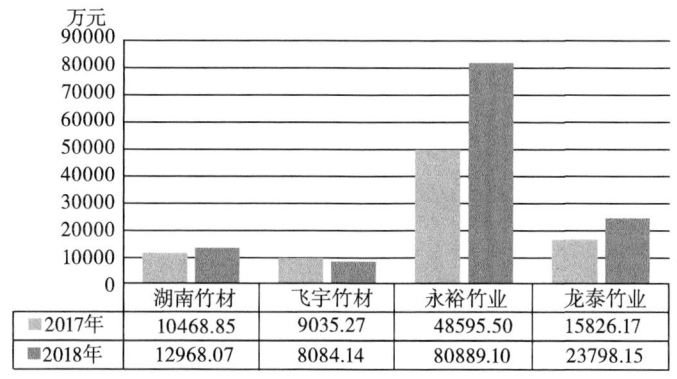

图7-5　2017年和2018年我国部分竹材企业经营情况

资料来源：公司公告

7.3　区域市场分析

7.3.1　区域市场分布总体情况

福建竹产业产值居全国首位，福建、浙江、江西三省份为我国竹产业的第一梯队；湖南、四川、安徽三省份竹产业产值均超过百亿元，为第二梯队；湖北、贵州、广西、重庆、广东、云南六省份竹产业产值均超过亿元，为第三梯队；其他省份竹产业产值较低，占全国竹产业总产值的比例不足0.1%。

7.3.2 2018年重点省市市场分析

在县域经济发展方面，2017年中国的"十大竹乡"竹产业产值总和为624亿元，占全国竹产业总产值的26.60%。其中，浙江省安吉竹产业已经形成一条竹资源培育、竹产品加工、竹产品贸易及旅游的完整产业链，实现了竹产业一、二、三产业跨界融合发展，展示了"绿水青山就是金山银山"的发展理念，走出了一条生态美、产业兴、百姓富的竹产业科学发展之路（见图7-6）。

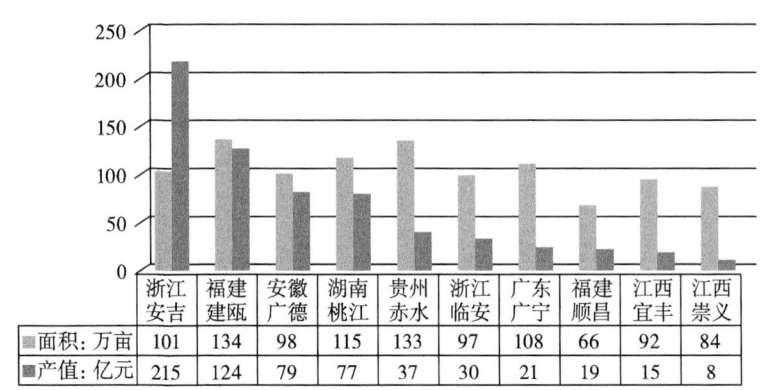

图7-6 中国的"十大竹乡"竹产业产值及面积统计

资料来源：智研咨询

7.3.3 竹材产品/服务价格分析

7.3.3.1 2010—2018年竹材价格走势

2018年我国竹材产量为31.55亿根，国内竹材采运行业产值规模约为352.44亿元，我国竹材平均采运价格约为11.17元/根（见图7-7）。

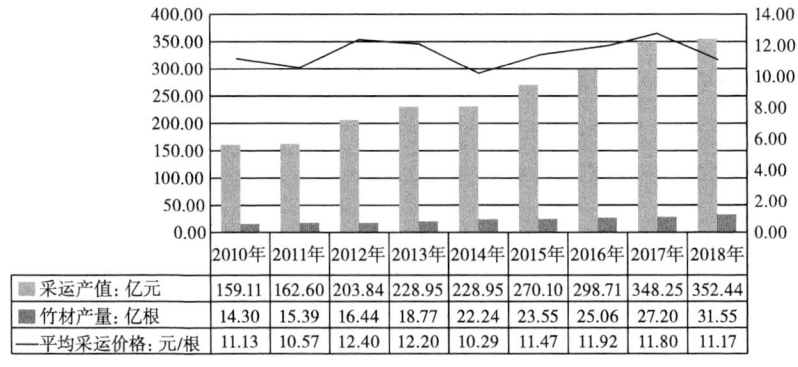

图7-7 2010—2018年我国竹材平均采运价格走势

资料来源：智研咨询

7.3.3.2 影响竹材价格的关键因素分析

（1）成本

在实际工作中，产品的价格是按成本、利润和税金三部分来制定的。成本又可分解为固定成本和变动成本。产品的价格有时是由总成本决定的，有时又仅由变动成本决定。成本有时又分为社会平均成本和企业个别成本。就社会同类产品市场价格而言，主要是受社会平均成本影响。在竞争很充分的情况下，企业个别成本高于或低于社会平均成本，对产品价格的影响不大。

竹材行业上游原材料成本主要由竹材采购、运输成本构成，竹材品质、运输远近、交通状况、采伐人工支出等对竹材产品成本高低有着重要的影响。

（2）供需情况

由于长期以来竹产业存在资源分布不均、政府扶持力度小、行业技术创新能力低、企业对国内市场及品牌建设重视不够等问题，造成消费者对现代竹产品的认知程度低，接受度差，消费潜力远未得到释放。

随着产业技术水平的提升，下游深加工产业的不断扩展，我国竹产业需求前景广阔，其中深加工产业价格存在较大的上行空间。

（3）关联产品

森林是国家重要的战略资源，木材是国际公认的四大原材料之一。目前，我国木材和林产品需求急剧增长，每年进口木材类产品折合原木超过 2 亿立方米。随着生态环境不断恶化以及全球气候变暖等问题的出现，各国对保护森林资源提出了强烈要求，于是森林资源的稀缺性和木材刚性需求之间的矛盾日益尖锐。为解决经济社会快速发展对森林资源需求量不断扩大的现状，寻求和开发林木供应的替代品已成为当务之急。竹子因其生物及生态学特性使其成为木材资源的首选替代品。一根竹子，3~5 年即可成材，一般的速生用材林，成材都要 10~15 年，竹子可一次造林成功，年年择伐，永续利用。我国年产竹材超过 30 亿根，相当于 4000 多万立方米的木材量，"以竹代木"的生态效益巨大，"以竹代木"的前景十分广阔。

（4）其他

竹制品制造行业属于国家鼓励类产业。近年来，国家和浙江省先后出台了各种产业政策以推动和促进竹制品制造行业良性发展。

2005 年 11 月，国务院办公厅颁布了《关于加快推进木材节约和代用工作的意见》（国办发〔2005〕58 号），该意见提出：发展木材代用，优化木材消费结构；提倡、鼓励生产和使用木材代用品，优先采用经济耐用、可循环利用、对环境友好的绿色木材代用材料及其制品，减少木材的不合理消费；积极发展人造板以及农作物剩余物、竹等资源加工产品替代木材产品，实施环保型代木工程。

2014年5月，国家林业局颁布了《关于进一步改革和完善集体林采伐管理的意见》（林资发〔2014〕61号），该意见提出：各地要根据竹林资源的特点和限额已放开的实际，从赋予林农最大经营自主权出发，进一步放宽竹林采伐和竹材运输管理，实行竹林经营利用由经营者自主决策；对竹子采伐可暂不实行林木采伐许可发证；对竹材及其制品的运输，暂停纳入凭证运输管理范围。

2016年5月6日，国家林业局颁布了《林业发展"十三五"规划》，提出：发展优质、高产、高效竹林，强化竹产业发展重点县建设，加强竹林资源定向培育，大力发展竹子加工产业，提高竹产业集约化经营水平，到2020年，竹产业总产值达到3000亿元。各项产业政策的颁布实施，为竹制品行业发展起到了积极的推动和促进作用。

7.3.3.3　2019—2025年竹材产品/服务价格变化趋势

预计到2025年我国竹材产量将增长至58.42亿根，竹材采运行业产值将增长至774.07亿元，竹材平均采运价格为13.25元/根（见图7-8）。

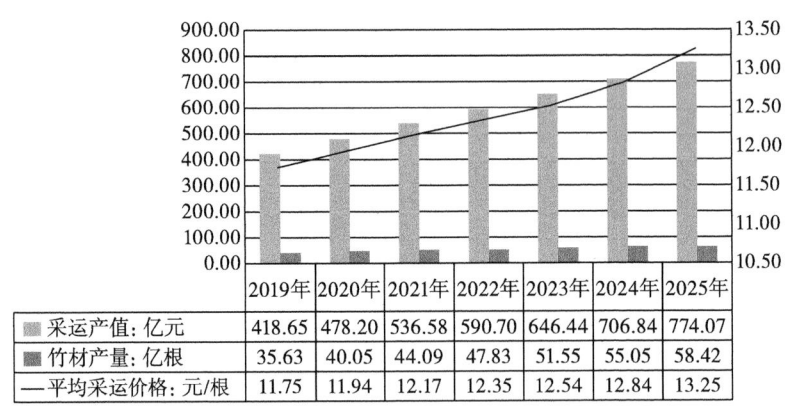

图7-8　2019—2025年我国竹材平均采运价格预测

资料来源：智研咨询

7.3.3.4　主要竹材企业价位及价格策略

竹材产品生产商以产品设计方案及产品生产所需的原材料成本为基础，并综合考虑产品的技术要求、设计开发难度、创新程度、产品需求量、生产周期、下游应用行业及竞争情况等因素,确定产品的价格。

同时,竹材产品生产商大多会持续跟踪产品的具体情况,在出现设计优化、原材料价格波动、汇率波动及出口退税政策变化等必要情形时,及时对产品价格进行相应的调整。

第8章 中国竹资源的生态旅游开发分析

8.1 中国生态旅游开发概况

8.1.1 生态意识对农业旅游发展的影响分析

当城市化进程步步挺进，人们尽情享受着社会生产力迅猛发展带来的硕果时，却发现赖以生存的环境中大气、水质、土壤、噪声等各种污染正在肆虐横行。人们对日渐消失的原生美日益向往，以"走向自然，认识自然，保护自然"为主题的生态旅游活动，正是顺应了这一心理要求。生态意识在旅游活动中占具了越来越重要的地位。

（1）生态旅游及其生态意识的缘起可持续发展理论这一思潮在世界范围内的广泛兴起，成为生态旅游发展的理论基础。我们认为可持续发展理论体系的核心可概括为：生态环境持续是基础、经济水平持续是条件。人地关系协调是关键，人类社会持续是目的。

在可持续发展理论的指导下，旅游业努力寻找着旅游领域的可持续性，生态旅游的出现将可持续发展理论具体化于旅游领域。从可持续发展理念出发，人类建立了生态旅游的发展哲学，生态旅游通过减轻环境压力来平衡经济利益，通过保持旅游区景观资源和文化的完整性实现代际间的利益共享和公平性。总的来说生态旅游是实现旅游可持续发展的保证。反过来说，生态旅游的目标是可持续发展，是实现旅游业的可持续发展。生态可持续发展战略指人类为了发展，开发利用资源和环境时应遵循生态学规律。开发和利用的程度限制在自然生存环境承受力范围内。维护自然系统的正常物质循环和能量流动的生态过程。一种崭新的理念——生态理念逐渐渗透到了人们的旅游活动乃至生活的各个层面。它包含着人类对于自身作用于自然环境行为的价值反思与评判。它深刻地涉及人类对于自身与自然环境、社会环境的相互关系。人们对于自然和社会的生态价值理念决定了人类对于自然环境和社会环境的态度，并影响着人类的生产实践活动。

(2) 农业旅游的生态属性。农业旅游属于生态旅游的范畴，是在充分利用现有农业资源的基础上，通过以旅游内涵为主题的规划、设计与施工。把农业建设、科学管理、农艺展示、农产品加工及旅游者的广泛参与融为一体。使旅游者充分领略现代新型农业艺术及生态农业的大自然情趣的一种新型旅游形式。它以生态旅游为主题，为游客提供新的活动空间和体验生活的场所，突出了城乡差异和地域文化。它既不同于传统的乡村旅游，也有别于一般的以原始自然风光为主的绿色之旅。其将传统和现代的农业生产、农业科技、农业生活、农村生态环境有机地融合为一体，属于一种高层次的文化生态旅游类型。观光农业旅游多分布在城乡接合地带，具有以城市为核心，呈同心圆或扇形分布的空间结构。这样的地域是城市巨大的生态屏障和空气调节器，这片距离都市人最近的"自然带"在旅游开发中存在着巨大的潜力。开展农业旅游是实现旅游可持续发展的重要途径，主要表现在：

就资源的利用而言。观光农业主张采用无公害的、新型的能源和资源以及节约能源和资源的新技术、新设备。如建立立体生态农业、采用无土栽培和滴灌技术等。

就旅游商品而言，观光农业大力发展绿色食品、无公害蔬菜等。吸引了大批旅游者前来参观，农业旅游的参与特性可使游人体验现代农业的乐趣。了解农业知识，增加阅历，可带动地区经济发展，增加人民收入，从而改善旅游地居民的生活质量。由此可见，观光农业旅游的开展使旅游可持续发展思想得到了充分的贯彻和实施，是实现旅游可持续发展的重要途径之一。

(3) 在农业旅游中贯彻生态意识。以绿色休闲为主题的观光农业旅游注重生态消费和生态保护的协调，如何保护和营造生态环境就应作为观光农业旅游成功与否的价值判断标准。按可持续发展的理论，生态旅游最终目标是协调资源保护和旅游发展之间的关系，然而旅游开发不当就会大大干扰这个问题，甚至带来强烈的反作用。所以应该将生态理念时时处处贯彻在农业观光旅游的开发过程中。

首先，开发时要杜绝对生态环境和景观的破坏，无论是主体设计，还是配套的服务设施建设，都要避免对自然环境和人文景观造成破坏。

其次，突出特色，因地制宜的原则。观光农业实际上是由农业的发展延伸而来的，因此其具有强烈的地域性和季节性。发展观光农业必须根据各地区的农业资源，农业生产条件和季节特点，突出农业生产发展的区域特色，这样才能展示当地独特的生态景观，而不是矫揉造作的模仿。应当在原有农业景观与当地特有农耕文化的基础上适当进行人为开发，为游客提供便利的条件，增加旅趣。

最后，应该注重强化环境教育普及自然知识，通过宣传引导的方式令游人自觉对景区内生态环境加以保护，增强其生态意识。生态意识归根结底还是要解决思想上的问题，只有从思想意识上改变人们对待环境衬自然的观念，培养一种"生态良心"，旅游业的可持续发展才能真正实现。总之，通过营造城郊独特的田园生态氛围，挖掘深厚的乡村民俗文化内涵，追求生态，文化，高科技结合的现代观光农业旅游符合人们关于可持续发展理论的构想，将生态意识积极地贯彻到农业旅游的各个环节是实现旅游业可持续发展的必由之路，随着农业现代化和城市化进程的加快，人们理念的更新，农村基础设施建设的改善和提高，一种蕴含深刻生态意识的崭新的农业旅游必将显现出无穷的生机。

8.2 国家森林公园的生态旅游开发探讨

由于全球生态环境的恶化引起人类社会对环境质量的普遍关注，另外，基于旅游的盲目发展造成的旅游环境衰退，引发了人们对传统大众旅游方式的反思和对生态旅游及可持续发展的呼唤。而当前，随着2008年北京奥运会的临近，为了响应"绿色奥运"的精神，我国正面向全社会开展"绿色旅游项目推介计划"和"绿色旅游行为倡议"等，积极推广各种人与自然和谐的旅游活动。

8.2.1 生态旅游

（1）生态旅游的概念

生态旅游是由国际自然保护联盟的特别顾问谢贝洛斯·拉斯喀瑞于1983年首次提出的。1993年国际生态旅游协会把其定义为：具有保护自然环境和维护当地人民生活双重责任的旅游活动。

在全球人类面临生存环境的危机的背景下，人们环境意识开始觉醒，而其内涵也得到不断的充实，即生态旅游是在被保护的自然生态系统中，以自然景观为主体，融合区域内人文、社会景观的郊野性旅游，旅游者通过与自然的接近，达到了解自然、享受自然生态功能的好处，产生回归自然的意境，从而自觉保护自然、保护环境的一种科学、高雅、文明的旅游方式。

(2) 生态旅游的发展趋势

由于社会经济和文化的快速发展，使人们更多地联想到了"绿色"的丰富内涵。森林作为陆地上最大的生态系统，是人类赖以生存的物质基础。因此，森林公园生态游成为世界可持续性旅游——生态旅游发展的新趋势。据报道，目前美国家庭收入的1/8用于森林游憩，每年总花费约3000亿美元；在日本，每年有8亿人次进行"森林浴"；德国提出了"森林向全民开放"的口号。亚太地区的许多国家也同样着力发展森林生态旅游。

而我国政府也大力推进传统林业的转变，着力构建林业生态和产业体系，同时随着人们关注森林和保护自然生态意识的增强，森林生态旅游已成为旅游中的一个新亮点。据统计，中国森林面积达到1.75亿公顷，森林覆盖率为18.21%，人工林面积居世界首位。利用这些森林资源，截至2005年底，全国已建立各级森林公园1900余处，规划面积1500公顷；建立林业系统管理的自然保护区1699处，规划面积1.2亿公顷。同时，还建立了众多的自然保护小区、狩猎场、野生动物园和湿地公园等，一大批国家森林公园、自然保护区成为新兴的旅游胜地和开展户外休闲娱乐活动的主要场所。

8.2.2 森林生态旅游

(1) 森林生态旅游的定义

森林生态旅游就是依现有森林资源，以森林景观为主体，以自然景观为依托，以人文景物为点缀，合理开发，综合利用，为群众提供游览观光、避暑度假、疗养休养、会议培训、科学考究和狩猎的良好场所。

(2) 以山西管涔山国家森林公园为例

管涔山国家森林公园位于山西省宁武县东寨镇，总面积约4.433万公顷，森林面积2.27万公顷，占公园总面积的50%。林木总蓄积量为管涔林区的40%，约为208万立方米，综合覆被率达到73.7%。园内动植物资源丰富：植物有560多种，野生动物有152种。林蘑、蕨菜等绿色食用资源也极为丰富。公园内风景优美，是一处以险山、奇峰、森林、湖泊和珍禽异兽组成的国家级森林旅游区。

(3) 管涔山国家森林公园开发现状

整个国家森林公园由景色各异的七大景区组成。分别为芦芽山风景旅游区、万年冰洞、荷叶坪亚高山草甸生态区、马营海（天池）山地湖泊旅游区等。

1）芦芽山风景旅游区是管涔山国家森林公园的主打旅游品牌，但却直属于管涔山国有林管理局下设的芦芽山国家级自然保护区管辖，无权干涉芦芽山景区的一切事务。而芦芽山景区由于各方面的压力与制约，无力改变景区落后的面貌：登山的石阶不规范，随意堆砌；基础设施严重滞后，经费不足；道路多年不予修缮，目前已破烂不堪，行车困难；出租马匹的商贩随处可见，混乱不堪。

2）万年冰洞以制冷机制最强、冰储量最多而位列全国仅有的九个冰洞之首，形成于新生代第四纪冰川期，距今约三百万年，极具科考价值。为了保护景观，应冰洞限制每日参观人数，但这项措施好像并没有真正地实行过。目前已有一些冰柱开始融化，过多的游客对冰洞景观造成了一定的影响。

3）荷叶坪亚高山草甸生态区也是管涔山国家森林公园的主要景区。但自2001年后，却由五寨县旅游局开发管辖。由于盲目开发建设，大量游人甚至不少车辆都进入草甸内，丢弃的垃圾和动物的粪便随处可见，致使草甸被破坏、水土流失逐年加剧。

4）管涔山国家森林公园内还有许多奇特的自然景观及人文景观，如情人谷、汾河源头、古栈道等，但都是由宁武县旅游局、宁武县水务局等单位所管辖。这些景区由于开发单位急功近利盲目开发，许多景点都受到不同程度的破坏，有些景点的生态环境已受到了毁灭性的破坏。

8.2.3 管涔山国家森林公园生态开发中的问题

1）缺乏科学合理的旅游发展规划，盲目开发建设。在景区或林区内，存在乱砍滥伐现象，加之旅游景点的开发，周边地区矿产开采及相关配套设施的建设都会使当地生态环境遭到破坏。

2）生态旅游区的企业和个人在经营中不考虑对环境的负面影响，出现大肆招徕客源、片面追求经济效益的不良现象。

3）生态旅游区归属不清，管理混乱。整个公园分属多个部门，其自身的管理机构没有实权，无法真正发挥其职能，造成对环境不同程度的破坏。

4）发展生态旅游的资金不足，基础设施建设严重滞后。

5）缺乏专业人才，管理水平低。我国生态旅游发展尚短，缺乏既懂生态学和旅游学知识，同时又能正确理解生态旅游内涵的专业人才。

6）开发生态旅游造成生态环境破坏。

7）旅游者的环保意识淡薄。在自然环境中，游客缺少对保护生态资源的责任感。

8.2.4 解决对策

（1）与各级部门积极进行协调，充分发挥森林公园的各项职能作用

森林生态旅游是一种集科普教育型、特色参与型、运动休闲型旅游于一体的高雅娱乐方式。正因如此，森林公园必须把加强森林资源和生态环境的保护放在首位。管涔山国家森林公园应积极和当地各级政府部门进行协调，取得对景区的管理权。在政府宏观政策的指导下，充分发挥森林公园的管理职能作用。

（2）对景区发展做科学合理的规划，避免盲目建设森林公园开发生态旅游需要制定一个开发合理、滚动发展、永续利用的总体规划，以避免盲目地、随心所欲地进行粗放式的开发。否则，必定会造成人力、物力、财力的浪费，导致一些不可再生的旅游资源的损坏与浪费。

（3）多方位筹集资金，加强公园基础设施建设

充分利用现有基础设施，加大资金筹集范围，积极与当地政府及非政府组织协商谋求共同发展的道路，或采取股份制，或主动与有意从事发展旅游业的企事业单位和个人合作等多渠道、多形式筹集资金，从而逐步改善公园旅游的基础设施状况。

（4）引进专业人才，提高员工素质

管涔山国家森林公园需要积极引进一批高素质的旅游专业人才来提高自身的管理水平，并开展职工专业知识的培训工作。实行竞聘上岗的人才竞争机制，以提升管理队伍的综合水平。

（5）加强管理和规范各种经营行为

制定规范的行业标准和严格的规章制度以杜绝恶性竞争和欺客、宰客的现象发生，创造公平竞争的环境，还景区一个宁静而和谐的环境。

（6）加强旅客的环保教育

1）要塑造"负责任的旅游者"，景区可以利用现有的资源，开展各种环保活动，如拾垃圾、认养树木、设立环保提示牌等。

2）通过导游或宣传手段对旅游者进行教育。倡导游客在旅游过程中不乱扔脏物，使用环保包装物等。通过法规、法律、制度等手段对旅游者行为进行制约。

3）通过技术手段加强对生态旅游者的管理。森林生态旅游是一个以发挥

森林的生态性、社会性和经济性功能为宗旨，围绕吃、住、行、游、购、娱六要素的合理配套的综合型产业。它将旅游开发和社会发展相结合，注重生态、经济和社会效益的统一，可极大地推动区域经济可持续发展。因此，要实现山绿、水清、人富的目标，就要采取行之有效的科学管理措施，使政府部门、旅游业者、游客和旅游地所在社区之间形成良性互动，使生态旅游的观念深入人心，并落实到行动中去。这正与目前我国正在实施的林业重点生态建设工程和天然林保护工程相配套。而且，还可以帮助贫困林场、山区的群众脱贫致富，推动地方经济的发展。

8.3 乡村生态旅游规划分析

乡村生态旅游是在传统乡村旅游蓬勃发展及全球生态环境保护热潮兴起的背景下提出的一种协调型新型旅游活动。其自提出以来便在我国广大农村地区悄然兴起，并对农村经济、社会、文化等方面的发展起到了巨大的推动作用。我国关于乡村生态旅游的研究始于21世纪初，由于起步较晚，到目前为止，专门及全面深入的研究较少，现有文献主要是对乡村生态旅游的概念、开发意义、规划设计方法以及开发价值的定性评估等方面的研究，而对乡村生态旅游概念和范畴的研究，又大都忽略了乡村生态旅游活动过程中对游客的教育和责任感培养方面的内容，更多偏向传统大众旅游，基于文化方面与城市旅游不同的角度进行分析，突出其经济效益；在规划设计方面主要针对以民族风情为主要特色的乡村生态旅游区，并以此为研究和实践对象，对自然生态旅游区的规划研究则较少。乡村生态旅游的实质是在传统乡村旅游中融入了生态文明的理念，因此一定要体现其生态保护性、可持续性和启发教育性，此外还需考虑其发展过程中的博弈均衡现象。基于此，我们从乡村生态旅游的来源——乡村旅游和生态旅游谈起，阐述较为确切的定义和特点，并通过分析现阶段存在的不足，提出发展乡村生态旅游的对策及建议。

8.3.1 乡村生态旅游的内涵

乡村生态旅游的概念源于乡村旅游与生态旅游，可以说它是乡村旅游和生态旅游的"交集"。因此研究乡村生态旅游的概念需要从乡村旅游与生态旅游的概念入手。

1）乡村旅游的内涵。乡村旅游兴起于19世纪的欧洲，1865年意大利"农业与旅游全国协会"的成立标志着乡村旅游的产生。乡村旅游自提出以来，其定义是多种多样的。欧洲联盟（EU）和世界经济合作与发展组织（OECD）将乡村旅游定义为发生在乡村的旅游活动；世界旅游组织在推荐各国政府、地方社区和旅游经营者使用的《地方旅游规划指南》中，将乡村旅游界定为：旅游者在乡村（通常是偏远地区的传统乡村）及其附近逗留、学习、体验乡村生活模式的活动，该村庄也可以作为旅游者对附近地区进行探索的基地；Bernard Lane 认为乡村旅游，特别是纯粹形式的乡村旅游，是位于乡村地区，旅游活动具有乡村特色，规模较小，社会结构和文化具有传统特征，且变化较为缓慢，旅游活动常与当地居民家庭相联系，并在很大程度上受当地控制的旅游活动。在我国，许多人将乡村旅游定义为：以乡村地域及与农事相关的风土、风物、风俗、风景组合而成的乡村风情为吸引物，吸引游者前往休息、观光、体验及学习的旅游活动，其本质特性表现为：乡村旅游的从业人员以当地居民为主，旅游资源具有浓厚的乡村特色，旅游活动场所是乡村地区，乡村旅游具有资源广博性、观赏性和教育性，旅游活动的高参与性，农业旅游产品的强季节性、经济价值的显著性，地域和民族文化的明显差异性等特点。综上所述，乡村旅游定义的一个共同之处是：乡村旅游的核心内容是乡村风情，本质属性是乡村性。

2）生态旅游的内涵。生态旅游的概念最早是由"世界自然保护联盟"于1983年提出的，它的产生不仅是由于人们的旅游需求和旅游动机发生转变，更是由于工业化的发展以及近年来传统大众旅游的盲目发展导致旅游环境衰退，使得人们产生了回归自然的强烈愿望和要求。

到目前为止，关于生态旅游的定义有很多，尚未形成一个世界公认的定义。"世界自然基金会"（WWF）是研究生态旅游较早的国际机构，其研究人员 Elizabeth Boo 认为生态旅游必须以自然为基础，以学习、研究、欣赏、享受风景和野生动植物等为特定目的，在受到干涉较少或没有受到污染的自然区域所进行的旅游活动。1992年"生态旅游学会"给生态旅游所下的定义为：为了解当地环境的文化与自然历史知识，有目的地到自然区域所做的旅游，这种旅游活动的开展在尽量不改变生态系统完整的同时，创造经济发展的机会，让自然资源的保护在政策上使当地居民受益。此外，国外学者如 S. Medlik、Bragg、Buckley、Fillion 等对生态旅游也提出了不同的见解。

在国内生态旅游学术界，学者们对生态旅游的概念也有不少认识和见解。如卢云亭先生认为，生态旅游是按生态学的要求实现环境优化，使物质、能量良性循环，经济和社会优良、高效、和谐地发展，并有丰富的、值得观赏的生态项目，以不破坏环境为特征的风景旅游活动。我国旅游地理学创始人郭来喜先生对生态旅游的定义则重点强调了生态旅游产品的高雅和类型的多样，他认为生态旅游是以大自然为舞台，以高雅科学文化为内涵，以生态学思想为设计指导，以休闲、度假、保健、求知、探索为载体的一种可持续发展的旅游体系。

3）乡村生态旅游的内涵。乡村生态旅游是在传统的乡村旅游带来严重的旅游污染及全球生态环境保护热潮的背景下提出的一种协调型的新型旅游形式，是一种既能提高当地居民的生活质量又能保护资源环境的旅游活动，它源于乡村旅游和生态旅游，又高于乡村旅游和生态旅游，是二者有效结合的一种新型旅游活动。同乡村旅游和生态旅游一样，由于乡村生态旅游在我国起步较晚，目前对其定义还没有统一的表述。相关研究领域近年来对乡村生态旅游的定义逐渐增多，一些人认为乡村生态旅游是以乡村为背景，注重生态环境保护或具有突出积极生态效应的一种乡村生态旅游形式；一些人认为乡村生态旅游是以乡村景观为吸引物的旅游活动；还有些人把乡村生态旅游的概念界定为"农家乐"。

基于以上分析和认识，我们认为，乡村生态旅游是以乡村为背景，以大自然和乡村文化为资源基础，以生态文明理念为核心导向，旅游者在享受自然和文化的同时，有着明确地了解和学习自然和文化的目的，并负有保护责任的一种特殊的旅游活动。

8.3.2 乡村生态旅游的特点

乡村生态旅游作为乡村旅游和生态旅游的结合体，兼有乡村旅游和生态旅游的特点，如有其独特的参与性，以及当前我国经济结构转型期和新农村建设大背景下所赋予的时代性和对城市旅游客源的依托性等。下面分别从旅游资源、旅游过程及开发经营3方面来分析乡村生态旅游的特点。

1）地域性和不可移植性。无论是自然生态旅游资源还是人文生态旅游资源，其形成都与当地特有的自然及文化生态环境密不可分，每一个地方的资源都有着与其他地方不同的地方性特征。因此，旅游资源具有地方性和不可移植性，也正是旅游资源的这种特性，形成旅游者前来观赏体验的原动力。

2）旅游资源的脆弱性。乡村生态旅游资源的脆弱性源于乡村文化资源和自然生态环境的脆弱性。文化资源的脆弱性主要表现为：外界游客到达旅游目的地，体验当地文化习俗。不同文化不可避免地会相互交流、渗透。一般来说，选择乡村为旅游目的地的游客大都来自城市，他们所带来的文化是一种"强势文化"，与之相对的乡村文化则是"弱势文化"，旅游过程中"强势文化"对"弱势文化"的强大冲击不容忽视。自然生态旅游资源系统对于作为外界干扰的旅游开发和旅游活动的承受能力是有限的。一旦超出限度，其系统稳定性就会受到破坏。尤其是对于一些不可再生资源而言，一旦破坏，难以修复。

8.3.3 旅游过程的特点

1）旅游过程中的教育性。生态文明理念是乡村生态旅游的核心内容，开发乡村生态旅游的目的是试图让游客和当地居民及旅游开发商、经营管理者认识和了解生态环境系统与地方文化，并积极地为目的地的经济社会和生态环境保护做出贡献。因此乡村生态旅游过程中的教育性不容忽视。

2）旅游过程中的责任感。旅游者在旅游过程中应当负有责任感，而提高旅游者的生态环境保护意识是乡村生态旅游不同于传统大众旅游的一个显著特征，这一特征源于生态旅游。国外学者Western把生态旅游定义为：将对自然的郑重承诺和强烈的社会责任感结合在一起的负责任的旅游，强调了生态旅游过程中的责任性。

3）旅游规模的有限性。乡村生态旅游资源是几乎没有被干扰或污染的乡村自然区域和未被外界文化所同化的地方文化资源，为了保护当地自然生态及社会文化生态的完整性，其旅游规模必定不能太大。

8.3.4 旅游开发经营的特点

保护为主，适度开发。乡村生态旅游的开发必须遵循生态规律以及当地的文化习俗，重视生态环境保护和文化资源保护，走可持续发展之路，促进人与自然、文化的和谐一致，避免传统大众旅游出现的"强调旅游开发，忽视环境保护""先污染，后治理"的现象，或是为了追求经济利益而强行加入某些不利于当地文化资源保存的其他文化习俗等问题。可以说生态旅游的融入是一种严格规范的管理制度，而非旅游形式，更非营销策略。

乡村生态旅游经营的垄断性。乡村生态旅游资源的地域性与不可移植性的特点，决定了乡村生态旅游的经营具有垄断性特征。

8.4 乡村生态旅游开发现状及存在的问题

8.4.1 开发现状

乡村生态旅游在我国起步较晚，但近年来在各级政府、旅游企业及生态旅游工作者的共同努力下,其发展已初具规模,甚至已有不少地区通过乡村生态旅游走上了致富之路。以云南省为例,据统计,由于乡村生态旅游的开发,全省已有昆明、红河、大理、丽江、临沧等地市的150余个乡村积极开展乡村生态旅游,绝大部分农户的年收入过万元,农村环境也获得极大改观。现阶段,乡村生态旅游在类型上主要有观光型乡村生态旅游,如观光农业园区景观农业等;民俗型乡村生态旅游,如民族村寨、特色村寨、乡土文化等;休闲型乡村生态旅游,如庄园休闲型和庭院休闲型等。

8.4.2 存在问题

在乡村生态旅游业为当地居民带来福利的同时,开发经营过程中存在的规划不到位、无序经营以及与乡村经济、社会、文化脱节等问题对当地旅游业的可持续发展造成了较为严重的威胁。具体总结如下:①经营者对乡村生态旅游认识不足,注重短期利益。农村地区,尤其是欠发达的农村地区,经济贫穷落后,甚至最基本的生存需求都得不到保障,加上认识与观念相对滞后,很难顾及生态环境的保护和可持续发展的基本要求。经营者往往会为了短期经济利益而不考虑生态环境保护的问题,加之开发前的规划不到位,导致后期无序经营现象严重。②缺乏经营管理人才,管理水平滞后。目前,乡村生态旅游的开发者主要是当地农民,急需高素质的经营管理人才及相应的政策法规。由于地方政府及部门对乡村生态旅游的性质和特点认识不足,至今没有建立一个协调统一的管理机构,导致旅游区的开发规划没有科学依据,开发混乱、重复建设、环境破坏问题严重,经济利益上各自为政、多头管理,出现问题互相推诿,无人负责,严重影响了乡村生态旅游的可持续发展。③资金投入不足。对旅游区的资金投入不足,尤其表现在基础设施的投资力度上。从地理位置分布角度看,乡村生态旅游区大都分布在较偏远的地区,这些地区经济发展水平相对落后,现有基础设施简陋、设备不足,卫生状况欠佳,无法满足游客的需要,已成为旅游业发展的障碍。

8.4.3 发展乡村生态旅游规划的对策措施

发展乡村生态旅游对于促进乡村可持续发展、妥善解决"三农"问题,建设社会主义和谐新农村具有十分重要的意义。

(1) 构建乡村生态旅游经营管理模式

乡村生态旅游是有别于传统大众旅游的一种特殊的旅游活动,其经营管理也有特殊的模式。乡村生态旅游只有得到科学有效的管理,才能促进旅游业持续、协调、健康发展，从而取得良好的经济、社会和生态效益。

乡村生态旅游管理包括对整个乡村生态旅游行业的管理、对目的地社区的管理、对旅游区环境的管理以及对游客的管理。乡村生态旅游经营管理模式要以生态文明和可持续发展理念为指导，通过完善的条例、制度、法规规范企业和个人行为，采取对自然和文化生态环境影响最小的经营方式，对旅游地游客的承载量及不当行为予以适当管制，最终以旅游业所带来的经济效益与当地居民共享。

（2）开发与经营中的博弈不可忽视

博弈论（Game Theory）是研究相互影响的决策主体最有可能选择的决策结果的科学。一种制度要发生效力，必须是一种纳什均衡，否则，这种制度便不能成立。在乡村生态旅游开发过程中，博弈均衡存在的问题很多，如鉴于居民在旅游区私搭乱建的现象颇为严重，管理部门制定了相应的处罚规定，这种处罚制度是否能顺利实施就是一个博弈过程：居民有两种选择——搭建或不搭建，管理部门有两种选择——处罚或不处罚。居民为了经济利益冒险继续搭建，管理部门为了博取民心而管理较为松散，最终的博弈均衡是居民继续搭建，管理部门不予处罚，从而造成景区被严重破坏。因此，为保障乡村生态旅游的可持续发展，必须消除这种不利的博弈均衡，为此，可以通过消除博弈条件，制定居民认可的、真正可实施、可操作的规定与方案，从而确保乡村生态旅游的健康、和谐发展。

（3）注重高素质人才的培养

乡村生态旅游发展中存在诸多问题的原因之一是缺乏专门从事乡村生态旅游业的人才。乡村生态旅游业作为一种新兴产业，要求经营管理者和导游人员都具备较高的素质和全面的知识结构，尤其是导游人员，作为目的地形象的重要宣传者，导游是联系旅游者与旅游地的中心纽带，是整个旅游活动操作层面的核心人物，在乡村生态旅游活动中显得尤为重要。在乡村生态旅游过程中，导游为游客讲解的内容不同于传统旅游中所强调的趣味性、娱乐性，而是在强调趣味性的同时注重知识性以及生态保护方面的教育性，让游客在享受自然的同时，认识自然和保护自然，这就要求导游具有良好的自身素质和全面的知识结构。此外，乡村生态旅游的经营管理者也必须具备较高知识水平构架。对此，旅游区可以通过培训和引进人才的方式强化旅游从业人员以及当地村民的旅游知识和业务技能，加强乡村生态旅游发展中的人力资源建设，从整体上提高旅游区的服务接待水平。

(4) 发展乡村生态旅游、建设新农村，规划要先行

完善的旅游整体规划是乡村生态旅游可持续发展的一个必要条件。没有可行的规划方案，对旅游区盲目开发，最终会导致景区遭到严重破坏。因此，在旅游区规划设计时，设计师必须经过科学调查，以维护当地的生态系统平衡为前提，以最大限度地提高游客的满意度为目标，并遵循自然性、乡土性、生态性原则，制定出切实可行的规划方案，促进当地经济社会的发展。设计方案应当充分体现乡村田园景观、建筑景观、农耕文化及民俗文化景观，并从自然和社会两方面去创造天人合一的最优环境，充分将人与自然融为一体。乡村生态旅游规划应与乡村景观的规划与设计相互融合，实现乡村生态旅游与新农村建设的可持续发展。

8.5 中国竹文化旅游市场开发分析

8.5.1 开发竹文化旅游业的意义

文化是社会发展的产物。它不仅有维护社会体系的功能，还是指导人们社会行为的规范。如果从社会文化的角度来看，竹文化就是竹产地居民以不同形式的文化特征所构成的以竹为载体的文化复合体，作为一种社会现象和历史现象，竹文化还处在形成和发展的过程中。中国是世界上竹子资源最丰富的国家，中华民族是世界上最早用竹、最善用竹的国家。竹子与中国文化发展息息相关。《新华字典》中"竹"作部首的字就有187个。用竹子制成的生活实用品、工艺美术品数不胜数；颂扬竹的文学作品比比皆是。人们崇拜竹子，赞美竹子。竹子与松、梅并称"岁寒三友"，又与兰、梅、菊并称"花中四君子"。"未出土时便有节，及凌云处尚虚心"，倍受国人赞赏，奉为做人的准则。苏轼写到"宁可食无肉，不可居无竹"。中国历史上有"竹祖龙孙道崇拜"，民间有"爆竹声声祈平安"的习俗。竹文化是中国传统文化的一个重要组成部分，人们称赞竹子是"东方美的象征"，誉中国为"竹文化的国家"。竹文化及其特色所具有的广泛吸引力，正是竹文化旅游市场的潜力所在。发掘利用竹文化，发展竹文化旅游，对丰富旅游内容，提高旅游文化品位，突出民族文化特色和发展旅游业有着特别重要的意义。

8.5.2 竹文化旅游市场的定位浅析

中国竹文化资源内容丰富，分布广泛。这为中国竹文化旅游业的发展提供

了充分的资源条件,有利于竹文化旅游业的发展;同时,各地竞相开发和发展竹文化旅游,如果不注重科学研究和统一规划,盲目发展,则势必事与愿违,不仅不利于竹文化旅游业的发展,反而会造成竹文化资源的极大破坏和经济上的巨大损失。这种情况在前几年的"溶洞热"及近几年的"人造景观"中已有表现,决不可再重蹈覆辙。运用现代市场营销学理论,以市场为导向,进行竹文化旅游资源的发掘与利用研究,可以为旅游部门(企业)提供可行性、有价值的研究成果;可以在很大程度上避免决策失误所带来的损失。竹文化旅游市场定位研究是有效开发竹文化旅游资源、发展竹文化旅游业的前提。

竹文化旅游市场定位研究的一个重要内容是目标市场的选择。要求全面分析市场需求状况、市场结构、进入市场的相关企业的情况以及自身资源、技术、资金、服务等情况,结合自身特色和优势,避开激烈竞争,选定目标市场,进而对目标市场进行细分化,确定自己的开拓市场战略和市场营销策略。在此基础上,确定旅游企业的产品规格、产品特色以及产品开发方向。将旅游者的需要列为产品(旅游项目)设计的中心内容。这样的产品和旅游项目由于适销对路能满足旅游者的需要,一定会受到广大旅游者的欢迎。

对国家级风景名胜区、佛教圣地九华山来说,佛教是其特色。"观光朝圣"是其主要旅游市场,发展九华山竹文化旅游可以考虑着重在竹文化与佛文化的关系上下功夫,进行竹景开发、竹工艺品生产销售、竹诗画文学作品展览、竹文化旅游活动设计等,围绕地藏王菩萨做文章。这样选择的目标市场,便于发挥九华山的资源和市场优势,便于竹文化旅游产品的适时推出和进入市场,也便于九华山旅游业特色的形成和发展,使九华山竹文化与佛文化相得益彰。

8.5.3 竹文化旅游宣传促销建议

宣传促销是企业选择一定的时期和特定的场合,通过感染力强、吸引力大的宣传媒体,引导、启发、刺激目标消费者购买某种商品和劳务的促销活动。宣传促销是开拓竹文化旅游市场必不可少的、行之有效的营销手段,如何设计费用低廉、可信度高、效果好的宣传促销方式是旅游企业值得研究的课题。宣传促销需要系统设计、分步实施,必须有训练有素的专人负责和可靠的组织保证。

竹文化旅游宣传促销,不应小打小闹。应从大处着手,弘扬中国具有悠久历史的优秀传统文化——竹文化。对于某一个地区来说,也应将其竹文化放在中国文化发展史中来宣传其特色。这样的宣传促销可以使旅游者（包括潜在的旅游者）在中国文明的背景下来认识目的地的文化特色，更好地产生旅游动机，获得更好的效果。搞好宣传促销工作，除了组织保证和不失时机外，还需要旅游活动内容生动、新颖、有趣，旅游服务质量全面提高。只有这样，旅游企业的形象才能优化，信誉才能提高。

8.5.4 竹文化旅游产品开发思路

旅游产品是旅游者消费的终极对象，也是旅游业经济、社会、环境效益赖以实现的物质基础。旅游产品属于服务产品。它具有综合性、无形性、不可转移性、时间性、生产和消费的同步性等特点。如何解释和衡量旅游产品的质量是旅游业经营管理人员所面临的重要问题之一。旅游产品既然是服务产品，礼仪、态度、速度和效率则是旅游者感受到的重要方面。要提高旅游产品质量，就必须提高技术，改善设施，培训人员和加强管理。

要全面提高旅游产品质量还必须在旅游内容、旅游项目、旅游线路等设计上做文章。这是使旅游者到目的地旅游（购买旅游产品）的关键。竹文化旅游产品的开发，应以全国一盘棋、整体开发的思想为指导，首先做好竹文化旅游资源的普查、发掘与整理工作，再根据市场需求和资源特点制定竹文化旅游资源开发利用及保护规划，明确开发利用程序、发展重点。这样，各地就可以按照统一规划，实施有效开发，确保竹文化旅游业获得较高的经济、社会、环境效益。竹文化旅游产品的开发，既需要有较高的服务质量，更需要有引人入胜的旅游内容、旅游项目和旅游线路。各地按照统一规划在完成竹文化旅游市场定位研究的基础上，即可进行适销对路的竹文化旅游产品开发。

8.5.5 竹文化生态旅游市场开发前景看好

中国现有400多竹种和约360万公顷竹林，赏竹胜地有浙江安吉竹乡、江西吉安竹城、九华闵园竹海、四川长宁竹海等。江西新奉特大毛竹、广西花坪方竹林、湖南沅陵湘妃竹、四川重庆慈竹、安徽池州罗汉竹、四川江安人面竹，这些奇特的竹种引人入胜。竹文化旅游资源的开发利用，一个重要前提就是竹种质资源的有效保护。中国已完成了竹资源普查，不少地区除通过国家森林公园及风景名胜区对竹种质资源保护外，还专门建设竹子引种园、竹子公园来保护和利用竹子种质资源与竹子物种多样性，竹文化生态旅游市场开发前景很被看好。

第9章 中国竹所属产业整体运行指标分析

9.1 中国竹所属产业总体规模分析

9.1.1 行业企业数量结构

表9-1 2012—2018年中国竹产业相关（竹制品制造）行业企业数量

年份	规模以上企业单位数（个）
2012	557
2013	596
2014	579
2015	618
2016	663
2017	678
2018	683

资料来源：国家统计局、智研咨询

9.1.2 行业人员规模状况

表9-2 2012—2018年中国竹产业相关（竹制品制造）行业人员规模

年份	从业人数（人）
2012	92970
2013	96731
2014	92472
2015	97100
2016	97100
2017	96887
2018	96792

资料来源：国家统计局、智研咨询

9.1.3 行业资产规模

表9-3 2012—2018年中国竹产业相关（竹制品制造）行业资产规模

年份	资产总计（亿元）
2012	195.08174
2013	236.87954
2014	252.72222
2015	280.99000
2016	308.05000
2017	327.69175
2018	342.99851

资料来源：国家统计局、智研咨询

9.1.4 行业市场规模

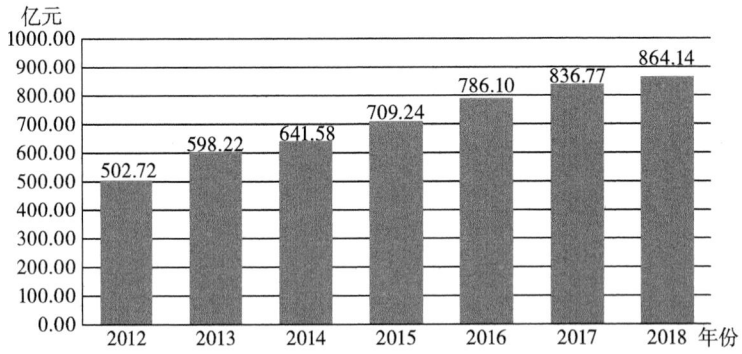

图9-1 2012—2018年中国竹产业相关（竹制品制造）行业市场规模

资料来源：国家统计局、智研咨询

9.2 中国竹所属产业运营情况

9.2.1 中国竹产业营收

表9-4 2012—2018年中国竹产业相关（竹制品制造）行业营收

年份	销售收入（亿元）
2012	502.71982
2013	598.22443

续表

年份	销售收入（亿元）
2014	641.58301
2015	709.24000
2016	786.10000
2017	836.76605
2018	864.14390

资料来源：国家统计局、智研咨询

9.2.2 中国竹产业成本

表9-5 2012—2018年中国竹产业相关（竹制品制造）行业成本

年份	销售成本（亿元）
2012	414.07260
2013	501.06486
2014	544.00760
2015	606.49000
2016	676.34000
2017	722.02302
2018	747.60405

资料来源：国家统计局、智研咨询

9.2.3 中国竹产业利润

表9-6 2012—2018年中国竹产业相关（竹制品制造）行业利润

年份	利润总额（亿元）
2012	311.0029
2013	379.8708
2014	397.5882
2015	414.7000
2016	442.1000
2017	456.8643
2018	461.0792

资料来源：国家统计局、智研咨询

9.3 2012—2018年中国竹所属行业财务指标总体

9.3.1 行业盈利能力

表9-7 2012—2018年中国竹产业相关（竹制品制造）行业盈利能力

年份	资产收益率（%）	销售利润率（%）
2012	15.94	6.19
2013	16.04	6.35
2014	15.73	6.20
2015	14.76	5.85
2016	14.35	5.62
2017	13.94	5.46
2018	13.44	5.34

资料来源：国家统计局、智研咨询

9.3.2 行业偿债能力

表9-8 2012—2018年中国竹产业相关（竹制品制造）行业偿债能力

年份	资产负债率（%）	流动比率（%）
2012	45.53	1.11
2013	47.45	1.07
2014	44.95	1.10
2015	42.05	1.11
2016	42.57	1.09
2017	41.70	1.12
2018	48.25	1.09

资料来源：国家统计局、智研咨询

9.3.3 行业营运能力

表9-9 2012—2018年中国竹产业相关（竹制品制造）行业营运能力

年份	总资产周转率（%）	流动资产周转率（%）
2012	2.58	5.11
2013	2.53	4.97
2014	2.54	5.12

续表

年份	总资产周转率（%）	流动资产周转率（%）
2015	2.52	5.40
2016	2.55	5.48
2017	2.55	5.45
2018	2.52	4.80

资料来源：国家统计局、智研咨询

9.3.4 行业发展能力

表 9-10 2012—2018 年中国竹产业相关（竹制品制造）行业发展能力

年份	销售增长率（%）	利润增长率（%）
2012	21.34	37.09
2013	19.00	22.14
2014	7.25	4.66
2015	10.55	4.30
2016	10.84	6.61
2017	6.45	3.34
2018	3.27	0.92

资料来源：国家统计局、智研咨询

第10章 竹产业结构和产业链分析

10.1 竹材产业结构分析

10.1.1 市场细分充分程度分析

中国对竹资源的利用由来已久,且形成了竹叶、竹竿等各个部分的全方位利用。同时随着现代工业生产与技术进步,竹资源的利用范围更加广阔。在政策支撑与消费增长的大背景下,中国的竹子经营加工及综合利用取得重大进展,竹产业化进程明显加快,一批以竹业为龙头的新兴加工企业正在快速崛起,产品覆盖竹建材、日用竹制品、竹材人造板、竹炭、竹家具、竹纤维、竹饮料等十大主系列上千种品种,应用领域已发展到建筑、造纸、新材料、电力、家具、包装、运输、医药、食品、纺织、旅游等诸多国民经济重要行业,市场细分极为充分。

10.1.2 领先企业的结构(所有制结构)

表10-1 2018年中国竹产业领先企业的所有制结构

序号	企业名称	所有制结构
1	科冕木业	民营企业
2	永裕竹业	民营企业
3	杭州大庄	民营企业
4	江西青云	民营企业
5	天振竹木	民营企业
6	山东豪盛	民营企业
7	四川永丰	民营企业
8	江西康达	民营企业
9	江西贵竹	民营企业

续表

序号	企业名称	所有制结构
10	湖南竹材科技	民营企业

资料来源：根据公开资料整理

10.2 产业价值链条的结构分析

10.2.1 产业价值链条的构成

价值的过程可以分解为设计、生产、营销、交货以及对产品起辅助作用的一系列互不相同但又互相关联的经济活动，其总和构成了产业的价值链。根据波特的价值理论，产业价值链是指某一产业中从最初的原材料到初步加工、再从精加工到最终产品以及到达消费者手中为止的整个过程中价值的分布和关联。不同的产业具有不同的价值链，考虑到竹产业本身所具有的特点，竹产业的产业链的价值分布和关联是通过技术流、资金流、信息流与物质流联系在一起的，该产业的价值活动过程涉及竹子种植、土地流转、采收和各种中间渠道以及金融行业，是一个巨大的价值链条。随着产业内分工不断向纵深发展，产业链内不同类型的价值活动不再是由单个行为主体，而是由多个行为主体创造的，正是这一系列互不相同但又互相关联的经济活动的总和构成了整个的产业价值链，且将其链条分为上游、中游、下游三个环节的联盟关系，各环节互相依存、密不可分。

随着全球经济一体化趋势进一步发展、市场需求不断加快的个性化和现代产品技术与管理技术的发展等企业竞争环境的快速变化，导致企业间的相互关系更为密切和复杂，活动领域和范围进一步拓展。一些原来相对稳定的产业结构和关联方式等因素，现在变得更为动荡不定和难以预测，并日益成为影响企业竞争的最重要因素。

10.2.2 产业链条的竞争优势与劣势分析

竹产业价值链由技术链、资金链、信息链和物质链链化而成，构成一个价值系统。在这个系统中各个组成部分是一个有机的整体，上游、中游和下游各个环节之间存在着大量的技术、资金、信息和物质方面的交换关系，是一个价值传递过程。竹产业价值链的价值分布和关联如图 10-1 所示。

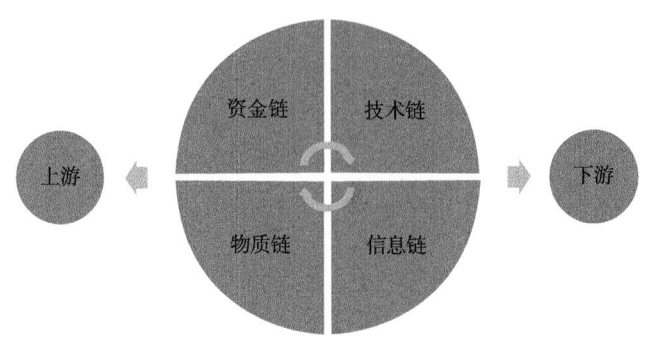

图 10 – 1　竹产业价值链的价值分布和关联

资料来源：根据公开资料整理。

(1) 技术链

技术链以研究开发作为开端，将科学转化为技术，再通过试验、临床阶段和生产加工阶段等来实现上游、中游、下游技术链化的发展过程。知识创新是产业链的源头，而市场则是产业链的终端。竹产业的产业链具有显著的技术推动和需求拉动双重驱动性。以市场为导向，将各种机构和制度有效组合起来，促进上游、中游、下游技术扩散或转移，可以缩短产业链化周期，降低行业相关成本和费用，提升产业附加值。

(2) 资金链

资金链以政府、企业和资本市场为资金供给主体，通过资本的流动与运作，完成资源到资本的转化过程，从而获得增值的契机。通过资本市场的流动与运作，以资本的力量盘活沉淀、提高资金利用度，可降低管理成本，获得资源优势，达到增值的目的。

(3) 信息链

信息链是信息流动和知识传播的过程。知识生产的内部化可降低交易成本。竹产业属于劳动力与科技密集型产业，而人才是知识的主要载体，因而对专业技术人才的需求很大。通过中介服务体系以及信息与知识平台的共享，可以降低学习成本。

产业链内部不同的行为主体在价值链上又具有各自的相对竞争优势，其大小取决于价值链活动各环节运作的好坏，并由此决定着企业利润的高低。产业的竞争实质上是价值链的竞争，谁掌握了行业的关键技术，谁就具有强大的核心竞争力，拥有了产业内的最大利润，从而取得竞争优势。随着国际分工及经济全球化进程的深化和拓展，该产业链逐渐跨国延伸，嵌入了世界生产网络的跨国价值链，在利益驱动下，竹产业的产业结构呈现出并购、重组和上下游联盟等新的发展趋势。

中国在竹资源上具有较大优势，但不可避免的是，竹资源相对于传统的木材加工仍具有技术水平相对较低、成本较高、规模效益不显著的特点，因此其发展也相对迟缓，此外，其种植过程的机械化程度相对较低也阻碍了竹产业的持续发展壮大。

10.3 产业结构发展预测

10.3.1 产业结构调整指导政策分析

2017年，我国已经全面停止天然林商业采伐。《中华人民共和国国民经济和社会发展第十三个五年规划纲要》提出，在全面提升生态系统功能方面，开展大规模国土绿化行动，加强林业重点工程建设，完善天然林保护制度，全面停止天然林商业性采伐，保护培育森林生态系统。中国人均木材资源很少，保护现有天然林，大量进口木材是中国的国策，这也是常态。天然林商业采伐的停止将加速以竹代木的发展。

此外，2017年印发的《林业发展"十三五"规划》中明确指出，要发展优质、高产、高效竹林，强化竹产业发展重点县建设，加强竹林资源定向培育，大力发展竹子加工产业，提高竹产业集约化经营水平，到2020年，竹产业总产值达到3000亿元。

10.3.2 产业结构调整中消费者需求的引导因素

随着居民收入的增长，健康意识逐渐提升，消费理念逐渐向天然、绿色、生态的方向发展，更加注重生活品质与居住环境的健康，竹产品的绿色、抗菌、健康的优点广为人知，同时中国对竹子的使用具有悠久的历史文化渊源，随着近几年收入的发展，竹制品的产品优势、文化优势逐渐凸显，促使其消费需求不断增长，产品结构也更为多元化。

10.3.3 中国竹产业参与国际竞争的战略市场定位

从全球市场来看，竹子是我国的优势资源，中国的木材较少，人均拥有森林面积与木材拥有量在全球都处于较低的水平，因此，对竹产业的发展的需求大，中国的竹产业经过多年的发展已经在全球处于领先地位，单一行业市场竞争力较强。

但总的来看，中国的竹产业仍存在一些不足，如高附加值产品的生产以及技术水平不如日本，具有较为明显的差距。此外竹材的单位面积产量相对较低，实际利用中，由于种植水平相对较低，竹子的采收率较低，以及采收过程的机械化程度较低，导致竹产业原材料成本相对较高，中西部地区发展与东部地区发展差异较大，与主要的竞争产业木材产业相比，规模较小，技术水平显著较低。未来，中国的竹产业面临的竞争不是全球竹产业之间的竞争，而是中国的竹产业与木材产业的竞争。中国的竹产业仍需要在技术水平、机械化、竹子的种植技术与采收上加大投入，以获取和巩固自身的竞争优势。

10.3.4 竹材产业结构调整方向分析

随着土地和森林资源紧缺以及人们消费观念的转变，竹子成材快、可再生、自然生态等优势逐渐凸显出来。但中国的竹产业发展仍存在较大壁垒，一方面，由于运输、存储等方面的问题（密度低、体积大、储运成本高），中国竹产业仍主要分布在我国主要的竹产区，浙江、福建、江西、湖南、陕西等主要产区的产业发展水平显著。另一方面，行业内企业规模普遍偏小，技术水平相对较低，行业劳动力密集型特点突出，采收成本高，在很大程度上减弱了竹子相比于木材的低成本优势。同时大部分企业加工水平相对较低，产品主要以一次性筷子等低端附加值产品为主，低端市场竞争极为激烈。

从目前我国中东部地区竹产业发展相对较好的几个主要省份来看，规模效益不显著、机械化程度较低是导致竹子采收成本高、资源利用率相对较低的主要因素。目前，江西、湖南等地区都在积极地推进竹子种植采收的机械化发展。总的来说，竹材加工、制浆造纸和林业装备制造的转型升级，是构建技术先进、生产清洁、循环节约提高资源综合利用水平和产品质量安全的重要保证。

第11章 中国竹产业供需形势分析

11.1 竹产业供给分析

11.1.1 竹产业供给分析

2012年我国竹材产量16.44亿根,到2018年增长到了31.55亿根。近几年我国竹材产量情况如图11-1所示:

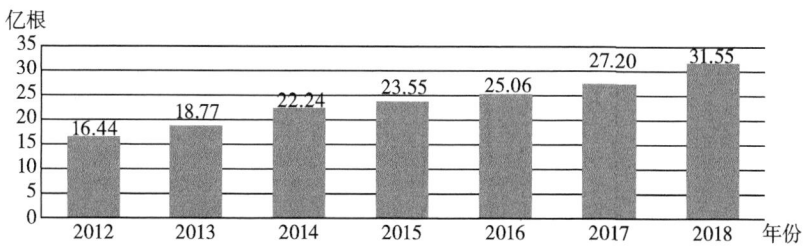

图11-1 2012—2018年中国竹材产量情况

资料来源:国家林业局

2018年,大径竹产量为31.55亿根,比2017年增长15.99%。其中,毛竹16.95亿根,其他直径在5厘米以上的大径竹产量为14.60亿根。竹产业产值达2456亿元(见图11-2)。

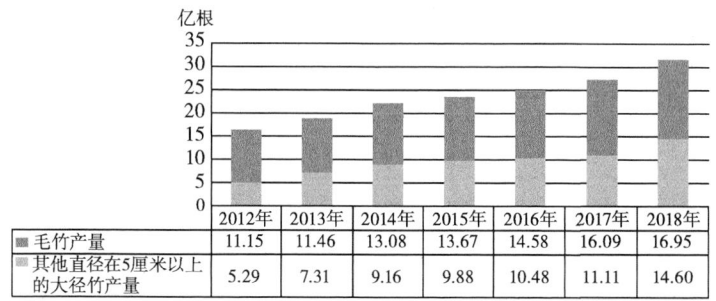

图11-2 2012—2018年中国竹材细分产品产量情况

资料来源:国家林业局

11.1.2 2019—2025年竹产业供给变化趋势

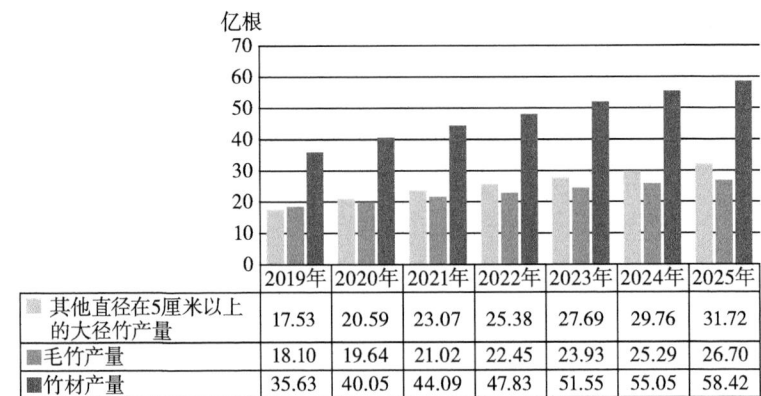

图 11-3 2019—2025年竹产业供给变化趋势

资料来源：智研咨询

11.1.3 竹产业区域供给分析

我国的竹林主要分布于20个省（区、市），面积较大的有15个省（区、市）。福建、湖南、江西、浙江、四川、广东、安徽、广西8个省份竹林面积合计占全国的80%以上（见表11-1和图11-4）。

表 11-1 2017年中国竹产量主要省市情况

省（自治区、直辖市）	毛竹产量（万根）	竹材产量（万根）
福建	55413.00	84883.00
浙江	20185.34	20826.25
江西	17045.70	19077.14
广西	16304.79	52331.62
湖南	15811.80	16257.52
安徽	13470.64	15724.72
云南	6918.86	12857.04
广东	5986.00	20401.24
贵州	3766.27	—
湖北	3016.70	—
重庆	—	10544.42
四川	—	9427.10

资料来源：国家林业局

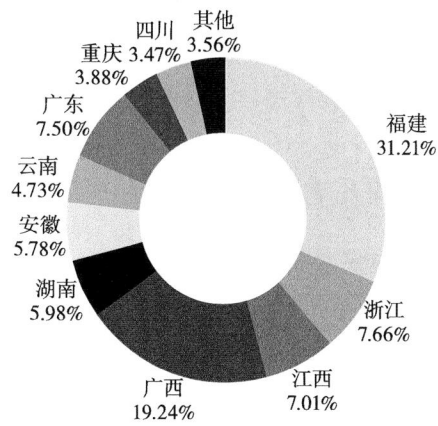

图 11-4　2017 年中国竹材产量省（区、市）分布
资料来源：国家林业局

11.2　中国竹产业需求情况

11.2.1　竹产业需求市场

2012 年我国竹产业产值 1224 亿元，到 2018 年增长到了 2456 亿元（见图 11-5）。

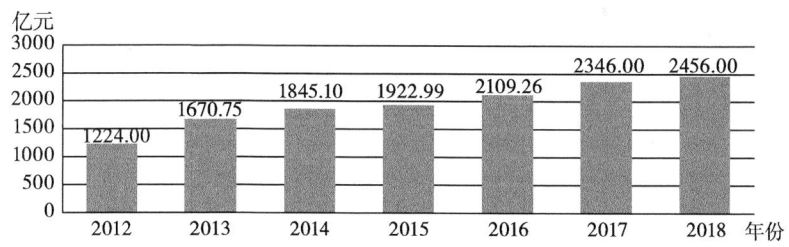

图 11-5　2012—2018 年中国竹产业产值情况
资料来源：国家林业局、智研咨询

11.2.2　竹产业客户结构

国内竹产业已形成人造板、建材家居、日用品、食用笋、造纸、药品、工艺品等七大类千余种产品。目前国内竹产业的生产模式仍然较为传统，采用传统的、花费更多劳动力的手工艺式的生产模式较多，竹制品应用在传统领域较多，主要在建筑、造纸、家具、包装、运输等行业中大量应用。

11.2.3 竹产业需求的地区差异

目前，国内竹产业需求区域较为均匀，需要较多的主要集中在国内东部经济较为发达地区，华东、华北、华南是主要需求地区。

11.3 竹材市场应用及需求预测

11.3.1 竹材应用市场总体需求分析

（1）竹材应用市场需求特征

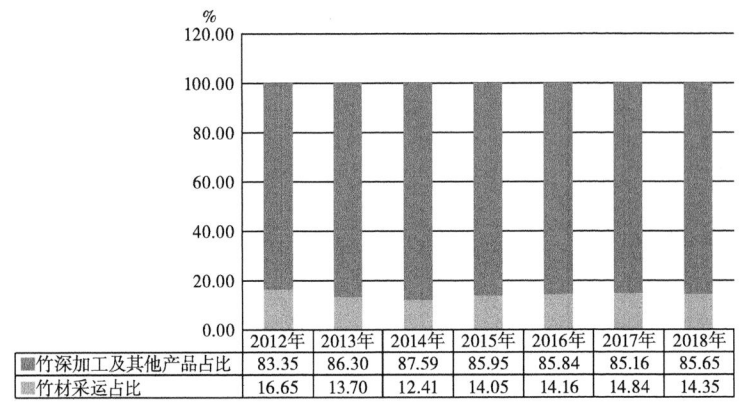

图 11-6 2012—2018 年竹材应用市场需求特征

资料来源：智研咨询

（2）竹材应用市场需求总规模

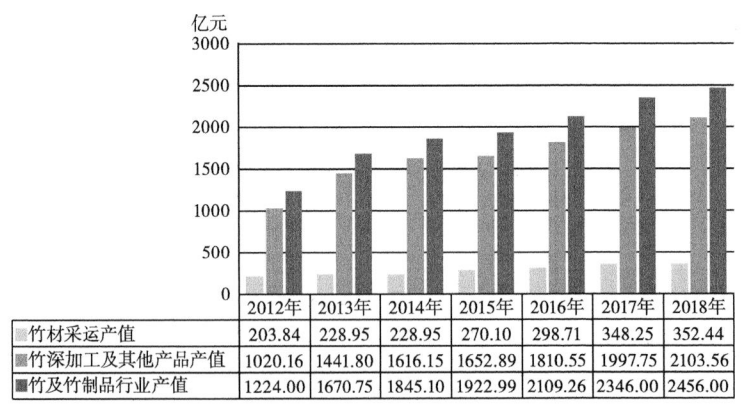

图 11-7 2012—2018 年竹材应用市场需求总规模

资料来源：智研咨询

11.3.2 2019—2025年竹产业领域需求量预测

(1) 2019—2025年竹产业领域需求产品/服务功能预测

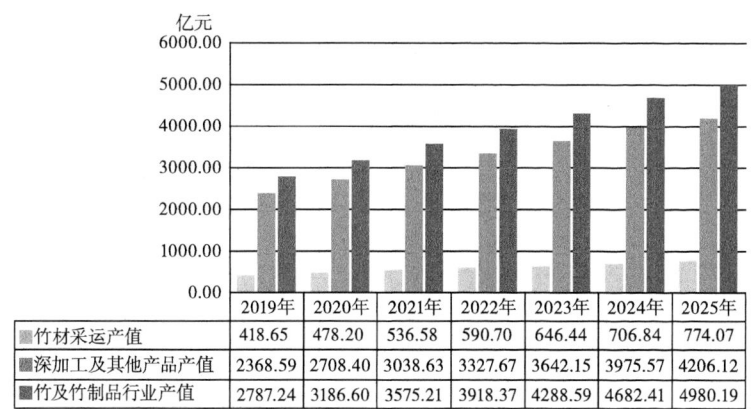

图 11-8　2019—2025年竹产业领域需求产品/服务功能预测

资料来源：智研咨询

(2) 2019—2025年竹产业领域需求产品/服务市场格局预测

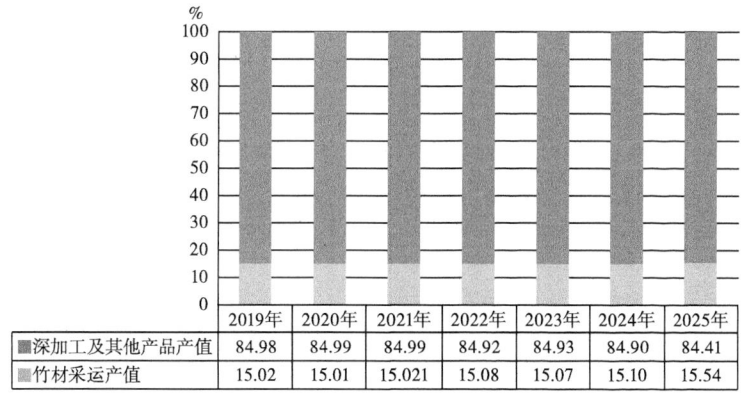

图 11-9　2019—2025年竹产业领域需求产品/服务市场格局预测

资料来源：智研咨询

11.3.3 重点行业竹材产品/服务需求分析预测

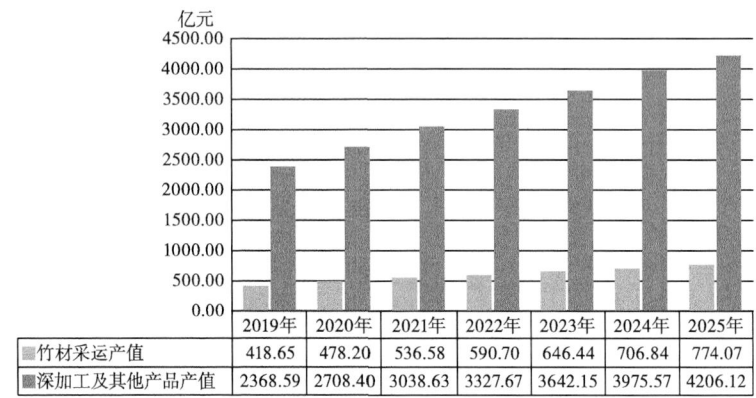

	2019年	2020年	2021年	2022年	2023年	2024年	2025年
竹材采运产值	418.65	478.20	536.58	590.70	646.44	706.84	774.07
深加工及其他产品产值	2368.59	2708.40	3038.63	3327.67	3642.15	3975.57	4206.12

图 11-10 重点行业竹材产品/服务需求分析预测

资料来源：智研咨询

第12章 中国竹产业链分析

12.1 竹产业链分析

12.1.1 竹产业链结构

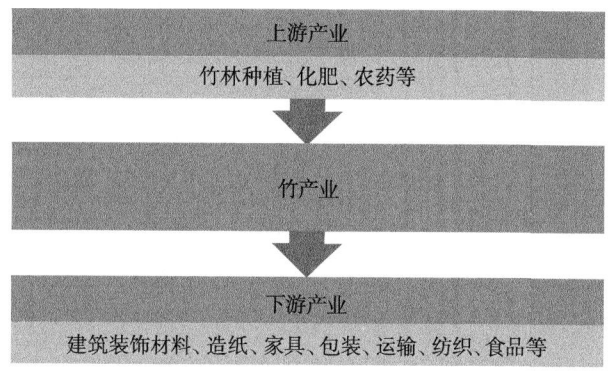

图 12-1 竹产业链结构

资料来源：根据公开资料整理。

12.1.2 主要环节的增值空间

影响竹产业利润的为竹种植规模以及下游市场的发展情况，近些年我国竹产业深加工市场发展迅速，竹产业应用领域得到有效扩张，一定程度上提升了竹产业的需求规模。竹价格与下游深加工产业价格具有一定关联性，下游市场深加工产品成熟发展带动了竹价格的上涨，有利于提高竹产业的利润空间。

12.1.3 与上下游行业之间的关联性

竹产业上游主要为竹林种植、化学肥料、农药等行业，上游行业主要影响本行业成本规模、竹种苗供应等。

竹产业应用领域非常广泛，竹产业下游主要集中在建筑装饰材料、家具、造纸等领域。下游行业主要影响竹产业发展空间。

12.2 竹材上游行业分析

12.2.1 竹材产品成本构成

竹材产品成本主要为种植成本、材料成本以及人工成本等，包括竹林苗、化学肥料、农药。

12.2.2 2018年上游行业发展现状

(1) 造林（竹林）面积

2012年至2018年，我国造林总面积一直保持在700万公顷以上，2018年全国造林总面积为707万公顷（见图12-2）。

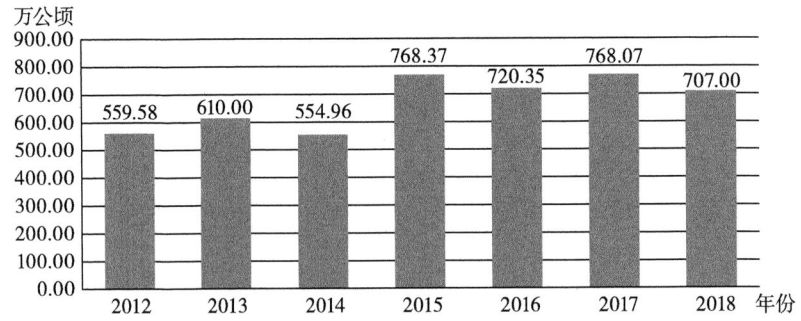

图12-2 2012—2018年中国造林总面积统计

资料来源：国家统计局

(2) 化肥

用化学方法制成的含有一种或几种农作物生长需要的营养元素的肥料。化学肥料的简称。只含有一种可标明含量的营养元素的化肥称为单元肥料，如氮肥、磷肥、钾肥以及次要常量元素肥料和微量元素肥料。含有氮、磷、钾三种营养元素中的两种或三种且可标明其含量的化肥，称为复合肥料或混合肥料。化肥的有效组分在水中的溶解度通常是度量化肥有效性的标准。品位是化肥质量的主要指标，它是指化肥产品中有效营养元素或其氧化物的含量百分率，如氮、磷、钾、钙、钠、锰、硫、硼、铜、铁、钼、锌的百分含量。

近些年中国化肥销量整体处于下降趋势，2018年中国农用氮磷钾化学肥料总计（折纯）销售量为5282.8万吨，同比下降10.5%（见图12-3）。

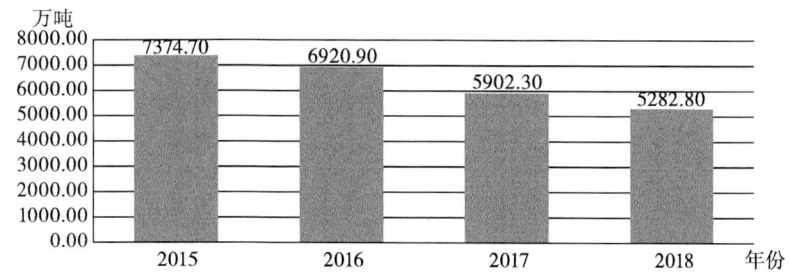

图 12-3　2015—2018 年中国农用氮磷钾化学肥料总计（折纯）销售量
资料来源：国家统计局

截至 2018 年底，中国农用氮磷钾化肥（折纯）产销率为 100.3%，比 2017 年增加了 0.1 个百分点（见图 12-4）。

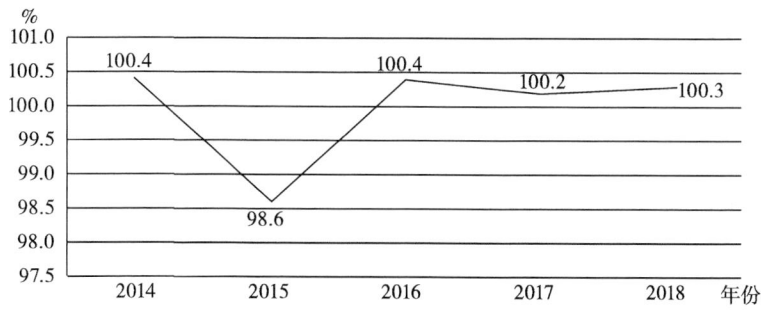

图 12-4　2014—2018 年中国农用氮磷钾化肥（折纯）产销率走势
资料来源：国家统计局

我国化肥产量持续下降，一方面，我国生物肥料、有机肥料的研发一定程度上挤压了化学肥料的市场，导致近两年我国化学肥料产量略有下降；另一方面，近几年我国化肥产量过剩，化肥产品价格过低，导致部分化肥厂商开工率下降、整体产量降低。

从数据来看，我国化肥产量经历过 2015 年 7431.99 万吨的高峰产量之后，2016 年至 2018 年均出现了不同程度的下降，2017 年我国化肥产量为 5891.71 万吨，同比下降 11.13%，2018 年我国化肥产量为 5424.42 万吨，同比下降 7.93%（见图 12-5 至图 12-8）。

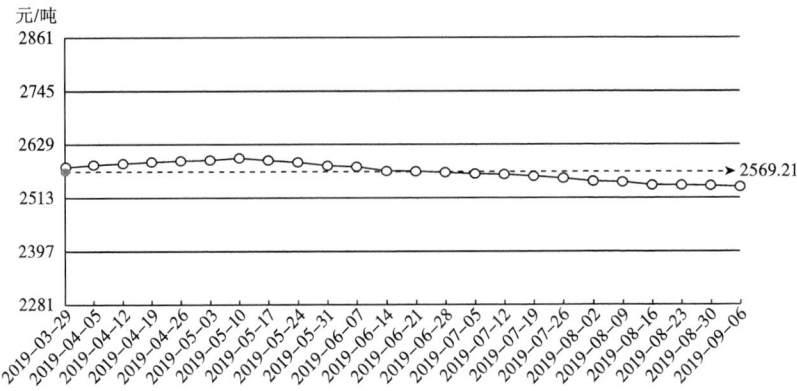

图 12-5 2019 年 3 月 29 日至 9 月 6 日国产三元复合肥（氮磷钾含量 45%）价格走势
资料来源：商务部

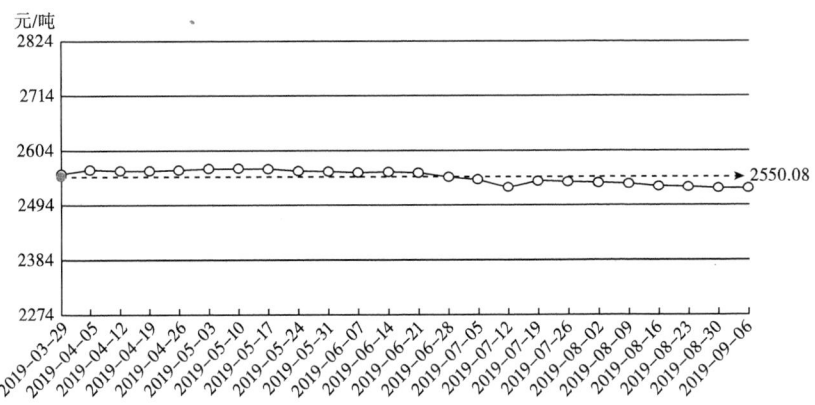

图 12-6 2019 年 3 月 29 日至 9 月 6 日国产氯化钾（含量 93%～98%）价格走势
资料来源：商务部

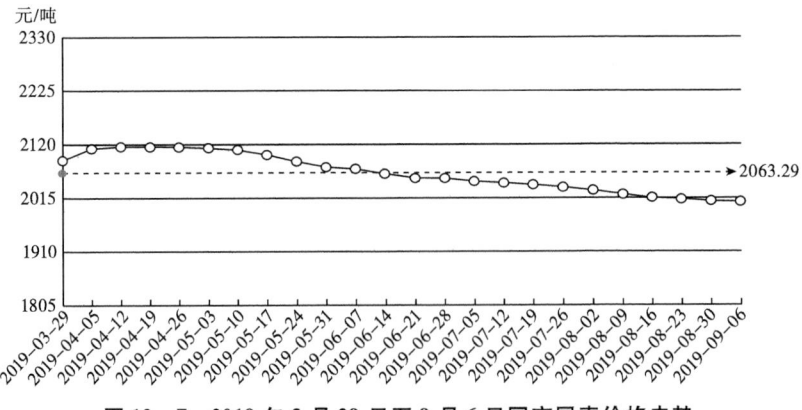

图 12-7 2019 年 3 月 29 日至 9 月 6 日国产尿素价格走势
资料来源：商务部

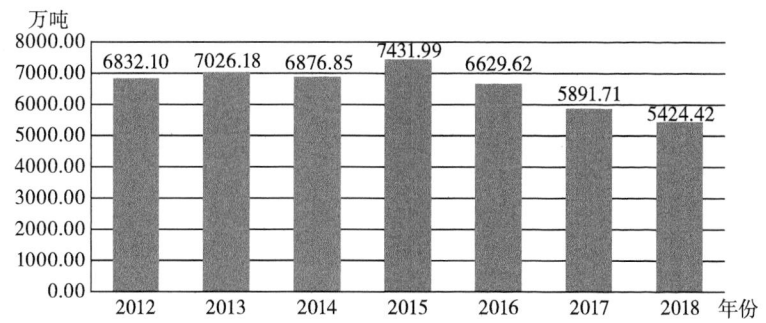

图 12 - 8　2012—2018 年我国农用氮磷钾化肥产量情况
资料来源：国家统计局

（3）农药

生物农药作为一类天然源农药，对人畜和环境的毒性相对较低。农业部门顺应绿色发展要求，积极加快生物农药推广应用，加快产品登记，鼓励农药企业研发、登记高效低毒生物农药，缩短试验周期，简化登记手续。对天敌生物免于登记。我国已登记生物农药有效成分 102 个、产品 3500 多个，分别占农药登记的 16% 和 10%，每年仍以 4% 左右的速度递增。强化使用指导。针对生物农药使用技术要求高的要求，加强使用培训，重点培养种植大户和专业服务组织的技术骨干，做到科学用药、精准施药，加强推广应用。据统计，我国生物农药年产量达到近 30 万吨（包括原药和制剂），约占农药产量的 8%。生物农药防治覆盖率近 10%。

2018 年我国生物农药行业规模以上企业数量达到了 149 家，行业产值达到 433.15 亿元，总资产达到 301.95 亿元，销售收入 413.71 亿元，利润 39.56 亿元（见图 12 - 9、图 12 - 10）。

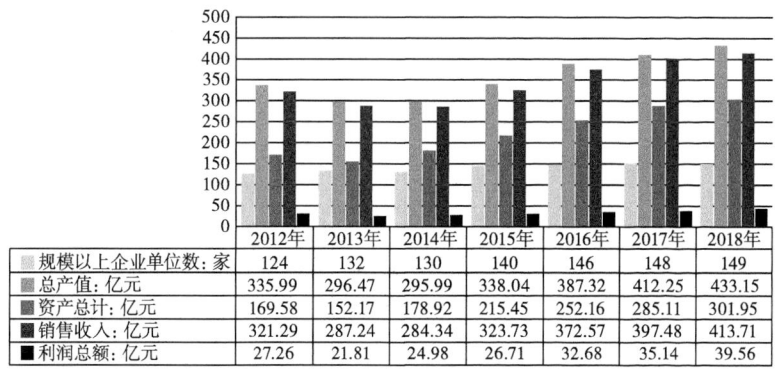

图 12 - 9　2012—2018 年我国生物化学农药及微生物农药制造行业经营数据
资料来源：国家统计局、智研咨询

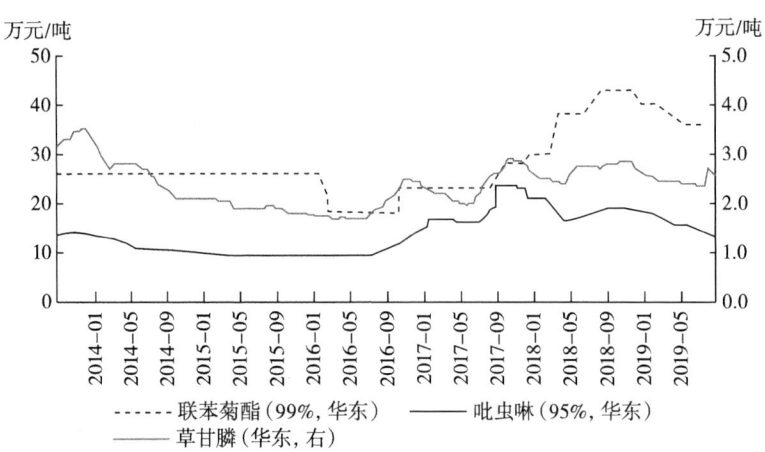

图 12-10　2014 年 1 月至 2019 年 6 月全国农药价格走势
资料来源：根据公开资料整理。

根据原料来源可分为有机农药、无机农药、植物性农药、微生物农药。此外，还有昆虫激素。根据加工剂型可分为粉剂、可湿性粉剂、可溶性粉剂、乳剂、乳油、浓乳剂、乳膏、糊剂、胶体剂、熏烟剂、熏蒸剂、烟雾剂、油剂、颗粒剂和微粒剂等。大多数是液体或固体，少数是气体（见表 12-1）。

表 12-1　农药行业主要产品分类

二级分类	三级分类
化学农药	化学农药杀虫剂、除草剂、杀菌剂、植物生长调节剂农药原药；化学农药粉剂、可湿性粉剂、乳剂、水剂等混合农药制剂
生物化学农药及微生物农药	生物原杀虫剂、微生物杀虫剂；抗菌素杀菌剂、微生物杀菌剂；微生物除草剂、微生物生长调节剂；由植物提取的农药

资料来源：根据公开资料整理。

2018 年 12 月我国化学农药原药产量 20.7 万吨，同比下降 5%；1—12 月我国化学农药原药累计产量 208.3 万吨，同比下降 9.5%（见图 12-11 和表 12-2）。

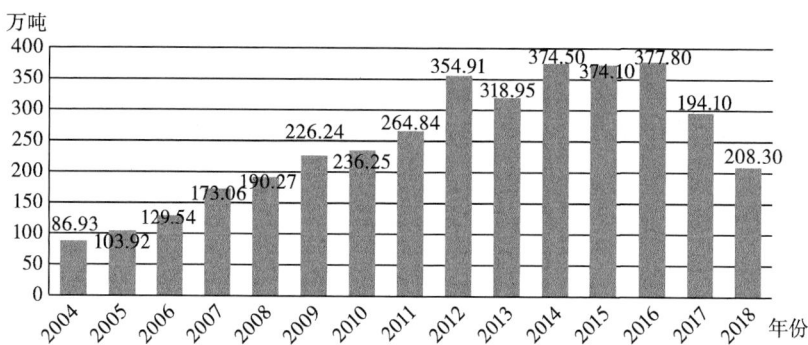

图 12 – 11　2004—2018 年我国农药产量走势

资料来源：国家统计局

表 12 – 2　2004—2018 年我国农药产品产量统计　　　　单位：万吨

年份	农药	杀虫剂	杀菌剂	除草剂
2004	86.93	42.50	9.09	22.98
2005	103.92	43.42	10.54	29.69
2006	129.54	50.51	11.20	38.68
2007	173.06	60.03	13.70	56.19
2008	190.27	65.77	19.64	61.59
2009	226.24	79.67	23.97	81.59
2010	234.25	74.46	16.76	105.41
2011	264.87	70.92	15.03	117.47
2012	354.91	81.34	14.39	164.80
2013	318.95	61.27	20.35	179.98
2014	374.50	56.07	22.95	180.35
2015	374.10	51.35	18.21	177.40
2016	377.80	54.01	14.85	177.30
2017	294.10	52.68	17.02	114.77
2018	208.30	41.08	15.31	100.62

资料来源：国家统计局

12.2.3　2019—2025 年上游行业发展趋势

"十三五"时期，我国林业要加快推进功能多样化、经营科学化、管理信息化、装备机械化、服务优质化，为到 2050 年基本实现林业现代化奠定坚实基础。到 2020 年，我国林业发展的主要目标是：

国土生态安全屏障更加稳固。林业生产力布局进一步优化，生态承载力明显提升，生态环境质量总体改善，生态安全屏障基本形成。天然林、湿地、重点生物物种资源得到全面保护，森林覆盖率提高到23.04%，森林蓄积量增加14亿立方米，湿地保有量稳定在8亿亩，林业自然保护地占国土面积的比例稳定在17%以上，新增沙化土地治理面积1000万公顷。

林业生态公共服务更趋完善。绿色惠民、公平共享、服务水平不断增强，优质生态产品和林产品更加丰富。森林年生态服务价值达到15万亿元，林业年旅游休闲康养人数力争突破25亿人次，国家森林城市达到200个以上，人居生态环境显著改善。生态文化更加繁荣，生态文明理念深入人心。

林业民生保障更为有力。林业产业转型升级，林业职工和林农收入不断提高，生产生活条件逐步改善，吸纳就业能力不断增强，国内木材储备供应能力显著提高，林业产业总产值达到8.7万亿元，生态补偿脱贫一批。

林业治理能力明显提升。林业改革稳步推进，国有林区、国有林场成为绿化国土和林业建设的主力军，集体林业活力进一步释放，科技创新和依法治林进一步增强，基础设施和装备条件进一步改善，人才队伍进一步优化，林业制度体系更加健全。

"一带一路"倡议下，化肥行业和企业的机遇也逐渐来临。主要体现在以下三个方面：

首先，农业问题是沿线国家发展的重点，为化肥技术及产品输出奠定了基础。"一带一路"沿线覆盖60多个国家和地区，其中的大多数国家和地区都是发展中国家，农业是国民经济中最重要的部分，中国要推进"一带一路"倡议，农业领域的合作是重要的抓手。"一带一路"沿线国家是中国重要的非粮农产品进口来源地。2015年中央一号文件提出"完善支持农业对外合作财税、贸易等政策，落实到境外从事农业生产所需农业投入品出境的扶持政策"；同时，一些企业已经开始建设海外农业基地，或者与国外种植园建立紧密的合作关系。海外农业种植基地需要大量化肥，中国相对过剩化肥产能出口到这些海外种植基地，种植产品后输入国内，可实现双赢。

其次，"一带一路"沿线国家是化解国内化肥行业过剩产能的重要区域。东南亚、南亚等"一带一路"沿线国家受经济、装备技术等条件限制，化肥生产相对较少，不能自给，氮肥、磷复肥和钾肥都需要大量进口。我国肥料出口至南亚、东南亚，运输距离近，海运费较低，是我国肥料出口的重要区域。

最后，产能合作、技术合作均有较大潜力和空间。氮肥、磷复肥和钾肥生产领域。我国的生产技术和装备水平已经达到全球先进水平，在建设工程、生产装备制造和生产管理解决方案方面均有一定的优势、实力和经验。在新型肥料领域，部分产品已在国际上处于领先地位。中亚、西亚等"一带一路"沿线国家具有较好的资源优势，如化肥生产所需的天然气、磷矿资源，价格在国际上处于中下水平，在产能合作方面有较大的潜力。

12.2.4 上游供给对竹产业的影响

竹产业上游是竹林种植行业，上游竹林种植规模直接影响竹产业的产量规模，从目前市场情况来看，我国造林面积稳步提升，同时林业"十三五"规划在用材林、经济林领域集中对竹产业种植提出了指导意见，有利于提高我国竹林种植规模和种植面积，从而带动我国竹产业的产量供给。

12.3 竹材下游行业分析

12.3.1 竹材下游行业分布

随着竹材加工制造业的快速发展，竹材应用领域已发展到建筑、造纸、新材料、家具、包装、运输、医药、食品、纺织、旅游等。

12.3.2 2018年下游行业发展现状

（1）造纸

近年来，中国纸及纸板生产量整体呈上涨趋势。2017年中国纸及纸板生产量11130万吨，同比增长2.53%。2018年产量为11370万吨，同比增长2.2%（见图12-12）。

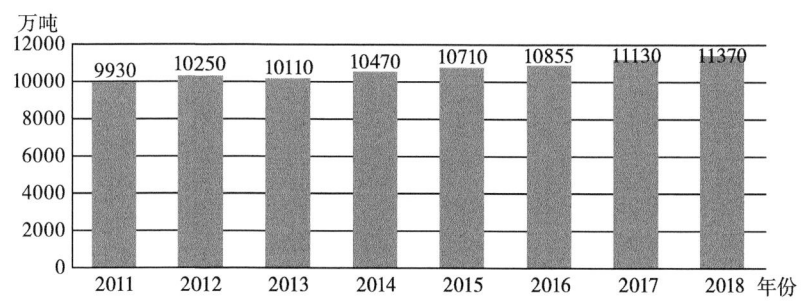

图12-12　2011—2018年中国造纸行业产量

资料来源：国家统计局、智研咨询

国家统计局数据显示，2018年我国造纸行业规模以上企业数达6704家，比2017年增加23家；行业总产值达到14297.6亿元，同比下降8.96%（见表12-3）。

表12-3 2011—2018年中国造纸和纸制品业生产情况

年份	规模以上企业单位数（家）	行业总产值（亿元）
2011	6907	12305.02916
2012	7207	12905.44372
2013	7213	13921.73348
2014	6839	13985.25985
2015	6737	14408.60000
2016	6704	15128.00000
2017	6681	15704.80000
2018	6704	14297.60000

资料来源：国家统计局

（2）农副食品加工（见图12-13和表12-4）

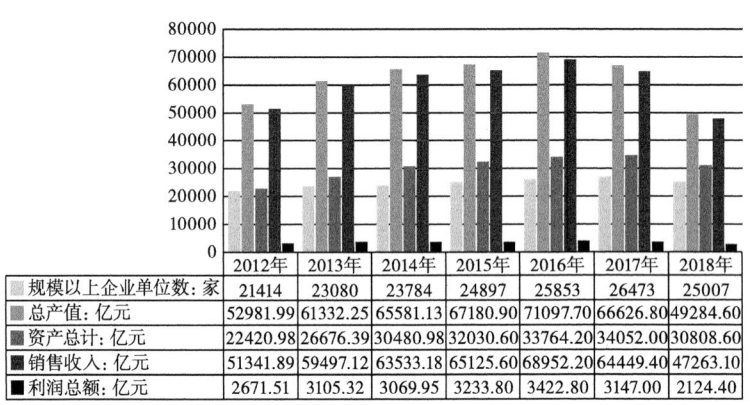

图12-13 2012—2018年中国农副食品加工行业运行情况

资料来源：国家统计局

表12-4 2012—2018年中国农副食品加工行业发展现状分析

年份	规模以上企业单位数（家）	工业总产值（亿元）	资产总计（亿元）	销售收入（亿元）	利润总额（亿元）
2012	21414	52981.98568	22420.98435	51341.89315	2671.51103
2013	23080	61332.25232	26676.39034	59497.12375	3105.32217
2014	23784	65581.13201	30480.98135	63533.17957	3069.94774

续表

年份	规模以上企业单位数（家）	工业总产值（亿元）	资产总计（亿元）	销售收入（亿元）	利润总额（亿元）
2015	24897	67180.90000	32030.60000	65125.60000	3233.80000
2016	25853	71097.70000	33764.20000	68952.20000	3422.80000
2017	26473	66626.80000	34052.00000	64449.40000	3147.00000
2018	25007	49284.60000	30808.60000	47263.10000	2124.40000

资料来源：国家统计局

（3）纺织业

2018年，纺织行业坚持新发展理念，认真落实高质量发展要求，积极应对国内外形势变化，以供给侧结构性改革为主线，加快推动产业结构调整与转型升级，行业发展保持了总体平稳、稳中有进的良好态势。

2018年，分行业看，除棉纺织及印染精加工行业外，其他主要子行业生产均保持较好增长态势，化纤行业工业增加值同比增长7.6%，服装、家纺和产业用纺织品行业工业增加值同比分别增长4.4%、3.7%和8.6%，纺机行业工业增加值同比增长9.5%（见图12-14）。

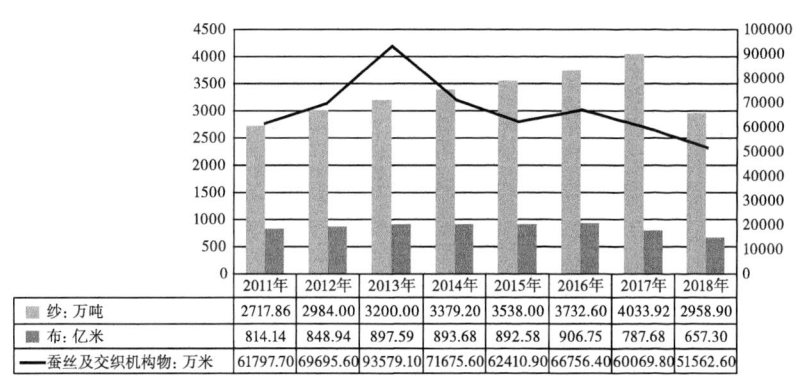

图12-14　2011—2018年我国纺织工业部分产品产量统计

资料来源：国家统计局

2018年，全国限额以上服装鞋帽、针纺织品类零售额同比增长8%，增速较上年提高0.2个百分点。网上零售继续保持快速增长，2018年全国网上穿着类商品零售额同比增长22%，增速高于上年1.7个百分点。

2018年我国纺织品服装出口总额为2767.3亿美元，同比增长3.5%，增速较上年提高2个百分点。其中，纺织品国际竞争力稳定，出口额同比增长

8.1%,增速高于上年3.6个百分点,占纺织品服装出口总额的比重由上年的41.12%提高到43%。

2018年,纺织全行业固定资产投资完成额同比增长5.0%,较上年略下降0.2个百分点。分行业来看,纺织业固定资产投资完成额同比增长5.1%;化纤业固定资产投资完成额同比增长29.0%,连续8个月保持高速增长;服装业固定资产投资完成额同比减少1.5%,但同比降幅呈现整体收窄走势(见表12-5)。

表12-5 2011—2018年中国纺织业生产情况

年份	规模以上企业单位数(家)	行业总产值(亿元)
2011	22484	34163.19239
2012	20370	33540.03851
2013	20776	37588.80221
2014	20352	19175.34399
2015	20525	41728.30000
2016	20201	42382.30000
2017	20187	39452.20000
2018	19122	28720.70000

资料来源:国家统计局

(4)家具制造

2018年全国家具制造业行业规模以上企业数量6300家,相比2017年增加了300家。行业总产值7315.6亿元,销售收入7011.9亿元(见图12-15)。

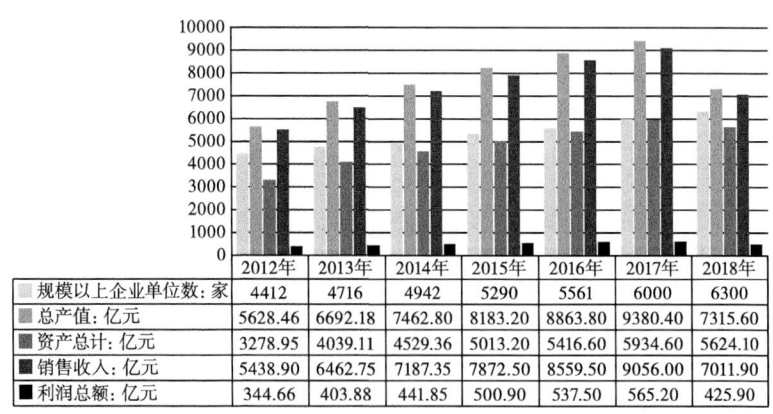

图12-15 2012—2018年全国家具制造业行业运行情况

资料来源:国家统计局

12.3.3 2019—2025年下游行业发展趋势

12.3.3.1 造纸

(1) 行业复苏迹象明显，国内造纸整体竞争力将不断提升

比照国外发达国家的纸品人均消费量看，国内纸及纸板人均消费量预期还将持续增长。中国是全球生活用纸增长率最高的市场，目前国内造纸企业占据了国内绝大部分市场份额，国内造纸企业除了满足国内市场需求外还出口至世界多个国家和地区。国内纸浆造纸上市公司盈利能力持续提升，资金利用效率逐步提高，同时，随着行业落后产能淘汰步伐加快，产业结构优化升级加速，纸浆造纸行业龙头企业将获得更大的市场份额，将有助于国内造纸行业整体竞争力的提升。

(2) 行业集中度将愈发明显

上市公司整体的盈利能力在提升，特别是产能具备一定规模的公司更加明显，造纸行业亏损企业数量及亏损企业的比例都呈一定的增长趋势，制浆造纸行业两极分化趋势明显。一方面是基于行业的特点，造纸行业是资本密集型和重资产行业，大规模生产能更好地控制成本从而获得竞争优势；另一方面是政策导向的影响，纸浆造纸行业是重污染行业，随着国家对环保造纸企业在节能降耗、保护环境方面的标准越来越高，企业在环保和节能降耗方面投入的成本也越来越高，随着国家相关淘汰落后造纸产能政策执行力度的逐步加大，落后产能及中小规模企业的淘汰力度将加大。未来一段时间，一些落后小造纸以企业破产、吸收兼并的方式淘汰出局的概率将明显增多，行业集中度将越发明显，规模型、集约型、环境友好型的大型企业将成为市场主体。

(3) 产业结构优化升级

从国内产销比来看，国内纸浆造纸产销比趋于平衡，而且较为稳定。未来行业内的结构优化升级将成为主导趋势，纸浆造纸企业将主要通过技术升级、产品结构调整和产品质量的提升获取核心竞争优势。从生产设备上，行业集中度趋势和规模化生产将使得生产设备大型化、自动化成为必然。同时，在国家节能、降耗、减少污染政策的总体要求下，技术含量高的自动化大型生产设备更能满足低能耗、低水耗和低浆耗的要求。从市场需求方面，消费者对于品牌与健康生活的理念逐步提升，企业对产品细分市场和产品质量的关注变得尤为突出，纸浆造纸企业将更加聚焦消费市场，通过产品创新、产品质量的提升获得可持续的竞争力。

12.3.3.2 食品加工领域

到 2020 年,食品安全治理能力、食品安全水平、食品产业发展水平和人民群众满意度明显提升。主要实现以下目标:

1) 食品安全抽检覆盖全部食品类别、品种。国家统一安排计划、各地区各有关部门分别组织实施的食品检验量达到每年 4 份/千人。其中,各省(区、市)组织的主要针对农药兽药残留的食品检验量不低于每年 2 份/千人。

2) 农业源头污染得到有效治理。主要农作物病虫害绿色防控覆盖率达到 30% 以上,农药利用率达到 40% 以上,主要农产品质量安全监测总体合格率达到 97% 以上。

3) 食品安全现场检查全面加强。职业化检查员队伍基本建成,实现执法程序和执法文书标准化、规范化。对食品生产经营者每年至少检查 1 次。实施网格化管理,县、乡级全部完成食品安全网格划定。

4) 食品安全标准更加完善。制修订不少于 300 项食品安全国家标准,制修订、评估转化农药残留限量指标 6600 余项、兽药残留限量指标 270 余项。产品标准覆盖包括农产品和特殊人群膳食食品在内的所有日常消费食品,限量标准覆盖所有批准使用的农药兽药和相关农产品,检测方法逐步覆盖所有限量标准。

5) 食品安全监管和技术支撑能力得到明显提升。实现各级监管队伍装备配备标准化。各级食品安全检验检测能力达到国家建设标准,进出口食品检验检测能力保持国际水平。

12.3.3.3 纺织

纺织行业供给侧改革持续推进,成效逐步显现。内需市场继续发挥首要支撑作用,网上零售增势尤为良好,2018 年全国网上穿着类商品零售额同比增长 22%,增速高于 2017 年 1.7 个百分点。产能利用保持较高水平,化纤业和纺织业(不含服装、纺机)产能利用率分别达到 81.8% 和 79.8%,均高于全国工业 76.5% 的平均水平。企业盈利能力有所改善,规模以上纺织企业销售利润率为 5.2%,同比提高 0.3 个百分点。产业用、家纺、服装三大终端产业全年运行态势保持平稳,化纤、纺机对全行业经济发展贡献作用增强,其中化纤行业主营业务收入、利润总额、投资完成额同比分别增长 12.4%、10.3% 和 29%,均明显高于全行业平均水平。企业景气状况平稳,根据中国纺织工业联合会调查数据,2018 年第四季度,纺织行业景气指数为 57.8,较第三季度回升 4.7 个点；全年行业景气指数均处于 50 以上的扩张区间。

2019 年纺织行业面临的外部环境更趋复杂严峻。一方面，国内外市场需求增长仍具有一定支撑基础。中央经济工作会议做出了我国发展仍将处于并将长期处于重要战略机遇期的重要判断，表明我国总体平稳的宏观经济环境与持续升级的内需市场仍将为纺织行业创新发展提供基本动力；促进形成强大国内市场任务的提出，也为纺织行业指出了重要发展方向。全球经济持续增长的动力依然存在，推动共建"一带一路"的引导措施，将促进纺织行业进一步开拓多元国际市场。另一方面，各种不确定不稳定因素明显增多。美元流动性收缩及国际贸易保护主义加剧，增加了全球经济的下行风险，我国宏观经济也因国际环境风险上升面临较大压力，特别是中美贸易摩擦进展曲折，短期内难以彻底解决，大大增加了纺织行业国际贸易环境的不确定性，不仅直接影响出口订单以及相关生产、就业，还将对国际采购格局以及我国纺织行业的国际分工位置、投资布局结构等产生潜在影响。

在宏观环境"稳中有变、变中有忧"的形势下，纺织行业的发展压力进一步加剧，继续保持平稳发展态势、充分发挥对国民经济应有贡献作用的使命也更显紧迫而艰巨。纺织行业将把握好当前的重要战略机遇，进一步深入推进供给侧结构性改革，大力推动高质量发展，有效满足国内市场，积极激发内需潜力，努力稳定国际市场份额，继续保持经济运行态势平稳、健康。

12.3.4 下游需求对竹产业的影响

竹产业下游领域非常广泛，随着竹材深加工市场的全面发展，造纸、家具、建材、新材料等行业规模近些年表现出可观的增长趋势，给我国竹材行业提供了良好的发展环境，有利于我国竹产业在未来发展过程中具有持续拓展的新增市场空间。

第13章 中国竹产业渠道分析及策略

13.1 竹产业渠道分析

13.1.1 渠道形式及对比

渠道主要考虑的基本要素：①渠道的创新能否支持销售贡献。②渠道是否具有持续性。③渠道竞争特性是否能和企业自身优势匹配。④渠道是否具有复制性。⑤渠道合作的模式是否具有排他性（见表13-1）。

表13-1 竹材行业主要渠道形式及对比

主要渠道	对比
直销	降低了成本，有利于渠道的控制和品牌的塑造与维护。在用户竞争中，方式灵活
代理、经销	主要企业在全国乃至全球可以设置代理商和经销商，方便外地用户对产品的购买，有利于开拓市场阶段
出口	是扩大市场份额的渠道，也是打通国际市场的渠道
网络营销	日趋成熟的渠道，方便用户对产品信息查询，尽可能地扩大企业产品的影响力

资料来源：根据公开资料整理

13.1.2 各类渠道对竹产业的影响

销售渠道是指商品从生产者传送到用户手中所经过的全过程，以及相应设置的市场销售机构。正确运用销售渠道，可以使企业迅速及时地将产品转移到消费者手中，达到扩大商品销售、加速资金周转、降低流动费用的目的。

任何一个企业要把自己的产品顺利地销售出去，就需要正确地选择产品的销售渠道。选择销售渠道的内容有两个方面：一是选择销售渠道的类型，二是选择具体的中间商。判断各类渠道对竹材行业的影响也可以从这两个角度出发。

按照商品在交易过程中是否经过中间环节来分类，可以分为直接式和间接式销售渠道两种类型。直接式销售渠道是企业采用产销合一的经营方式，即商品从生产领域转移到消费领域时不经过任何中间环节，间接销售渠道是指商品从生产领域转移到用户手中要经过若干中间商的销售渠道。

直接式销售具有销售及时，中间费用少，便于控制价格，能及时了解市场，有利于提供服务优点等，但是此方法使生产者花费较多的资金、场地和人力，所以消费广、市场规模大的商品，不宜采用这种方法。

间接销售由于有中间商加入，企业可以利用中间商的知识、经验和关系，从而起到简化交易，缩短买卖时间，集中人力、财力和物力用于发展生产，以增强商品的销售能力等作用。但是由于服务行业的特殊性，难以采用间接销售的模式，往往是以直营和加盟两种方式进行。

虽然直销成本较高，但是产品毛利率也更为可观，同时由于直销渠道能够忠实地执行公司营销和品牌策略，对公司品牌建设具有较大的积极意义。目前互联网的兴起提高了信息传递的速度，竹材企业可以依托线下网点的优势，发展线上渠道，减小对经销商渠道的依赖，提升市场竞争力。

13.1.3 主要竹材企业渠道策略研究

江西飞宇竹材股份有限公司创建于1996年，是我国较早从事竹材资源开发利用以及国内外营销渠道建设的中国竹产业龙头企业。目前公司拥有员工1100多名，厂区占地面积23万平方米，自有竹林资源3万余亩，参股和控股的半成品加工基地16个，其中地板成品厂2个，冷热压重竹地板2个，竹家具厂1个，年可生产竹地板300万平方米，竹家具1万套。公司旗下"春红"（英文名：CHOHO）品牌竹地板，目前在国内拥有直营和加盟专卖店近500家，特别是以北京为中心的华北地区，连续14年在同类产品中排名靠前，成为中国内地竹地板市场的喜爱品牌。同时，公司产品销往国外30多个国家和地区，深受客户的青睐。

延伸产业链条：一是在飞宇竹材发展过程中，积极发挥在本土竹产业链中的作用，加强与地方政府和林农之间的合作，合理开发毛竹资源，利用与竹资源相关的新技术、新工艺、新产品，投资和参与投资地方政府的重大竹产业项目，为奉新本土竹产业链的进一步延伸和发展做贡献；二是在公司内部的产业发展中不断地寻求竹产业链的纵横延伸，逐步形成公司自身的产业链经济。

适度进入新产品领域：飞宇竹材将不断研究竹材的多元化应用，有选择性地对某些品类的产品进行深度研发、生产和销售。

公司进入本行业时间较早，在行业发展初期已在竹加工相关核心工艺方面积累了丰富的行业经验，能够深刻理解竹加工行业发展规律和把握市场需求特点与趋势，及时实施产品技术的创新与生产工艺的改进。同时，公司凭借市场领先的工艺水平，稳定优秀的产品质量，在行业内已经具备了较高的口碑和品牌知名度。

13.1.4 各区域主要代理商情况

表13-2 我国竹材行业主要生产企业/代理商区域分布

序号	区域	企业/代理商
1	华东（江西）	江西飞宇竹材股份有限公司
2	华东（江西）	江西康达竹业科技股份有限公司
3	华东（浙江）	浙江永裕竹业股份有限公司
4	华东（福建）	福建隆达竹业有限公司
5	华东（江西）	江西省崇义华森竹业有限公司
6	华东（江西）	井冈山市盛达实业有限责任公司
7	华中（湖北）	湖北华田林业有限公司
8	华东（福建）	连城县森威林业有限责任公司
9	华东（江西）	江西省金星木业有限公司

资料来源：根据公开资料整理

13.2 竹产业用户认知度情况

13.2.1 用户需求特点

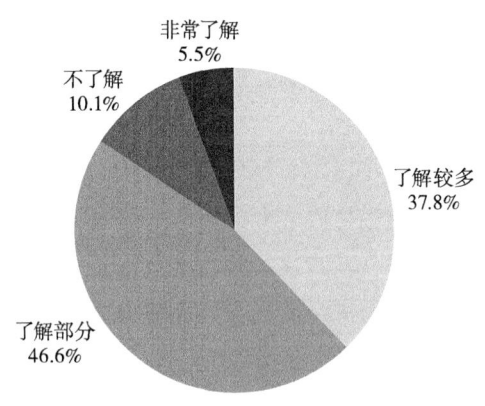

图13-1 竹材行业用户认知度

资料来源：中研市调

13.2.2 用户需求购买途径

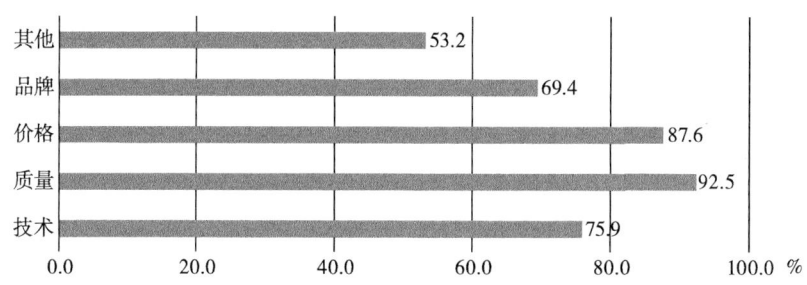

图 13-2 竹材行业用户需求特点

资料来源：中研市调

13.2.3 用户购买途径情况

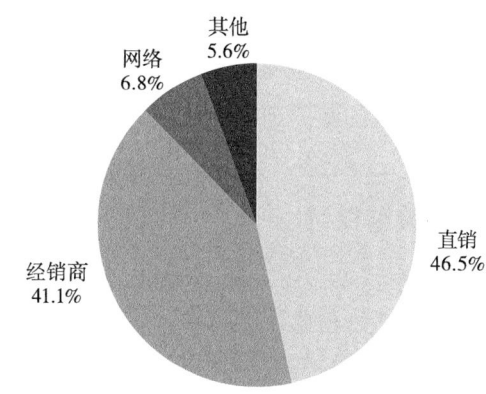

图 13-3 竹材行业用户购买途径

资料来源：中研市调

13.3 竹产业营销策略分析

13.3.1 中国竹材营销概况

竹材是我国森林资源的一个重要组成部分，竹子已突破传统利用范围，在建筑、造纸、轻工、食品、农具、包装、运输等方面广为应用，竹林多分布在山区、边远地区，这对于帮助山区脱贫致富具有重要意义。千百年来，竹材多数是以原竹的形式或经过简单加工后用于农业、渔业、建筑业和编织生活用具及农具，没能形成现代化的工业生产，近年来，人们从木材制成人造板上得到了启发，提出了制造竹材人造板的想法，并取得了成功。

国外在20世纪40年代就开始研制竹胶合板，相继建成了竹纤维板和单板生产线，而我国的竹加工一直停留在传统项目上，技术落后，产品单调。国家和有关各级政府加强了对竹业生产的资金扶持、行业管理和科技推广工作，我国以竹代木工业悄然兴起。以竹代木主要是大量生产竹质人造板，代替各类木质板材，主要产品有：竹编胶合板、竹材旋切板、贴面装饰板、竹拼花地板、竹木复合板、竹篾层压板、竹材碎料板、竹质刨花板、竹材瓦楞板及竹材纤维板等。竹质人造板材质细密，不易开裂、变形，具有抗压、抗拉、抗弯等优点，各项性能指标均高于常用木材。目前，竹质人造板在我国已广泛应用于建筑、包装、家具、运输等行业。竹材制作家具，富有其独特之美感，而且竹材易弯定型，是制作各种优美家具的理想材料。目前，竹制家具主要有圆竹家具类、全竹胶合折叠家具、竹筐嵌板家具、分薄板贴面组合家具及多层胶合弯曲家具等类型。如四川省用竹凉垫制作"席梦思"的背面，成为中西结合的冬夏两用产品，美观大方、舒适耐用，为家具配套增添了新的款式。随着科学技术的发展，我国不断开拓出竹材的新的利用领域，竹材产品日新月异，已获得同家专利的产品就达上百种，工业化生产竹质人造板发展尤为显著。

13.3.2　竹材营销策略探讨

（1）"价格营销"策略

价格是营销组合中唯一能创造收入的因素，也是营销组合中最重要、最难把握的因素。正确地选择价格策略是企业取得市场竞争优势地位的重要手段，企业应该根据产品特点、市场需求及竞争情况，采取灵活多变的定价策略，使价格与营销组合中的其他因素能更好地结合，促进和扩大销售，提高企业的整体效益。

影响价格的因素分为企业内部因素和外部因素，内部因素有：企业的营销目标，包括目标成本设定在内的营销组合战略、成本的考虑，以及企业的组织考虑等；外部因素有：市场和需求，包括不同市场的类型中的定价和消费者对价格和价值的看法、竞争者的成本、价格和供应现实及其他的外部因素，如经济增长和衰退、政府因素等。

由于竹材企业产品的多样性，具体产品定价策略应根据具体情况灵活确定。企业定价方法主要有以下几种：

1）成本导向定价法。这是一种以成本为依据的定价方法，也是传统的、运用得较普遍的定价方式，具体做法是按照产品成本加一定的利润定价。

2）竞争导向定价法。这是以竞争为中心的、以竞争对手的价格水平为依据的定价方法。

3）需求导向定价法。这是以消费者的需求为中心的企业定价方法。它是根据消费者对商品的需求强度和对商品价值的认识程度来制定企业价格。

（2）"关系营销"策略

关系营销是指竹材企业为了建立和维持与客户之间长期、稳定的关系，保持双赢局面，最终实现竹材的战略目标而开展的营销活动。竹材企业在对发展新客户投入相当精力和资源的同时，不应忽视与老客户之间关系的维持。

13.3.3　竹材营销发展趋势

随着竹材行业规模的扩大和产品应用领域的拓宽，现有的营销网络管理模式将面临渠道数量扩张、客户精细管理和售后服务环节等更大压力。企业需要在完善现有营销网络的基础上，强化服务能力，建立 IT 信息化管理手段，提高管理效率，扩充销售团队。通过以下三种方式，进一步拓展营销网络，保障企业业务稳定快速的增长：

首先，经销商的专业化水平提高，售后服务工作中的突出问题得到改善，客户和用户满意度得到提升，提高客户与用户黏性，保证现有客户与用户的合作忠诚度。

其次，管理的信息化水平成为营销重点，各企业将会逐步建立强有力的 IT 信息系统，与客户建立及时高效的信息沟通机制，实现客户精细化管理，提高与客户沟通和管理的效率。提升自己的服务能力，以获取市场。

最后，下游的销售渠道将更为完善，随着经济的发展，市场竞争的加剧，消费者和企业对竹材的需求都会逐渐增加，各地需求增长促进竹材行业快速发展，经销商（加盟商）渠道将会变得更加重要，企业会加大销售投入，通过更优越的条件吸引更多的销售人才，建立高效销售团队。以实现与现有客户之间的密切合作关系的巩固和各领域的新客户与新用户的开拓。

伴随着互联网迅速发展并渗透到社会各个领域，进入人们的日常生活，带来了社会经济、生活方式的重大变革。网络营销作为新兴的营销模式，以互联网为基础，利用数字化的信息和网络媒体的交互性来辅助营销目标的实现，相比传统营销模式，网络营销更具灵活性和多变性。因此越来越多的竹材企业也将网络营销纳入了整个营销计划中，有些企业还进行了大刀阔斧的尝试。

在未来的发展中,竹材行业网络营销趋势会朝着特色化、现实化的方向发展,竹材企业需要多借鉴其他发展较为成熟的行业并创新网络营销以此来开辟自己的区域市场。

第14章　竹产业领先企业经营形势分析

14.1　浙江永裕竹业股份有限公司

14.1.1　企业概况

公司始创于2000年，总部位于"中国竹乡"——浙江省安吉县竹产业科技园区，是一家集专业研发、生产与销售竹制品于一体的现代化企业。主要产品有竹地板、竹家具、竹装饰材料及竹户外地板、材料，是中国竹产业中规模最大、技术设备最先进、生产能力最强的企业之一，2016年注册资金达9188.25万元。厂房建筑面积10万平方米，拥有近千名员工，200多人的专业技术团队，4条国际一流的豪迈生产流水线、现代化加工中心，具备年产350万平方米竹地板和20万套高档竹家具的生产能力，是安吉县明星企业。2015年2月16日挂牌新三板，股票代码831996。

公司是浙江省林业龙头企业、农业龙头企业，国家林业局竹子研究开发中心试验基地；竹产业首批高新技术企业；省级企业技术中心；院士工作站；博士后工作站；湖州市政府质量奖获得企业。永裕竹业始终遵循"诚信务实、精益求精"的经营理念，并致力于推动生态环境保护与森林资源的可持续利用，全力打造"健康、环保"的企业形象，先后通过了ISO9001—2000国际质量管理体系认证、ISO14000环境管理体系认证、欧盟CE认证以及国际森林管理组织FSC认证。2016年9月，永裕竹制产品跻身G20峰会，众多产品参与了峰会间的应用，得到了国家领导的高度赞扬和认可。

公司坚持"质量使企业做久，产品使企业做实，成本使企业做强，资本使企业做大"的发展观。坚持竹产业发展；严把产品质量关；大力推行"大部门管理，小核算体系"降本增效；先后引进了"浙江万向、上海复星医药、大自然家居"等战略合作伙伴。2010年起在"产品转型、市场转型、管理转型"战略实施过程中，持续推行6S现场管理、精益生产、机器换人，在提高生产效率的同时，实现了企业内部管理一步一台级提升。

公司产品是浙江省名牌产品、出口名牌产品，竹地板、竹家具、竹装饰材料及竹户外地板、材料等四大系列产品远销海外40个国家，经过十多年的努力与国外一些大型的DIY建材超市如THEHOMEDEPOT、LOWE'S、MENARDS、COSTCO等建立起了战略合作关系。2015年与大自然家居建立了战略合作伙伴关系，强强联合共同构建"绿色家居·竹赢中国"的发展蓝图。

研究开发能力代表着一个企业的核心竞争力，永裕竹业一直坚持产学联盟，先后与南京林业大学、浙江林学院等多所大专院校建立起长期合作关系，年研究开发费用投入占销售收入总额的3%，拥有1项发明专利，29项实用新型和外观专利。2014年永裕竹产业企业研究院落成，象征着永裕竹业"平台、研发、项目"三维一体的立体化研究开发战略的实施。

公司未来五年的发展战略是秉承"全竹家居，引领时尚，低碳生活，健康生活"的经营理念，布局竹产业链。成为拥有核心竞争力和核心价值，并引领竹产业发展的现代一流企业。

14.1.2 企业优势分析

（1）技术创新优势

公司建立了自己的企业研究院，通过"产、学、研"，与南京林业大学、浙江农林大学等合作，建立了人才培养基地。公司十分注重新产品的研发与生产工艺的改进，拥有表面处理工程、精密加工等行业关键技术以及新材料技术，可以为新产品开发提供重要的技术支持。近年来，公司成功开发了"马赛克"竹地板、耐热竹地板、竹炭环保地板、仿古竹地板、锁扣静音地板等新产品，其中"马赛克"竹地板被列入省"星火计划"科技成果转化项目，复合地板、静音地板、耐热地板等新产品被授予国家专利。公司投入近千万元进行技术改造，产品由单一的竹地板系列发展到涵盖室内、户外、地面、墙面、活动家具等多领域，可以为客户提供一站式全竹家居服务。

（2）品牌优势

凭借在研发设计、产品生产及品质控制等方面的实力，公司已经拥有一批稳定的客户群，公司不断开发出各类高档环保的竹制品，通过自有品牌"永裕""富氧碳""YOYU"，引领现代人全竹家居环保生活理念。近年来，公司通过参加各种大型展览会、交易会，加强营销宣传和产品知名度推广活动，通过电子商务平台加大对公司形象和产品信息的推广力度。公司销售规模、客户数量逐年增长,销售区域逐步扩大,市场占有率持续提高,充分体现了客户对公司产品的认可。

(3) 质量管理优势

公司高层管理人员具有多年的行业技术经验和丰富的管理经验。在近十年的生产经营和管理实践中,不断进行管理创新,形成了以效率和效益双提高为中心,以系统思维、创造思维和辩证思维为基础的双效型战略管理模式。多年来,公司主要经济指标连续名列全国竹地板行业前茅。公司先后通过了ISO9001:2008质量管理体系认证、ISO14000:2004环境管理体系认证以及全球森林管理委员会(FSC)认证。在生产经营过程中,严格按照公司文件执行质量承诺,包括建立、实施质量管理体系;坚持预防为主,并采用先进技术和管理,不断提高产品的科技含量。

(4) 地域优势

公司所在地安吉为我国著名的竹乡之一,原材料资源丰富。安吉县作为中国竹乡,近几年来,安吉竹产业规模一直保持10%以上的增长,已形成较为完整的产业链。与其他竹资源分布较为丰富的地区相比较,安吉竹产业有着明显的区域产业集群优势。

14.1.3 经营状况分析

表14-1 2018年浙江永裕竹业股份有限公司经营状况分析

一、盈利能力

单位:元

项目	本期	上年同期	增减比例(%)
营业收入	808890954.12	485954987.18	66.45
毛利率(%)	26.98	27.13	—
归属于挂牌公司股东的净利润	43516879.14	22424400.31	94.06
归属于挂牌公司股东的扣除非经常性损益后的净利润	44359295.11	14565904.77	204.54
加权平均净资产收益(依据归属于挂牌公司股东的净利润计算)(%)	13.90	7.94	—

续表

	本期	上年同期	增减比例（%）
加权平均净资产收益（依据归属于挂牌公司股东的扣除非经常性损益后的净利润计算）（%）	14.17	5.16	—
基本每股收益	0.47	0.24	95.83

二、偿债能力

单位：元

项目	本期期末	上年期末	增减比例（%）
资产总计	704849449.92	656815365.49	7.13
负债总计	367918019.03	363932426.40	1.10
归属于挂牌公司股东的净资产	334871751.69	293493464.52	14.10
归属于挂牌公司股东每股净资产	3.64	3.19	14.10
资产负债率（母公司）（%）	50.88	52.16	—
资产负债率（合并）（%）	52.20	55.41	—
流动比率	1.30	1.23	—
利息保障倍数	8.96	4.61	—

三、营运情况

单位：元

项目	本期	上年同期	增减比例（%）
经营活动产生现金流量净额	71411067.10	38522953.08	85.37
应收账款周转率（%）	3.93	2.72	—
存货周转率（%）	4.60	2.34	—

四、成长情况

单位：元

项目	本期	上年同期	增减比例（%）
总资产增长率（%）	7.31	1.30	—
营业收入增长率（%）	66.45	4.73	—
净利润增长率（%）	104.36	1873.17	—

资料来源：公司财报

14.2 江西飞宇竹材股份有限公司

14.2.1 企业概况

江西飞宇竹材股份有限公司创建于1996年,是我国较早从事竹材资源开发利用以及国内外营销渠道建设的中国竹产业龙头企业。目前公司拥有员工1100多名,厂区占地面积23万平方米,自有竹林资源3万余亩,参股和控股的半成品加工基地16个,其中地板成品厂2个,冷热压重竹地板2个,竹家具厂1个,年可生产竹地板300万平方米,竹家具1万套。

公司旗下"春红"(英文名:CHOHO)品牌竹地板,目前在国内拥有直营和加盟专卖店近500家,特别是以北京为中心的华北地区,连续14年在同类产品中排名靠前,成为中国内地竹地板市场的喜爱品牌。同时,公司产品销往国外30多个国家和地区,深受客户的青睐。

飞宇怀着美好的愿景和伟大的使命前行,坚持品牌与创新之路,通过近二十年的努力,取得了令人瞩目的成绩。2008年,春红竹家具走进北京奥运会,成为奥主委罗格主席的办公家具;2010年,春红竹地板和竹家具双双走进上海世博会,成为世博会中国江西馆的展品和贵宾室品。2011年和2012年,公司旗下春红竹地板、竹家具又相继被中共中央组织部干部管理学院和中纪委北京谷泉会议中心选用。一次次地被世界级会议和国家级项目选中,飞宇倍感压力,同时也满载荣誉。

十八年的风雨兼程,公司始终怀着"以竹代木,为世界多留一棵树"的企业使命,专注于从事过了竹材制造产业,挖掘竹材资源的深层价值。在传统竹地板领域之外,公司又相继于国内率先推出春红竹家具、春红竹集成材、飞宇竹建筑等领先的竹制产品,于国内外、行业内外都产生了深远的影响。

在践行绿色可持续发展之道上,公司被国家评为江西省首批循环经济试点单位;先后通过了ISO9001—2000质量管理体系认证、ISO14000—2004环境管理体系认证、FSC(COC)森林认证、欧洲CE产品安全认证;连续三年参加世界可持续发展论坛。

14.2.2 企业优势分析

(1)工艺及技术优势

公司作为一家集竹集成材、竹地板和竹家具研发设计、精加工、销售于一体的现代高新技术企业，在竹制品加工及应用方面有着充分的技术积累，其研发及技术团队在竹制品开发市场沉淀数十年，是行业内较早进行竹制品加工、生产的实际操作及研究者，生产及研发经验极其丰富。公司从竹碳化、拼接、染色、设计等多环节工艺的不断优化中构筑了自身的技术优势。公司始终紧贴市场需求进行前瞻性的判断，凭借其对竹加工独到的行业见解和多年的技术根基，在近几年发展的新型重组竹技术方面颇有建树，公司所研发重组竹地板加工应用技术不仅可使毛竹利用率高达90%，为传统生产方式的原料利用率的2倍以上，还可消除竹丝在压制、地板在使用等过程中所产生的应力以保障产品无开裂、跳丝、膨胀等现象，使之出厂产品密度均匀，不瘫边和跳丝，系企业实力的标志性象征。

（2）本土及资源优势

竹林被誉为"第二森林"，系可再生资源，在发展循环产业和绿色经济中地位突出、作用显著。而公司产品的主要原材料则为毛竹，其所在地奉新则为我国著名的竹乡之一，是全国丰产竹林培育示范基地县。该地区原材料资源丰富，当地也已形成较为完整的竹产业闭合链。

（3）优秀的产品质量和稳定的供应能力

公司先后通过了ISO9001质量管理体系、职业健康安全管理体系等国际标准认证，为国家林业标准化示范企业、中国竹业龙头企业，其产品先后通过欧洲产品安全认证（CE）、全球森林管理委员会（FSC）认证、ISO14024中国环境标志产品认证等，与同类产品相比较，公司产品工艺稳定，综合质量管理在行业内位居领先地位。与此同时，公司拥有大规模的竹生产加工线，并建立了一系列严格的内部质控标准，将质量控制细化贯穿到每个生产环节，可根据下游客户需求即时处理产品细节规格的变动，确保了经销商的黏性强度。

（4）行业经验和品牌优势

公司进入行业时间较早，在行业发展初期已在竹加工相关核心工艺方面积累了丰富的行业经验，能够深刻理解竹加工行业发展规律和把握市场需求特点与趋势，及时实施产品技术的创新与生产工艺的改进。同时，公司凭借市场领先的工艺水平，稳定优秀的产品质量，在行业内已经具备了较高的口碑和品牌知名度。

14.2.3 经营状况分析

表 14-2 2018 年江西飞宇竹材股份有限公司经营状况分析

一、盈利能力

单位：元

项目	本期	上年同期	增减比例（%）
营业收入	81364851.45	9103499896	-10.62
毛利率（%）	14.99	16.86	—
归属于挂牌公司股东的净利润	3422991.89	7437855.98	-53.98
归属于挂牌公司股东的扣除非经常性损益后的净利润	1755334.26	6049155.98	-70.98
加权平均净资产收益（依据归属于挂牌公司股东的净利润计算）（%）	4.24	10.32	—
加权平均净资产收益（依据归属于挂牌公司股东的扣除非经常性损益后的净利润计算）（%）	2.18	8.40	—
基本每股收益	0.0568	0.1279	-55.59

二、偿债能力

单位：元

项目	本期期末	上年期末	增减比例（%）
资产总计	178504261.11	168689498.47	5.82
负债总计	88514411.83	82348817.94	7.49
归属于挂牌公司股东的净资产	82404961.62	78981969.73	4.33
归属于挂牌公司股东每股净资产	1.37	1.31	4.58
资产负债率（母公司）（%）	38.51	40.67	—
资产负债率（合并）（%）	49.59	48.82	—
流动比率（%）	1.31	1.30	—
利息保障倍数	2.30	3.55	—

续表

三、营运情况			单位：元
项目	本期	上年同期	增减比例（%）
经营活动产生现金流量净额	5229354.54	7217944.76	-27.55
应收账款周转率（%）	3.25	4.05	—
存货周转率%	1.16	1.37	—
四、成长情况			
项目	本期	上年同期	增减比例（%）
总资产增长率（%）	5.82	6.07	
营业收入增长率（%）	-10.62	35.50	
净利润增长率（%）	-51.55	16.29	

资料来源：公司财报

14.3 福建龙泰竹家居股份有限公司

14.3.1 企业概况

福建龙泰竹家居股份有限公司创建于2010年，注册资本5473.5万元，总资产近2亿元，现有员工近600人。是一家专业从事竹家具、竹家居用品的集设计、生产及销售于一体的外贸出口型股份公司。公司占地面积20万平方米，主体厂房建筑面积6.3万平方米。是福建最大的竹制品生产制造商之一，也是全国竹制品行业的龙头企业。

公司于2014年12月在新三板挂牌（股票简称：龙泰家居，股票代码：831445），是国内第一家挂牌的竹制品企业。截至2018年，公司已两年入围创新层。

公司生产的产品80%以上为外销，客户以欧美及亚太地区为主，客户均为国际大型连锁企业。

公司目前有三家子公司：南平竹百丽电子商务有限公司、福建迈拓钢竹家居用品有限公司和福建展拓创意家居有限公司，分别从事境内外电商业务、"钢+竹"混合材料的家居产品以及竹质、木质弯曲家具产品的生产和销售。未来几年，公司会不断扩大经营规模、拓展产品领域、拓宽多渠道销售模式、打造自主品牌在国内外市场的知名度，以使龙泰竹家居逐步发展成为颇具实力和影响力的集团公司。

14.3.2 企业优势分析

2017年10月,公司被认定为高新技术企业。公司拥有自主研发团队,有较强的新产品开发设计、生产技术研究和科技创新能力。截至目前,公司已拥有5项发明专利、55项实用新型专利、32项外观设计专利,此外已公布待审批通过的发明11项。公司为打造成为现代化生产技术企业,不断加大机器设备的投入,公司近三年累计投入设备3000万元,拥有包括多功能数控自动化生产线、KUKA智能砂碗机器人、智能喷涂机器人、智能自动收纳盒组装机器人等的先进生产设备,大大提升了公司在整个竹制品行业的领先地位。

公司通过了诸多国际的权威认证:FSC FM – COC全产业链认证、SA8000认证、欧洲BSCI的社会责任审核、ISO9001质量体系的认证、法国BV公证行、欧盟木材法规DDS认证等,公司入选2017年度《福布斯中国最具潜力企业榜》。

14.3.3 经营状况分析

表14 – 3 2018年福建龙泰竹家居股份有限公司经营状况分析

一、盈利能力

单位:元

项目	本期	上年同期	增减比例(%)
营业收入	237981489.01	158261731.03	50.37
毛利率(%)	30.42	28.72	—
归属于挂牌公司股东的净利润	44925661.90	21477690.73	98.21
归属于挂牌公司股东的扣除非经常性损益后的净利润	46654.987	23649357.55	108.11
加权平均净资产收益(依据归属于挂牌公司股东的净利润计算)(%)	34.02	26.42	—
加权平均净资产收益(依据归属于挂牌公司股东的扣除非经常性损益后的净利润计算)(%)	32.40	24.00	—
基本每股收益	0.61	0.32	90.62

续表

二、偿债能力　　　　　　　　　　　　　　　　　　　　　　　　　　　　单位：元

项目	本期期末	上年期末	增减比例（%）
资产总计	193113472.27	158579994.82	21.78
负债总计	43859477.99	37387241.91	17.31
归属于挂牌公司股东的净资产	148978275.39	121192752.91	22.93
归属于挂牌公司股东每股净资产	1.94	2.23	-13.00
资产负债率（母公司）（%）	22.69	23.54	—
资产负债率（合并）（%）	22.71	23.58	—
流动比率（%）	232.09	260.90	—
利息保障倍数	—	4164.20	—

三、营运情况　　　　　　　　　　　　　　　　　　　　　　　　　　　　单位：元

项目	本期	上年同期	增减比例（%）
经营活动产生现金流量净额	56514177.02	23920290.35	136.26
应收账款周转率（%）	1063.18	737.00	—
存货周转率（%）	924.82	787.00	—

四、成长情况　　　　　　　　　　　　　　　　　　　　　　　　　　　　单位：元

项目	本期	上年同期	增减比例（%）
总资产增长率（%）	21.78	35.03	—
营业收入增长率（%）	50.37	3.01	—
净利润增长率（%）	98.21	10.27	—

资料来源：公司财报

14.4　连城县森威林业有限责任公司

14.4.1　企业概况

连城县森威林业有限责任公司是一家从事造林、育林、木材生产和销售等业务的国有控股企业，福建省永安林业（集团）股份有限公司连城分公司成立于2004年。2004年4月永安林业出资受让连城县林业局所属的连城县营林公司所有的朋口林场和楮岭林场共计91000亩商品用材林的林木所有权和林地

使用权,成立了连城分公司;2005年9月永安林业通过竞标获取连城县森威林业有限责任公司95%的股权,取得该公司林地面积187676亩的经营权,延用"连城县森威林业有限责任公司"这一名称;现两个公司采取"两块牌子,一套人马"的经营管理模式。

14.4.2 企业优势分析

永林股份连城分公司现下设新地采育场、曲溪采育场、城关分公司、连南分公司四个经营单位,现有职工近百人,山场分布于连城县8个乡镇,涉及41个行政村。永林公司在连城境内共有森林经营面积278676亩,林木蓄积191万立方米,其中森威公司187676亩,永安林业连城分公司91000亩。

14.4.3 经营状况分析

表14-4 2017年连城县森威林业有限责任公司经营状况分析

经济指标	金额(万元)
资产总额	7889.40
销售总额	176.06
营业总收入中主营业务收入	170.27
所有者权益合计	5750.37
负债总额	2139.03

资料来源:公司年报

14.5 浙江三禾竹木科技股份有限公司

14.5.1 企业概况

浙江三禾竹木科技股份有限公司于2004年2月创办,公司注册资金1986万元,厂区占地面积40多亩,自建标准厂房3万多平方米。公司成立以来,连续11年荣获"县工业十强企业",先后被评为浙江省"山海协作"工程先进单位、浙江省林业AAA级信用企业、浙江省名牌林产品、浙江省AAA级重信用守合同企业、浙江省林业重点龙头企业、浙江省绿色标杆企业、浙江省优秀民营企业、高新技术企业、中国竹业龙头企业等;"三月三"商标被评为中国好物产商标、中国驰名商标、浙江省著名商标。

公司是一家集研发、生产、销售于一体的现代新型林业科技型企业,市场信誉度高,经济实力雄厚。主要产品有:环保型工艺竹筷,环保型工艺竹砧板、整竹展开砧板、牙签、铲勺、垫子、工艺品及小家具等竹木系列产品，是家居必备厨具和馈赠佳品。其特性为：①天然、绿色、环保；②清洁卫生、气味清香；③经久耐用、不变形、耐磨、坚硬；④无漆，原生态。

公司产品销售在国内28个省市各大超市、卖场及批发市场，产品出口美国、加拿大、日本、韩国、中国香港、中国台湾等国家和地区。

14.5.2 企业优势分析

（1）技术和研发优势

公司坚持自主创新的科技战略，在原有的技术基础上开发出一条整竹生产流水线，在提供天然健康产品的同时，也大幅提高了毛竹资源的有效利用率。公司建立了一支创新意识较强的研发队伍，成立了浙江省技术研发中心，为公司新产品、新技术的开发、产品性能的改进和提高提供了基础和保障。公司以市场为导向，以科技为依托，开发了诸多新型产品，产品技术水平达到国内领先水平，多次获得国家、省、市级科技荣誉。

（2）销售渠道优势

公司主要销售渠道包括终端卖场、流通市场和电子商务市场。终端卖场方面，与家乐福、大润发、沃尔玛、华润万家、乐购、世纪联华、物美等各大连锁超市均建立了良好稳定的合作关系；流通市场方面，公司代理商网络遍布全国各地，目前已覆盖到地县级市场；电子商务市场方面，公司产品已陆续进入京东商城、天猫商城等各网络销售平台，且销量名列前茅。

（3）品牌优势

公司自2004年成立以来便十分重视品牌建设与推广，主要品牌为"三月三"，拥有商标专用权。公司积极参加国内外行业展会、在电视媒体投放广告，以提高品牌知名度；加强网络和卖场两大平台形象展示，"三月三"牌系列产品现已在全国范围内建立有100余家统一形象、统一规范服务的代理商，以提高品牌辨识度。经过多年积累，"三月三"商标已被评为浙江省著名商标，"三月三"牌竹砧板被评为浙江名牌产品，"三月三"牌系列竹产品以环保、健康、时尚的独特风格及其优秀的产品质量，越来越被市场熟悉及认可。

（4）原材料优势

公司主要原材料是竹子，其用途广、经济价值大。一根竹子，3~5年即可成材，竹子可一次造林成功，年年择伐，永续利用。公司所在地庆元县是中国生态环境第一县,自然资源十分丰富,是浙江省重点林区和毛竹产地。公司凭借地理优势能够为企业的长远发展奠定稳定的原材料基础。

14.5.3 经营状况分析

表14-5 2018年浙江三禾竹木科技股份有限公司经营状况分析

一、盈利能力

单位:元

项目	本期	上年同期	增减比例(%)
营业收入	106047992.04	115461460.66	-8.15
毛利率(%)	41.26	43.35	—
归属于挂牌公司股东的净利润	10815874.68	11376805.63	-4.93
归属于挂牌公司股东的扣除非经常性损益后的净利润	7549219.24	7032641.04	7.35
加权平均净资产收益(依据归属于挂牌公司股东的净利润计算)(%)	13.66	16.7	—
加权平均净资产收益(依据归属于挂牌公司股东的扣除非经常性损益后的净利润计算)(%)	9.53	10.33	—
基本每股收益	0.24	0.25	-4.17%

二、偿债能力

单位:元

项目	本期期末	上年期末	增减比例(%)
资产总计	162280160.17	144272228.61	12.48
负债总计	77666460.63	70474403.75	10.21
归属于挂牌公司股东的净资产	84613699.54	73797824.86	14.66
归属于挂牌公司股东每股净资产	1.89	2.48	23.56
资产负债率(母公司)(%)	48.02	48.85	—
资产负债率(合并)(%)	47.86	48.85	—
流动比率	1.79	1.77	—
利息保障倍数	5.05	7.98	—

续表

三、营运情况　　　　　　　　　　　　　　　　　　　　　　　　　　　单位：元

项目	本期	上年同期	增减比例（%）
经营活动产生现金流量净额	6577686.28	-5640076.64	216.62
应收账款周转率（%）	1.44	1.80	—
存货周转率（%）	1.70	2.12	—

四、成长情况　　　　　　　　　　　　　　　　　　　　　　　　　　　单位：元

项目	本期	上年同期	增减比例（%）
总资产增长率（%）	12.48	10.01	—
营业收入增长率（%）	-8.15	-9.04	—
净利润增长率（%）	-4.93	21.89	—

资料来源：公司财报

第15章 中国竹业重点省市市场分析
——以浙江省竹产业为例

15.1 浙江省竹产业发展综述

15.1.1 浙江省竹产业发展概述

浙江省是全国重点产竹省份，栽培加工历史悠久，竹林面积约占全国的1/6，竹业产值占全国的1/3，竹产业在全省农业和农村经济中发挥着十分重要的作用，特别是在山区县（市），竹业发展是农业增效、农民增收的重要途径。由于竹子具有生长快、产量高、效益好，一次种植可以长期收益的特点，竹林资源既是生态屏障又是绿色产业基地。因此，浙江各级党政领导都十分重视竹业的发展。丽水地区"撤地设市"后，市委、市政府从可持续发展高度，提出了"生态立市，绿色兴市"的发展战略，并将竹业作为农业产业化的重点。"以竹兴乡，靠竹富民"的思想，在竹产区乡（镇）深入人心，竹业已成为浙江省农业农村经济，农民收入来源的支柱产业。

浙江省位于中国的东南沿海、长江三角洲南翼，其陆域面积有10.18万平方公里，海域面积26万平方公里。浙江属亚热带季风气候，四季分明，光照充足，降水充沛。经济林、竹林资源丰富，毛竹产量位居全国前列。浙江省是竹业生产、加工以及贸易的大省，近几年来，浙江全省上下高度重视竹产业的发展，建基地、扶龙头、促加工、拓市场，竹林栽培面积不断扩大、竹业经济效益不断提高。

根据浙江省统计局数据，2018年浙江省林业总产值为177.01亿元，其中竹木采运产值达到41.74亿元（见表15–1）。

表15-1 2008—2018年浙江省林业产值及竹木采运产值

年份	林业产值（亿元）	竹木采运产值（亿元）
2008	106.95	49.32
2009	117.64	47.70
2010	119.35	55.52
2011	134.07	58.09
2012	142.14	58.70
2013	141.54	57.28
2014	147.00	52.49
2015	151.63	53.04
2016	158.15	47.38
2017	170.16	40.40
2018	177.01	41.74

资料来源：浙江省统计局

2017年浙江省竹林面积92.70万公顷，占森林面积的15.25%。其中：毛竹林81.67万公顷，杂竹林11.03万公顷。全省毛竹总株数313402万株，毛竹林每公顷立竹量3548株，当年生新竹占毛竹总株数的16.67%（见表15-2、表15-3）。

表15-2 2014—2018年浙江竹林面积及毛竹总株数

年份	竹林面积（万公顷）	毛竹总株数（万株）
2014	90.06	257364
2015	91.02	285316
2016	91.98	297888
2017	92.70	313402
2018	93.18	317990

资料来源：浙江林业局

表15-3 1998—2017年浙江省大径竹产量统计

年份	大径竹产量（万根）
1998	10088.50
1999	10221.70
2000	12595.82
2001	9848.88
2002	9835.81

续表

年份	大径竹产量
2003	10086.37
2004	10411.65
2005	11706.08
2006	13469.78
2007	13093.24
2008	16179.14
2009	15660.68
2010	16810.58
2011	18681.15
2012	19345.86
2013	19923.62
2014	20512.31
2015	19744.69
2016	21184.90
2017	20826.25

资料来源：《中国林业年鉴》

据中国竹产业协会初步统计，2018年中国竹产业总产值已超过2000亿元，其中浙江、福建、四川的竹产业产值均超过450亿元，是中国竹产业的"第一梯队"。

15.1.2 浙江竹产业发展的优势

(1) 发展的潜力和优势

浙江省是竹产业发展大省，在生产、加工、贸易方面都处于领先地位。竹产业是浙江省最具特色和优势的富民产业。近年来，在省委、省政府的领导下，相继出台了各项扶贫政策，产业规模不断扩大，经济效益不断提高，促进了山区发展和农民增收。竹产业是浙江省传统优势产业，事关山区农民增收、生态建设、经济发展，在"三农"工作中具有十分重要的地位。浙江省竹产业总规模达1300多万亩，其中，毛竹林约1100万亩、总蓄积量20亿株，其他竹林250万亩；竹产品加工企业4000余家，年产值超亿元20余家，5000万元以上100余家。2017年浙江省竹产业总产值486亿元，占全国20%以上，居全国首位，成为竹农收入的主要来源，竹区经济发展的重要支柱产业。

浙江省每年竹子加工有近2亿根，竹产业多数产品为出口型，每年出口额达5亿美元以上。浙江省有4000多家加工企业，竹产业产值达450多亿元，有30多个县的竹产业产值超过亿元，尤其是安吉县已达100多亿元。

竹产业横跨一二三产业，产业链条比较长，产业集聚非常明显。但在发展过程中也存在一些问题，针对这些问题，浙江制定了三年行动方案，促进竹产业的转型升级。立足竹资源禀赋和产业基础区位条件，通过创新经营体制机制、加强基础设施建设、推广先进适用技术等，落实巩固提升一产、培育壮大二产、积极发展三产的发展思路，推动一二三产业融合发展，建设管理机制完善、科技水平先进、综合效益突出、富民成效明显的全产业链体系。

近年来，浙江全省上下高度重视竹业发展，建基地、扶龙头、促加工、拓市场，竹林面积达1185万亩，竹类产品加工企业6000余家，有300多万名农村劳动力从事竹业第一产业，竹农从竹材、竹笋中获得收入近50亿元。改革开放以来浙江竹产业取得长足发展，浙江竹业在各级政府部门重视下，在广大竹产业相关科研、企业单位的支持和努力下取得了长足发展。一是产业发展规模稳步扩大。近几年，浙江省竹林面积逐年增加，由2004年的1175万亩增长至2014年的1321.5万亩，年均增加14.65万亩。二是竹业加工规模逐步扩大。全省年均采伐毛竹18960万根，年加工毛竹3亿根左右。全省竹加工企业共有4000余家，年产值超亿元的企业20余家，5000万元以上企业50多家，浙江省竹制品年出口额6亿多美元。在低碳生态消费的引领下，竹制品更趋丰富。

竹产业是浙江省最具特色和优势的山区富民产业，在山区经济发展中扮演着重要角色。推动竹产业转型升级、促进其提质增效，实现创新发展，对"两美"浙江建设及实现全省高水平全面建设小康社会具有重大意义。

（2）新常态下浙江竹产业面临的难题

我国经济运行步入"新常态"轨道，竹产业面临前所未有的困难和巨大挑战。一是世界经济持续低迷，国内经济增速下行趋势明显，受宏观经济影响，竹产业已经告别了过去的高速增长。浙江省竹产业整体效益持续下降，竹材收购价从最高每百斤40元下降到目前的不到25元。二是"低小散企业"的矛盾突出，产业科技储备不足，龙头带动能力不强，缺乏足够的增长动力，企业之间的联合兼并重组难度大。三是生产成本上升过快，竹产业是劳动密集型产业，竹林的培育管理、竹材的采伐、竹笋的采挖、竹材加工等诸多环节仍然沿袭着人工劳动的方式，机械化程度低，劳动效率低，用工成本占产品总成本的比例很大。劳动力成本上涨让众多笋竹加工企业综合成本上涨。四是生态因素制约严峻。笋竹加工企业"低小散"的现状和生产方式，与浙江省目前的生态要求有较大距离。如龙游县在 2014 年对全县的竹制品加工行业进行专项整治，全部关停有污水排放的 69 家炭化（蒸煮）篾加工企业。2012 年以来，安吉县通过实施《安吉县竹产业综合整治提升行动实施方案》《安吉县竹产业转型升级标准》等，关停了大量的竹拉丝厂，其中天荒坪镇 2012 年以来整治竹拉丝、竹地板、竹凉席等企业 144 家，拆除环保不达标锅炉 33 台。五是基础设施仍较薄弱。近年来，尽管政府加大了对竹林道等基础设施的投入，但因建设标准低，维护管理没跟上，一些林道时常被损毁，与实际需要还有较大差距。

（3）新常态下浙江竹产业的发展战略目标与重点

1）发展战略目标。坚持以科学发展观为指导，以市场为导向、科技为支撑、资源为基础、加工利用为重点，以着力打造中国笋竹加工基地为目标，按照"提升一产、主攻二产、发展三产"的发展原则，进一步扩大毛竹资源总量，做大做强龙头企业，挖掘竹文化资源，大力发展竹区旅游业，实现一二三产业互动发展。

2）发展重点。加强竹林培育。在扩大毛竹种植面积、拓展竹林基地的基础上，进一步加大科技兴竹的力度，扩大丰产林的面积，全面提高竹林的产材、产笋总量。

推进林区基础设施建设。进一步整合竹林生态休闲旅游、新农村建设等资源、项目、资金，逐步推进林区尤其是浙西大竹海规划区域内的基础设施建设。

鼓励加工精深产品。对加工产品附加值高、精细度高、技术含量高、市场竞争力强的毛竹深加工企业，按终端产品类型每年安排专项资金实行分类扶持。同时，建立和完善原竹及其产品运输货证签证登记制度，切实加强毛竹运输源头管理。

多举措推进浙江竹产业提升发展面对新常态下竹产业的新问题，要进一步落实《浙江省竹产业转型升级三年行动方案（2015—2017 年）》（浙林办〔2015〕33 号）的有关要求，多举措推进全省竹产业的提升发展。要加强宏观引导，进一步明确产业发展的目标、战略布局和发展重点，立足浙江省竹资源禀赋、产业基础和区位条件，通过创新经营体制机制、加强基础设施建设、推广先进适用技术等途径，落实"巩固提升一产、培育壮大二产、积极发展三产"的发展思路，加快推进"一二三产"融合发展。一是要夯实"一产"基础，重点做好毛竹现代科技园区建设、竹子精品园区建设和林区道路建设。实施分类经营，发展林下经济，提高农民经营性收入。二是要做强"二产"加工产业，通过科技创新驱动，对竹木加工共性、关键技术进行攻关和新技术产业化应用推广等支持竹木加工企业转型升级，提升产业发展水平。促进竹产业实现清洁生产和绿色发展，提升产品的特色优势和市场竞争力。当前，要利用竹缠绕复合压力管技术列入2015年国家发展改革委第二批《国家重点推广的低碳技术目录》的契机，落实好竹缠绕复合压力管基地项目；利用浙江省"五水共治""美丽浙江"建设，加快企业提升改造，推进炭化、蒸煮工序的集中和规模化，推进"机器换人"步伐，扩大机械剥笋的推广面。三是世界竹子看中国，中国竹子看浙江。截至2017年，浙江省竹产业总产值486亿元，占全国20%以上，居全国首位，成为浙江山区农民收入的主要来源之一。

15.1.3 浙江竹产业发展的态势与潜力

浙江，以其优越的生态环境，为竹子生长提供了得天独厚的条件。近年来，浙江省把发展竹产业作为"十大农业主导产业"之一加以重点培育和扶持。目前全省有近40个县（市、区）的竹业产值超亿元。

"世界竹子看中国，中国竹子看浙江"。浙江竹产业以占全国1/6的竹林面积，创造了占全国三成的竹业产值、四成的出口额。浙江笋竹产品以其生态、绿色的品质日益受到市场青睐。

2018年全省竹林面积93.18万公顷，占森林面积的15.34%。其中：毛竹林81.43万公顷，杂竹林11.75万公顷。全省毛竹总株数317990万株，毛竹林每公顷立竹量3581株，当年生新竹占毛竹总株数的10.90%。

（1）森林城市——临安

杭州市临安区生态环境极其优越，是全国首批生态示范区、长三角地区第一个国家森林城市，2018年，全区林地面积3998938亩，活立木蓄积13719101立方米，森林覆盖率达81.93%。被誉为"森林世界、大树王国、天然氧吧"。作为全国首批的"中国竹子之乡"，临安的竹产业发展取得了世人瞩目的成就。临安是"中国竹子之乡""江南最大菜竹园"，竹林面积84.7万亩，2017年竹笋总产量22.28万吨，产值12.99亿元。

乡村振兴战略普照全国，临安区的竹产业振兴工作也提上了日程。被誉为"江南最大菜竹园"的临安虽然基础好，但临安区尚未形成完整的竹产业链条、竹产业集群。如何突围？做好竹产业致富文章，加速竹产业绿色转型升级势在必行。

围绕"三区""三化"工作部署和美丽幸福新临安建设总体目标，临安区制定了《临安竹产业振兴三年行动计划》，坚持以科技创新为依托、市场需要为导向，按照"抓三产、强二产、兴一产"的总体要求，实施"基地提升、企业壮大、市场拓展、三产融合、文化助推"五大行动，全面推进竹产业振兴，促进基地标准化生产、企业品牌化营销、三产融合化发展水平。

2019年是三年行动计划的规模化推进年，主打规模基地示范点建设。2020年主抓企业化营销，竹产品企业在壮大的过程中迎来一场及时雨。2020年三产抓融合，这一年是产业融合化发展年。通过组织实施"产业发展引领、笋竹加工转型、三产融合提升、科技助推示范和品牌产品打造"五大行动，到2020年底，全区竹林面积稳定在100万亩，实现笋竹全产业链产值40亿元，其中一产、二产、三产分别占比25%、50%、25%，巩固临安"中国竹子之乡"地位，打造江南最美菜竹园。

迎"新"不忘"旧"，基地美化提升行动是五大行动的实施基础，临安区将实施主要公路沿线竹林景观化提升，引导竹林流转，推进规模化退改示范基地和竹林高效示范基地建设。而三年行动计划的重点之一是天目笋"亮牌"，这少不了企业的自身努力和市场环境的规范。在企业扶优扶强和品牌市场拓展两大行动中，争取建设集"精深加工、科技攻关、产品仓储"等多种功能为一体的现代笋竹加工产业园，建立示范生产线、示范企业。同时，规范提升产地市场，建立高标准笋竹及产品交易市场，开展产品溯源体系建设。

除传统的竹笋、竹工艺品外，如何另辟蹊径，提升竹产品附加值？发展产销新型业态，鼓励发展订单式销售、"私人定制"销售以及基地+商超等多种模式，也都在计划之中。在传统的竹产业内，临安区又该如何"修炼"才能发挥带动作用？在文化科技助推行动中将加快竹产业机器换人、新技术、新产品研发，启动竹产业种植、加工、市场营销"工匠"培育。

临安生态优越，经济发达，人民富裕。先后获得"中国竹子之乡"、"中国山核桃之乡"、全国生态示范区、中国优秀旅游城市、国家卫生城市、国家森林城市等一系列殊荣，多次跻身全国综合发展百强县（市）和全国县域经济基本竞争力百强县（市）行列。

（2）品质之城——余杭

杭州市余杭区地处杭嘉湖平原南端，西依天目山，南临钱塘江，是"中华文明曙光"——良渚文化的发祥地。拥有"中国竹子之乡"美誉的余杭，有着悠久的竹子栽培和加工历史，也是浙江省的竹子主产区，有竹林资源35.29万亩，优势竹种为毛竹、早竹、苦竹和淡竹。2010年，余杭区生态竹业产值达到27.88亿元，成为竹业生产、加工、贸易、休闲大区。

竹林是余杭重要的经济与生态资源，余杭的竹产业已初步形成集竹子栽培、竹制品加工和竹产品贸易营销为一体的产业体系，竹区旅游也日渐兴起。近年来，余杭将竹业作为农村经济的主导优势产业和新农村建设的重要内容来抓，势头迅猛。竹材利用已从仅限于初级产品向精加工日用品、工艺品转变，生产经营已从手工作坊的模式向产业化、规模化、品牌化发展，走出了一条"山上建基地、山下搞加工、山外拓市场、山中兴旅游"的产业经济发展之路，综合效益十分显著。

杭州市余杭区瓶窑镇雷竹笋栽培大户刘彩凤于2000年承包了70多亩雷竹，以前因为没有技术，到2009年林地退化严重，种竹留不起来，竹林无法更新，产量很低。在浙江农林大学林新春和吴家森教授的指导下，通过三年的科学管理，竹林恢复了健康，覆盖竹林亩均效益超过4万元。刘彩凤致富不忘大家，于2012年联合67名大户成立了杭州绿丰竹笋专业合作社，于2014年联合瓶窑、径山、黄湖等雷竹笋主产区合作社，发起设立区竹业协会竹笋培育分会，服务竹农超2000户，面积超10000亩。

15.2 浙江安吉县竹业

15.2.1 安吉打造竹产业强县综述

安吉县素有"竹乡"之称，位于浙江省西北部，南接临安、余杭，北连长兴，东邻德清，西与安徽宁国、广德相毗。安吉县土地面积1886平方公里，素有"七山一水二分田"一说。境内海拔最高点为1587.4米的天目山主峰，县内主要是山区丘陵，气候温和，雨量充沛，光照充足，四季分明。浙江省安吉县天荒坪镇余村是"两山"理念的发源地。20世纪八九十年代，余村矿产资源丰富，是全县有名的工业村、污染严重村。从2005年起，余村在"两山"理念的指引下，淘汰重污染企业，开展村庄整治，转型发展休闲旅游。10

多年来，余村上下始终坚持绿色引领、生态立村，全村发生了翻天覆地之变。天蓝了，竹翠了，山青了，水绿了。倚靠这片翠竹，吸引了大批游客。

近年来，"两山"理念指引着安吉县的生态发展。该县充分利用美丽山水、竹海茶园等生态资源优势，把生态旅游、生态农业、生态工业作为绿水青山转化成金山银山的三条路径，发挥出了绿水青山最大的综合效益，走出了一条"绿富美"的生态富民新路子。

2018年，安吉县竹业经济产值突破225亿元，无论是竹林培育、竹产品开发与利用，还是竹旅游资源的推广，都走在全国乃至全世界的前列，走出了一条富民强县的绿色发展之路。

"世界竹子看中国，中国竹子看浙江，浙江竹子看安吉。"竹产业是安吉的支柱产业之一。安吉竹产业利用先后经历过从卖原竹到进原竹、从用竹竿到用全竹、从物理利用到生化利用、从单纯加工到链式经营的4次跨越，形成了一种以低消耗、高效益为特征的循环经济发展模式。这些年来，一根竹子的确带动了安吉的绿色发展。一直以来，安吉县不断挖掘竹文化内涵，大力拓展竹材在建筑、装饰等领域的应用，2017年，浙江省安吉县竹产业总产值突破210亿元，以全国1.8%的立竹量创造了全国10%的竹产值。

安吉素有"中国第一竹乡、中国椅业之乡"之称，竹子资源丰富，面积达101.1万亩，蓄积量1.8亿根。

作为安吉县传统支柱产业，竹产业的发展已经历了萌芽期、成长期和成熟期三个阶段，目前正进入转型期。这一路，先后被授予"中国竹子高新技术研发中心""国家林业局竹子研究院开发中心安吉分中心""中国竹材装饰装修基地"等。"科技＋生态"安吉把每一根竹子都"吃干榨净"，从单一的竹凉席到竹地板、竹家具、竹饮料等7大系列3000多个品种。一根竹子的价值从15元提高到了60多元，竹地板产量已占全球产量的60%以上。

截至2018年底，安吉县竹林面积101.1万亩，竹加工企业数量达到1200余家，产值225亿元。安吉县竹产业总产值突破225亿元，以全国1%的竹产量创造了全国20%的竹产值。

竹子博览园、中国竹子博物馆、中国大竹海、灵峰山森林公园等以竹子第三产业开发为主的景区，先后吸引了《卧虎藏龙》《功夫之王》《夜宴》《越王勾践》等著名影片在安吉竹海拍摄。

(1) 安吉县竹产业加工的发展历程和现状

10多年前，安吉县的农民还是"守着竹山难变钱"，毛竹砍下来被拉到城里做建筑工地的脚手架，100公斤毛竹也只卖十几元，基本上是靠资源过日子。20世纪90年代末，当脚手架被钢材替代，毛竹销路不好时，安吉县确定了"立足竹资源优势发展大产业，将小品种、小题目做成大文章"的发展思路。一开始，安吉县的竹产业基本是处于低端手工编织水平，局限于传统加工。真正开始起步源于20世纪90年代中期，开始是招商引资，以股份制形式运作，加工产品从鲜笋加工、竹筷、竹签开始，发展到竹编制品、竹地板、竹工艺。

早在2002年，一些外资逐渐撤出了安吉的竹产品加工行列。通过几年的摸索，安吉人开始掌握了竹子加工的核心技术，并在原有的基础上不断研发新产品，现在除生产竹地板、竹地毯、竹工艺外，还生产竹工机械、竹生物医药制品、竹食品等多种产品，加工产品也从仿制生产、订单生产逐步向自主知识产权产品过渡，在许多方面有较强的研发能力，特别是竹叶黄酮、竹纤维、竹炭、竹醋液、竹木复合地板、数控竹工机械等高新技术产品的产业化水平，在全国处于领先水平，安吉县竹制品生产上已有350多件专利，仅竹凉席就有专利200多件。安吉县现有竹加工企业1621家，其中年产值在500万元以上的规模加工企业90多家，品种近5000种，国家和省级林产品加工龙头企业与市、县级龙头企业众多，产品主要销往中国香港、中国澳门、中国台湾和日本、韩国、东南亚及欧美。形成了十多个竹凉席、竹扫帚、工艺扇、竹编制品及竹工艺品专业加工村。近年来，安吉在大力发展第一产业培育竹资源的同时，推动第二产业转型升级，提高资源利用的科技含量和附加值，同时依托百万亩"大竹海"，吸引农户和社会投资打造"美丽竹乡"发展生态旅游。

(2) 安吉县由竹产业衍生出的相关产业

安吉县的旅游从无到有，得益于竹产业的发展。安吉第一个旅游景点为安吉竹种园。竹种园建于1974年，20世纪90年代引入竹文化旅游理念，成为全县第一个旅游景点，现在，这个600亩的竹种园，已成为4A级中国竹子博览园。现在，全县与竹子有关的旅游景点除了博览园外，还有中南百草园、大竹海、天荒坪、龙王山等，占全县旅游比重达80%以上。由于安吉独特的地理位置，为它带来了源源不断的游客。同时随着旅游业的兴盛，"农家乐"休闲游在当地已成风尚，解决了大量农村富余劳动力就业问题。

2017年，安吉县接待国内外旅游人数2237.52万人次，比上年增长16.0%；其中，接待境外旅游人数20.97万人次，增长15.9%。实现旅游总收入282.69亿元，增长21.3%；其中，国内旅游收入277.07亿元，增长21.6%。

目前，余村现有农户280户、1050余人，全村直接从事民宿（农家乐）以及乡村旅游的人员有350余人，占村总人口的30%以上。2019年，全村共接待游客近80万人，旅游年收入1000万元，农民人均收入44688元，旅游业集聚发展效应正在逐步显现。

（3）安吉竹产业的发展动力

1）以科技支撑竹产业。安吉县的竹产业发展，得到了科技部门特别是大专院校及科研机构的大力支持。目前，亚林所、省林科院、浙江农林大学、浙江大学、国家林业局竹子研究中心等单位在安吉都有自己的科研基地，有的还有自己的科研实体，这些科研机构在安吉共取得100多项科研成果，这些成果，为安吉的竹产业发展打下了坚实的基础。大量的科研成果的应用与推广都是通过安吉县竹产业协会开展的。在安吉，真正验证了一句话"科技是第一生产力"。谁说科技只有运用到高新产业才是科技，在竹产业中，科技的运用，增加了竹产业的功能最大化，从竹竿、竹枝到竹叶，竹子的每一个部分都被运用得恰到好处。

2）以政策扶持竹产业。政策上竹子采伐不用下达采伐限额指标；所有的楠竹在采伐和交易过程中，不用交纳育林基金和维简费。生产过程中，林业工程项目全部向楠竹生产倾斜，实行集约化管理，很多山上都利用林业工程项目安装了自动喷灌设施，农民从事竹生产，每亩每年最高收入达6000元，一般水平都在每年2000元/亩。

3）政府支持竹产业。安吉县政府确定了打造竹产业这一目标后，咬定目标不放松：一是在培植竹资源上下功夫，用各种方式鼓励农民发展楠竹；二是每年对竹子生产大户进行评比；三是为了解决本县竹加工资源不足的问题，鼓励本县农民和企业到外地承包竹园，并每年给予重奖；四是要求全县所有干部和公职人员，转变工作作风，树立为企业服务的宗旨和观念。

（4）安吉做大做强竹产业

安吉是竹产业之都，其竹制品开发利用涉及板材、竹纤维、竹编、竹工艺品等3000多种产品，目前已经形成了完整的竹产业体系。安吉的立竹量、商品竹年产量、竹业年产值、竹制品年出口额、竹业经济综合实力五个指标名列全国第一。

横山坞村在美丽乡村建设中，发挥当地产业优势，坚持统筹规划，做强工业，做特农业，做亮中心村，做优环境，促进经济、社会、环境协调发展。

浙江圣氏生物科技有限公司主要从事竹子的物理加工和现代深化利用的研究、开发，在竹子有效成分的研发领域处于国际领先水平。

浙江天振竹木开发有限公司主要产品有竹地板、户外竹地板等九大系列地板，产品遍布上海、北京等10余个城市及出口北美、欧洲等10余个国家。

总投资10亿元的安吉国际竹艺商贸城是一个集商贸、研发、物流等功能于一体的大型现代智能模式的专业批发市场，是目前国内最大的竹制品交易集散地。

永裕竹业在浙江、福建、云南等地构建了资源性基地，竹地板、竹家具、竹饰材三大系列成为企业发展的核心支柱。

安吉竹博园是集竹文化、竹工艺于一体的中国竹子博物馆和亚洲规模最大的竹种园的完美结合。

(5) 安吉竹产业强势攻占省外市场

近年来，安吉县大力实施兴林富民战略，扎实推进15万亩毛竹现代科技园区、15万亩速丰林、山区林区间道路、万亩良种基地"四大工程"建设步伐，为林农增收创造了有利条件。

通过大力扶持林业龙头企业，鼓励竹产业向科技要效益，不断提升资源利用的附加值。安吉县有60多家企业在省外建立了竹资源加工基地，拥有竹制品企业1800余家，形成了7家亿元企业。

经过数年发展，该县已形成竹地板、竹工艺、竹家具以及竹材生化深度加工的较完善的产业体系。

(6) 网络营销为安吉竹业发展注入活力

作为竹纤维系列产品销售企业，浙江安吉天下竹业成立伊始就大胆地尝试网上营销模式。据了解，2013年，公司总业务的50%来自网上营销。点开该公司网站，发现网页不仅可以了解到公司的详细情况，还可以通过在线交流下订单，通过支付宝付款。

在安吉，像喻元平一样尝到电子商务甜头的企业不在少数。据了解，安吉有大小竹产品系列厂家2000多家，其中六成企业建立了自己的网站，并通过阿里巴巴、百度、搜狗等网络平台发送企业及产品信息，以便于国内外客户在第一时间了解和咨询。

近年来，春水、欣远、永裕、雅风、茂丰等竹产业龙头企业都成功实现网上营销。这些企业很好地利用了网络工具，把企业的销售形式与网络平台充分地结合在一起，实现了快速宣传企业形象、传递产品信息等多种效果。浙江春水地板有限公司是安吉最早成功运用网上营销的企业。据公司销售部负责人介绍，公司在1999年就开始探索电子商务，经过8年实践，目前公司80%的业务量通过网上营销，几乎所有国外业务都通过网上进行。

2018年，京东、阿里巴巴两大电商巨头瞄准安吉竹产业，京东·安吉竹产业招商会、阿里巴巴1688商人节直播活动同时开展，吸引了130多家本地品牌竹企参与。通过这样的活动能够进一步拓展企业销售渠道，助力竹产业做大做强。

网络科技的利用改变了安吉竹产业传统的销售模式，实现了跨空间、跨地域的新营销形式。目前安吉竹产业近30亿元产值通过网上营销实现，可见网上营销对整个产业发展体现出的贡献率。

业内人士分析认为，安吉竹产品营销模式的"升级"为安吉竹产业的发展注入了新鲜活力，拓展了企业的发展空间。

15.2.2 安吉推进竹产业循环利用发展的措施

（1）围绕高效再生目标，建设竹资源保障体系

1）实施定向培育，扩大资源总量。充分发挥该县纬度适中的区域优势，因地制宜开展竹林分类经营与定向培育。对坡度在15度以下、立地条件良好的山林，实施毛竹笋用林经营；对坡度在25度以上、经营困难地类，实施笋竹丰产林经营；对坡度平缓、立地条件中下地类，实施材用竹丰产林经营；其他地类实施生态公益林经营。

2）强化技术管理，提高资源质量。围绕竹业经营发展技术性障碍，攻克一批竹林培育关键技术和共性技术，实现技术和社会生产力的跨越式发展。率先在全省建立毛竹现代示范园区，加强竹林高效经营测土施肥和配方施肥技术、竹林水分管理技术和节水定量调控技术、毛竹三笋产品构成调控技术、竹林生态经营技术等试验研究，实现产品质量和最佳效益组合；开展以竹笋病虫害为重点的综合治理与调控防治技术示范和推广，建立社会化服务监督体系；严格实施毛竹采伐"留四砍六"制度，确保加工毛竹的韧度和质地。

3）拓展生产空间，关注资源安全。实施县内资源有序开发，加大外引原竹和建设基地的力度，保障资源的再生循环。同时，充分依托丰富的竹种资源，筹建全国濒危珍稀竹种资源保护中心基因库，以万亩竹子良种基地为产业化基地，大力发展具有较高观赏价值的竹子种苗产业。

（2）围绕物尽其用目标，建设竹产业加工体系

安吉从一根翠竹到形成一方产业，与竹子综合利用密不可分。竹根做根雕，竹竿制地板、凉席，竹梢编工艺品，竹叶提取生物保健药品中间体，竹叶竹粉育肥，一根竹子从竹根、竹竿、竹叶甚至到竹粉末均被有效地利用起来。据初步测算，一根翠竹的原始价值为15元，经过加工附加值高达60多元，充分实现了高效和可循环。

1）实施生化利用，致力产品升级换代。紧紧围绕高附加值和能占领市场制高点的新产品，突出"借脑"搞研发的思路，大力引进一些科研单位和高新技术项目，不断提高产品质量档次，缩短产品开发周期，促进产品升级换代，竹产品从单纯的物理应用拓展到物理化学并举。由传统竹凉席逐步向具有广阔市场的竹帘、竹毯、竹垫转型；由竹地板逐步向竹炭、竹纤维转移，其中竹纤维获重大突破，成为继棉、麻、毛、丝后可供利用的第五大天然纤维；由固态利用逐步向液态利用转变，先后研发成功了竹啤、竹醋、竹饮料等产品，其中，安吉圣氏生物制品公司与浙江大学合作研发的竹叶抗氧化剂已通过中国轻工联合会主持的国家鉴定，并已作为食品添加剂新品种列入国标。双文公司消化和吸收国内外先进的竹业开发技术，年产竹炭产品400吨，提取竹油500吨，并以竹油为原料，向生特化工和生物制药行业迈进。已形成竹凉席、竹窗帘、竹胶板等六大系列1000余个品种，年加工产值近30亿元，出口创汇1.5亿美元，产品远销东南亚、欧美等20多个国家和地区，年加工值居全国十大竹乡榜首。

2）实施全竹利用，提高竹废料利用率。随着安吉竹加工业的迅猛发展，每年产生竹节、竹屑等加工废料高达20万吨。为提高附加值，减少环境污染，该县加大了竹废料的开发利用，将上一车间产生的废料作为下一车间的原料，相继研制出竹屑板、重组竹胶合板等变废为宝的新产品，所有加工废料就地解决，既减轻了环境压力，又增加了竹产业收入。据统计，安吉各类竹废料利用企业40余家，年产值超亿元，年创利税千万元以上，常年从事竹废料加工利用人员达1500余人，废料利用率将近100%，促进了安吉竹产业高效可循环发展。

3）实施外向利用，构建大开放型格局。近年来，安吉已经从一个毛竹输出大县转变为毛竹进口大县，年消耗毛竹5000余万株，为县内可供量的一倍。针对当地竹资源短缺而全国产竹区竹资源富足现象，安吉积极鼓励加工企业利用外地原料、能源等基本要素优势，结合该县先进的竹资源培育、加工技术优势，通过建原料基地和新建竹木加工企业，实现安吉竹产业的外向扩张。据统计，该县到外省承包原料基地约22万亩，创办竹加工企业200多家，产值超5亿元，解决当地3万余人的就业问题，不仅有效缓解了本县资源瓶颈，还推动了当地毛竹资源的高效栽培和利用。

（3）围绕多元化发展目标，建设竹文化经营体系

1）延伸竹产业链，发展竹乡特色旅游。以资源为基础，统筹科学规划，大力发展竹子第三产业，实现产业效益多元化。1996年经国家林业部批准成立了占地180平方公里的以竹子为特色的安吉竹乡国家森林公园，先后建设了龙王山黄浦源景区、竹子博览园、中国竹子博物馆、中国大竹海、灵峰山森林公园等景区，建设和完善了一批旅游项目和服务设施。中国竹博园被国家旅游局评为湖州市最早的一家国家AAAA级旅游景区（点）。

2）发挥文化功能，建设生态影视基地。在"中国大竹海"成功拍摄奥斯卡获奖影片《卧虎藏龙》后，该县以此为契机，积极包装和推销这一特殊产品，先后吸引了电视连续剧《像雾像雨又像风》《阳光下的罪恶》以及香港、台湾影星到此拍摄影片和广告。2004年，该县又与央视6套电影频道联合，成功举办了"中国电影百年经典"文艺晚会，并被授予"全国生态影视拍摄基地"称号，成为电影频道生态影视定点取景地。最近，由中国著名导演冯小刚执导的影片《夜宴》以及黄健中导演的电影《越王勾践》等即将在该县开拍，随着影片的开拍、开映，安吉的生态文化元素将在更大范围、更宽领域、更深层次得到进一步传播。

3）突出对外交流，全力打造中国"竹都"。争取中央有关部委支持，联合制定竹工机械国家标准，在目前竹工机械产品占据全国同类市场90%的基础上，积极拓展国际市场，打造全球竹工机械先进制造业基地；投入10亿元建成占地面积500亩的大型竹商贸城，为全国竹制品企业提供一个集产品展示、商品贸易、信息交流等功能于一体的窗口，力争把安吉建设成国内规模最大、质量一流、品种齐全的竹商贸中心；投资5420万元进行新竹博园改造工程，规划总面积2.555平方公里，分世界竹史、竹种荟萃、竹文化史、竹子科

技栽培等6大区域，建设竹文化集中区；加快科技创新，总投资2亿元建立国家级竹产业中心，加快数控技术在竹加工中的应用，构筑孝丰竹循环经济产业园，建设全国竹子高新技术研发中心、加工制造中心、物流中心和全国竹制品标准认定中心，着力推进竹产业提档升级，进一步扩大领先优势，确保该县竹业经济发展继续走在前列。

2018年全县竹产业总产值达225亿元，从业人员近5万人，竹产品涉及竹装饰材料、竹日用品等八大系列3000余个品种。"竹林+体验""竹林+康养""竹文化创意+旅游"等新业态不断呈现，事实充分印证了"绿水青山就是金山银山"理念。

15.3 浙江杭州市竹业

15.3.1 杭州竹产业发展概况

杭州市以农业和农村现代化建设为中心，立足区位资源优势，开拓创新，积极探索，使杭州市的竹林资源呈现良好的发展态势。拥有竹种12属60多种（包括变种），分布广泛，集中连片，具有资源管理、开发利用方便等特点。竹林面积241万亩，新造竹林20多万亩。占全省竹林总面积的1/5，其中：毛竹林155万亩，占64%，杂竹中的雷竹、早竹、高节竹等质优价高的食用笋竹面积6.5万亩。从县（市）分布看，以临安区最多，竹林面积99万亩，以雷竹为主的菜竹笋面积近50万亩，在全省竹林面积超30万亩的11个县（市）中排第二位，仅次于安吉县。其次是富阳和余杭，竹林面积分别为46万亩和35万亩。

15.3.2 杭州竹产业发展的三大特点

（1）政策驱动得力，竹林培育普遍加强

2013年，为了加快竹产业的跨越式发展，各地纷纷出台扶持政策，提高林农的积极性。临安"一三五"发展规划，编制了毛竹产业化10亿元工程项目与菜竹和笋干竹产业化8亿元工程项目。政府每年安排100万元专项资金用于扶持毛竹产业发展，对毛竹新造林，连片10亩以上，每亩补助80元，对毛竹低改，连片20亩以上，每亩补助50元。余杭区出台了专门的竹产业政策，每年投入400万元以上财政资金扶持发展。并通过科技推广、园区建设和提高农民组织化程度等措施，大力培育竹林资源，扩大竹业加工，发展产品贸易和竹业旅游，走出了一条"山上建基地、山下搞加工、山外拓市场"的产业化发展道路。淳安县对一般毛竹造林实行每亩 200 元的补助，国债中的毛竹造林实行每亩 300 元的补助，极大地激发了人们毛竹造林的积极性，当年毛竹造林发展到 6000 多亩，是上一年的 10 倍。

据调查，杭州市现有竹林每亩年产值不到 400 元，绝大部分为中低产竹林，部分毛竹专业户、示范户通过培育管理，年亩产可达 1000 多元。针对这一情况，以竹产业基地开发为抓手，高科技投入，集中连片、规模经营，通过基地的辐射作用带动周边竹农，促使竹林质量、产量不断提高。全市现已建立竹林基地 97 万亩，其中毛竹 40 万亩，经济效益成倍增长。富阳 6.7 万亩笋材两用林丰产林基地平均每亩增收竹笋 175 公斤，竹材 700 公斤，产值可由 300 元增至 800 元以上。2000 亩丰产示范林增加到 1500 元，最高可达 2200 元，经济效益十分可观。临安 21 万亩笋干竹基地，年产天目笋干 5300 多吨，产值 5000 多万元。千洪乡乌浪村农民张泽斌 1.6 亩雷竹园收入 6.7 万元，成为继太湖源镇夏村朱有荣 1.5 亩雷竹收入 8.2 万元之后又一高效竹业经营典型。

（2）特色优势明显，"龙头"初具规模

得天独厚的竹类资源优势和先进的加工技术，使杭州市的竹产业特色优势在全省乃至全国都很突出。临安、余杭两市集中了全省 60%~70% 的雷竹、早竹，面积达到 30 多万亩。临安 1996 年被命名为"中国竹子之乡"，2006 年再次获"中国竹子之乡"称号，高效食用笋竹优势明显，其中雷竹笋以出笋最早、笋期最长、产量最高、效益最好、见效快、品质优等优点，而被誉为"江南第一笋"，2006 年产雷竹笋 16 万吨，形成雷竹种植业产值 5.6 亿元，现已成为该市农村经济的支柱产业。太湖源镇省万亩特色优势无公害竹笋基地示范作用显著，雷竹笋早出高效技术从 1995 年至 2006 年累计推广雷竹早出覆盖面积 41.7 万亩，累计增加产值 25.7 亿元。余杭区中泰乡是我国苦竹的重点产区，现有苦竹 3.1 万亩，各地竹笛制造业原料均源于此，2002 年建立首个苦竹种质资源基因库，成为苦竹业科研、教育、生产和选育良种国内唯一综合服务基地。富阳竹纸"元书""纸""赤亭纸"北宋年间就被誉为三大名纸，享有造纸之乡的美誉。

随着杭州笋制品龙头企业和竹材加工龙头企业的不断壮大，带动能力不断加强。如杭州大庄地板有限公司是我国最早从事竹装饰板材和竹家具板材的生产企业。以其丰富的产品品种、专业的竹产品开发能力，始终引领着竹板材这个新兴的行业不断向前发展。临安毛竹水煮笋年加工277万罐（5.04万吨），出口39090吨，出口交货值25292万元，已成为全国水煮笋加工中心。天目笋干加工5300吨，是天目笋干的生产、加工、销售集散中心。省级龙头企业松友、康鑫、郭氏、西马克等先后进行了HACCP国际质量认证，走在全国前列。其中，浙江松友食品有限公司是全国最大的水煮笋加工企业，年加工170万罐，产值1.5亿元，占全国的15%。杭州市竹笋名牌优质产品也不断涌现，各类竹制品参加展销会先后获得近60个金、银奖。如：余杭的笋干皇、临安的天目笋干、山珍玉笋、富阳的力达竹制品等。特别是康鑫食品研发的水煮软包装香米笋系列备受日本市场的青睐。余杭区建成彭公竹器市场和杭州竹城两个专业市场，吸引了来自本省和福建、江西等地的400余个经营户进场交易，年交易额4.7亿元，增值达1.93亿元，窗帘、工艺品、水煮笋等产品还远销美国、日本、韩国和欧洲等20个国家与地区，年出口创汇3000万美元。

（3）重视科技支撑，产销两旺

在竹林生产和加工中，杭州市高度重视适用科技的推广应用和竹产品标准化建设，以各大专院校和科研院所为依托，完成许多重大科研与推广项目，先后研发了竹醋液系列产品、竹炭、竹地板系列及刨切微薄竹新工艺，为竹林综合利用、提高附加值打开广阔前景。临安在竹子科研、推广中取得15项科技成果，其中获部级、省级奖9项，为竹产业开发研究提供了技术保障。各竹笋加工企业自主研发积极性较高，根据市场需求，先后开发了新产品"馅用笋干粒""汤用笋干末""炒用笋干片"及天目笋干休闲食品系列，有机笋等，市场前景广阔。杭州康鑫食品有限公司与浙江农林大学合作开发香米笋，出口日本，1吨可增加收入4000元。临安亚西克公司经过数十次的加工研制，开发了新产品"手剥笋"，促使该市手剥笋加工企业增加到23家，加工量74.8万箱，产值5236万元，仅此一项，农民增收500多万元。天目山绿色食品有限公司，在竹笋中提炼开发出新产品"笋干精"，已申报国家发明专利。余杭区近年来在竹产品研发上也取得突破性进展，先后开发了多功能编织机、软帘编织机、CAD电脑设计提花等技术和竹条席、空调席、提花窗帘等新产品，推动了技术引进和产品开发。每年需要从外省市进购竹材1000万株以上，已经由昔日的竹材销售大县，变成了今天的竹材采购大区、加工大区。全市先后制订了5个省级标准、1个市级标准和7个县级标准，并积极开展无公害农产品（基地）与绿色农产品（基地）的认定工作。

近年来，杭州市的竹笋制品备受国内外市场青睐。国内市场，不仅巩固了上海、嘉兴主要销售点，打进各大超市，还进一步拓展了江苏、无锡、南京甚至北京、新疆等北方市场。国际市场也从日本和中国香港、中国澳门、中国台湾地区逐步扩大到东南亚、欧洲和北美地区等30多个国家与地区，销售形势一片大好，即使是在减产的情况下也保持产值上升。大庄地板等龙头企业纷纷创建门户网站，打造企业文化，展示优质产品，不断发展壮大营销体系。同时还涌现出一大批竹笋销售大户，临安的贩销大户乐建华每年贩销竹笋900多吨，销售产值达600多万元。

(4) 杭州竹产业经营效益分析

作为杭州都市农业六大优势产业之一的竹产业，既有竹种资源的品质优势，基地生产的产品优势，企业加工的商品优势，也有种源分布的区域优势、科学经营的技术优势和市场贸易的营销优势，特别是近年来，以鲜笋、笋制品、竹胶板、竹工艺品为主的竹类产品，在国内外市场上长期保持畅销势头，而历来被美食家们列为"素食第一品"的竹笋更是受到广大消费者的青睐，为杭州市的竹产业发展提供了广阔的前景。

杭州现有竹类加工企业648家，内销产值10.5亿元，外销产值达8000多万美元（主要出口日本）。其中笋类加工企业79家，产值1000万元以上的超过16家；竹材加工企业569家，产值1000万元以上有33家（1家省级、4家市级龙头企业）。加工企业年消耗竹材82万吨，利用外地竹材量51.6万吨，当地原材料已远远无法满足加工生产的需要。

15.3.3 制约杭州竹产业发展的因素

虽然我国竹产业发展势头迅猛，农民种竹积极性高涨，但专家分析认为，竹业产业目前还在病虫害治理、种植经营和市场开发三方面存在着发展瓶颈。

病虫害治理难度大，严重影响竹林产量。最严重的是竹类根腐病，危害根茎部，严重时导致竹子整株枯死，且蔓延传播速度较快，影响到竹林基地的建设质量和效益。

竹林种植品种单一，过于强调高产高效。一些地方在种植管理竹林过程中存在不少问题，如竹林纯林化加剧，生物多样性减少，竹林结构被破坏，利用环境资源水平下降，不利于实现竹林的可持续经营等。

浙江虽然竹林经营水平较高，农户的技术基础好，但大部分竹林经营过分强调高产高效，长期大面积、高强度集约经营引发的竹林水土流失、地力下降等问题，威胁着竹林生态系统的完整性和稳定性。

竹材加工生产效率低，市场开发滞后。据有关专家介绍，由于竹材的特殊结构，竹材加工的一些工序或产品还难以摆脱手工劳动，要实现连续化、自动化困难很多，所以竹材加工业劳动生产效率低。与木材加工业相比，竹材加工整体劳动生产效率较低。

15.3.4 杭州竹产业的发展对策

（1）努力探索产业化发展模式，提高竹林经营水平

在我国，家庭承包经营是农村最基本的经营制度，是各项农村政策的基石，不可能走西方国家靠扩大土地经营规模实现农业现代化的路子。由龙头企业和专业合作经济组织与千家万户建立多种形式的联合与合作，可以在不改变家庭承包经营的情况下，使分散经营的小农户组合成农业生产联合体和大规模的生产基地。这就开辟了在小规模家庭经营基础上，有效吸纳先进生产要素，提高整体规模效益的新途径。杭州市的竹业发展要以竹林基地建设为抓手，以机制创新推进山林的合理流转，使生产要素合理流动和优化组合，积极探索"龙头企业＋特色基地＋农户"的新路子，采取订单农户等方式，形成"政府调控市场、市场引导企业、企业带动农户"的结构调整新机制。同时加强政策引导，在低产林改造上做文章，针对林地分散经营、林农无力改造及基础公共设施难以建设等现状，政府出台以奖代补的扶持政策，通过规范化标准化的建设，积极推广丰产栽培、无公害栽培、有机栽培等新技术，加大对竹林基地的道路、灌溉等基础设施投入，让林农直接受益，并引导林农自觉参与到低产林改造中，提高竹林的集约经营水平，完成产业提升。

（2）抢抓机遇，扶强扶大龙头企业

按照"扶强、扶大、扶优"的原则，加大扶持力度，逐步完善"公司＋基地＋农户"的经营模式，重点培育和发展一批产供销一体化的竹业龙头企业。一是积极引导龙头企业增资扩产。通过完善企业经营机制，狠抓产品质量管理，实行标准化生产，提升产品质量档次，积极引导和鼓励农业龙头企业增资扩产。有条件的龙头企业要组建自己的研发机构，逐步成为有自主知识产权、创新能力强的现代化企业或集团。二是着力培植新的龙头企业。把生产规模较大、科技含量较高、产品具有市场竞争优势、经济效益和发展潜力较好、带动能力较强的竹业加工企业纳为培育对象，切实加以扶持。正确引导产业资产重组，实现区域性联合，形成规模效应和品牌效应。三是强化竹业龙头企业

的带动作用。龙头企业要为乡镇企业或个私企业提供发展空间,让其承担一些技术难度要求低的中间产品或半成品,带动中小型企业共同发展。要大力发展订单农业,逐步规范龙头企业与农户的产销合同,坚持企业和农户自愿互利的原则,形成比较稳定的产品购销关系和利益共同体。

(3) 建立产业经济合作组织,健全服务体系

行业内部的无序竞争严重危害产业发展,当务之急是要充分发挥各地行业协会的作用,强化行业管理和监督。杭州市要参照国外的先进模式,竹产业协会以企业为依托,按照市场化方式进行运作,为竹产业发展提供产前信息服务、产中技术服务、产后销售服务。通过协会实行行业自律,加强各企业间的联系和交流,增强企业凝聚力,共同开发国内外市场,提高企业的市场竞争力和占有率。以帮助竹农、竹子加工企业拓宽产品销售渠道,引导发展壮大竹子产业,以扶持引导竹行业为出发点,发挥桥梁作用,维护会员的合法权益,使竹行业有序进入市场,力求形成良好的竞争环境和双赢局面。同时还要完善运销服务体系,在现有的基础上构筑由外贸企业、竹加工企业、营销大户、自产自销户组织的竹业运销网络,进一步拓展竹笋市场,活跃市场成交。

(4) 开发新产品,积极培育新品牌

竹子浑身都是宝,竹叶、竹梢、竹壳、竹浦头都有较高的利用价值,可广泛开发成各类产品,市场前景广阔。杭州市的竹业生产要在巩固现有支柱产品的基础上,进行竹材防腐、胶黏剂制造等生产技术的改进,开拓竹材集成材、竹炭、竹醋液新用途,不断向工业化利用、精深加工、全竹利用和高附加值方向发展。产品生产系列化、资源利用合理化,市场才有竞争力。因此,竹材加工要走系列开发的路子,如原竹利用,可根据加工产品对原竹规格的要求,通过合理造材,提高资源利用率,这样竹青、竹黄、竹梢等都可物尽其用。选准和创造名牌产品,大力实施品牌战略,应用新技术、新方法、新工艺,努力开拓新产品,重点开发竹纤维、竹叶黄酮深加工等产品,缩短产品更新换代周期,创立名牌精品,提升产品档次,增强市场竞争力。同时要注意挖掘竹文化,大力开发生态旅游业,发挥竹子的景观效益。

(5) 强化标准化建设,做好国际接轨

继续培育和建设无公害竹产品生产基地,制定和完善竹类地方标准,加快竹产品的商标注册、绿色食品、无公害生产标准化建设。对产品的生产、加工、包装、运输、销售和卫生检疫等进行严格的标准化管理,尽快建立产品可

追溯制度。要推行绿色标志、普及绿色包装，依靠科技的介入，推行"公司＋农户＋科研院所"的模式，实现产业化升级。进一步加强和完善县、乡、村三级技术推广网络，大力推广应用各项实用技术，全面实施标准化栽培，无公害栽培，使产品达到优质、安全、高效。同时，要努力建立与国际标准相适应的地方标准体系，切实加强国际标准认证工作，积极鼓励有条件的龙头企业率先参加ISO9000质量认证、ISO14000环境认证及森林认证，以取得进入国际市场的资格和国外消费者的信任。

15.4 浙江丽水市竹业

15.4.1 丽水市竹产业发展综述

丽水拥有竹林面积超过180万亩，是全省毛竹的主产区。近年来，竹产业发展迅猛，已发展成为丽水市重要的区域支柱产业，2017年，丽水市实现林业行业总产值534亿元，其中，竹木产业总产值168亿元。同时，毛竹产业区域特色明显，在高效竹林培育技术及参与式推广方式上，以及在竹筷、竹炭、竹醋液、竹胶板、竹纤维等方面都处于全国领先地位，标志着该市已成为全国新兴的先进竹产区。其中，庆元年加工竹筷13亿双，占全国1/3市场份额；龙泉的20多条竹胶板加工生产线，规模位居全国前列；"竹炭之乡"遂昌将传统的竹业物理加工转向化学加工，研发出竹炭保健日用品、竹炭茶、竹炭饲料等新型产品，其技术为全球领先。

15.4.2 科技推动丽水市竹产业发展

以现代科技园区为载体开展的科技创新、技术推广、社会化组织、品牌创建、市场培育五大体系建设，为"十三五"竹产业迅猛发展起到了助推作用。以三仁、妙高、北界、新路湾四镇乡的毛竹现代科技园区为中心，辐射面积达3万余亩；竹笋无公害标准化推广实施示范项目通过了省级验收，并得到了推广实施；建立了10余个竹林生态高效经营示范基地，150多户科技示范户示范作用明显；获得了"浙江省效益林业十大示范基地""中国竹炭之乡"等荣誉称号；培育出了"小忠龙藏""文照牌""名康牌""徐福牌""明康牌"等竹笋、竹炭制品名牌产品；尤其是竹炭产品远销欧美、日本、韩国等地，遂昌县已成为国内最大的竹炭制品生产出口基地。

15.4.3 丽水市加快竹产业发展的鼓励政策

竹产业是丽水市传统产业之一，具有资源优势明显、发展快、后劲足、潜力大等特点，在丽水市经济社会发展中具有重要的战略地位。为进一步提升竹产业发展水平，促进丽水市林业增效、林农增收、农村发展，加快社会主义新农村建设，现结合丽水市实际，提出如下意见：

（1）指导思想和发展目标

1）指导思想。以科学发展观为指导，以市场为导向、科技为依托、创新为动力，形成高效竹业循环经济发展模式。通过生产要素的重组增加效益，提高竹产业的专业化、集约化、企业化水平，走农工贸一体、产加销一条龙的产业化之路。

2）发展目标。以竹产业"倍增工程"为载体，通过投入的倍增，实现规模和效益的倍增，进一步巩固竹产业在丽水市的农业主导产业和区域支柱产业的地位，巩固和提高丽水作为全国先进竹产区的地位，力争走在前列。通过残次林改造、扩鞭诱导，扩大竹林面积，竹林面积达到180万亩，立竹量达到25000万株，年产竹材2800万根，一产产值达到7亿元；竹业加工以竹材现代物理、化学和生物利用为重点，重在提高产品质量和科技含量，提升装备水平和新产品开发能力，提高资源利用率，争创名牌，做大规模。到2010年形成竹人造板系列、竹炭制品系列、竹醋液制品系列、竹日用品系列、竹纤维、竹笋制品等几大产品系列；培育年产值亿元以上企业3~5家，5000万元以上企业10家，500万元以上企业100家，年加工利用竹材4000万根，加工竹笋5万吨，二产产值达到23亿元，竹业总产值达到30亿元。

（2）主要任务与措施

1）加大资金补助力度。市、县（市、区）两级财政要安排一定的资金扶持竹产业发展，发挥财政资金的导向作用，带动竹产业经营主体的投入，夯实整个竹产业的基础。市竹产业财政扶持资金主要用于下述相关内容的补助和奖励。

2）扶持竹林设施建设。对新建宽度3米以上的竹林机耕路，且每公里受益竹林面积达到500亩，符合道路建设标准的，每公里补助3000~5000元；对新建宽度1.5米以上的竹林便道，每公里补助500元；对新建10立方米以上的灌溉水池，每立方米补助100元。

3）加强笋竹林基地建设。对笋竹林基地建设实行以奖代补，对作出贡献的部门、企业、培育大户和科技人员给予奖励。

4）鼓励标准化生产。对具有一定规模、科技含量高、组织管理规范、示范带动作用强的竹产品生产、加工基地的标准化项目,凡通过市里验收的,市财政给予补助。市政府重点扶持规模1000亩以上,示范带动作用强的笋竹林基地。

5) 加强质量安全保障。强化竹产品质量源头管理,加强竹产品生产环境和质量检验检测。鼓励企业和专业合作组织开展森林食品、无公害食品、绿色食品、有机食品等认证工作。对新通过有机绿色(森林)食品基地认证的,市财政按每亩2~3元的标准实行以奖代补。

6) 鼓励发展龙头企业。对新获批省级以上林业龙头企业称号的竹业龙头企业、专业合作社和交易市场,在国家与省级奖励基础上,每家再奖励3万~5万元(对已获得农业龙头企业奖励的不重复享受);对新获批市级林业龙头企业称号的竹业龙头企业、专业合作社和交易市场,给予一定补助。优先解决竹业龙头企业建设用地。积极创造条件建立竹产品加工功能区,享受更优惠的招商引资政策。

7) 提高组织化程度。采取"民办、公助"方式,对竹产业行业协会、专业合作组织给予必要的扶持。政府委托行业协会承担有关行业管理职能的,给予相应的物质和经费保障。政府要求行业协会提供服务,按"费随事转"原则,通过购买服务的方式进行。开展竹产业规范化农民专业合作社建设,引导其规范组建,规范运作,加快发展,并评选一批示范性专业合作社。市本级对新认定的省、市级示范专业合作社分别给予奖励。

8) 加强市场体系建设。鼓励竹业龙头企业、竹业专业合作社、竹产品营销户到市外创办营销窗口。对新设立营销店一年以上,且营销产品500万元以上的,按每年租费的一定比例给予补助1~3年,其在省级主要媒体开展广告宣传的,给予适当补助。对产品进入大型连锁超市的,给予一定加盟费补助。

9) 实施品牌战略。按照打造"全国新兴先进竹产区"的丽水竹业品牌形象要求,积极开展竹产业整体形象包装宣传,组织主要优势竹产品的推介活动,进一步提高丽水竹产业和竹产品的知名度和影响力。鼓励企业、专业合作组织等经营主体争创名牌,做好品牌的保持、保护及发展工作。

10) 支持科技成果转化。市、县(市、区)科技三项经费要增加竹业科技成果转化项目的比重,由科技与竹业主管部门共同采用招投标等方式,每年选择若干科技攻关项目,配套安排相应科技经费。

11) 加强科技队伍建设。积极引进和培养竹产业专业技术人才。加强对基层林技人员和资源培育大户的技术技能培训。鼓励科研院所、林技推广部门的技术人员以技术入股、技术承包、租赁经营等方式直接参与竹产业发展。

12）支持竹业科技创新。对本地开发的笋竹新产品，通过省级鉴定并投产的，给予一定的奖励。建设科技创新服务平台。市竹产业科技创新服务平台优先获得相关科技项目的组织实施权，加强笋竹生产、加工利用的科技攻关和技术推广服务，提高竹林经营水平和效益，延伸笋竹加工产业链，增加产品附加值和科技含量。

（3）切实加强组织领导和财政扶持力度

各地要进一步加强竹产业工作的领导，将其作为推进现代林业（农业）建设、促进农民增收的大事切实抓好。要建立健全以政府扶持为导向、农民和农业生产经营组织投资为主体，引导利用社会资金和银行信贷的多元化投入机制。市政府每年安排竹产业发展专项扶持资金，主要用于基地建设、新技术推广、质量推进、品牌创建、市场开拓、产业人才培训等。项目资金实行申报、审批和验收制度，确保资金的科学合理使用。有关竹产业项目的申报、审批和验收办法由主管部门另行制定。各县（市、区）要设置专门机构和专职人员开展工作，并安排专项资金扶持竹产业发展。对获得市里扶持的项目，县（市、区）要给予不低于市级标准的配套。各有关部门要按照服务"三农"的要求，形成合力加快竹产业发展的氛围。市林业局作为主管部门要切实履行好竹产业发展的规划指导、技术服务等职责。工商、技术监督等职能部门要严格市场准入，加强市场监管、标准鉴定、品牌保护工作，维护市场秩序。

15.5 浙江龙泉市竹业

15.5.1 龙泉市竹产业发展状况

龙泉市土地总面积455.8万亩，林业用地380余万亩，其中有竹林面积55多万亩，居全省第二位。竹子生长周期短，投资见效快，竹林资源是龙泉市的重要优势资源之一。发展竹产业，不仅有利于龙泉市的农村产业结构的调整，增强经济实力，增加农民的收入，同时还能解决农村富余劳动力的就业，保护和改善生态环境。发展竹产业是一项具有经济、社会、生态等多种效益的伟大工程。

龙泉市拥有毛竹林超过55万亩，立竹量6300余万株，列全省第二位，是浙江省重点竹产区。2010年6月，"龙泉市竹产业提升工程"再次被列为国家级科技富民强县专项行动计划项目。龙泉市委、市政府高度重视，将该项工作作为促进地方经济发展，培育、壮大区域特色产业，科技支撑产业和富民强市的大事来抓，认真组织，精心实施，明确责任，强力推进，取得了显著成效，全市竹产业实现产值14.62亿元，比2008年增长45.9%，农民人均增收743元，地方财政收入达到5300万元，较2008年增长30%，新增就业2400余人。竹木加工产业是龙泉市"十三五"百亿元培育产业，具有较长的发展历史，产业链覆盖了原材料供应、研发设计、定牌加工、销售等环节，产品远销欧美、澳大利亚、日本等57个国家和地区。

15.5.2　龙泉"竹产业倍增"计划成效凸显

（1）"竹产业倍增"计划

"竹产业倍增"计划围绕3个方面进行建设：以示范乡镇、村建设为抓手，通过测土配方施肥等三大关键技术推广、竹林机耕路建设等关键问题突破，实施低产低效竹林综合提升，全面提高竹林经营水平和经营效益；以培育壮大规模企业、依靠科技实施产品结构调整和延伸产业链为重点，实现笋竹加工产业升级；以农民专业合作社为突破口，提高生产组织化程度和标准化生产水平，积极拓展第三产业的发展。力争经过三年努力，竹业产值从现在的5亿元提高到10亿元，农民人均收入增长30%以上，实现竹产业快速、持续发展。

竹业发展已从数量扩大型向质量提高型转变，技术竞争已成为产业发展的关键。龙泉市委、市政府高度重视竹业科技和技术支持平台的建设，积极与省内外研究院所、高校开展技术合作。与浙江农林大学进行全面科技合作，共建了浙江农林大学龙泉市竹木产业科技创新服务平台，并引进竹类专家金爱武教授为龙泉市长助理，直接参与和指导全市竹产业建设工作，使龙泉竹业发展得到了科技人才、技术条件的全面支持。

（2）全面提升竹林培育经营水平和效益

龙泉市树立"政府引导、农民主体"观念，通过示范建设，重点突破，全面推进。示范网络体系建设的具体做法为，在示范乡镇建立若干个示范村，在示范村中发展若干个示范户，通过这些示范户建立的若干个示范点形成示范基地或示范片，再由这些示范基地或示范片形成更大的示范园区，最后经这些乡镇、村、户和园区、基地、点向周边扩散和辐射，带动全市竹林培育的全面发展。已建设示范乡镇7个，示范村18个，示范户300余户。

龙泉市的毛竹林经营效益一直处于较低水平，直接影响到竹农对竹林培育的积极性。为此，在竹林培育中重点开展以竹林机耕路为重点的基础设施建设，通过改变生产条件，降低生产成本，提高竹林经营水平和效益。在建设过程中龙泉市政府出台了相关政策，以政府与竹农投入1:1的方式给予扶持。例如上洋镇中村，2006年新建竹林机耕路5公里，带动了2000亩竹林低改，当年竹农仅竹材一项就节支增收24万元，而竹林机耕路投入仅13万元，竹林机耕路成为中村农民心中的"致富路"。经调查，每公里竹林机耕路受益竹林可达300~500亩，可为林农节约生产投入1.5万~3.7万元。

（3）创新性开展竹产业"万人科技培训"活动

龙泉市委托浙江农林大学对农民技术需求、推广方式进行阶段性评估，及时了解和掌握技术推广效果，并通过信息反馈，深化技术推广机制建设。注重时效，按生产季节组织进行培训。采用文字、图册、音像等多种形式开展培训，先后制作了"龙泉市毛竹丰产高效培育示意图"、"龙泉市竹林丰产高效培育技术系列"VCD、"龙泉市竹林丰产高效培育指南"等资料，发放到竹农手中，成为他们学习和指导生产的"宝典"。从市到乡镇、村，建立了三级培训网络，市级以竹类专家为主，重点是对新技术的发展和如何将理论研究转化为实用技术；乡镇一级主要由生产第一线的技术人员组成，主要从事技术推广和向竹农宣传产业发展政策以及指导竹农生产；村一级主要由示范户组成，他们用自己的生产实践告诉竹农丰产技术的成效。

农村专业合作社是提高农业生产组织化程度、传播新技术和联结市场的有效载体。龙泉多以示范园区和基地为载体，加快农民组织化建设，建立起农民专业合作社、专业合作经济组织、协会等多种形式的农民合作组织，使农户按农业生产标准、技术规程组织生产，提高农产品质量水平和市场竞争力。

（4）竹产业要实现跨越式发展，关键在于加工产业的腾飞

龙泉市主要从以下三个方面采取措施，提升笋竹精深加工能力，实现产业升级。

1）培育壮大规模企业。市委、市政府出台相关政策，采取"抓小放大"的产业发展策略，对一些生产规模小的企业进行规范化管理，对规模企业给予优惠政策，鼓励规模企业进行技改和企业间重组，促进规模企业发展，扶植龙头企业。

2）促进产品结构调整。目前龙泉市笋、竹加工产品主要为水煮笋、竹胶板、竹凉席，产品单一、技术含量低，市场竞争能力弱，一旦出现市场疲软，

产业就出现萎缩，引进和开发新产品特别是高科技含量的新产品，是该市竹产业能持续发展的唯一途径。因此，一方面要对现有产品进行升级换代，如竹胶板从原来低档的建筑模板向覆膜模板和超长超厚的车用底板发展；另一方面要积极引进企业和引进新产品，如竹集成材生产等。

3）延伸笋竹加工产业链。一方面积极引导企业和竹农合作，建立"企业＋基地＋农户"模式，互惠互利，共同培育资源；另一方面鼓励和帮助农民建立为企业从事半成品加工的家庭工厂，形成社会化大生产。

龙泉市已成立竹产业协会、竹胶板产业协会、日用竹制品协会等产业协会，各协会之间相互合作、相互沟通，为行业自律提供了平台，同时也促进了企业间相互交流。充分发挥竹林的生态功能、文化底蕴，带动旅游产业的发展，是竹产业发展的一个新增长点。纵观当今林业发展，竹产业得到广泛重视，"以竹代木"的发展方向日趋显著。龙泉市将坚持"重点突破，点面结合，全面提升"发展战略，"富民、强县、持续、高效"的竹产业必将在浙西南崛起。

15.5.3 龙泉市竹产业发展的扶持政策

龙泉市出台《竹产业发展扶持政策》，为全面实施"以林富民"发展战略，惠及民生，保护生态，加快推进林业产业发展，努力实现林业"双增"目标，推进生态文明，建设美丽龙泉，特制定本政策。

（1）种苗培育

1）林木育苗。对列入林木育苗计划，且利用良田培育常规造林苗木，并按林业部门指导价调拨的，给予补助田租300元/亩，另每生产万株杉木Ⅰ级苗给予补助500元，每生产万株木荷、枫香等阔叶树Ⅰ级苗给予补助500元，每生产万株马尾松Ⅰ级苗给予补助300元。对列入林木育苗计划，用于造林直补试点、长防林造林的当年生产容器Ⅰ级苗万株给予补助1500元。

2）苗木直补。根据各乡镇（街道）年度造林计划，对列入荒山造林和迹地更新（包括采伐迹地、火烧迹地、森林病虫害迹地）造林的山片（项目工程造林除外），在绿化造林季节，造林单位凭林业部门苗木调拨单到指定的苗圃免费提取。林业部门按苗木调拨数量、价格（苗木价格以林业部门市场指导价确定）与育苗单位结算付款。

（2）营造林工程

1）长防林工程建设项目。对采用高1.5米、地径3厘米的绿化苗进行的林网林带造林，给予补助 800 元/亩，其中当年补助 700 元/亩，经第二、第三年抚育，保存率达到 90% 以上的，在第三年补助 100 元/亩。对采用容器苗营造混交林的山地人工造林，给予补助 240 元/亩，其中当年补助 140 元/亩，经第二、第三年抚育，保存率达到 90% 以上的，在第三年补助 100 元/亩。长防林工程造林所需的苗木由林业部门统一调拨。

2）中央财政造林补贴试点。对列入中央财政造林补贴试点计划的迹地人工更新，给予补助 95 元/亩。已享受苗木直补政策的，苗木款从补助费中扣除。

3）森林抚育经营试点。经林业部门规划列入森林抚育经营补贴试点项目，并采用劈抚、割灌、定植等抚育措施，给予补助 95 元/亩；属重点地区并列入省试点，采用间伐抚育、阔叶化改造等抚育措施的，给予补助 190 元/亩。

（3）美丽村庄建设

森林村庄。对列入省级森林村庄建设，经省林业厅验收合格后给予 3 万元的以奖代补资金（含上级补助）。

绿化示范村。对列入丽水市级绿化示范村建设，经丽水市林业局验收合格后给予 1 万元的以奖代补资金（含上级补助）。

"六边三化"绿化。经林业部门规划设计，并采用劈抚、割灌除草、定株抚育等技术措施，在"六边"地区两侧第一道山脊线内实施的，给予补助 95 元/亩；对采用高 1.5 米、地径 3 厘米的绿化苗进行造林的，给予补助 800 元/亩，其中当年补助 700 元/亩，经第二、第三年抚育，保存率达到 90% 以上的，在第三年补助 100 元/亩。

（4）产业培育

竹林培育。推进"双百万科技进园区行动"和"百、千、万"工程建设。对年产值 1 万元/亩以上的毛竹覆盖示范基地，给予补助 2000 元/亩。

木本粮油基地建设。对列入中央财政支持现代农业生产发展资金项目的新建良种油茶、香榧基地，分别给予补助 800 元/亩和 600 元/亩；对推广深挖抚育、科学施肥、修剪补植和病虫害防治等新技术进行油茶低产低效林改造的，给予补助 360 元/亩。

宣传培训。林业主管部门组织的竹木加工企业、林业专业合作社，参加省级及以上森林产品博览会等活动的，按实际参展摊位给予补助 2000 元/位。经林业主管部门确定，对每期培训 50 人以上、时间在半天以上的技术讲座组织单位，给予补助工作经费1000元/期，并给予培训讲师补助200元/人（每期不超过2人）。

（5）产业发展贷款贴息

1）中央林业贷款财政贴息。对林业龙头企业、经济实体、国有和集体林场以及自然保护区，为保护森林资源，进行林业资源开发（包括：种植业、养殖业以及林产品加工业等）和森林生态旅游开发，带动林区经济发展的贷款项目享受贴息优惠政策，贴息资金采取分年据实贴息办法，年贴息率为3%，贴息期限最长为3年。对个人从事的营造林、林业资源开发和林产品加工等贷款项目，在一个贴息年度内累计小于30万元（含30万元）的小额贷款项目享受贴息优惠政策，贴息资金采取分年据实贴息办法，年贴息率为3%，贴息期限最长为5年。

2）省财政林业产业化贴息。为促进现代林业发展，提高林业总体效益，增加农民收入，省财政对市级（含市级）以上林业龙头企业项目单位年度银行贷款1000万元（含）以内的部分给予一年的贴息，以上一年度实际发生的贷款和支付的利息为依据，贷款期限不足12个月的，按实际贷款期限计算贴息，贴息率为3%。

3）林权抵押贷款贴息。对农村经济发展的林业生产性项目（森林资源培育和保护、木本粮油、干果水果、种苗花卉、木材、竹子、茶叶、野生动植物驯养繁殖等生产经营与加工，以及与林业相关的其他经营项目）、农村林业生产设施建设项目、以森林为依托的农家乐等森林休闲产业项目，采用林权抵押贷款的享受省财政贴息优惠政策，按年利率3%给予贴息，贴息期限按贷款实际使用期限计算，一年一贴，最长不超过3年。

15.6　浙江义乌市竹业

15.6.1　义乌市竹产业发展浅析

初步核算，2019年全市实现地区生产总值1421.14亿元，其中，第一产业增加值22.58亿元，第二产业增加值418.03亿元，第三产业增加值980.53亿元，经济指标完成情况全面好于预期。实现出口总额2868亿元，同比增长13.7%；实现跨境电子商务交易额754亿元，增长15.2%。大力推进促消费工作，成立促消费稳增长专班，举办促消费活动417余场，积极推进商业综合体建设，绣湖里商业中心、苏溪之心陆续开业，社会消费稳步增长，全市实现社会消费品零售总额723亿元，增长8%。

(1) 竹园面积稳步增加

义乌市地处金衢盆地外缘，属亚热带季风气候区，雨量充沛，温度适宜，优越的自然环境条件十分适宜竹林的生长。义乌市共有竹林面积5万余亩，其中毛竹林4.5万亩，食用笋竹林0.5万亩。总的来看，竹林产业尚未得到有效开发，普遍存在技术含量偏低和基础设施建设滞后的情况。义乌市竹产业初步形成了一二三产业协调互动，产业规模不断扩大的良好局面，已成为山区农业经济的一大支柱产业和林农脱贫致富的新的增长点。

(2) 竹产品加工稳步发展

为提高毛竹产品的附加值，义乌市大力培育毛竹加工龙头企业。截至目前，全市有毛竹加工企业16家，销售产值3375万元。主要产品有竹筷、竹席、竹地板条、竹家具、竹制工艺品等。位于大陈镇的义乌友情竹制品厂，每年需向附近农户收购毛竹超过5400吨，年产值近430万元，产品主要销往上海、南京等地，部分还出口日本、韩国，取得了较好的经济效益。竹制品加工企业的兴办，拉近了毛竹资源与市场的距离，解决了竹产品的销售问题，促进了毛竹的就地转化，提高了毛竹的经济效益。据悉，从2014年开始，义乌市政策性毛竹保险将加入省共保体，每亩保险金额为1000元，保险费由中央财政、省财政、县财政、企业或农户四方共同承担，保险费率由1%降为0.8%，自交保费由40%降为25%。也就是说，自交保费将由每亩4元降为2元，大大减轻了林农的负担。政策性毛竹保险将为林农撑起更好的保护伞，服务于农、惠利于农。

15.6.2 义乌市竹产业发展面临的挑战

(1) 毛竹资源总量偏少

近年来，义乌市毛竹产业虽然有所发展，面积有所增加，但发展缓慢，山区宜竹林地面积大的优势还没有充分发挥。义乌市竹林普遍存在投入少、粗放经营的现象，使得竹林的产量和效益难以进一步提高。

(2) 竹产品加工企业规模小

义乌市竹加工企业技术力量普遍较薄弱，设备陈旧，生产规模小，粗加工多。产品档次低，附加值不高且品种单一。

(3) 竹产业社会化服务体系不健全

竹农在科技信息、市场信息等方面得不到支持，使得在基地培育、科技应用和市场拓展等方面处于被动。专业合作组织和专业协会的缺乏，使一二产业之间难以做到有效衔接。

(4) 基础设施建设滞后

由于投入不足，义乌市竹产区林间道路建设落后，采伐、搬运的机械化程度低。生产和运转成本高，劳动强度大，劳动生产率低，严重制约竹农经营收益的增加。竹山道路成为制约竹业经济发展的瓶颈。

15.6.3 义乌市竹产业的发展建议

(1) 制订规划，完善政策

一是要根据因地制宜、科学发展的原则，加快对宜竹林地的开发建设。二是要完善扶持政策，把竹产业列入农业优势发展产业，从基地培育、低产竹园改造、现代竹产业示范园区建设等方面拟定扶持政策。

(2) 创新机制，推进林地合理流转

一是对原属集体所有、现已承包到户但培育管理粗放的毛竹基地，按照"依法、自愿"的原则，采用承包、入股等形式，以规模大户、合作社经营等方式，推进竹林合理流转，实现规模经营。二是加快技术创新和推广步伐，实现资源的有效开发利用，进一步提高竹林专业化、规模化经营水平和效益。

(3) 科技下乡，推进科技兴竹

目前关键是提高竹农的科技意识，使竹生产加工由数量型的扩张变为质量型的提高。围绕毛竹栽培、毛竹加工中的问题，加大成果转化和技术推广力度。组织开展科技下乡，运用现场会、技术讲座、现场指导等多种形式，进一步提高竹农科技育竹的能力和水平。以竹产业现代示范园区建设为载体，普及竹业科技知识，提高竹农素质。

(4) 加大投入，完善竹山基础设施建设

目前政府资金有限，完全依靠政府改善竹山基础设施不大可行，应充分调动竹农投入竹业生产的积极性，制定竹业开发扶持政策，引导竹农加快林区路网和水利建设、改善交通等设施。

(5) 培育体系，提高竹业产业化程度

要充分发挥竹业龙头企业和合作社在带动广大竹农组织生产、开拓市场、技术创新、技术推广培育等方面的作用，发挥专业协会行业协调、服务、自律、维权等方面的作用。一是积极鼓励企业与科研院校加强协作，引进新技术，开发新产品，加快高新产品研发和成果转化，切实改变当前义乌市竹加工的传统化、简单化、附加值低的局面。二是出台相关政策，突出扶持龙头企业发展，鼓励笋竹加工企业进行技术改造，支持企业采用联合或兼并的方式，走规模化、集约化、集团化的发展道路，从而推动竹产业化经营的快速发展。三是大力发展市场中介，培育和扶持竹业专业合作组织、营销大户，在农户与企业、市场之间搭建桥梁，推进笋竹市场化进程。四是实行资源共享，创立统一品牌。

（6）开发旅游，提升竹林的综合效益

一是结合森林生态游项目，加快景区周围和沿线的毛竹发展，提高游客旅游兴趣。二是开发"竹子农家乐"休闲游项目，完善竹山游步道等基础设施。三是发展竹文化游，充分挖掘义乌市的竹文化，找准竹文化与旅游业的切入点，丰富义乌市的旅游内涵。

15.6.4　浙江诸暨市竹木产业发展成绩突出

诸暨是浙江省竹木特色优势产业单项强县，现有竹木加工企业近500家，从业人员近6万人，年产值近10亿元。竹木行业已经成为一个与山区群众生活密切、前景广阔的行业，竹木产业也成为山区农民主要的经济来源之一。以生产竹木胶板、竹木地板、竹编工艺、木制家具、木制门窗及竹凉席为主，产品销售覆盖全国，出口韩国、日本、欧美等多个国家。随着竹加工业的迅猛发展，诸暨市竹木材原料远远不能满足加工需要，仅毛竹每年就需从外县外省调进1500万根用于加工。林业部门和林业企业采取了几项措施，取得了较好成效。

（1）加快培育毛竹丰产林

在山上下功夫，提高竹林单位面积产量，增加竹资源总量。以科技为依托，在省林科院和浙江林学院的技术支撑下，积极培育笋竹两用林和改造毛竹低产林。

（2）企业与农户合作建立原料基地

不少竹木加工企业，自动出资参与竹子资源的培育与开发。

（3）异地建分厂或将"第一车间"建到外地去

随着竹木加工企业规模扩大，加工用竹、用木不足的矛盾日趋突出，许多加工厂家，纷纷向外扩展阵地，在常山、开化等产竹木地区建立分厂，或是把"第一车间"设在江苏、福建、吉林等地，在外地制成半成品或粗制产品后运回诸暨市精加工。

(4) 基地建到外省去，开辟新的原料基地

这已成为许多加工企业的积极行动。如，诸暨市斯宅家具有限公司通过有关部门牵线搭桥，在吉林省延边市承包了征地30多亩，进行投入开发，培育用材林，其他企业也纷纷仿效去外省承包开发毛竹山、杉木林等，建立新的原料基地。

另外，诸暨市竹木制品行业协会成立于2003年9月，现有会员105个，其中团体会员12个，由竹木行业龙头企业、贩销大户、加工经营户及相关林业技术部门组成，主要开展技术培训、技术咨询以及信息交流等服务。近年来，协会从实际出发，通过创新运行机制和服务载体，开展了实实在在的工作，有效发挥了协会在服务产业、服务基层中的作用，走出了一条符合产业实际和协会工作的新路子。

(5) 普及科学，提高素质

普及科学知识，提高从业人员素质，是协会最基本的职能。三年来，协会以"全民科学素质行动纲要"为指导，举办实用技术培训15期，组织科普下乡10多次，分发资料1万多份，曾获绍兴市优秀农村专业技术协会。协会还邀请农业、林业、科技等部门的专家领导给会员企业做专题讲座等形式，普及产业化项目、科技兴林、科技兴企以及企业转型升级的相关知识。协会培育了农民技术人员120多人。同时，协会推广应用了笋竹两用林、毛竹丰产培育等5项竹林高效生态经营技术和杉木林灾后清理、小径材综合利用等5项小径材生产综合利用技术，切实提高了整个行业的科学技术普及率。协会组织实施了2只"金桥工程"项目并获奖，协会还组织会员单位到广东顺德等地学习考察竹木企业的木工机械、家具企业和市场运作等先进管理经验，提高会员企业从业人员素质。同时，协会通过画廊、资料及参加全国科技周、全国科普日和各种下乡进企活动，宣传相关科普知识。

(6) 牵线搭桥，互惠互利

协会是一个能让会员交流合作、排忧解难、缔结友谊的平台。为此，协会立足会员，服务会员企业和农户，联结部门、企业和基地，组织发动龙头企业服务山区农户，带领会员普及竹木经营科普知识，先后有5家竹木企业在东白湖、应店街、璜山等山区乡镇建立杉木、毛竹等林业特色基地面积40多万亩，带动了2万多个农户，为林农增加收入2000多万元。协会还积极加强行业自律，引导会员企业通过保护价收购农户的竹木原料，尤其是在遇到冰雪灾害年

时，协会组织会员开展保护价收购雪压毛竹、雪压林木，直接通过收购竹木等原材料为林农增加收入800多万元，既扩大了企业和协会的影响，为企业办了实事，也给林农带来了实惠。同时，协会还多次邀请浙江林学院专家教授到会员企业指导，为光裕竹业、兴荣门业、顺满红竹炭等企业建立科研中心和实验室牵线搭桥，并促成了2家会员企业与浙江林学院进行了长期技术合作，有力地促进了整个行业的技术创新。光裕竹业还建立了绍兴市第一家企业院士专家工作站。

（7）立足行业，强化宣传

协会是一个为会员服务的平台。为此，竹木协会在行业宣传上狠下功夫。一是积极对外宣传介绍会员单位，在推介竹木行业和会员企业中始终扮演着重要角色。协会每季编发《竹木制品》杂志，详细介绍各会员企业的生产、发展情况和协会活动情况，至今已出版了5年，分送省市各有关部门。二是在《中国绿色时报》《浙江林业》《绍兴日报》和《诸暨日报》以及浙江林业网等媒体上宣传会员企业，每年都有30多篇，让社会各界通过协会的宣传，走近协会，了解会员，熟悉行业，从而进一步扩大协会影响，提高会员企业知名度，受到主管部门和会员企业的广泛好评。

（8）提升档次，助推发展

协会的生命力在于活动，协会的凝聚力在于服务。为此，通过协会主动服务，诸暨市新增省级林业重点龙头企业11家，省科技中小型企业2家，省级新产品3只，省级林业示范性合作社3家，AAA级信用等级企业6家，省级竹产业、木业等行业协会副会长单位2家，浙江名牌2个，绍兴市名牌2个。为让会员企业上规模、上档次，协会加大科技服务力度，先后协助兴荣门业、光裕竹业、丰利来竹制品、兴成竹业、斯宅家具制造等企业申报省、市相应科研、农业产业化以及林业贴息贷款等各级项目30多，并多次组织企业参加中国国际义乌森林博览会、中国竹产业文化节、浙江笋竹产品东北行等展销节会，帮助企业获得博览会各类奖项5只，从而让企业迈上了一个新的台阶。同时，协会根据企业需要，帮助企业着力破解产业发展中的"瓶颈"制约，多渠道为企业解决融资难问题。在林业部门的重视和支持下，协会促成了4家企业与浙江省信林担保公司、农业发展银行诸暨支行等金融部门达成了合作意向，拓展了会员企业的融资渠道，促进了企业稳定发展，提升了会员企业在同行业竞争中的实力。

15.7 浙江龙游县竹业

15.7.1 产业现状

龙游县位于浙江西部，钱江源头，县域总面积171.48万亩，现有人口40.3万，辖7乡6镇2街道，全县有林地面积103.24万亩，占国土面积的60.2%，是浙江省重点林业县之一，全县森林覆盖率达56.88%，其中竹类资源是龙游林业的优势资源，全县有竹林面积41.3万亩，其中毛竹林面积占90%以上，毛竹年蓄积量7100万株，2006年被国家林业局命名为"中国竹子之乡"，在2006年全国30个"中国竹子之乡"评选时，龙游竹产业综合实力排名第6位，2008年被国家林业局批准设立"浙江大竹海国家森林公园"。2017年实现林业生产总值33.46亿元，其中竹产业总值23.76亿元（一产2.95亿元，二产17.27亿元，三产3.54亿元），占林业总产值的71%。

(1) 资源现状

1) 竹种资源。龙游县是浙江省重点产竹县之一，属我国散生竹中心分布区，竹林资源丰富，享有"浙西竹库"之美誉。龙游地处亚热带季风气候区，雨量充沛，温度适宜，优越的自然地理条件，十分适宜竹林的生长。全县竹子种类有9属41种，以毛竹、红竹、早竹、高节竹、金竹为主。

2) 竹林资源。全县拥有竹林面积41.3万亩，占有林地面积的42.56%，其中毛竹林面积占90%以上，是龙游县优势竹种。全县毛竹主要分布在南部山区——仙霞岭山脉的1镇5乡，竹区人口达10万人之多。竹产业在龙游县山区经济社会的发展中占据重要地位。

(2) 生产现状

1) 竹林培育。龙游县竹林培育技术从毛竹低产林改造逐步向笋竹两用毛竹林、毛竹丰产林、优质大径竹等方向发展，集约化程度不断提高，定向培育程度日趋加强，培育水平国内领先。其中"笋竹两用栽培技术集成"项目于1995年获林业部科技进步一等奖，并牵头制定了浙江省地方标准《笋竹两用林生产管理标准》（DB33/T 261—2012）。主要经营模式有笋竹两用毛竹林、生态高效栽培竹林、短周期工业用大径级毛竹林、竹林复合经营模式等四种类型。

龙游县现有丰产竹林面积28.3万亩，占竹林总面积的63.9%，其中毛竹丰产林28.1万亩。全县毛竹蓄积量7100万株，年产竹材、竹笋1500万株、

3.1万吨。现有各类竹业专业合作社36家，竹类家庭农场76家，其中国家级专业合作社1家（韩式小竹笋专业合作社）、省级专业合作社2家（黑森林竹业专业合作社和竹海鲜笋专业合作社），形成了"林野"冬笋、"龙有"象牙笋和"龙游溪口"等市级以上知名品牌20多个。2016年全县竹林栽培产值2.86亿元，亩均产值超千元。

2）产品加工。龙游县是国内最早从事笋竹工业化加工利用的地区之一，有国内最大的竹胶板企业——腾龙竹业集团，最大的水煮笋加工企业——龙游外贸笋厂；也是国内最大的竹拉丝与炭化篾原料加工集散地。全县已形成以竹板材（车厢板）、竹拉丝、炭化篾、重组竹户外地板、竹结构材、竹家具、竹炭、水煮笋、泡发笋等九大类近400个品种。竹材综合加工利用率达90%以上。并形成了"腾龙"竹胶板、"安帝"竹地板和"三江"水煮笋等一批省内知名品牌。

2014年前全县有竹加工企业550家，年产值500万元以上的企业占竹加工企业数的56%。年加工消耗竹材4500多万枝，鲜笋4.5万吨。竹加工产值达22亿元。2014年通过全县竹制品加工行业专项整治提升后，有笋竹加工企业114家，其中规模以上企业29家，亿元以上企业有3家；有国家级农业龙头企业1家（腾龙竹业集团），省级农（林）业龙头企业5家（龙游外贸笋厂等），市级农业龙头企业17家，年加工消耗竹材1200多万枝，竹笋2.6万多吨，竹加工产值达14.25亿元。2017年龙游县竹产业总值23.76亿元。

全县竹产品销往国内20多个省（市）、自治区，并出口到日本、韩国、欧美等12个国家和地区，其中水煮笋年加工量达3.5万吨，90%以上出口日本，在日本市场占有率为15%左右。是国内最大的水煮笋加工与出口基地之一。竹板材系列产品中竹木复合集装箱板与竹质火车车厢板分别占国内市场的25%与60%左右。

3）产业基础。龙游县已建立了以毛竹林生态高效培育为导向的省级现代竹子产业示范区、以笋竹两用林为经营模式的竹子精品园、以竹制品加工产业集聚为主的溪口竹工业园区和以竹笋加工产业集聚为主的城南工业园。目前正在打造以"浙江大竹海国家森林公园"为核心的六春湖运动休闲区及溪口竹韵小海生态旅游项目，通过竹产业一、二、三产业融合发展，高度集聚，从而增强龙游县竹产业的行业凝聚力与核心竞争力。

（3）生态旅游

龙游现有国家级森林公园1个（浙江大竹海国家森林公园）、省级林业观光园5个（坑口山庄、蓝色之际等）、竹生态文化特色旅游乡村3个（大街乡贺田模式、沐尘乡社里畲乡民族风情村、庙下乡晓溪生态沟）、竹乡农家乐150余家，有以"浙江大竹海国家森林公园"为依托投资60亿元在建的"六春湖运动休闲区"项目与"竹韵小镇"建设项目。目前以国家级森林公园"浙江大竹海国家森林公园"、竹生态特色乡村游、竹海畲乡风情、竹海赛车道、竹乡农家乐、竹文化社区为依托的竹生态养生休闲旅游日益兴旺，2017年竹产业三产产值达3.54亿元。

（4）竹区经济

竹产业一直是龙游县的传统产业，也是农业的主导产业，更是龙南山区的富民产业。全县有从事竹林培育与竹加工业的农村、城镇人口约4.5万人，从业人员劳务收入平均可达3万多元，是竹区10万名农民的主导经济来源，2016年竹区农民人均收入18570元，其中70%以上来自竹产业，竹产业是林业增效、林农增收的重要途径。

（5）科技支撑

龙游县与国际竹藤中心、国家林业局竹子研究开发中心、中国林科院木工所、中国林科院亚林所、南京林业大学、浙江农林大学、浙江省林科院等科研院所建立了长期的合作关系。"十二五"期间推广竹业新技术、新成果8项，技术应用竹林面积占竹林总面积的52.7%，有笋竹加工应用新技术，新成果10项，成果产业化转化率达60%，加工产值达3.6亿元。竹业科技贡献率达45%以上，科技普及率达70%以上。竹业科研人员占竹业从业人员的52.4人/万人。

15.7.2　发展建设

"十二五"期间，是龙游县竹产业面临各种困难、危机与挑战的五年，一方面，受宏观经济影响，企业产能下行压力大，另一方面，各级政府狠抓"五水共治""四边三化""三改一拆"工作，全县竹产业尤其是加工业呈现的"两高三低"（高污染、高能耗、低产出、低效率、低附加值）问题与"小散乱"（规模小、分布散、环境乱）现象更加凸显，并成为社会关注的焦点问题，生态环境要求倒退竹产业转型提升成为今后竹产业生存发展的必由之路。自2014年起，全县提出了用"生态、整合、创新、联动"四大理念，引领竹产业转型升级，重拳出击，整治"低小散乱差"与高污染炭化（蒸煮）篾加工企业，治水治气治环境，走出一条生态富民，绿色崛起与一二三产业融合发展的竹产业提升发展新路子。

(1) 政府有为引导，成效明显

近三年，通过笋竹加工整治提升，关停污染及低小散企业与落后产能企业114家，为龙游县笋竹加工提升发展腾出了空间。通过招商引资，国内一些高新技术竹加工企业相继落户龙游。

通过对气关停的69家炭化篾企业整合为1家，进行竹材热解（炭化）污水处理技术攻关，形成了竹材集中炭化与废水处理，生产排放水经环保部门验收达到1级排放标准。另外，全县还攻克了以竹屑废料为原料的锅炉供热烟气达标排放难题。

通过对浙江大竹海区域内低小散乱初加工企业整规，就近向竹加工集聚区集中。美化亮化竹海环境，正在招商引进浙江大竹海六春湖休闲运动区投资项目。

对原溪口竹工业园区实行"优二进三"，重新规划定位，促进竹产业一二三产业高度融合发展，打造溪口竹产业绿色高新集聚区。

在"十三五"期间，提出用三年时间，把龙游县建成省级竹产业提升发展示范县，并列入浙江省林业产业类重大重点项目。

(2) 财政扶持资金，精准给力

为加快推进全县竹制品加工产业专项整治提升与笋竹产业转型升级，县政府专门出台相应扶持政策，近三年共安排竹产业专项财政扶持资金6000万元，专项用于环境整治，产业聚集区建设，污水治气技术攻关，以及笋竹产业转型升级项目扶持，通过财政扶持，加快了全县竹产业整治提升与转型升级的步伐，改善了竹区竹海的生态环境，提高了竹区人民的生活质量。

(3) 联合共享发展，生机再现

近三年全县在引导企业转型提升过程中，一方面，加强内部资源整治，将"低小散"企业通过联合的方式组建股份制公司（如浙江创伟竹业有限公司），开展竹材集中炭化与废水环保达标技术攻关，形成了年产10万吨竹材集中炭化与废水处理生产线，使创伟竹业公司成为"低小散"整合"大企业"的标榜企业。另一方面，积极引导鼓励有条件的笋竹龙头企业与国内外大企业、大集团、上市企业合作，通过增资扩股，股权转让等形式引进战略投资者，开展强强联手，加快企业发展步伐。在林业部门引导下，腾龙竹业与中集集团联姻，通过增资扩股，组建浙江鑫龙竹业有限公司。腾龙与中集各占70%与30%股份，新增投资3000万元，形成年产10万立方米竹木复合集装箱板生产线，产能提高了3倍。均泰竹木科技公司与台商钢化门窗企业合作，投资5000万元，组建浙江桦固优事业有限公司，专门生产竹户外产品，形成了年产1万立方米竹户外结构材产品生产线。

（4）产业集聚示范，作用明显

"十二五"期间，龙游县通过省级现代竹子产业示范区与笋竹两用林精品园项目建设，建立竹林生态栽培示范区12000亩，竹木复合栽培示范区1000亩，优质高权高效笋竹两用有机栽培示范区2000亩，竹套阔示范区300亩。主要围绕"优质、高产、高效、安全、可持续"的经营目标，大力推广应用机械除草，无害化防治（生物防治、灯光诱光等）、竹蔸促腐等竹林生态栽培技术，积极探索竹药、竹酒、竹禽、竹菌等竹林林下经济发展。目前，龙游县已推广毛竹林生态栽培面积10万亩，优质笋竹两用林面积20万亩，建立竹林绿色食品基地10个，面积5万亩，发展竹林林下经济2000亩。另外还主持修订了"浙江省地方标准——《笋竹两用毛竹林生产管理标准》"。

（5）依托科技支撑，驱动转型

"十二五"期间，与国内十余家科研院校建立长期的合作关系。在竹林培育方面，先后实施了"竹产业效益提升工程""干旱毛竹林灾后恢复重建""竹笋标准化生产与销售""短周期工业用毛竹大径材的培育技术集成与示范""竹林生态示范项目"和"省级现代竹子产业示范区"等竹业技术推广项目；在笋竹加工方面，开展了"竹材热处理工艺优化及其污水处理关键技术研究与示范""竹笋废水优化处理与废料循环利用""竹屑废料供热系统环保节能工艺改进""高强竹质车厢板研发"和"径向竹篾复合板开发及产业化"等一系列技术攻关项目。2015年，由龙游县林业部门牵头联合多家企业与中国林科院木工所、国家林业局竹子研究开发中心，浙江农林大学、南京林业大学等行业内知名专家、学者共同发起组建了龙游县浙西竹木产业研究院，作为竹产业技术区域共同服务平台，通过科技创新驱动产业转型升级。目前，浙江创伟竹业、龙游神宇竹胶板、浙江新海竹业科技有限公司分别与浙西竹木产业研究院聘请的相关专家、学者签订了合作协议，至今已累计为企业申报发明与实用新型专项12件。

竹子具有可择伐作业的特点，科学经营可持续利用，是其他树种所不具备的。不仅可年年有产出，而且由于竹林林分结构的稳定和固有的生物学、生态学特征，对持水固土、防止滑坡和泥石流等自然灾害有很好的作用。研究表明，达60%以上，较全国竹业科技贡献率（40%）高出20个百分点。其中一大贡献就是转变了竹区农民竹业经营观念，从传统竹业经营转向了科学育竹，竹区农民学科学、用科学普遍，素质得到了明显提高。

15.7.3 龙游县竹业发展中优势与不足

（1）竹产业发展的优势

1）竹林培育技术领先。毛竹林培育技术在全国处于领先水平。20世纪80年代开始，依托中国林科院亚林所先后实施毛竹低产改造、笋竹两用毛竹林丰产技术和生态高效毛竹林培育技术等。其中《竹林丰产及综合利用技术开发》项目曾获林业部1995年科技进步一等奖。2010年9月，龙游县省级现代竹子产业示范区（一产为主）被列为第二批省级现代林业示范区和精品园创建点（浙林造〔2010〕84号）。示范区建设规模12000亩，总投资1659万元，并于2012年10月通过省级验收。近三年来，龙游县又率先推行毛竹林生态栽培，竹林复合经营等生产管理模式。

2）笋竹加工基础突出。龙游县是国内笋竹加工利用工业化最早的地区之一，在20世纪80年代首创国内竹胶板生产先河。国内最大的竹材与竹笋加工龙头企业都在龙游（如腾龙竹业（现改为中集腾龙竹业），龙游外贸笋厂）。龙游县还是国内最大的炭化篾、竹拉丝等竹材初加工集散地。2013年竹加工产值近30亿元，居全省第2位。近三年，通过笋竹加工整治提升，关停污染及低小散企业与落后产能企业114家，为全县笋竹加工提升发展腾出了空间。通过招商引资，国内一些高新技术竹加工企业相继落户龙游，同时，在竹材加工领域率先突破了竹材热解（炭化）污水处理技术，并形成了年产6万吨竹材集中炭化与废水处理生产线。另外，还基本攻克了以竹屑废料为原料的锅炉供热烟气达标排放难题。

3）地理区位优势明显。龙游县位于浙江省西部，钱塘江上游，南接福建，西连江西，北邻安徽，省内与杭州、金华、丽水三市相衔。龙游县是浙西的交通枢纽，浙赣铁路、杭金衢高速公路横贯龙游，公路交通四通八达，是遂昌、松阳、龙泉三县公路交通的咽喉，3条高等级公路（320国道、46省道、50省道）联结全县的主要乡镇。衢州民航机场距县城30公里，有内河（衢江）航运里程28公里。到四省周边各中心市之间也将形成两小时交通圈，交通优势凸显。龙游地处浙、闽、赣、皖四省边际，交通便利，素有"四省通衢汇龙游"之称，高速公路、高铁、国道、省道、水运、民航十分便利。完善的交通网络拉近了与"长三角经济圈"的距离，交通区域优势正日益转化为经济发展的优势。

龙游周边竹资源丰富，距龙游200公里半径（遂昌、松阳、衢江、龙泉）范围拥有近千万亩毛竹林，凭借龙游发达的竹加工业与发达的交通条件，周边竹材资源可满足龙游加工所需，是浙西竹产业的集聚中心。周边地区丰富的竹林资源以及方便快捷的交通，为龙游县竹产业的健康发展提供了强有力的资源支撑，区位优势明显。

4）自然气候条件优越。龙游县位于浙江省西部，钱塘江中上游流域，金衢盆地中段，地处亚热带季风气候区，具有明显的盆地特征，适宜竹林生长和林下植物的种植以及混交林。全年温度适中、光照充足、雨量充沛、旱涝分明，年均气温17.1℃，极端最低气温-11.4℃，年均降雨量1602.6毫米，年均相对湿度79%，是我国竹林分布的中心区域。整个地势以低山、丘陵为主，山地海拔一般500米左右，相对高度100~800米，坡度大于25°的山地占27%。

龙游县境内土壤分黄壤、红壤、岩性土、潮土、水稻土5个土类，其中红壤占土壤面积的54.3%，黄壤占8.4%。其分布规律大体上是：海拔600~650米的中山基本上是黄壤，600米以下的低山丘陵大部分是红壤，海拔100米以下的河谷平原是潮土和水稻土。

5）人文旅游资源丰富。龙游是春秋战国秦汉名县，历史悠久，文化淳厚，几乎到处分布着年代不一、内容各异的历史足迹、名人故里和文化遗存。千古之谜——龙游石窟（AAAA级）是浙西旅游的一张王牌，也是衢州地区的龙头景区。

龙游县文化内涵丰富，其中以石窟文化、姑蔑文化、商帮文化和龙文化最为著称。山清水秀的地貌、波澜起伏的绵绵竹林与丰富的文化关联，互相交融，极大地提升了龙游的资源品位，使龙游成为浙江潜力最大的旅游资源县之一。

龙游县素有"浙西竹库"之誉，竹林资源丰富，生态景观独特。2008年被国家林业局批准设立"浙江大竹海国家森林公园"。

(2) 竹产业存在的问题

虽然龙游县竹产业基础较好,但由于各种因素,近几年与其他竹产业发达的县市相比,呈现滞后状态,当前竹产业发展形势仍然严峻,竹产业发展短板问题依然突出,其主要问题有以下几个。

1) 竹林生态保护和复合经营有待进一步提高。龙游是全国笋竹两用林典型示范区,毛竹集约经营管理水平较高,但由于过度集约化培育和经营,竹林质量和竹林环境受到了一定的破坏,毛竹枯梢病、竹蝗、刚竹毒蛾等病虫危害时有发生,甚至引起竹林土壤水体污染等问题;同时由于近山过伐衰败,远山高山荒芜,导致竹龄结构不合理、竹材质量不佳、抗自然灾害与病虫危害能力下降,一旦遇到极端气候如雨雪冰冻天气就会造成竹林的严重受损,使森林生态环境遭遇破坏;另外由于竹林林下作物的培育管理薄弱,大规模开发林下经济反而导致竹林面积减少。因此,需要进一步加强竹林分区分类经营,优化竹林竹种结构,合理发展林下经济,适当引进其他竹种的培育,实现竹林生态保护和高效复合经营。

2) 产业凝聚力、创新力和核心竞争力不强。龙游县亿元产值以上企业仅3家,规模以上企业少,小微企业多,普遍为资源依赖型和劳动密集型企业,龙头企业的带动影响力仍显不足,产业集聚性和凝聚力不强;缺少先进理念和创新精神的企业家,企业的核心竞争力和创新力不明显;笋竹加工产品单一、结构不合理、品牌意识薄弱、产业链特色不明显和科技含量不高,缺乏"高、精、尖"终端产品,同质化现象严重。总之,龙游县竹产业的抗风险能力与市场竞争力相对薄弱,需进一步强化产业凝聚力、发挥企业创新力和突出核心竞争力。

3) 竹文化资源与竹生态旅游开发滞后。龙游是春秋战国秦汉名县(姑蔑),历史悠久,文化淳厚,在长期的生产和生活中创造出丰富的竹文化资源和竹文化精神,龙游县南部丰富的竹林资源(浙江大竹海)和独特的竹区地貌,发展竹文化特色旅游,打造竹乡品牌,开发竹林生态旅游潜力巨大,龙游也是浙江潜力最大的旅游资源县之一。虽然龙游县于2008年被国家林业局批准设立了"浙江大竹海国家森林公园",但至今尚未得到有效的开发利用。

龙游县文化内涵丰富,其中以石窟文化、姑蔑文化、商帮文化和龙文化最为著称。山清水秀的地貌、波澜起伏的绵绵竹林与丰富的文化关联,互相交融,极大地提升了龙游的旅游资源品位。

4）科技投入和人才引进力度不够。龙游县大多笋竹加工企业对科技的投入少，自主创新和科技攻关能力弱；企业技术装备机械化程度低，新产品、新技术开发能力弱，长期处于"跟进"和模仿状态，初级、低端及半成品产品多，产品科技含量和附加值低；同高校、科研院所深入合作意识不强，科技成果转化应用能力不够，不重视标准制定和知识产权保护。

对人才的引进力度不够，一方面没有结合产业发展的现状和需求，创造条件引进人才；另一方面企业不注重对现有员工的专业、技术、管理、经营和法律等方面的培训。

5）投资环境和政策扶持不到位。龙游县是浙江省26个加快发展县之一，是"中国竹子之乡"，竹产业是龙游的传统产业和特色产业。但近年来，在培育高质量资源、提升高效益产业和建设高水平服务队伍等方面还需要进一步加强，对投资环境、技术创新、品牌建设和网络化经营等引导和服务工作不到位。

没有建立竹产业专业区块，如没有建成竹制品、原材料加工集散中心；笋竹产品交易不活跃，没有针对性的笋竹绿色食品、竹家具、竹制衍生产品展示交易市场和渠道；专业合作组织缺乏，没有充分利用现代的"互联网+销售"的线上线下联动式营销模式来提升龙游县竹产业市场知名度和市场份额。

龙游县财政对竹产业发展专项资金扶持力度小，对竹产业的产业研究、产业规划、产业培育、产业推广和品牌建设等方面缺乏政策与经费的支持。

15.7.4 竹产业建设内容

按照构建全县域竹产业链的总体布局，龙游县竹产业建设内容是重点打造"五个区块"：竹产业融合发展核心区、新型绿色制造高新竹工业园区、竹家具与新创意产品拓展区、四省边际竹产品贸易区、竹产品国际物流服务区。

(1) 竹产业融合发展核心区

以龙游南部溪口镇为中心，涵盖周边的庙下、沐尘、大街、罗家、社阳等五乡一镇，通过产业优化提升、转型发展，将该区域打造成引领竹产业一二三产高度融合与提升发展的核心示范区。

1）一产建设内容。

主要突出一产要为二产提供优质原料保障，同时融入三产，提高竹林综合效益，重点开展竹林定向培育、复合经营，实施竹林分区分类经营，优化竹龄结构，综合提升竹林生态、经济和社会效益。

①生态高效笋竹定向培育基地建设。

在溪口镇、庙下乡、沐尘乡、大街乡分别建立1~2个示范点，示范区总面积2万亩，辐射面积20万亩，实施期为2018—2027年。通过竹龄结构与留养新竹调控、挖笋择伐、机械除草、适时施肥等栽培技术措施，采用"龙头企业+合作社+基地+农户"合作模式，与加工龙头企业建立长期的原料供应链关系，为笋竹加工企业提供优质原料，使一产与二产紧密结合，实现毛竹林"优质、高效、安全、可持续"的经营目标，并通过以点带面进行推广，到2022年建设生态高效笋材两用林基地面积达15万亩，大径材毛竹林定向培育基地3万亩，笋用毛竹林定向培育基地2万亩，实现竹资源产值达5亿元，到2027年高效笋材两用林基地面积达20万亩，大径材毛竹林定向培育基地5万亩，笋用毛竹林定向培育基地5万亩，实现竹资源产值达5亿元（见表15-4）。

表15-4　生态高效笋材两用林基地规划

乡镇	示范地点	示范点面积（亩）	辐射区面积（万亩）
溪口镇	枫林村、杨家山林区	5000	5
庙下乡	芝坑口村、长生桥	4000	4
沐尘乡	梧村、下街	3000	3
大街乡	方旦村、贺康	3000	3
罗家乡	姜家、马府墩	3000	3
社阳乡	上堤村	2000	2
合计	五乡一镇	20000	20

改变传统毛竹林生产模式，为竹材加工定向培育大径竹材（见表15-5）。

表15-5　大径竹林定向培育建设规划

乡镇	示范地点	示范点面积（亩）	辐射区面积（万亩）
溪口镇	大安源、枫林	1500	1.5
庙下乡	陈村、晓溪	1000	1
沐尘乡	沐尘村、东康	1000	1
大街乡	半岭村	750	0.75
罗家乡	岭根村	750	0.75
合计	四乡一镇	5000	5

为竹笋食品特定加工定向培育笋用毛竹林（见表15-6）。

表15-6 笋用毛竹林定向培育建设规划

乡镇	示范地点	示范点面积（亩）	辐射区面积（万亩）
溪口镇	大安源、枫林	1500	1.5
庙下乡	陈村、晓溪	1000	1
沐尘乡	沐尘村、东康	1000	1
大街乡	半岭村	750	0.75
罗家乡	岭根村	750	0.75
合计	四乡一镇	5000	5

对地处浙江大竹海生态旅游规划区域的高山远山毛竹林。由于树种单一，水土保持功能与生态防护功能有限，通过竹阔或竹针彩色混交林的营建形成层次多、冠层厚的林分结构，从而既起到涵养水源、保护生态的作用，又起到可改变竹林单一景观、增添色彩的作用，提高竹林的综合效益。示范面积1500亩，辐射面积1.5万亩，实施期为2018—2027年，实施地点：溪口镇、庙下乡、沐尘乡等范围（见表15-7）。

表15-7 竹混交林示范基地建设规划

乡镇	示范地点	示范点面积（亩）	辐射区面积（亩）
溪口镇	杨家山	500	5000
庙下乡	浙源里	500	5000
沐尘乡	渡头	500	5000
合计	二乡一镇	1500	15000

②生态高值竹林复合经营基地建设。

大面积纯竹林经营影响毛竹林生物多样性和立地生产力，开展毛竹林下植物复合经营，发挥毛竹林植被生态功能，开发具有高经济价值的毛竹林下植被，如药用植物、食药兼用植物和观赏植物等，提高林地资源利用效率和经济效益，激发竹农经营毛竹林积极性。示范面积2000亩，辐射面积2万亩，实施期为2018—2027年，实施地点：溪口镇、庙下乡、沐尘乡等五乡一镇范围（见表15-8）。

表15-8 生态高值竹林复合经营基地规划

乡镇	示范地点	示范点面积（亩）	辐射区面积（亩）
溪口镇	枫林村、下徐村	400	4000
庙下乡	凉丰、芝坑口	350	3500

续表

乡镇	示范地点	示范点面积（亩）	辐射区面积（亩）
沐尘乡	坑头、马戍口	350	3500
大街乡	新槽、方旦	300	3000
罗家乡	罗家、姜家	300	3000
社阳乡	青塘坞、连上	300	3000
合计	五乡一镇	2000	20000

2）二产建设内容。

在改造提升原溪口竹工业园区——建设竹三产联动产业园与规范设立竹材初级加工集聚区。

①竹三产联动产业园。

主要依托原溪口竹工业园区进行改造提升。该园区于2002年创建，总规划面积2平方公里，一期1平方公里，位于龙丽高速灵溪收费站两侧。目前一期征地930亩，其中工业用地522亩，道路及绿化等配套用地267亩，现有入园企业20余家，主要行业为竹制品加工，包括造纸、文体用品等其他行业。2016年工业总产值5.5亿元，其中竹产业工业产值占80%。竹产品为竹集装箱板、竹胶板、重组竹户外地板、竹家具、竹炭、竹拉丝等。基于溪口镇功能定位拟打造集商贸、旅游、康养为一体的竹韵小镇。溪口竹工业园区作为溪口竹产业发展的主战场，宜作相应调整来提升竹专业园区平台，探索实施"优二进三"战略。"优二"即对园区内有活力的竹加工企业给予转型提升发展方面的政策支持，鼓励做大做强。"进三"即对园区内僵死企业，进行兼并重组，盘活闲置资产，规划建设三产联动产业园，采取电商入园、科技入园、竹文化入园，前店后厂（后厂以加工竹工艺品、旅游产品、家用产品为主）等形式，促使工商科文旅相融合。到2022年，三产联动产业园内建成竹科技创新服务平台1个，入驻电商企业3家，生产竹工艺品与旅游产品企业5家，年产值与销售额达2.5亿元，并带动一二三产业相关行业发展。到2027年，实现年产值4亿元（见表15-9）。

表15-9 溪口竹工业园区竹三产联动产业园企业规划

企业类型	数量（家）	经营类型	经营目标
电商贸易公司	2~3	以门店、体验店、电商网销形式批发零售笋竹产品、工艺品、旅游产品等	年销售额5000万元

续表

企业类型	数量（家）	经营类型	经营目标
竹加工	3~5	生产制造竹家用产品、竹厨具、竹工艺品等	年产值2亿元
产业创新服务平台	1	技术服务及推广、行业资讯信息服务、相关业务代理等	推广新技术5项，促进合作项目1个

②竹材初级加工集聚区。

按照竹材初级加工集聚区既要与当地资源合理利用相匹配，又要与笋竹精深加工原料供应相匹配的原则，同时结合四边三化与美丽乡村建设要求，通过综合考虑各方条件与因素，拟在重点竹区庙下乡设立竹材初级加工集聚区，在溪口、沐尘、罗家等竹区保留或新设立竹材初级加工点。庙下乡集聚区按"六统一"要求建设，即统一土地平整与道路硬化、统一供水供电供气设施、统一标准厂房，进一步规范提升竹材初级加工基地。到2022年，庙下乡竹材初级加工集聚区初级加工企业达到20家，年消耗加工利用竹材650万根以上；其他竹区竹材初级加工企业达到25家，年消耗加工利用竹材750万根以上，全县竹林资源年竹材产出与加工消耗利用基本持平。到2027年稳定产值达到6亿元（见表15-10）。

表15-10 重点竹区乡镇竹材初加工企业规划

乡镇	初级产品类型	企业数量（家）	带动周边乡镇消耗竹材数量	产值（亿元）
庙下乡	竹拉丝、炭化篾	10	消化吸收沐尘乡、大街乡、溪口镇竹区农户竹材650万根以上	2.5
	竹筷（签）、竹条	5		
	竹疏解片	3		
	其他初级产品	2		
其他乡镇	竹拉丝、炭化篾	12	消化吸收社阳乡、溪口镇及本地竹区农户竹材750万根以上	3.0
	竹筷（签）、竹条	3		
	竹疏解片	3		
	其他初级产品	7		

3）三产建设内容。

竹生态旅游（三产）建设内容，主要结合龙游县全域旅游发展规划，以浙江大竹海国家森林公园为龙头，重点打造竹海健康养生休闲中心，建设"一镇三区"即竹韵小镇（游客接待中心）、健生运动休闲区、民族风情体验区、民宿养生度假区。年预计接待游客超过200万人次，到2022年竹生态旅游收入达20亿元以上，到2027年达到30亿元。

①竹韵小镇。

以龙南重镇溪口镇为中心，借助以弘扬忠孝文化为主体的徐偃王庙、竹海文化公园、衢宁铁路龙游南站竹韵小区等重点项目建设，将竹元素融入其中，打造集商贸、康养、文化、旅游为一体的竹韵小镇。（详见重点项目）

②健生运动休闲区。

依托庙下乡浙江大竹海核心区六春湖高山湿地呈现的"四海齐景"（竹海、云海、竹海、雪海）独特景观，建设浙江大竹海运动休闲区项目。该项目正在启动建设中。

③民族风情体验区。

以沐尘畲族乡社里民族风情村3A级乡村特色旅游村为中心，结合当地的龙王庙、沐尘水库环湖汽车拉力赛道、农事体验区、野外生存体验区等旅游项目，充分感受畲族人民饮食行居乐等方面具有的独特的民族文化与风情。

④民宿养生度假区。

以大街乡贺田村国内首创的可复制的新时代美丽乡村版——贺田模式为基础，整合当地生态与人文资源，为游客特别是老年群体提供环境优美、返璞归真的休憩场所，打造集修心养性、健生旅游为一体的高端又原始的民宿养生度假村。

（2）新型绿色制造高新竹工业园区

主要依托龙游县东华街道城南工业区设立专业园区，该工业区始建于2000年，位于城郊东南方向，规划总面积5000多亩，现有储备工业用地近1000亩，用于建设新型绿色高新竹工业园区。该区水陆铁交通便利，离铁路货运东站3公里，距龙丽温高速龙游南与杭金衢龙游高速出口5~8公里，与衢江航运龙游码头相隔4公里，区内水、电、路、通信与生活服务设施完备。

目前已在城南工业区入驻的笋竹加工企业有：国内规模最大的水煮笋出口企业——龙游外贸笋厂有限公司，以台商独资的生产户外重组竹结构材料为主的龙游均泰科技竹木有限公司等6家企业。到2022年，招商引进行业规模较大的竹笋食品与竹材新型材料企业4家，其他笋竹精深加工企业6家，实现年产值16亿元以上。到2027年，目标实现年产值32亿元（见表15-11）。

表 15-11　龙游县城南工业区——新型绿色高新竹工业园区企业规划

企业产品类型	用地面积（亩）	投资（亿元）	年产能	年产值（亿元）
即食休闲笋系列产品	100	1.6	1.2万吨	3.0
内销竹笋及笋干系列产品	60	0.8	1万吨	1.5
新型竹基复合型材	120	1.6	5万立方米	3.0
新型竹户外产品	80	1.2	1.5万吨	2.5
新竹结构与装饰材料系列产品	100	1.5	3万立方米	3.2
竹质固气液多联产	60	0.5	1万吨	1.2
空气及水净化竹活性炭系列产品	40	0.6	1万吨	1.5
原竹展开板产品	60	0.5	2万平方米	1
合计	620	9.3		16.9

（3）竹家具与创意产品拓展区

主要依托龙游北部红木小镇的高端家居制造园区设立，该园区是省级经济开发区——龙游工业开发区的专业园区。园区工业存量土地储备多，工业配套设施齐全，建设标准高，交通便利，近靠杭金衢高速公路龙游出口衢江航道龙游码头，现有在建标准厂房60多万平方米，主要用于红木家具及竹子高端家具生产企业入驻，其产业集聚优势明显，可带动高端家具制造业齐头并进，并延伸萌发相关联行业如竹生物建筑及新技术产品制造的出现，是龙游今后竹加工方面新技术产品的后备制造中心。到2022年前完成前期规划、市场调查与招商工作。

（4）四省边际竹产品贸易区

龙游县素有"龙游商邦"之美誉，是全国知名的十大商邦之一，历来浙西商贸的集散地。龙游交易城、龙游建材市场自建市以来，其交易量几乎稳居衢州市各县区之首，并超过周边县市。随着城市拓展需要，2016年规划新建龙游国际世贸城。龙游及其周边地区竹资源丰富，竹产品众多，借助龙游国际世贸城，布局规划建设四省边际竹产品贸易区，打造浙西竹产品交易中心，符合竹产业发展方向。2022年前，完成前期调研、策划与进场部署工作。

（5）竹产品国际物流服务区

龙游县自改革开放以来，一直是周边200公里半径区域内的1000万亩竹资源的集散中心。随着龙游县与周边地区竹产业的提升发展，竹产品的国内国际市场需求的不断扩大，竹产品物流服务需求将应运而生。龙游城东物流专业园区近靠龙游火车货运东站，距衢江航道龙游码头仅3公里，距龙丽温、杭金衢高速出口5~6公里，其区位与交通优势明显。依托龙游城东物流专业园区，设立竹产品国际物流服务区，既可为龙游竹产业提升发展助力，又可拓展物流专业园区的对外业务。

15.7.5 龙游县竹业发展的建议

以"绿水青山就是金山银山"为指导，按照"优化一产、主攻二产、发展三产"的总体思路，以生态、整合、创新、联动四大发展理念，谋求笋竹产业一二三产业协同推进。坚持以市场为导向，科技进步为支撑，资源培育为基础，注重产业龙头培育，努力提高产品质量和附加值，突出笋竹加工转型发展；大力推进以"浙江大竹海国家森林公园"为龙头的竹生态文化旅游，提升生态文化旅游品位，提增竹林综合效益，构建全县域竹产业链；加快产业升级，推动一产提质增效，二产创新提升，三产引领壮大，把龙游县打造成一二三产业高度融合、绿色低碳持续发展、科技水平领先、三大效益并举的国内首批竹产业提升发展的示范县。

（1）探索竹林经营模式，提升竹林综合效益

竹产业是生态、经济和社会效益并重的产业，探索家庭林场、合作社、"企业＋基地"等经营模式，通过高效复合经营、定向培育用材竹、发展林下经济，提高区域生态效益，实现竹农增收。

（2）加大政策扶持引导，激发企业创新发展

逐步建立竹产业补贴政策，细化竹林培育扶持补贴标准，重点扶持竹种新品种、新技术的研发和示范推广。加大政策引导力度，鼓励现有竹加工企业技术研发和产品创新，大力培育龙头企业，延伸竹产业链；积极引进新技术新产品，改变传统竹产品侧重物理加工，化学和生物利用少，低效率、低附加值等现状，实现企业转型升级。争取金融机构开发与竹产业建设相适应的金融产品，建立面向竹农和竹产业中小企业贷款扶持机制。

（3）重视科技创新研发，促进品牌建设提升

积极扶持企业建立企业技术中心、研发中心，鼓励企业设备投入和产品研发，重视标准制定和知识产权保护；企业创新理念，加强品牌建设、差异化发展和开拓市场。设立竹产业发展基金，扶持企业科技创新、知识产权保护、创建品牌、标准体系制定等。

（4）挖掘竹子文化资源，推进生态旅游开发

打好"浙江大竹海国家森林公园"这一金名片，以浙江省竹产业提升示范县建设为契机，开发和挖掘竹子文化资源，推进竹林生态旅游产业发展。

(5) 搭建产品网络平台，拓展产品销售渠道

利用"互联网+"销售平台，发展电子商务和物流配送，引导竹制品企业借助电子商务平台拓展产品销售渠道。利用大数据分析竹产品市场信息，按照市场需求组织产品生产，打造区域性竹产品市场。

(6) 依靠科技，最大化长期发挥竹林的多功能效益

如上所述，龙游县在竹业栽培中存在着与现代竹业栽培发展趋势不吻合的"音符"，为切实改变落后经营方式带来的不利影响，应落实科学发展观，依托科技进步，以维护竹林长期立地生产力稳定、保障竹林生态效益良好发挥的竹林高效可持续经营技术为载体，通过规模化标准化示范基地建立、技术培训、政策引导等手段，培育出质地优良、产材量高的毛竹品种，在较短时期内促进龙游县竹业栽培走上可持续发展之路。

(7) 构筑竹产业链各环节的利益共同体

竹产业的发展，最重要的是竹产品的深度开发、产业链的拉长及新产品开发等，无论竹产业链有多长，链中各个环节都是产业利益的"受体"，应树立共兴共荣理念，即建立利益共同体，让各个环节均能享受合理的利益分配。目前竹加工业是竹产业链中的最大获益者（龙游县粗加工环节除外），应采用与竹农联合建立工业竹林基地、支持竹区基础设施建设、培训竹农等实际行动，实现工业"反哺"农业，达到共同富裕。政府在政策制定、资金扶持等方面多从竹农利益出发，充分调动竹产业中最大数量群体经营竹业的积极性，达到竹产业一二三产协调发展的目的。

(8) 建立健全竹业行业协会，充分发挥其作用

在未来的竹产业发展中，行业协会在技术推广、市场信息传播、咨询、协调与沟通等方面的作用将越显重要。龙游县虽然建立了竹产业行业协会，但总体而言，存在着面不广、参与人员不多、运作难度大等问题。政府应积极鼓励竹加工龙头企业、竹业经营大户等组建以竹林培育或竹加工产品为类型的行业协会，并积极开展业务活动和与外界的各种交流，充分发挥行业协会在产业发展中的作用。

(9) 统筹协调发展与环境保护的关系

在竹业发展中，要把加强环境保护作为产业结构调整、转变经济增长方式的重要手段，摒弃以牺牲环境换取经济增长的做法，坚持以保护环境优化经济增长，真正实现经济发展与环境保护同步、人与自然和谐的目标。针对龙游县竹业生产实际，要应用先进竹业栽培技术改变目前对环境负面影响大的经营措

施，变废为宝提高竹加工原料的综合利用率，实行废物无害化处理，坚决关停对环境污染严重或不及时进行环保整改的企业。

（10）机制创新与体制完善

机制创新和体制完善是区域竹产业发展的强力"助推器"。小面积竹林家庭经营方式已不利于现代竹业向规模化、效益化、科技化发展的趋势，有条件的竹区可尝试采取竹林土地流转或大户承包等方式。对竹加工业，在实行加工园区产业集聚的基础上，利用招商引资或企业产品调整来合理调整产业结构，延长产业链，以细化的分级、分类加工来提高原料综合利用率和产品附加值。在政策层面上，应将科技创新重点放在企业上，促进产品升级换代和自主知识产权产品的产生。在财政资金扶持上可采取技术培训、示范基地建设、竹业补助乃至生态补偿等方式适当向弱势群体的竹农倾斜。

第16章　安吉竹产业集群技术创新发展路径

16.1　产业集群技术创新的主要理论及特点

16.1.1　产业集群技术创新的主要理论

（1）外部经济理论

19世纪末，英国经济学家阿尔弗雷德·马歇尔（Alfred Marshall）在对英国工业区的研究中发现，有些集中在特定区域的产业，在经济集聚中存在着直接的沟通、信任、合作的现象。1920年，马歇尔在其著作《经济学原理》中提出了产业区（Industrial District）的概念，并用外部规模经济解释了经济活动的地方集中化。马歇尔认为产业集群有利于知识、技术和信息的扩散和外溢，并且集群内的人才资源有利于企业的发展和技术的进步。

（2）创新环境论

创新环境不仅仅是指孕育创新过程的区域组织，还是一种由物质资源和非物质资源组成的本地化的网络结构。同时，创新环境也是企业通过其自身的外部学习和内部创新来制定策略的组织体集合。企业在集群中通过其主体行为不断地学习和创新，为未来创新发展创造条件积累经验。企业主体根据环境的不断变化，不断调整自身的发展策略，创新技术。

在创新的集聚区中，各个创新主体彼此相互联系、相互依赖，并享有一定的资源。各个创新主体组成的创新网络对创新环境的改善和创新技术的发展同样具有重要的作用。王大洲（2001）认为基于集群的创新网络为创新人才的培养和创新知识的共享创造了条件。这不仅为企业未来发展增添了活力，而且为企业间的相互学习提供了发展平台。因此，集群创新网络的存在对于企业创新环境的改善和技术的发展，具有控制成本更低，持续时间更为持久的发展优势。而李勇刚（2005）则认为创新环境仅指企业的软环境，为集群技术创新设定的特有的环境因素（见图16-1）。

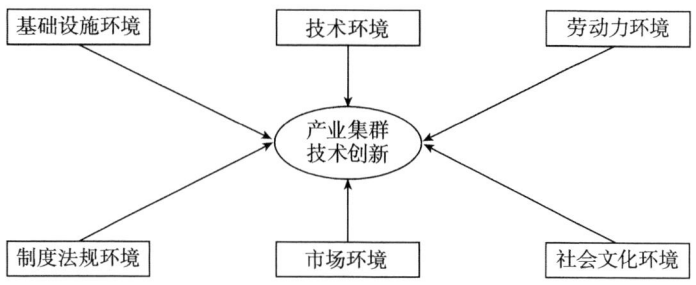

图16-1 产业集群的技术创新环境

由图16-1可以看出,产业集群的技术创新环境既包括基础设施环境、技术环境和劳动力环境等内部环境,又包括制度法规环境、社会文化环境和市场环境等外部环境。

(3) 帕特莫的"GEM模型"

帕特莫和吉博森(Padmore,Gibson,1998)提出了由三个要素组成的区域创新系统,即环境(Groudings)、企业(Enterprises)和市场(Markets),合称为GEM模型。其中环境要素包括两个因素——要素资源和基础设施,这是整个创新系统的供应要素。企业要素既包括供应商和相关产业,又包括企业内部的结构和管理战略,是整个系统的结构要素。市场要素分为外部市场和内部市场,是整个集群的需求要素。图16-2是产业集群创新的GEM模型。

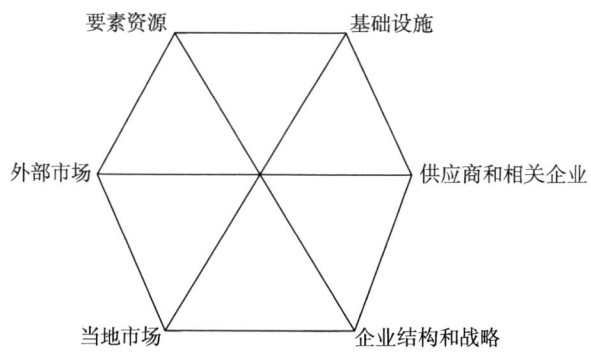

图16-2 产业集群创新的GEM模型

国内外学者的研究表明,产业集中形成的产业集群有利于提高产业创新能力,并增强企业集群的竞争优势。产业集群创新的GEM模型中的因素资源包括集群内的人力资源和物质资源。基础设施包括集群内的硬件设施和制度安排。供应商和相关企业包括低成本与专业化的供应商等。企业的结构和战略包括产业集群内企业的数量和规模、企业的管理模式和产权结构等。当地市场包括市场份额和前景等。外部市场是指除了本地市场外的更广阔的地区。

16.1.2 产业集群技术创新的特点

集群内企业利用集群的内外部创新条件和创新服务体系，并依靠产业集群所在地区长期形成的技术创新网络和创新文化，提高企业技术创新能力。其基本特点包括：

1）企业与产业集群创新网络相互影响，加快技术创新步伐。产业集群内部存在着集群学习现象，特别是潜在性的隐性知识学习，企业技术创新人才通过互动交流或面对面接触，使得潜在性知识、经验类隐性知识相对容易组织和迅速传播。

2）产业集群促进了企业间技术创新的发展。产业集群有利于加强企业间的沟通、联系和合作。并且在产业集群内，企业之间彼此相互熟悉了解，从而降低技术创新的交易成本。

3）产业集群降低技术创新风险。单个企业的技术创新存在不确定性，所以风险较大。然而产业集群内企业相互紧密联系，有助于共享知识和信息以获取先进技术，这就降低了技术创新成本。率先采用技术创新成果的企业带动和引导其他企业的技术创新，大大降低市场不确定性和技术带来的风险，为产业集群内部的企业技术创新成功提供了保障。

4）产业集群加快技术创新进程。产业集群内企业之间相互快速交流与互动，加快了潜在性知识的快速传播；产业集群内的众多企业开展竞争与合作，共同开发新技术。

技术创新活动是否活跃取决于活动背后的影响因素的推动力大小，创新的推动力大小决定了技术创新活动的速度和程度，也会影响技术创新活动规模。这种影响因素可能是内生的，也可能需要借助外界力量；可能是自发形成，也可能是被动形成，当这种影响因素足以推动活动本身向前发展时，技术创新就形成更强大的生产力。

企业通过技术创新可能获得的经济利益和相对竞争优势是产业集群技术创新的内部影响因素。

16.1.3 内部影响因素

（1）企业利益驱动

产业集群内企业技术创新的目的是获得更多的经济利益，保证企业的生存和发展,这会对企业产生较大的激励力量。产业集群内部不同环节的企业都希望通过技术创新降低生产成本或提高产品的质量以取得市场竞争优势,从而获得最大的经济利益。为此,企业就会尽力进行技术创新以获取最大的利润,并维持企业在产业集群内的竞争地位。

(2) 企业家的创新意识

企业是技术创新活动的主体,企业家精神在产业集群内部创新动力要素中占据着重要的位置,对企业文化和企业创新能力有着重要的影响。企业家的创新意识引领着企业技术创新活动的开展,并对整体创新动力产生巨大的影响。但是,我国众多中小企业家普遍缺乏创新意识,缺乏创新动力。主要原因有两点:首先,通过技术创新,虽然能够带动企业产业升级和转型,增强企业的竞争力,带来更大的商机,但由于不确定因素的影响,一定的风险也是存在的;其次,企业家有时不能及时认识到技术创新的重要性,或者由于知识外溢性、不确定性等使企业不愿意把其资源投入技术创新活动中。当今中小企业的当务之急是转变观念,增强技术创新意识。

(3) 企业的技术创新能力

产业集群内企业的技术创新能力是企业技术创新的关键因素,特别是一些关键核心的技术创新能力,企业一旦缺乏则无力创新。企业技术创新能力不足时,可以通过集群内企业合作交流,共同完成某项技术创新。

(4) 集群创新文化环境

集群创新文化环境包括集群内成员的价值观念、社会风气、风俗习惯等内容,直接影响人们追求创新的热情,对区域的集群创新行为影响深远。产业集群内的创新文化将影响企业家的技术创新态度,有创新意识的企业家会采取积极的创新战略,占据市场。培育集群创新文化环境对增强集群的聚合程度,发挥集群集聚效应有着十分重要的作用。因此,培育良好的集群创新文化环境就显得至关重要。

(5) 企业员工的积极性

企业员工的技术创新能力是企业技术创新重要的动力基础。他们对技术创新的倾向,对实现自身价值的渴望,对企业的发展愿景,都是推动产业集群技术创新的动力。创新网络内信息和知识资源的共享与传输,有效利用相关资源,这会对产业集群下企业技术创新产生巨大的影响。

16.1.4 外部影响因素

影响产业集群内企业技术创新的外部因素有很多,具体有政府政策激励、科技动力机制、市场动力机制、企业与科研机构的合作创新等。

(1) 政府政策激励

政府不仅通过制定政策引导市场经济主体，而且还参与市场活动。政府激励企业技术创新的措施包括建立完善的企业法律体系，加强政府的财政、信贷支持，减免新产品税，建立面向企业的技术创新支持、人才培训、信息咨询等方面的社会化服务体系等。良好的外部环境是企业技术创新活动必不可少的基础，政府行为会推动企业通过技术创新实现可持续发展。政府政策对产业集群内企业技术创新有着影响、制约和激励的作用。产业集群中的企业在政策引导下，按政府意图进行技术创新。政府的政策指引并迫使企业进行技术创新，淘汰落后的产品、生产设备和生产技术等以适应经济的发展。政府在企业集群建设中发挥着重要的引导作用。政府通过改变和优化产业集群的关键影响因素来提高产业的创新力和竞争力。政府的作用主要表现在以下几个方面：第一，基础设施建设方面。完善的基础设施能为产业技术创新提供极大的有利条件，加快技术创新的步伐。地方政府进行相关基础设施的建设，提升区域内硬件水平，也可以鼓励外地供应商加入产业集群内，提高运输、通信和其他基础设施的质量。第二，制度方面。政府要积极完善有利于企业开展技术创新且能保护企业技术创新成果的政策、法律，为集群技术创新创造良好的制度环境。第三，管理、引导方面。政府是市场经济活动的主要管理者，应该制定长远的战略规划，引导群内企业行为，加强集群内企业的产品的国际竞争力。现代创新活动的投入及风险不断增加，创新者的利益如果得不到保障，那会影响整个技术创新的进程。

(2) 科技动力机制

技术创新是以新技术投入为特点，以新技术的应用为前提的技术活动。随着信息技术的发展和科技的深入应用，传统的生产方式、生活方式和思维方式与现实的矛盾越来越突出，企业对技术创新的需求也越来越旺盛，新技术成为推动企业技术创新的一种不可或缺的重要力量。一方面，产业集群中的某一企业的技术创新措施、成果可影响相关企业的技术创新步伐，促使产业集群内整个价值链上的企业都要进行技术创新；另一方面，产业集群内企业要进行规模化生产，采用和引进新技术，开发新产品、降低生产成本，以实现集群内规模化生产。企业限于自身的知识储备，技术创新能力受到限制，但科研机构和大学可以提供很多专业技术知识，把两者有机结合起来，可达到共赢的效果。企业借用科研院所的外脑来开发新技术和新产品，使产学研相结合，这将大大提高创新的效率和效益，会对企业产生较大的激励力量。产业集群内部不同环节的企业都希望通过技术创新降低生产成本或提高产品的质量以取得市场竞争优势，从而获得最大的经济利益。为了追求自身的经济利益，企业会尽力进行技术创新，这不仅可以使企业获取最大的利润，而且还能维持企业在产业集群内的竞争地位。

（3）市场动力机制

市场是促使企业成员长期参与技术创新活动的动力机制，并通过市场结构、市场体系要素与市场规律等促使企业不断地进行技术创新。同时，市场也是一个对技术创新进行组织的过程。市场规律产生的双重效应与企业的生存与发展的内在要求的结合是企业进行技术创新活动的重要动力。

产业集群内企业技术创新市场动力有力地保障了企业技术创新活动。事物变化发展是内因和外因共同作用的结果。技术创新的发展也是其内在动力和外在动力共同作用的结果，坚持把内部动力与外部动力相结合以推进技术创新。内部动力的发挥需要借助于外部动力的作用，而外部动力只有转化为内部动力才能发挥其激励作用。内外部动力的结合不断推动产业集群技术创新的转型升级。

（4）企业与科研机构的合作创新

企业与高校的合作加速了集群内企业技术创新的步伐。一般企业内部没有专门的科研部门，主要依靠科研机构提供信息、知识资源来解决企业创新能力有限和创新资源条件不足的问题。这为企业研发能力的提高和技术创新的有效实现提供了保障。比如贵州航空集团的高分辨率无人航空遥感系统的发展是通过与北大合作实现的；中关村的发展与当地大学和科研机构的合作创新是分不开的。

（5）产业集群技术创新网络体系

产业集群是企业空间集聚的重要组织形式，内部组成的创新网络体系有利于企业间知识的传播与人才的沟通，优化了创新资源配置。产业集群为创新成果的扩散和应用提供了场所，其目的是加速技术创新成果在集群内的扩散和运用，从而提高整个产业集群的竞争力（见图16-3）。

由图16-3可以看出，产业集群创新网络体系是以产业集群为平台的创新扩散系统，是集群创新扩散系统与集群内外部环境的结合。创新网络体系由高

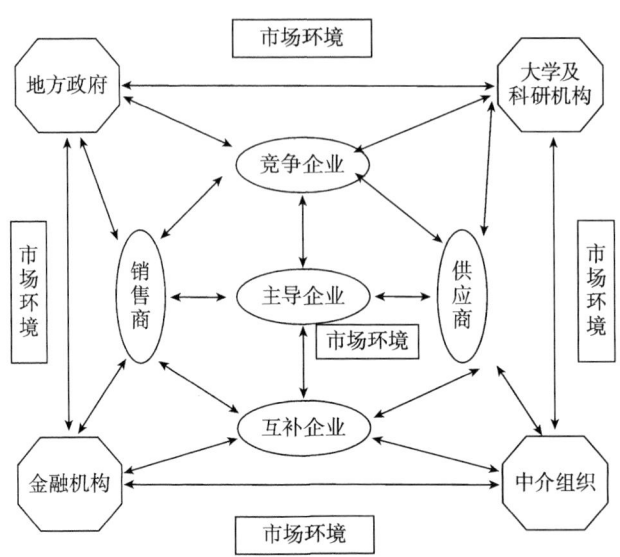

图 16-3 产业集群技术创新网络体系

校、中介组织、企业、政府等主体组成,创新技术由此高效地扩散。同时,产业集群创新网络体系是客观存在的,以组织的形式形成,不以人的意志为转移,演化的方向取决于系统本身的状态,对其分析研究的目的在于进行人为的调控和干预,使之高效、合理、有序地运行。

创新是一个国家和民族的灵魂,是一个民族最重要的素质,其创新能力决定了一个国家在国际竞争中的地位。

1)产业集群有利于技术创新激励机制的形成。产业集群内部的竞争压力激励着产业集群内的企业保持技术创新的持续动力并激发相关企业的创新潜能。集群内企业之间的竞争是推动产业集群技术创新的动力,集群内企业几乎可以同时感觉到竞争的隐形压力,这就促使企业改进新技术,开发新产品,在竞争中处于不败之地。

2)产业集群有利于技术创新协作机制的形成。协作机制的形成可以使集群内企业建立长期、稳定的合作关系,他们可以共享资源、知识和信息,并且进行优势互补,实现供应商、制造商和分销商之间的技术创新合作。协作机制的形成可以克服单个企业的技术创新能力的有限性,并减少由于技术创新活动的不确定性带来的风险。

3)产业集群有效地降低了企业技术创新成本。一方面,产业集群内各主体可以推动技术的创新与扩散，产业集群内部专业化分工进一步细化，从而推进产业集群的优化和升级。另一方面，产业集群内部的专业化分工可以促使各相关企业加强核心技术的研发。企业间的竞争合作机制的形成，可以减少每个企业的创新成本，从而降低技术创新的成本。

16.2 产业集群技术创新的发展路径

产业集群技术创新的实现也是产业集群在技术创新推动下不断升级的过程。赵涛等（2005）认为产业集群有利于构建产业集群创新系统，主要包括核心层、服务支撑层和宏观环境层三个层次，能加速技术创新活动的进程。黄坡、陈柳钦（2006）分析了产业集群和企业技术创新之间的互动关系，并阐述了产业集群与技术创新的协同合作关系，产业集群程度越高，技术创新活动就越频繁。黄中伟（2007）认为由市场关系网络和社会关系网络形成的网络组织能降低技术创新成本和风险，缩短技术创新周期，加速技术创新成果和技术的扩散。

综观国内外学者关于产业集群技术创新的发展路径的研究，具体总结出三种路径：以政府为"倡导者"的产业集群技术创新的发展模式；以企业协同为核心主体的技术创新网络体系；以创新网络为纽带的产业集群模式（见图16-4）。

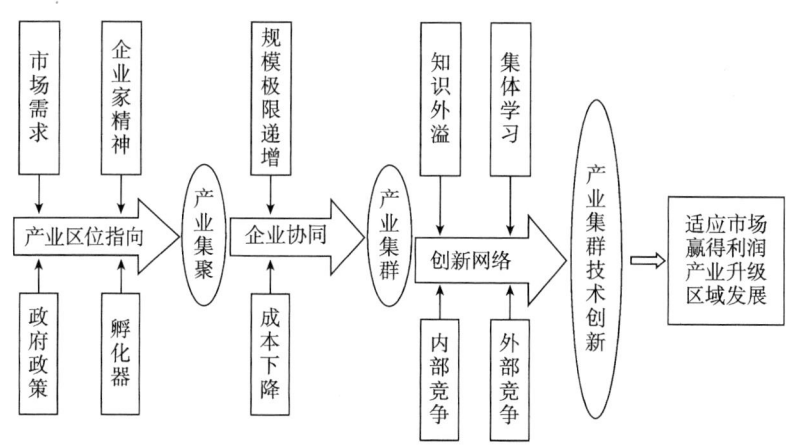

图16-4 产业集群技术创新发展路径

第一种，以创新网络为纽带的产业集群模式。创新网络在集群企业技术创新活动中的重要作用已成为学者们研究的重点之一。产业集群为企业创新网络体系的构建提供了环境。20世纪80年代中期在法国成立的欧洲创新研究小组（GREMI）较早进行了区域创新的系统研究，他们强调企业和创新要素之间形成的创新网络的作用。大企业之间通过合作结成联盟，中小企业可以与大企业合作，通过以小补大和以精取胜的互补作用，逐步提高自身创新能力。

第二种，以政府为"倡导者"的产业集群技术创新的发展模式。一方面，地方政府通过组织信息、资源等优势鼓励专业化服务机构的发展；另一方面，政府通过建立政府主导型的专业化服务机构，使政府间接进入促进产业集群发展的过程中。

第三种，以企业协同为核心主体的技术创新网络体系。产业集群技术创新是一个集经济、生态于一身的复杂过程，企业是技术创新投入、产出及收益的主体。产业集群内各行为主体形成不同的网络节点进行知识、信息、生产要素的交流，有利于提高产业集群技术创新的能力和效率，构建产业集群技术创新网络体系。集群内企业可以通过加大经费投入力度、完善技术创新机制及加强企业间的协作交流等方面来提高自主创新能力和研发能力。同时，企业要增强自主知识产权的保护意识，进行企业组织变革来充分发挥管理人员及员工的潜力。其中，加强产业共性技术研发、解决关键性技术问题，是提升企业技术创新能力、推动产业技术升级的关键。产业共性技术促进企业技术创新的逻辑过程如图16-5所示：

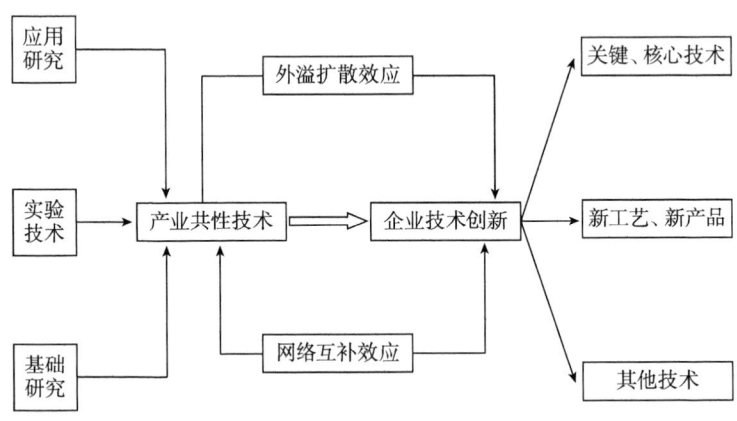

图16-5 企业技术创新逻辑过程

完善的支持体系是集群持续创新的关键，也是集群内部结构不断优化，健康、稳定发展的重要保证。因此，只有不断加强企业在发展中的技术创新体系建设，才能更好地促进产业集群的发展。对此，集群内的企业需加快制定各地支持和推动区域创新的相关政策及其实施细则，从科技投入、政府采购、金融支持、人才建设、税收激励、知识产权保护等方面，优化完善集群创新服务体系。

16.3 安吉竹产业集群技术创新现状及影响因素研究

16.3.1 安吉竹资源现状及发展历程

安吉县位于浙江省北部，是我国的"竹林之乡"和"白茶之乡"。安吉县全县拥有人口45万人，三面环山，中间凹陷，呈现出东北开口的"畚箕形"的辐聚状盆地地形。安吉县竹林面积丰富，其中有60%的林地面积为竹林，约有108万亩。在2009年，安吉县生产总值为159.52亿元，比上年增长11.2%，其中，竹产业产值达112亿元，占安吉县生产总值的70%。同时，形成了系列竹产品加工企业。到2010年，浙江省安吉县有竹业加工企业2632家，竹产品已形成了七大系列3000多个品种，笋竹加工产品也有数百种。2011年，安吉竹产业综合产能居全国第一，产值达到143亿元，人均收入高达7200多元。

安吉县对竹资源的开发利用主要经历了以下四个阶段：

1）改造阶段（1950—1960年）：安吉县政府在充分利用当地资源优势的基础上，开始加大对竹资源的开发和改造，尤其加大了对毛竹林地和竹木混交林地的改造，为今后安吉大规模发展竹林资源奠定了基础。

2）开发利用阶段（1960—1980年）：在前一阶段的基础上，安吉县开始加大对竹林资源的开发和利用。首先是加大了对林地的投入力度，其次是加强了对竹林用地的管理。同时，安吉县着重建立大型的毛竹林基地，大力发展相关林地，推动竹林资源建设。通过系列的开发和管理，安吉县竹林资源得到了快速的发展和提高。

3）培育发展阶段（1980—1990年）：从20世纪80年代开始，安吉县政府认识到光靠发展毛竹林不能满足市场经济发展的需求，开始加大对竹林的林种培育，发展笋竹两用林。笋竹林的开发不仅促进了安吉县经济的发展，还为其经济发展提供了一个新的渠道。

4）高效提升阶段（1990年至今）：随着改革开放的深入和市场经济的推进，竹林资源的快速发展给安吉县的经济带来了巨大的经济效益。安吉县政府加大竹林开发力度,扩大竹林面积,并通过荒山绿化、改造中低产田的方式营造竹林,加强对低产竹林改造。

随着安吉竹资源的开发和利用,安吉竹资源在种植面积和开发利用方面取得了较快的发展,尤其是在竹资源的种植品种方面表现明显。这在客观上为竹资源的深入开发和竹产业的快速发展创造了条件。

16.3.2 安吉竹产业集群的现状及发展历程

随着安吉县竹资源的迅速发展及20世纪90年代以来经济的快速发展,安吉县竹产业得到了快速发展,并出现了集群现象。尤其是从20世纪90年代以来,安吉县政府加大交通设施建设,完善对外招商引资政策,营造创新环境。通过这些措施,安吉县竹产业得到了迅速的发展并为竹产业集群的发展奠定了基础。与此同时,随着经济的发展,安吉竹加工企业的分布越来越集中,产业集群现象也越来越多。到2010年,安吉县约90%的竹加工企业分布在地铺镇、梅溪镇、孝丰镇和天荒坪镇。图16-6是安吉竹加工企业的分布。

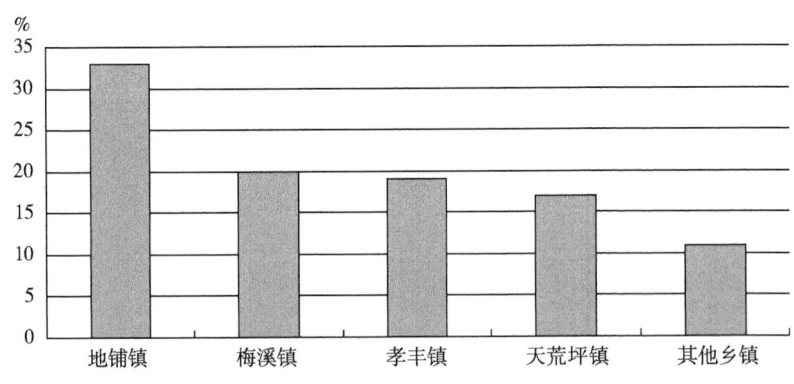

图16-6 安吉竹加工企业分布

通过图16-6可以看出,总体来说,安吉县竹林资源总体分布较为平衡。具体而言,安吉竹资源主要分布在地铺镇和梅溪镇,它们占到安吉县竹林资源的53%,除此之外的其他乡镇占到安吉县的47%。其中,有33%的竹林资源主要分布在地铺镇,有20%的分布在梅溪镇,孝丰镇、天荒坪镇和其他乡镇竹资源分布较为平均,在15%左右。发展和维护安吉县竹林资源对安吉经济的发展具有重要的作用。因此,在不断对竹产品初级开发的同时,还需要对竹林产业进行技术升级,研发竹林等高新技术产品。安吉县竹加工业原材料利用率低,没有形成自己的品牌优势。许多笋竹加工企业往往采用一家一户的作坊式生产，生产成本较高，质量较低。安吉竹产业存在布局分散不集中、自行销售的特点，因而大部分企业竞争能力不强，难以打入国际市场。针对这些问题，安吉竹产业应该集中经营，扩大产业集群的规模，提高技术创新能力，从而增强安吉竹产业的技术创新水平。

改革开放前，安吉县以直接利用原竹作为建筑用材为主，径级小，这一时期主要输出原竹和简单手工编制农业生产用具及日常用品。虽有大量的竹林及其竹资源，但是竹资源尚未得到人们的重视和开发利用，普遍轻视竹林的培育管理。因此，虽有大量的竹资源，但由于径级小，只能作为生活资料，并未带来很大的经济效益和社会效益。

20世纪70年代末至80年代中后期，党的改革开放政策犹如春风吹开了竹乡的大门。随着国家经济管理体制的改革和产业政策的调整，该县立足山区做好竹文章，培育开发竹资源，其主要措施包括改造低产毛竹和建设林笋竹两用林。安吉县的笋竹制品加工业走上了快速发展阶段，形成了笋竹加工产业。全县投入4000多万元资金和100多万劳动力，共改造1.6万公顷低产林，增加竹林面积约5330公顷，建设毛竹丰产林和笋竹两用林达4000公顷，毛竹林总蓄积量达到1.12亿根。年产商品毛竹从20世纪70年代的750万根增加到1350万根，增长80%；年鲜笋产量从1万吨增加到2万吨，增长1倍；竹林总量扩张，质量整体提高。安吉县这个当年的原竹输出大县，变为原竹输入大县。安吉县委、县政府及时提出了"生态立县—生态经济强县"的经济和社会发展思路，这种发展理念的转变，促使安吉人共同建设和发展生态城市、生态农业、生态旅游和生态工业。

20世纪90年代以来，安吉竹产业进入了飞速发展时期。随着市场经济的发展，安吉县依靠竹林资源的优势，加大了对竹资源的开发和利用。开展了以市场为导向，以科技为依托，以加工为入手，以提高竹林整体效益为目标，全面提升竹产业的品位和竹林综合效益的竹产业生产运动。安吉县竹资源得到了迅速的发展，这不仅给安吉县带来了诸多荣誉称号，还给安吉县带来了巨大的经济效益、社会效益、生态效益。安吉县竹产业发展在带来巨大的经济效益的同时，还保护和改善了周围地区的环境。安吉成为全国著名的生态经济示范县，产品还销往日本、韩国，形成了地方经济的新格局。

2007年，安吉有竹加工企业1621家，其中年产值在500万元以上的规模加工企业90多家，品种近5000种。竹产品总产值96亿元，有国家和省级林产品加工龙头企业5家，市、县级龙头企业16家，安吉以全国1.8%的竹资源创造了全国20%的竹产值，产品主要销往港澳台和日本、韩国、东南亚及欧美地区。全县形成了十多个竹凉席、竹扫帚、工艺扇、竹编制品及竹工艺品专业加工村。2009年，安吉以仅占全国1.8%的竹产量创造了全国20%的竹产值，形成8大系列3000余种竹产品；竹地板产量约占全世界产量的30%；竹凉席占据了国内市场30%的份额，竹加工机械制造业占据80%的国内市场。安吉县的竹子在立竹量、商品竹年产量、竹叶年产值、竹制品年出口总额、竹业经济综合实力等五个方面位居中国第一。

安吉竹产品加工业已经形成了竹轻工、竹纺织、竹化工等完整的产业链，并发展形成了特色的产业集群。调查显示，有30%的企业具有较大规模的生产能力。其中，有29家企业的年销售收入达到1000万元以上，3家企业的年收入超过了5000万元，2家企业的年收入超过了1亿元。2017年接待游客超过2237万人次，旅游综合收入超过280亿元。

16.4 安吉竹产业集群技术创新现状

16.4.1 安吉竹产业集群创新网络系统

企业与政府、大学、科研机构、中介机构以及金融机构组成了安吉产业集群创新系统。其中，核心网络系统包括安吉竹产业加工企业、原材料供应商、制造商、销售渠道和客户；中间网络系统包括安吉竹产业科技创业园、竹产业协会等中介机构；外围支撑网络系统包括安吉地方政府、金融机构、外部教育科研机构等相关方面。安吉竹产业与多所普通高等学校和科研技术开发机构进行合作，比如与浙江农林大学、中国林科院亚林所和浙江省林科所开展合作。全县申请400多件竹制品生产专利（其中发明专利3件），开发竹产业新产品20多个，企业研发新产品的能力明显提高。

安吉的竹产业链已经形成了一个产业集群，成为我国竹产业的重要发源地和产品集散地。在安吉竹产业集群内和周边地区有较多高等院校、科研单位、中介服务机构（科技创业院和竹产业协会等），安吉县政府可与这些单位或机构开展广泛的合作，积极构建安吉竹产业集群创新网络体系。安吉竹产业集群创新网络系统如图16-7所示。

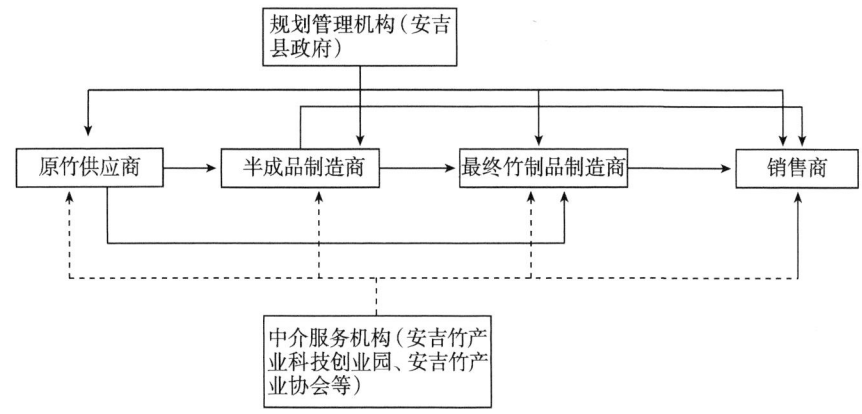

图 16-7 安吉竹产业集群创新网络系统

16.4.2 安吉竹产业集群技术创新现状分析

安吉地方政府大力支持安吉竹产业集群的技术创新发展。2010 年安吉县政府工作报告明确制定一系列技术创新优惠补贴的政策,如对完成国家级企业技术中心创建国家级重点实验室的竹产业企业一次性给予 300 万元的奖励;对通过行政方式获得国家驰名商标或品牌产品的竹产业企业一次性给予 100 万元奖励。经过几十年来的努力,在安吉地方政府的大力支持下,安吉竹产业通过优化结构、完善产业链、改善投资环境、增加产品附加值等,逐步走向现代产业集群转型升级之路。但是,安吉竹产业的整体竞争力有待提高。目前,安吉竹产业集群内企业大多是中小企业,规模较小,技术创新能力差,品牌建设薄弱,产业集群技术创新网络体系不够健全,竹产业集群的可持续发展与转型升级比较困难。表 16-1 是 2007 年以来安吉竹产业新产品开发情况。

表 16-1 2007—2011 年安吉竹产业新产品总值和竹产业新产品产值

年份	2007	2008	2009	2010	2011
新产品总值	28.10	27.57	33.40	47.50	62.75
竹产业新产品产值	3.64	3.57	5.01	9.09	12.70
比例(%)	12.95	12.15	15.00	19.14	20.24

资料来源:浙江省安吉县统计局统计资料(2007—2011 年)

由表 16-1 可知,总体来说,安吉县新产品总产值和竹产业新产品产值都呈现出不断上升的发展趋势,在这短短五年的时间里,安吉县竹产业新产品产值占新产品总产值的比重增长了约 7.3 个百分点。这一方面可以看出,安吉县竹产业新产品开发对整个安吉县新产品的开发具有重要的作用；另一方面也说明，安吉县竹产业在新技术开发尤其是在创新技术在新产品的开发应用方面有了长足的发展。

具体来说，安吉县竹产业新产品产值在2008年有所下降，但在2010年竹产业新产品产值占新产品总产值有了较为快速的发展。这很可能是因为，全球金融危机给安吉竹产业新技术的开发和应用产生了一些负面影响，阻碍了安吉新技术的开发和技术的实际应用。到了2010年，随着经济的复苏和科技的深入发展，安吉县政府加大了技术的投入开发力度，加大了新产品的开发力度。

近年来，安吉竹产业集群内企业为加快技术创新的步伐，实行科学种竹，竹资源的产值也从2007年的98亿多元增加到2011年的143亿多元，给企业带来了巨大的经济收益。2011年，安吉县共申请400多件竹制品生产专利（其中发明专利3件），开发竹产业新产品20多个，企业研发新产品的能力明显提高。全县销售收入超亿元企业从22家增加到82家，超10亿元企业达到3家，新增中国驰名商标10件，省级以上名牌产品21件。新增国家高新技术企业25家，省级研发中心18家，引进各类人才1.2万人，成为国家可持续发展实验区。2011年安吉生产总值为222.01亿元，其中科技研发经费支出为3.12亿元，占地区生产总值比重达1.4%以上，为企业破解技术难题，为技术攻关提供了保障。安吉竹产业集群技术上的创新和升级，将提升整个区域的竞争力，从而促进经济的发展。

安吉竹产业集群技术创新已拥有相对完善的市场机制。完善的市场经济体制是引导企业进行技术创新的基本前提和基础条件。建立完善的市场机制，以此来引导企业进行技术创新，促进其创新技术的发展。目前，安吉县通过系列改革为经济发展创造了良好的市场条件，具备了较为完善的市场经济体制，这不仅为安吉县经济的发展创造了机会，更为其企业的技术创新提供了客观的制度保障。同时，安吉县通过不断加强政府的经济、行政职能，完善市场机制，实现了竹产业的优胜劣汰，促进了安吉县竹资源的有效利用，使其自主创新能力不断提高，尤其是在竹产品加工企业对新产品的研发和创新方面。通过以上这些努力最终实现了竹产业的产业升级。

16.4.3 安吉竹产业集群技术创新存在的问题

安吉竹产业在形成产业集群的同时，技术创新能力稍弱，未能形成有序的科技创新体系。安吉竹产业集群在技术创新方面还是存在着明显的不足之处，比如安吉竹产业集群技术创新能力较为薄弱、技术创新激励机制缺乏、技术创新人才短缺、技术基础设施滞后等。

(1) 安吉竹产业集群技术创新能力较为薄弱

目前,安吉大部分竹产品结构仍以劳动密集型产品为主,竹产品加工企业的创新能力较弱,在竹产品的制造方面简单,高、精、尖的产品很少,产品同质性强。而且,竹产品加工企业之间技术保护力度不够,尤其是企业间存在着恶性竞争,造成了企业整体水平不高和发展困难。比如市场上出现一种新产品,往往几十家企业争相模仿,盲目跟风,造成了市场饱和,压低了产品的价格,不能形成良性的竞争环境,提升不了企业产品竞争力和市场占有率。企业间的不良竞争阻碍了企业的创新积极性,不利于提高企业的整体研发水平以及竹产业的发展。

(2) 缺乏技术创新激励机制

首先,安吉地方政府对安吉竹产业企业专利奖励和新产品奖励等优惠补贴政策,相较于企业的技术创新投入来说是远远不够的,激励措施力度有待提高;其次,集群内部的不健康行为也减弱了企业技术创新的积极性。

(3) 高级技术人员短缺

企业能否利用和吸引人才对企业的发展具有重要的作用。几年来,安吉县虽然与省内一些大学、研究院建立了协作关系,并制定政策和采取了相关的措施来吸引人才,但仍不能满足安吉县对研究开发人员和高学历人员的需求。因此,安吉竹产业要想得到更快的发展,就必须不断地吸引人才,加强与高校的协作。

(4) 企业规模小,经营管理不善,抗风险能力较弱

安吉县竹产业集群内企业多数规模较小,发展后劲不足。小规模的竹产品加工企业采用传统的作坊式生产、加工方式,生产效率低下,产品创新意识薄弱,生产成本较高。这些小加工作坊生产的产品无法深入竹产品市场,其只能进行粗糙的加工,自身竞争力无法与大型竹产品企业相比,这样也就难以在竹产品市场上有立足之地。相关资料表明,有超过30%的小型竹材初级加工企业在2008年的金融危机中倒闭。近年来,虽然安吉竹产业企业的规模有了很大程度的提高和发展,但是企业的整体研发力度和创新能力仍然较为薄弱,企业对其重视程度也远远不够。另外,多数企业的管理手段落后,品牌意识不强,经济效益不高。少数集体企业由于经营管理不善,导致资金周转不灵,停

工停产，亏损严重。

（5）集群中技术基础设施发展滞后

从安吉竹产业集群看，集群内部资源和能力的限制使产业集群的发展需要依靠技术基础设施的支持，但其技术基础设施发展较滞后，具体表现在当地没有科研机构和大学，金融机构对中小企业的支持力度远远不够，政府对集群的公共服务不够等。

16.4.4 安吉竹产业集群技术创新的影响因素分析

企业是技术创新的主体，企业能否发挥其积极性和创造性进行技术创新是关系企业存在与发展的前提。目前，安吉县竹产品加工企业的自主创新意识不强，创新技术研发滞后，这远远不能满足市场发展的需求。目前，安吉竹产品仍然主要是一些低端、初级产品。据统计，安吉县竹材加工企业大多数为缺乏科技创新意识的小型加工企业，许多笋竹加工企业采用传统的一家一户式的作坊式生产方式。这主要是由于市场环境不确定性因素的增加和产品技术开发风险的存在，大多数企业不愿意把资源投入技术创新活动中。

安吉县竹产品加工企业在技术创新能力方面较为薄弱，限制了安吉竹产品加工企业的发展，这尤其体现在科技成果的转化和专利申请方面。据统计，安吉县竹产品加工企业的科技成果转化率、覆盖率仍然较低，其对林业经济增长的贡献率只有30%。而在竹产品加工企业的专利申请方面，到2009年安吉县竹产业仅有5%是发明专利，绝大多数为外观设计专利。

此外，市场竞争机制、创新环境以及企业间的竞争与合作关系等因素深刻影响着安吉县竹产业的发展。虽然安吉县对竹产业进行了相关的改革，为其竹产业的发展创造了一个良好的发展环境，但安吉县竹产品加工企业在对竹产品开发与销售方面仍然缺乏有效的市场信息以及良好的沟通。同时，企业间在合作方面仍然缺乏积极性，大多数竹产品加工企业仍然是单打独斗型，企业间缺乏足够的协作和沟通。

通过对安吉竹产业集群技术创新的现状研究发现，目前安吉竹产业集群技术创新取得了很大的发展，但还受到很多限制性因素的影响，主要包括集群内企业技术创新意识薄弱，技术创新资金投入较少等。所以，加快安吉竹产业的快速发展，必须采取有效的措施，提高其技术创新能力，增强市场竞争力。同时，政府应加大政策支持力度，为集群内企业技术创新创造良好的环境。

16.5 安吉竹产业集群技术创新 SWOT 分析

SWOT 分析框架最早是由安德鲁斯提出来的，它是研究企业战略的工具。SWOT 分析把企业内部资源与能力所形成的优势、劣势、机遇和挑战的情况相结合并进行分析，在此基础上，制定适合企业实际情况的经营战略和策略的方法。

安吉竹产业集群以中小企业为主，现有竹加工企业 2632 家，2011 年安吉竹产值超过 143 亿元，占安吉生产总值的 64.41%。安吉竹产品在开发应用以及技术创新方面仍然步履维艰，通过对安吉竹产业集群技术创新的 SWOT 分析，找到安吉竹产业技术创新发展的有利及制约因素，对安吉竹产业的技术创新有着重要意义。安吉竹产业集群技术创新的 SWOT 矩阵如表 16-2 所示：

表 16-2　安吉竹产业集群技术创新的 SWOT 矩阵

内部条件 外部环境		优势 S ·资源丰富，全国之首 ·文化载体，历史悠久 ·竹业生产，技术领先 ·以竹胜木，成本低廉 ·规模生产，效益集聚	劣势 W ·传统意识，根深蒂固 ·粗放种植，单产偏低 ·人才短缺，引留困难 ·资产经营，收效甚微 ·产品单一，难御风险
机遇 O	·生态经济，大力发展 ·政府扶持，政策优厚 ·以竹代木，前程锦绣 ·新材开发，商机无限 ·文化复兴，机遇难求 ·环保低碳，方兴未艾 ·高新技术，空间广阔 ·绿色产品，备受青睐	SO 战略（加速发展） ·积极开拓国内市场 ·延伸竹产业链条 ·金融资本经营 ·开发新技术 ·引资、兼并，降低成本扩张	WO 战略（变短为长） ·做强做大竹产业 ·培育优化竹品种 ·优化整合组织结构 ·加强人力资源培育 ·开发新产品，弘扬竹文化
挑战 T	·地理偏僻，交通不便 ·信息闭塞，难随潮流 ·结构调整，升级压力 ·网络经营，价格大战 ·地方保护，制约发展	ST 战略（扬长避短） ·立足传统竹产业生产 ·保守的金融资本运营 ·兼并本地濒临破产企业 ·创办新型竹加工企业 ·加大文化价值宣传	WT 战略（以退为进） ·降低竹子生产成本 ·实施自主创新 ·与文化产业、生产制造业等建立利益共同体 ·大力发展第三产业

内因是事物发展的根本动力，产业集群技术创新的发展同样需要强劲的内在动力支撑。从安吉竹产业集群的发展过程来看，内部因素起到了至关重要的

作用。积极的内部因素会促进产业的发展,而消极的内部因素也会阻碍竹产业的发展。安吉的竹产业集群技术创新内部条件包括两个方面,即优势与劣势。

16.5.1 优势分析

目前,安吉竹产业拥有完整的产业体系,随着现代科学技术的发展及相关辅助性行业的出现,安吉竹产业集群已形成了较为完整、配套协作的产业体系。安吉县竹产业在全国已形成生产规模最大,产业网络体系最完整,市场销量最大和设备最先进等明显的优势。

(1) 安吉竹资源方面

首先,安吉竹林面积大,竹子数量多。2010年,全县竹林面积为108万亩,占林地面积近60%。丰产竹林的毛竹量为每亩180根,每年可砍伐1800万根毛竹,稳居全国首位;其次,安吉竹子种类多样,利用价值高。在中国500多种野生竹种中,安吉县有360多种,是世界上竹子种类最多的地方;最后,安吉竹子有巨大的开发潜力,并实现了全竹利用,其综合利用率最高。从历史数据来看,其竹产业的规模是中国之首。这一关键因素决定了安吉发展竹产业集群技术创新的优势。2009年,全县竹产业的产值达112亿元,仅竹笋就为全县农民人均增收6500元,占农民人均收入的60%以上,超过了其他产业产值的全部总和。有关资料显示,安吉县已提出到2015年竹产业集群产值实现200亿元的目标。

(2) 文化载体,历史悠久

竹子精神在华夏文明史上写下光辉的一页,历史赋予竹子虚怀若谷、高风亮节、既虚又实、能高可低的特性,使其受到世人的尊敬。竹子精神难能可贵,作为企业家应该以开放的心态放眼世界,纵览古今;以宽广的心态,熔铸新知;以大无畏的心态,敢为人先,勇于创新;以崇敬的心态,追求真理,永不停息。

(3) 专利技术

自1997年以来,安吉县政府加大对竹产业开发的科技投入,安吉竹加工企业已相继开发出了竹叶黄酮系列产品、竹叶抗氧化剂、竹纤维、新型竹地板等34个新产品,竹产品的附加值大大提高。2009年,安吉竹产业总产值为112亿元,其中安吉竹产业新产品产值为5.01亿元,占安吉新产品总值的15%。2010年,安吉竹产业总产值为129亿元,其中安吉竹产业新产品产值为9.09亿元,占安吉新产品总值的19%以上。2011年,安吉竹产业总产值为

143亿元，其中安吉竹产业新产品产值达到12.70亿元，占安吉新产品总值的20%以上。

（4）科研人才方面

自20世纪以来，安吉县加强与高校及研究院的合作与交流，并构建竹产业发展技术平台。安吉竹加工企业在竹子产品开发中共申请产品专利317个。在科技研发方面，安吉县不断增强科技创新力度，竹产品科技含量不断提高。

（5）集聚效应优势

经过几十年的发展，安吉竹产业在国内竹产业市场上具有较高知名度和影响力，并已建立了高效循环、可持续发展的产业网络体系。与此同时，其加快了企业的专业化程度，降低了企业的交易成本，企业集群的规模不断扩大。此外，竹产业的发展也吸引了大量专业人才的集聚，形成了专业人才市场，从而大大降低了企业寻找专业技术人员的成本。

16.5.2　劣势分析

劣势的存在一定程度上制约了安吉竹产业的发展。安吉竹加工企业传统意识普遍较强，他们粗放经营，单产较低。在安吉的竹产业中竹笋和竹木占据了绝大部分，品种比较单一，抗风险能力较差，难以抵抗外部的冲击。竹产业作为农业、林业的一个重要方面，要面对林业和竹业面临的一些基本问题，其中资金和人才问题是当前影响竹产业发展的重要方面。具体而言，内部制约因素包括以下几个方面：

第一，传统意识，根深蒂固。安吉竹种资源丰富，竹子发展历史悠久，但竹产业资源丰富优势没有得到充分发挥，出现了毛竹加工产品雷同、恶性竞争、资源浪费、效益低下等问题。随着竹笋加工、竹浆造纸等竹加工产业的发展，对中小径竹、丛生竹需求量猛增，出现原料短缺的问题。

第二，粗放种植，单产偏低。安吉丰产竹林只有25%左右，而其他的林地大多实行粗放经营，高产、高质、高效竹林面积较少。同时，竹林纯林化的趋势越来越凸显，这严重影响着生态平衡，病虫灾害呈加剧态势。喷灌、配方施肥等高效栽培技术利用力度不足，竹林道路基础设施建设状况较差，影响了竹林资源的运输效率和经济效益。

第三，人才短缺，管理方式滞后。近年，安吉县虽然与省内一些科研院所和机构建立了合作关系，并制定政策，采取了相关的措施来吸引人才，但仍不能满足安吉县专业技术人才的需求。安吉大部分竹加工企业生产规模较小，生产的产品比较单一，新产品开发和技术创新能力不强，未能形成有效的差异化竞争，这对安吉竹产业技术创新的长远发展造成不利影响。相关资料表明，只有8%的竹产品加工企业的年产值在1000万元以上；有超过30%的小型竹材初级加工企业在2008年的金融危机中倒闭。竹加工企业拥有自主知识产权的产品较少，市场竞争力弱。尤其是龙头企业偏少，竹加工企业生产的加工产品类型较少，多为原竹利用，附加值低、初级产品多等特点严重制约了安吉竹产业的纵深发展。

第四，竹产品在国内认知程度低。我国竹产品大多是销往国外，依赖国际市场，在国内市场的市场占有率较低、需求不足，限制了小型竹产品企业的发展壮大。小型竹产品企业热衷于打价格战，缺乏品牌形象以及营销策划，大大阻碍了国内市场份额的扩大。此外，还存在着一些特点，比如无集团公司或企业联盟，龙头企业偏少，企业技术力量普遍较薄弱，设备陈旧，生产规模小，粗加工多，产品开发和市场开拓力度较小。安吉县众多的竹加工企业限于自身的资金、技术和人才力量，收效往往不大，尚未形成系统的产业链。竹产业社会化服务体系完善，缺乏行之有效的管理，从而使得区域服务形象不佳，导致区域品牌形象下降。

16.5.3 安吉竹产业集群技术创新的外部环境分析

竹产业集群技术创新的发展需要重视多因素的协同作业，不仅是内部因素，外部因素对竹产业集群技术创新的发展同样起到了巨大的推动作用。在研究竹产业集群技术创新的发展现状中，外部因素主要包括机遇和挑战两个重要方面。

（1）机遇分析

竹产业是全球公认的绿色产业，是林业发展的朝阳产业，拥有巨大的经济价值、生态价值和文化价值，日益被人们所重视。从机遇方面来看，安吉竹产业技术创新面临巨大的优势。

1）竹产业发展前景良好。市场对木制品的需求持续增长，这导致了世界森林资源的急剧锐减。相比之下，竹子具有经营见效快、生长周期短、生态环保等优势，渐渐地被广大用户所青睐，以竹代木的前景十分光明。安吉县竹产业已经形成完整的产业链，并实现了精深加工的全竹利用。安吉竹产业发展迅速，并已然成为拉动当地经济增长的重要产业。安吉竹产业已走上高科技、高附加值的精深竹加工发展道路。

2）政府政策激励。技术创新的发展是当前国内比较关注的重要话题之一，也是政府发展经济的重要方面。在国家和地方政府的有力支持下，安吉竹产业集群技术创新将会得到更充分的发展。政府的支持体现在多个方面，政府的资金扶持及其他优惠政策是其重要内容。

3）环保效益。由于竹子具有生产期短、质量好、产量大等特点，以竹代木的前景十分光明。国家在大力发展经济的同时也注意到了环境的问题，竹子作为木材重要的替代材料将会有更加广阔的空间，商机也空前无限。环保低碳是竹产业发展的一个重要方面，竹产业开发的产品也被越来越多的企业和个体所接受。高效环保的竹产业还带动了安吉第三产业的发展。

（2）挑战分析

1）竹子的主产区安吉，位于浙江省西北部，地理偏僻，交通不便。竹产业的加工企业也多分布在竹源地，他们的交通区位因素并不好。偏僻的交通位置影响了信息的交流，对运输造成一定的影响。这在一定程度上不利于安吉竹产业集群技术创新。

2）从竹产业的整体来看，其面临着结构调整和升级的压力，竹产业集群技术创新发展需要更加合理的结构调整和转型。首先是竹产业内的转型，即工艺升级、产品升级和功能创新；其次是竹产业间的转型，即从劳动密集型产业转向技术密集型产业和知识密集型产业。

3）产业内激烈的竞争是安吉竹产业集群技术创新面临的又一风险。目前，安吉大约55%的竹子原材料来自福建、江西、安徽等省份，竹加工企业的流动性使国内竹产业的同质化竞争日益严重，制约了安吉竹产业技术创新的发展。安吉竹产业集群技术创新需要网络集群，共同的网络支持才能更好地促进竹产业走向正当竞争的轨道，加快竹产业的发展。

从以上分析来看，安吉竹产业技术创新的发展既有优势也有劣势，只有加大发展竹产业的核心竞争能力，促进竹产业的技术创新和新产品开发才能更好地促进竹产品加工产业的发展。与此同时，安吉竹产业应做到扬长避短，克服劣势，促进竹产业集群的发展。安吉竹产业集群发展的关键能力包括以下几个方面：

第一，竹子资源优势。2010年安吉立竹量1.7亿根，居全国第一；安吉商品竹年产量3000万根，居全国第一；安吉竹业年产值133亿元，居全国第一；安吉竹制品年出口总额达3.5亿美元，居全国第一；安吉全县农民人均从竹子中增收 7100 元，居全国第一。从这些数据中可见安吉竹业的综合经济实力。如此丰富的竹产业资源对竹产业做大、做强具有极大的推动力。安吉的竹子开发要以保护和维持竹子的现有资源优势为基础，同时加大竹子的培育力度与产值目标。只有保证竹资源的产出和生产技术创新，竹产业才能得到更好的发展。竹子的资源优势是安吉发展竹产业的重要作用与基础保障。

第二，产业基础优势。安吉的竹子种植与加工历史均比较悠久，各种配套设施较为齐全，与其他地区发展竹产业相比拥有很大的优势，保持这种关键优势也是竹产业发展的重要方面。安吉的产业基础包括拥有一条相对完善的产业链，从竹子的采购到流通、加工再到消费者手中，整个过程形成无缝链接。这种产业基础优势也将为安吉竹产业的集群发展带来巨大贡献。

第三，综合资源优势。安吉县积极打造一个包括竹种植、竹生产、竹文化、竹子生态旅游在内的综合产业平台。安吉的竹产业集群发展同样离不开竹产业综合资源平台的支撑。这种综合的平台支撑为安吉的竹子产业带来发展良机，而保持这种综合资源优势也将为竹子产业的持续发展带来不竭的动力。

但是，安吉竹产业的发展也存在着限制因素。安吉的竹产业集群最大的限制因素是产业的低端现状，而要改变这一现状显得困难重重。安吉竹产业在多年的发展中，没有形成比较有竞争力的品牌，也没有形成综合生产能力强大的大型竹加工企业。由于企业主大多目光短浅、安于现状、害怕变革，低端发展的模式一直占据着安吉竹产业。这一系列的原因大大限制了安吉竹产业的进一步深入发展。

16.5.4 安吉竹产业发展的战略规划与定位

通过对安吉竹产业集群技术创新的 SWOT 分析，加深了对安吉竹产业集群技术创新的内部条件和外部因素的认识。一方面，从内部条件看，安吉竹产业发展基础良好，资源优势明显，科技含量不断提高，发展潜力巨大。但安吉竹产业集群技术创新发展也存在很多问题，包括地区规模较小，品牌知名度低，附加值低，专业人才短缺及社会服务体系不健全等。另一方面，从外部因素看，安吉竹产业集群技术创新存在很多机遇，如竹产业发展前景良好，政府政策激励及竹资源良好的环保效益等。但尚存很多挑战，如地理位置偏僻、交通不便，竹产业面临结构调整和产业升级的压力以及激烈的竞争等。根据 SWOT 分析结果，制定了安吉竹产业集群技术创新的未来发展战略规划与定位（见图 16-8）。

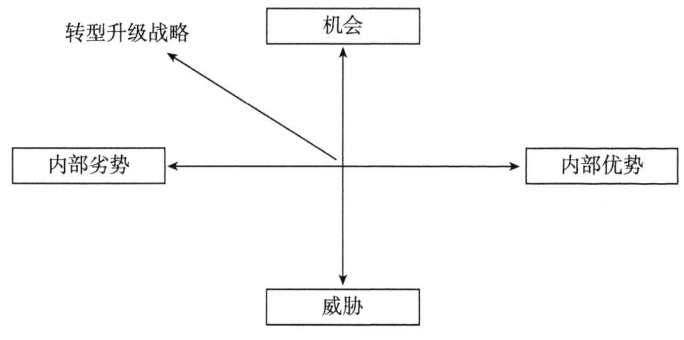

图 16-8 SWOT 分析定位

安吉竹产业集群技术创新发展既存在着优势,同样也存在着明显的劣势,优势较好地促进了竹产业集群技术创新的发展,但是劣势却成为其进一步向高端发展的制约因素。从整体发展来说,安吉竹产业集群技术创新发展的机会较多,威胁相对较少,选择转型升级战略将对安吉竹产业集群技术创新的发展起到巨大推动作用。安吉竹产业集群技术创新下一步将把竹产业定位为高端竹产品制造业。

16.6 安吉竹产业集群技术创新的发展路径

16.6.1 充分发挥政府培育与引导职能,提升技术创新能力

总体来说,安吉地方政府应进一步加强公共环境建设,积极引导竹产业集群内企业间的合作,尤其是企业间共性技术创新和服务平台建设,不断培育当地创新文化。具体来说主要有以下几点:

1)制定产业集群技术创新的相关政策,鼓励、引导企业的技术创新。政府根据实际情况,制定与当前发展阶段相适应的技术和产业优惠政策,有目标地提升产业集群的技术创新能力。

2)引导、支持产业集群内企业间的合作。研发新技术往往能带来较大经济和社会效益,且影响面广,往往能够广泛应用在多个行业中。产业新技术的研究与开发较为复杂、艰巨,仅靠集群中的单个企业较难完成,这就需要企业间进行不断的合作和沟通。安吉地方政府可以通过专项计划、资助合作研究组织等方式提供相关的技术和资金支持,实现相关技术信息共享,以此促进竹产业的发展。

3）培育安吉竹产业集群创新文化。集群创新文化的重要内涵即创新精神，要积极培育集群和区域的创新文化。通过加强与企业的协作沟通及相关机构的合作、交流，大力提升企业的技术创新能力。重视生态保护，大力弘扬安吉竹产业集群生态文化，牢固树立人与自然和谐理念，真正做到以生态文化为精神动力，以竹资源培育为基础，以竹加工业为核心，以竹文化和生态旅游业为新兴增长点，以竹科技为强力支撑点，用生态文明、生态致富理念引领并促进竹产业优化升级，促进安吉竹产业的可持续发展。

16.6.2 充分利用集群集聚效应

安吉竹产业集群技术创新的发展，应充分利用集群集聚效应，建立完善的集群创新网络系统，提升竹产业研发水平。安吉竹产业集群内企业的创新互动网络主要有内网和外网两大部分。

第一，内网注重集群内企业的自身特征，主要是企业间异质性、稳定性等方面的构建。首先，应大力发展基于竹产业集群的非生产性服务业；其次，加强集群内企业的合作关系以及与核心企业的合作与联系，特别是具有协作关系企业间的相互联系和合作。

第二，外网注重集群内企业的开放程度、接纳程度及其企业关联性、稳定性的构建。安吉竹产业集群技术创新具体应该从3个方面着手：①在竹种植环节，加大技术改进的力度。目前，安吉的科研投入中，相对于生产的研发，对竹业种植领域关注得不多，特别是改造低产竹林，提高竹子的单产还有比较大的提升空间。在这方面加大力度，可有效缓解目前日益紧张的原料供应问题。②对于影响竹产业发展的关键性技术（Generic Technology）的研发，限于企业自己的科研实力，可采用企业与专业的研究机构合作研发，地方政府给予一定的补助，或者地方政府直接与研究机构合作开发的方式，以此来促进竹产业技术创新。③培育安吉竹产业集群内企业间的合作竞争关系，实现双赢发展。利用集群创新网络，加强竹产业集群上下游企业间的合作，促进产业集群生产体系的专业化分工和配套协作。安吉竹产业的发展，应当充分利用集群内部社会网络资本的优势，逐步使竹产业从工艺升级、产品升级、功能升级到产业链升级。

16.6.3 加强创新文化建设，培育创新型企业

(1) 扩大经营规模，实行专业化分工

根据安吉实际，可以组建若干个较大规模的企业集团，建立权责分明、精

干有效的组织机构，并实行产权清晰、权责明确、政企分开和科学管理的现代企业制度。组建竹制品和竹笋加工的企业集团，实行规模经营，有利于组织集团成员，扩大生产规模，拓宽发展领域，推动技术进步，而且可以节约成本，提高竹材利用率和经营管理水平，取得应有的规模经济效益，以更好地促进安吉经济的快速发展。实行专业化分工不仅有利于降低成本，实现企业间的资源优化配置，发挥企业自身优势，而且在一定程度上能够加强彼此合作，实现企业间的共赢。

（2）加强新产品研发，增强产权保护意识

安吉竹产业只有进行发展创新，才能更好地适应市场环境，才能在市场上不断推陈出新，适应市场的需求变化，才能在市场上占有一席之地。安吉竹产业集群内各加工企业只有不断增强产品开发意识，才能不断提升其竞争力，才能实现企业的长远发展。加入世界贸易组织（Word Trade Organization，WTO）后，我国企业面临着更加复杂多变的国际环境，企业要想生存和发展必须提高企业的核心竞争力，为企业今后的发展提供保障。安吉竹产业企业应通过加大经费投入力度，完善技术创新机制以及加强企业间的协作交流等方法来提高企业自身的技术创新能力和研发能力。与此同时，企业要增强自主知识产权保护意识，进行企业组织变革来充分发挥管理人员及员工的潜力。此外，加强企业间的创新技术研发、解决关键性技术问题的合作，也是推动企业技术创新的重要路径选择。

因此，加强企业研发力度，提升企业创新能力，降低企业单位成本，对于今后企业的发展具有重要的作用。

（3）重视科技，吸引人才

科技进步和劳动者素质的提高是产业发展、壮大的决定性因素。企业的发展壮大离不开对科技和人才的依赖，企业只有利用和发挥好人才在企业中的作用，企业才能得到快速的发展。随着人才强国战略的深入实施，安吉竹产业企业应更加重视创新型人才的培养与使用，积极营造良好环境，构建创新载体和平台，支持科技人才在创新活动中发挥自己的特长，为企业带来巨大的收益。

竹子是地球生物圈中重要的一员，竹林是集生态、经济和社会服务功能于一体的优良森林类型。竹产品应用在人们生活的各个领域，在人类急待低碳经济支撑产业发展的今天，竹制品更成了"宠儿"，特别是竹产品的科技创新，更将为保护生态环境、繁荣社会经济、增加农民收入、提高企业效益起到重要作用。科技进步是推动竹产业快速发展的最重要的推动力量，要以科技创新拓展竹资源的应用领域，重视竹产品创新的研发和应用，有效保护知识产权，提高加工工艺水平和产品质量，提升产品附加值，才能实现资源的高效利用和再生利用，提升竹产业的核心竞争力。同时科技创新驱动也是竹产业集群区域品牌建设发展的重要途径。

16.7 基于技术创新的安吉竹工机械行业转型升级对策研究

竹工机械作为竹产业发展产业链上的配套行业，一定程度上决定了竹产业的技术水平，影响着产业的发展规模。安吉竹工机械企业规模普遍偏小，生产技术和设备落后，精深加工不足，高附加值产品缺少。企业家创新意识不强，由于各企业原创性较低，基本属于模仿创新。站在全球产业链、价值链高度，来审视安吉竹工机械产业，转型升级迫在眉睫。为此提出了市场拓展、产业渗透、集群衍生的发展路径和相关政策保障措施。通过信息化和智能化技术改造，提升竹工机械产品质量和竹工机械集群整体技术水平，在实现竹工机械集群自身创新驱动发展的同时，有力地推动本地区竹产业和其他产业的转型升级。

随着产业经济的发展和竞争的加剧，产业集群在企业发展中扮演着越来越重要的角色。集群技术创新的发展战略不仅能在企业的竞争中发挥企业的创新驱动竞争优势，更能发挥集群的低成本战略优势。因此，向基于技术创新的发展战略转变，已成为我国产业集群发展的必然要求，也成为学者们关注的重点之一。并且，集群技术创新的效果已经成为评价集群、区域，甚至是国家竞争力的高低的重要影响因素。如何在产业集群中更好地发挥技术创新的作用，加强产业集群的竞争优势，增强企业核心竞争力，在企业的发展和竞争中具有重要的研究价值和现实意义。

竹产业是一个集生态、经济、社会效益于一体的朝阳产业。也是浙江省林业的支柱产业之一。占全国1/6竹林面积的浙江，创造了全国1/3的竹业总产值和1/4的竹制品出口额，位居中国第一。享有"中国第一竹乡"美誉的浙江省安吉县，以不到1.8%的资源创造了全国22%的竹业总产值。经过30多年的发展，已开发形成竹质结构材、竹装饰材料、竹日用品、竹纤维制品、竹质生物制品、竹工艺品、竹笋食品、竹木加工机械等八大系列3000余种品种。安吉竹产业在惠农富民、文明县城创建、美丽乡村建设、助推县域经济发展等方面作用明显。竹工机械作为竹产业发展产业链上的配套行业，一定程度上决定了竹产业的技术水平,影响着产业的发展规模。站在全球产业链、价值链高度,来审视安吉竹工机械产业,转型升级迫在眉睫。

16.7.1 安吉竹工机械集群的基本现状

目前,安吉县内共有竹工机械企业22家,就业人数400余人,2012年实现年产值2.6亿元,利润0.12亿元,竹工机械在国内市场占有率达到80%以上。经过国外和跨行业引进消化技术,竹工机械装备的研发也随之起步,竹材加工业正在实现由传统手工作坊逐步转向机械化、工业化生产,从初加工向综合利用转变。

(1) 安吉竹工机械集群的发展历程

20世纪80年代末,随着竹产业的发展,市场对竹工机械的需求量日益增加,台湾等地企业逐渐进入安吉市场也同时使安吉引进了竹工机械技术,逐步形成雏形。1993年,通过对进口设备的维修保养和研究,赤坞农机厂在原有基础上创新生产出第一批本地竹工机械,随后,响铃、天赋、金马等竹工机械制造企业应运而生。安吉竹工机械的实用性与市场需求紧密度获得了国内市场认可,安吉孝丰镇也成为具有相对竞争优势的竹工机械产业集群。近几年,竹工机械产业逐渐从2008年的金融危机的低谷走出来,总产值和利润总额增长率冲高回落后稳步增长,2012年竹工机械总产值增长率和利润总额增长率分别为8.3%和14.3%(见图16-9)。

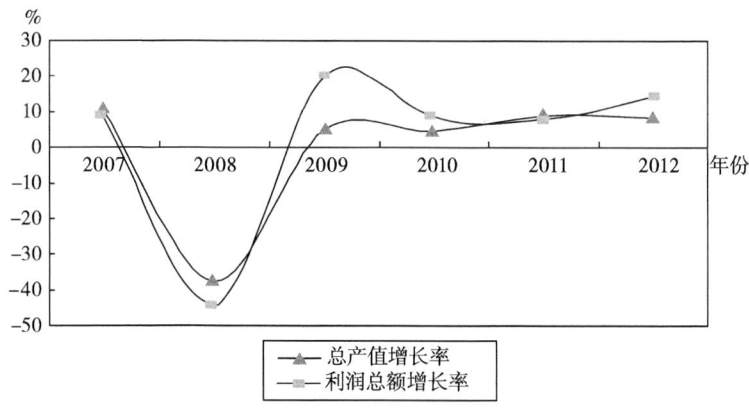

图16-9 2007—2012年安吉竹工机械产业总产值增长率和利润总额增长率

(2) 安吉竹工机械集群发展之成效

1) 专业化生产初步形成。

产业集群形成初期,稳定的经济技术环境和市场需求使企业往往采取垂直一体化整合内部产品。随着市场需求的多样性,产品生命周期缩短,垂直一体化的方式已无法满足这种生产需要,模块式生产和菜单式装配生产已经成为企业发展必经阶段。以重竹为例,重竹地板生产设备作为规模较大的成套竹工机械设备,适用于实施集群化的软性生产分工体系。另外,竹制品对竹工机械需求多元化,标准化的机械有时无法满足特定条件,竹工机械企业必须根据自身需求对设备做一系列调整,使机械设备更好地为专业化生产服务。

2) 产业创新体系初具雏形。

安吉政府一直重视区域创新体系的建设。自 2010 年初至 2012 年底,全国共有 486 件竹工机械相关的中国专利申请,浙江以 99 件位居专利申请数榜首,占比 20.37%。浙江省内,杭州、安吉和丽水分别以 36 件、28 件和 14 件专利占据前三位,分别占全省的 37%、29% 和 14%。

2016 年,安吉政府修订实施的《安吉县加快科技创新三十条政策》为安吉竹工机械产业提供了良好区域创新的环境。县财政科技投入得到进一步的提高,乡镇当年本级财政科技投入占本级财政预算支出比例达到 3%。科技公共服务平台和创业园区等吸引科技人才的项目得到奖励,科技成果转化将得到股权、经费补助等奖励与补贴,所有这些都进一步促进了竹工机械产业的科技创新步伐。

16.7.2 安吉竹工机械集群的 SWOT 分析

竹工机械集群如何发展,必须在分析集群内部的优势、劣势以及集群外部的威胁和机会的基础,将二者有机组合起来才能清晰勾勒出集群潜在的发展方向与发展路径。

(1) 集群的内在优势

1) 竹工机械起步较早,有较高的市场知名度。

由于安吉竹工机械起步较早,多家竹工机械企业都相继创建了自主品牌,如"金马""天工"等,其中"正丰"2006 年获湖州市著名商标称号,并迅速抢占市场。另外,安吉竹工机械较早应用于中国其他地区竹加工产业的发展过程中,进而在竹工机械市场发展的早期便建立了较高的知名度,并与相当一部分客户建立起了稳定的供求关系,目前已初步形成区域品牌。

2) 经过多年发展,初步掌握竹木工机械技术。

经过 20 多年的发展,集群企业开发的机械产品,基本上覆盖了竹地板、竹凉席以及竹牙签和竹筷的整个生产过程，基本能满足竹加工企业的要求。例如，德迈机械和富康竹木机械可以提供全套（重组）竹地板生产设备；吉泰机械、金通机械可以提供全套的竹筷和竹牙签生产设备；富康竹木机械和吉泰机械可以提供全套的竹凉席生产设备。另外，近年来不少企业还初步掌握了木工机械的生产技术，并开始小批量生产木工机械，如砂光机、涂布机、喷漆机等。问卷调查显示，大部分企业目前都在生产木工机械，这为竹工机械嵌入木工机械集群提供了有利的条件。

（2）集群的内在劣势

1）企业规模较小，技术仍然落后。

全国竹产业企业规模普遍偏小、实力弱、效益偏低。据统计，截至2010年底，全国竹加工企业个数12756个，其中年产值低于500万元的企业总数为7583个，占企业总数的59.4%，而产值超过亿元的加工企业只有101个，占企业总数的0.8%。竹加工企业总体规模偏小，而且产品种类多，产品线长，较难形成较高的产业集中度。全国竹产业人均年产值只有15140元，劳动生产率偏低。

因受到行业特征的影响，安吉竹工机械企业规模普遍偏小，生产技术和设备落后，精深加工不足，高附加值产品缺少。22家竹工机械企业，平均每家企业的规模只有1181万元产值，远低于目前规模企业的2000万元标准。另外，企业研制的产品主要是针对手工作坊小规模生产的需求，开发的设备多是低端和适合小规模加工，不适合大规模生产，进而小企业成为目前全国竹产业集群的组织形态。这样恶性循环抑制了竹工机械企业研发新的自动化和信息化产品的动力，导致目前集群内产品整体信息化和自动化程度较低。另外，大部分机械都是针对毛竹开发设计，针对淡竹、元竹的加工适用性受限，因而抑制了竹工机械集群在全国其他非毛竹主要竹产区市场的开拓。

2）企业家创新意识不强。

由于各企业原创性较低，基本属于模仿创新。虽然集群内企业之间生产的产品有一定的区别，但整体差异不大，目前只有天工机械（侧重于油漆喷涂）、宇康机械（侧重于液压）以及建林机械（侧重于生产编制机）在生产时有所侧重。大部分企业同时在生产相似产品，例如德迈、吉泰、天友、灵峰、金通、上峰、青达竹木刀具等10余家企业同时生产拉丝机、刨竹机、开片机等。就上游产业供应方面而言，目前企业生产机械设备的30%~50%的零件，仍然需要从河南、江苏、浙江温岭等地采购。

(3) 集群发展的外部机会

1) 巨大的竹产业潜在空间。

我国是世界上最主要的产竹国，竹类种质资源、竹林面积、竹材蓄积和产量均居世界首位；我国是全球最大的竹产品出口国，在竹加工技术研发与竹产品创新方面，整体处于世界先进水平。经过多年发展，主要产品的应用领域已发展到建筑、造纸、新材料、家具、包装、运输、医药、食品、纺织、旅游等方面。据统计，2010年全国竹业年总产值达1173亿元，至2015年，全国竹产业产值将接近2000亿元，其中竹产品原料产值达430亿元，竹产品加工业产值1310亿元，以竹产业为主题的森林旅游业产值250亿元。到2020年，全国竹产业产值将接近3000亿元，其中竹产品原料产值达460亿元，竹产品加工业产值1990亿元，以竹产业为主题的森林旅游业产值500亿元。

目前全国竹产业就业人数为775万人，三次产业的就业人数分别为714.32万人、53.05万人、7.51万人。竹加工产业发达地区农民收入的30%以上来自竹产业，像浙江安吉、江西奉新、福建三明等地区，这个比例更是高达50%。未来竹加工产业和竹旅游业的发展和崛起将为竹产区提供更多工作岗位。预计2015年竹产业的就业人数将达到880.67万人，就业岗位数比2010年增加13.65%，年均增速为2.59%，一二三产业就业人数的比例由2010年的92:7:1调整为88:10:2，2020年竹产业就业人数预计将达到1001.75万人，比2010年增长了29.28%。由此可见，竹产业的快速发展在促进农民就业、增加农民收入方面具有重要作用（见表16-3）。

表16-3 2010—2020年我国竹产业就业情况 单位：万人，%

竹产业	2010年就业人数	占总就业人数比重	2015年就业人数	占总就业人数比重	2020年就业人数	占总就业人数比重
第一产业	714.32	92.18	772.22	87.69	830.12	82.87
第二产业	53.05	6.85	88.67	10.07	122.20	12.20
第三产业	7.51	0.97	19.77	2.25	49.43	4.93
总计	774.88	100.00	880.67	100.00	1001.75	100.00

但是，由于长期以来竹产业存在的资源分布不均、政府扶持力度小、行业技术创新能力差、企业对国内市场及品牌建设重视不够等问题，造成消费者对现代竹产品的认知程度低，接受度差，消费潜力远未得到释放。一旦产业发

环境改善，制约产业发展的关键问题得到解决，竹产品所具有的优势将会得到消费者认可，潜在的市场需求会被激发出来。

就安吉的现实情况来看，竹工机械企业作为竹制品产业的上游企业，其发展与竹产品行业的发展直接相关。从安吉2005—2012年竹工业总值发展变化可以看出，目前竹产业整体呈现良好的发展态势（在过去7年间平均增长率为16.58%，见图16-10）。随着竹产业的发展，竹工机械的市场需求将不断增加。

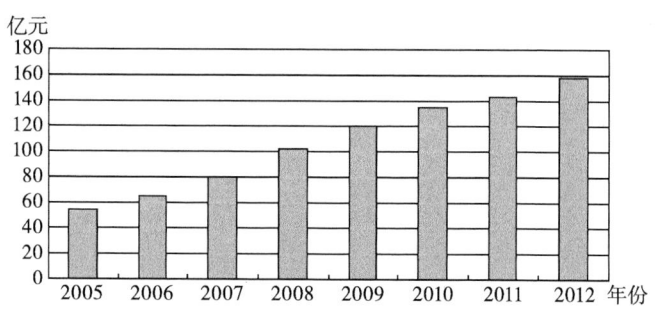

图16-10　2005—2012年竹产业生产总值

2)"机器换人"提供的新契机和新空间。

根据北京大学国家发展研究院名誉院长林毅夫最近的判断，考虑人民币升值的因素，到2020年中国人均收入将达到12700美元。考虑到目前城市和农村收入差距为4~6倍，因此，到2020年我国城镇职工人均工资将达到20000~25000美元，将是目前水平的4~5倍。因此，机器代替工人可能是一种必然的趋势。

就现实形势来看，在过去的一段时间内，通货膨胀和全国各地提高最低工资标准等因素，使企业的用工成本不断提升。一个国家的人均GDP和人均工资水平有惊人的相似性。具体见表16-4。

表16-4　人均GDP和人均工资水平的比较

年份	国家或地区	人均GDP（美元）	人均工资（美元）
2010	美国	47000	44500
2010	日本	42000	41000
2010	德国	40500	50000
2010	韩国	20000	22000
2011	中国台湾	20000	17000
2011	中国	5400	5200

续表

年份	国家或地区	人均 GDP（美元）	人均工资（美元）
2011	中国浙江	9200	5700
2020	中国	10000	10000
2020	中国浙江	20000	12000
2025	中国浙江	25000	15000

从实际来看，椅业和竹产业是安吉两大传统产业，但两大传统产业均为劳动密集型制造业［安吉县第二产业全员劳动生产率处于偏低状态，低于湖州市平均水平 8.46 个百分点（2009 年数据）］，处于产业"微笑曲线"的最底端，随着近年来全球经济发展放缓、人民币的持续升值和劳动力成本的不断上涨，逐渐步入了"微利"时代，产业模式难以持续。因此，通过生产工艺改造和自动化装备的使用，一方面，能有效形成"劳动生产率红利"，替代日渐消失的"人口红利"。另一方面，就目前产业现状来看，也急需进行技术改造。调查表明，规模以上传统产业企业中，仅 31% 的企业使用了单台设备价格在 50 万元以上的生产设备，即使在已经使用新设备的企业自动化装备水平仍然非常低。例如：永艺公司，被认为是安吉县自动化水平最高的传统产业企业之一，但其已经建成使用的自动化生产线仅占全公司生产线总数的 1/10。与之相比，其他规模以上企业的自动化装备水平更低，众多中小企业在自动化装备方面更为空白。

（4）集群发展的外部威胁

1）竹子初加工产业的转移。

随着安吉劳动力成本的逐渐上升和竹资源的保护，相当一部分初加工产业已经转移到其他主要的产竹区，造成本地的初加工机械市场逐渐减少。而机械设备相对来说运输不方便，在产品质量相差不大的情况下，由于本地供应商具有较好的社会关系网络，进而相对于安吉竹工机械企业在竹子初加工机械上更具有竞争力。

2）其他地区竹工机械企业的发展。

福建、安徽、江西等主要竹产业区，在当地竹制品行业的带动下，各地的竹工机械企业都取得一定程度的发展，从专利分布图（图 16-11）可以看出，最近几年这些区域的企业发展良好，对安吉竹工机械企业构成了直接威胁。综上所述，总结出安吉竹工机械产业集群的 SWOT 分析（见表 16-5）。

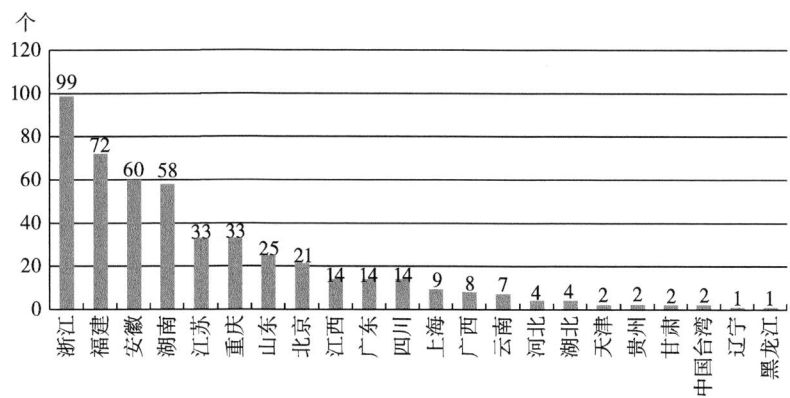

图 16 – 11　2010—2012 年竹工机械相关专利地区分布

表 16 – 5　竹工机械产业集群 SWOT 战略

外部 \ 内部	优势（Strength）	劣势（Weakness）
	·较高的市场知名度 ·初步掌握木工机械技术	·企业规模较小，技术仍然落后 ·企业家创新意识不强
机会（Opportunities）	S – O 战略	W – O 战略
·巨大的竹产业市场 ·机器换人的契机	·做深竹工机械市场 ·进入木工机械市场 ·进入其他机械市场	·提高自动化和信息化技术 ·培育或引进创新意识较强企业和技术水平较高的企业
威胁（Threats）	S – T 战略	W – T 战略
·竹子初加工产业的转移 ·其他地区竞争对手发展	·机械产品整体向后端转移 ·提高自身产品质量，提高竞争力 ·在外地设集体销售点	·走专业化路线，降低成本 ·开发针对其他竹类的机械

基于以上分析，我们将集群内部的优势和劣势以及外部的威胁和机会组合起来，重点分析 S – O 战略，进一步厘清集群潜在的重点发展方向与路径：一是积极开发新的竹工机械产品，做大做深竹工机械产业；二是进入木工机械市场领域，进一步扩大新市场；三是嵌入地方集群网络或延伸外部网络，进入其他机械市场（如椅业市场），进一步扩大市场容量。

16.7.3　竹工机械集群的发展思路与对策

从安吉竹工机械产业的实际出发，充分发挥"先发优势"，以企业为主体、市场为导向、政策为支持，按照市场拓展、集群衍生、产业渗透的理念，以"开发新的竹工机械产品,积极进入木工市场领域,积极进入其他地方机械市场"为发展思路,用信息化和智能化技术改造与提升竹工机械产品质量和竹工机械集群整体技术水平,在实现竹工机械集群自身创新驱动发展的同时,有力地推动本地区竹产业和其他产业的转型升级。

(1) 制定相关政策,促进转型升级

首先,政府搭建科技创新平台,构建产业高地。政府可筹集一部分财政支出专项经费用于竹产业中小企业科技创新。政府要积极创造条件与高校和科研机构合作,在区域科技创新、竹工机械专门人才的合作培养等方面形成新的科技平台。政府可开展"联盟计划",征集难题技术招标项目,由高校和科研院所应标,帮助企业解决技术难题。加强专利管理和专利交流合作,与区域外企业建立专利联盟和专利信息共享平台,开展专利申请、保护、宣传、信息、教育以及研究等方面的合作。严厉打击侵害知识产权行为,维护竹工机械市场的正常秩序。

其次,提升企业家转型升级理念。通过请专家学者讲解竹产业、竹工产业和相关产业发展情况,讲解企业转型升级的重要性和路径,使全县相关企业重视竹工机械、了解竹工机械、关心竹工机械,进一步增强办好竹工机械产业的信心和动力。另外,可邀请相关专家、知名企业家到安吉进行以经营管理水平、战略规划能力、资本运作能力为主题的报告,培养安吉企业家创新创业意识,开拓企业家视野,营造创新驱动发展与转型升级的文化氛围。

再次,政府和行业协会共同促进产业创新。竹产业发展局、金融机构等单位要积极联合行业协会,组织开展一系列有关中小企业融资、市场对接、产业发展方向等活动,帮助企业解决实际问题。在竹工机械行业和关键产业链中,要努力发展咨询、培训、认证、评估、试验、设计、加工、检测、会计、法律等社会服务机构和中介组织。引导行业协会、商会等组织发挥行业服务、自律、协调和监督等作用。

最后,鼓励企业技术创新。积极引导和鼓励企业整合高校、科技院所等科技资源,为企业提供关键核心技术支持。鼓励企业科技创新,促进企业技术中心建立,并降低企业技术检测、产品鉴定等收费标准。推动企业上规模,通过外引内培,积极培育龙头企业。一方面要科学选择对象,切实培育内部龙头企业,另一方面要积极引进外部机械企业。积极招商引资,力争引进上规模、上水平的机械企业。目前竹工机械集群中企业的整体规模较小,销售收入上

2000万元的企业只有2家（天工和吉泰），无法达到应有的规模经济，致使产品成本较高。而且，未来机械设备朝着高精度、自动化、信息化方向发展，这些机械设备的研发往往需要较大的资金和技术投入，以目前的企业规模无力进行大项目的研发。因此迫切需要通过内部培育或外部引进新企业来增强集群内的竞争力，提升集群内部企业的活力。

（2）加强产业对接，扩大市场容量

首先，加强对接交流活动。竹地板、竹凉席、椅业等行业协会应和竹工机械协会进行每两个月一次的对接交流活动，反映下游企业希望研发的产品，并汇报跟踪进度；同时竹工机械行业应定期对下游企业进行参观，以深入了解下游企业需求。实行以企业、行业协会为主体，政府间接调控的产业合作机制，推进竹工机械与木工机械、椅业的深度合作。

其次，构建新型市场。积极开拓竹工机械制品市场，利用专业市场带动产业集群发展。促进竹产业产品宣传，引导新型消费理念。开拓营销渠道和网点，鼓励外地设厂；借力于电子商务，规范网络销售平台和信息系统。

最后，培养核心企业，提升产品水平。一是扶持龙头企业。优先扶持龙头企业，以综合效益、竞争能力、带动面广等指标为准则挑选行业龙头企业，并在资金、技术、信息、市场等方面给予重点扶持，借助龙头企业的模范效应带动整个行业。二是提升企业产品水平。提高企业研发融资水平，对于投入相对较大的研发，市场前景较好的产品。通过项目制培养的企业，可以给其他企业形成较好的示范效应，进而激发产业集群中其他企业家的创业精神，而实现产业集群的整体发展。

（3）产业扩容，积极开拓国内外市场

从竹产品分析中可以看出，目前的产品主要集中在竹凉席、竹地板，以及竹牙签、竹筷的生产过程中；企业很少考虑到为竹产业中的其他竹制品加工过程提供机械。因此，为了实现对竹制品机械市场充分开拓，可以有计划地鼓励部分企业针对不同的竹加工产品（重点是竹工艺品）分别进行开发，这样通过差异化发展战略，避免恶性竞争，同时可以促进其他竹制品行业的发展。

（4）产业衍生，积极嵌入地方集群

经济升级能否成功，归根结底是能否实现劳动生产率的增长。而要实现劳动生产率的增长，就要求降低用工成本、提高产品质量，同时最终实现职工收入的提高。安吉作为工业经济后起之地，人均GDP也已接近1万美元，预示着安吉县工业经济将逐步从劳动密集型向资本密集型、技术密集型转变。由于木工产业市场巨大、木工机械和竹工机械生产工艺的相似性，鼓励现有企业开发木工机械产品应该是一个比较可行的战略选择。除了积极开拓目前竹工机械的市场（份额已经占到80%以上），还应凭借自身优势及市场机会通过多元化形式衍生嫁接其他产业，扩大市场容量，实现竹工机械行业的跨越发展。

第17章 生态文化视角下安吉竹产业发展对策

本章在生态文化视角下,根据安吉的调研数据,首先,分析物质层面的安吉竹林资源经营现状、竹加工企业现状、竹产品贸易发展现状;其次,对安吉竹产业的政策层面进行分析;最后,对安吉竹产业中的精神层面进行分析。

安吉地处浙江西北,是浙江省重点林区县之一,国土面积1886平方公里,人口45万人,森林覆盖率达71%。2010年地区生产总值190亿元,财政总收入23.5亿元,城镇居民人均年收入2.5万元,农村居民人均年收入1.29万元。竹产业历来是安吉的传统产业,在207万亩林业用地中,竹林面积108万亩,占50%以上,其中毛竹林面积83万亩。毛竹立竹量1.8亿根,年采伐毛竹3300万根。各类竹加工企业2600余家,其中产值超亿元的企业6家,500万元以上规模企业155家。有板材、编织、食品、竹纤维、生物制药、工艺品和竹工机械等7大系列5000多个品种。

以竹类景观为主的森林休闲旅游、农家乐发展迅猛,2011年接待游客400多万人次。2011年竹产业总产值143亿元,其中一产收入8.5亿元,二产产值117亿元,三产产值17.5亿元。竹制品出口创汇2.3亿美元。竹产业从业人员4.5万人,对GDP的贡献率为31%,为农民人均增收6500元。是全国首个"国家生态县"、全国首批"生态文明建设试点县"、国家可持续发展实验区、中国美丽乡村国家级标准化示范县。安吉县坚持以科学的发展观为指导,积极实施生态立县发展战略,以"中国美丽乡村"建设为载体,倾力打造"村村优美、家家创业、处处和谐、人人幸福"的新农村样板,逐步走出一条既符合生态文明特征,又体现安吉特色的科学发展新路子,被联合国人居署授予2012年"联合国人居奖"。"富饶秀美,和谐安康"的"安吉模式"给建设"美丽中国"带来深刻的启示。

2016年,实现总产值200亿元;规模以上企业实现销售收入57.6亿元;竹产业产品自营出口量达到25.91亿元;竹产业企业总数达到1630家,其中规模以上企业 61 家。2017 年第一季度竹木制品企业累计出口 33483 万元,同比增长 26.5%;永裕竹业出口 11370 万元,同比增长 99%。

2017 年,浙江省安吉县竹产业总产值突破 210 亿元,以 1.8% 的全国立竹量创造了 10% 的全国竹产值。安吉现有竹产品及配套企业 2162 家,其中国家级竹业龙头企业 2 家,目前已形成竹质结构材、竹质装饰材、竹日用品、竹纤维产品、竹质生物制品、竹木机械、竹工艺品、竹笋食品等 8 大系列 3000 多个品种的产品格局,实现了从竹根到竹梢、从生物到化学的全竹开发。

17.1 物质层面分析

17.1.1 竹林资源经营现状分析

(1) 竹林资源发展历程

"世界竹子看中国,中国竹子看安吉"。安吉因竹而美、因竹而名、因竹而优,竹子富裕了安吉一方百姓,占全县农民人均纯收入的一半有余。万顷竹海构成了一幅四季劳作的美景,也造就了中国美丽乡村一道最亮丽的风景线。安吉已形成拥有竹质结构材、竹质装饰材、竹日用品、竹纤维产品、竹质生物制品、竹木机械、竹工艺品、竹笋食品等 8 大系列 3000 多个品种的产品格局。竹产业在助推县域经济发展、推进生态县建设和美丽乡村建设中发挥了重要作用。2018 年,全行业实现总产值 225.44 亿元(其中一产 7.04 亿元、二产 147 亿元、三产 71.4 亿元),产业目前从业人员近 5 万人。竹企总数 1200 多家,其中规模以上企业 48 家,亿元以上企业 4 家。

安吉竹子资源丰富,面积达 101.1 万亩,蓄积量 1.8 亿根,县内年采伐量近 3000 万根,年消耗量 1.5 亿根。近几年,安吉县加大了竹子现代科技园建设力度,现已建成毛竹现代园区 21 个,总面积 20 余万亩;建立各类专业合作社 80 家,合作社经营面积近 20 万亩。同时安吉与外省以多种形式合作发展竹产业,带动全国竹林资源的开发。竹子的速生速长、取材环境等特性决定了竹材的价格比起实木等木材资源要实惠得多。

安吉竹林资源的培育经过了一个长期不断增长的过程。按阶段来看,主要经历了以下五个阶段:

1) 人工改造阶段(20 世纪 50 年代初至 60 年代末):本阶段安吉充分认识到自身的资源优势,在此基础上,开始加大对竹资源的开发和改造,采用的方法主要是成林抚育,尤其加大对毛竹纯林和竹木混交林地的改造,为今后安吉大规模开发竹林资源奠定了基础。

2）开发利用阶段（20世纪70年代初至80年代初）：在前一阶段经营的基础上，安吉县开始加大对竹林资源的利用。一是加大对林地的肥料投入力度，二是加强对竹林用地的管理，三是推广毛竹培育八字经验。同时，着重建立大型毛竹林基地，大力发展相关林地，推动竹林资源优化建设。经过系列的开发和管理，安吉县竹林资源得到了快速的发展和提高。

3）培育发展阶段（20世纪80年代初至90年代初）：为了适应市场经济多样化的生产需要，安吉竹产业的培育从竹林的使用上升到笋竹两用林的培育，两用林的培育扩大了安吉竹产业的产量，提高了竹笋加工企业的效益，同时，为安吉竹加工企业进行多元化发展提供了新的途径。

4）高效提升阶段（20世纪90年代初至21世纪初）：伴随着市场经济的深入推进和改革开放的进行，竹林资源的快速发展，竹加工企业应运而生，给安吉县带来了巨大的经济效益。安吉县政府开始加大竹林开发力度，培育优质竹林，扩大竹林面积，建立示范林区，改造中低产田的方式营造竹林，加强对低产竹林改造。

5）稳定发展阶段（2008年至今）：经过第4）阶段长时期的努力，安吉竹林提升到了瓶颈阶段，由于安吉可供开发的竹林已经达到一定比例，竹林资源的面积与产出趋于稳定。而竹加工企业的需求量则不断增长。此阶段的安吉竹林资源培育应向高科技方向转化，培育优质竹林，一般竹林资源可向外省购买，以此为安吉竹加工企业的发展奠定基础（见表17－1）。

表17－1　历年安吉县竹林资源情况

年份	竹林面积（万公顷）	小竹林面积（万公顷）	毛竹林面积（万公顷）	毛竹林蓄积（亿根）	毛竹材产量（万根）	竹笋产量（万吨）
1994	5.42	1.15	4.13	1.12	1500	2.0
1998	6.33	1.33	5.00	1.31	1750	2.9
2004	6.80	1.48	5.43	1.43	2100	3.7
2008	7.20	1.50	5.73	1.70	—	4.5
2011	7.50	1.52	5.83	1.80	3300	4.8

资料来源：安吉县林业局统计资料（1994年、1998年、2004年、2008年、2011年）

（2）农户经营状况分析

1）农户竹林经营规模。

农户是安吉竹林资源经营的重要主体，也将会长期影响安吉竹林资源的培育、生产与供应。虽然当前的竹林经营主体有政府、企业、合作社、农户等，由于我国家庭联产承包责任制的长期存在，农户还将是竹林的所有者与最终经营者。另外，我国的林权制度改革尚不完善，林地流转的面积还相对较少，重视农户在竹林培育中的作用，将具有重大意义。通过对50个样本农户的调查，可以看出天荒坪的农户户均竹林面积最大，达到1.75公顷，递铺的农户户均竹林面积最小，为1.53公顷。4个主要样本镇的户均竹林面积平均为1.68公顷。从总体上来看，户均竹林面积均有1.5公顷以上，竹林资源拥有量较高。

2) 农户竹林经营投入。

根据50个样本农户的调查数据可以得出，四大样本镇的平均户均竹林投入为0.42万元，其中递铺镇投入0.56万元，投入最高，而孝丰镇投入0.32万元，相对较少。这与两地的农户对竹林经营的重视程度有关，也与当地的非农收入有一定关系。从综合数据来看，所有的样本镇投入均低于1万元，投入相对较少，不适合竹林资源的集约经营，这在一定程度上限制了安吉的竹林资源产出，进一步影响竹林资源的供给，不利于安吉竹加工企业的长期发展。

3) 农户竹林经营产出。

通过对50个样本镇的户均竹林经营面积、户均竹林投入情况的分析，大致得出了安吉竹林资源经营的一般情况，安吉家庭户均竹林资源经营收入如图17-1所示。从图中可以看出，样本农户的竹林经营收入均超过了1万元，整体效应明显。样本农户的平均值为13025元，递铺镇的收入最高，达到15297元。

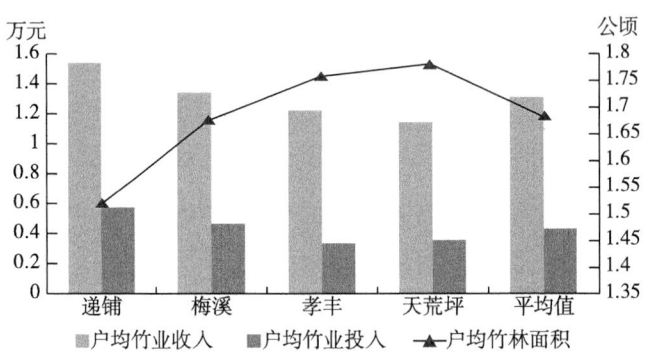

图17-1　安吉农户竹林经营情况

综上所述，安吉竹林资源的经营状况良好，无论从经营规模、经营投入来看，还是从经营收入来看，总体收入较国内其他地区均较高，这与安吉竹产业的发展水平有较大关系。同时，竹林资源经营的好坏对安吉竹加工企业的影响具有重要作用,也对安吉美丽乡村建设起到了重要作用。从另一个方面来看,安吉竹农的投入产出比还不高,投入力度过小,在资金和劳动力等方面投入不足,竹农对竹林的重视程度还有待提高。竹林经营并不是农户家庭的重要收入来源,农户重视程度不够的因素有很多,下面将进行分析。

4) 影响农户经营的因素分析。

通过对竹农的问卷调查,得出竹子在天荒坪主要以林农经营为主,在递铺镇则以林农经营和大户经营等多种形式共同经营为主,另外还有竹子园区的形式出现。在这一系列的经营主体中,竹农对竹林的投入不足,为了找到影响其选择的主要因素,通过对浙江农林大学生态研究中心专家、安吉政府工作人员、企业技术骨干等专家咨询,确定几个主要因素,并进行实地问卷调研,得出结果如表17-2所示。

表17-2 影响农户竹林资源经营的主要因素

因素	户数	比例(%)
有稳定的非农收入	17	33.33
竹林收入太少	13	26.67
缺乏劳动力	7	13.33
农资上涨较快	4	10.00
销售存在问题	3	6.67
技术指导不足	3	6.67
其他	3	3.33
合计	50	100.00

资料来源:调查问卷

通过问卷调查和实地走访得出,影响农户竹林资源经营的主要因素有缺乏劳动力、农资上涨较快、竹林收入太少、销售存在问题等。从表17-2可以看出,有稳定的非农收入成为影响农户竹林投入的重要原因,竹林收入相对较少、家庭缺少农业劳动力也起到了重要的作用。在走访中发现,由于样本镇的农户均处在竹加工企业相对发达的地区,他们大多在当地的竹加工企业工作,而在企业工作相对比较轻松,且收入较为稳定,一家有两个劳动力在外工作,收入便超出竹林经营收入。另外,竹林多处于山间,离家较远,而且长期没有经营,年轻人不愿意参与竹林资源生产,造成了大部分竹林处于荒芜生长状态,只是到了时间,有人去采竹笋等一些简单的劳作。

(3) 竹林资源对竹加工业制约分析

通过对安吉竹林资源的经营状况进行分析，可以看出安吉竹林资源近几年增长速度趋于缓慢，由于地域的限制，竹林面积也维持在7.5万公顷，竹笋产量增长也较少。虽然竹林培育技术有一定的发展，但是竹林资源的局限性也逐渐表露出来，对竹加工产业的影响将会日益突出，尤其是近几年来安吉竹加工企业的增长和集群效应，竹林资源对安吉竹加工产业的影响主要有以下几个方面：

首先，影响安吉竹加工企业的原料供给。安吉有竹加工企业2600多家，每年消耗大量的竹子，从当前的状况来看，安吉的竹资源完全满足不了竹加工业的发展，从2006年开始，安吉的竹加工业原料便多从安徽、江西等地引进，安吉政府也早走上了"向外引竹"的道路。

其次，威胁安吉竹加工企业的经营安全。竹资源作为竹加工企业生产的关键资源，对企业来说，是重要的战略资源。尤其是当前云南、江西、福建、安徽等产竹大省的崛起，他们的原料需求量增大，对竹林资源的控制力度将会进一步增大，从而对安吉竹资源的供应将面临较大的不确定性。

再次，削减安吉竹加工企业的经营利润。安吉竹加工企业起初是依据安吉竹资源的优势逐渐发展起来的，属于原料导向型内生产业，但是，随着竹林资源的紧缺，安吉势必要到国内去寻求"第二原料"。此时，物流、交易以及各种成本的增加，会影响安吉竹产业的发展，也会降低企业现有的利润水平。

最后，削弱安吉竹加工企业的话语权。从产业链的发展角度来分析，产业链上的企业的决定权属于经营生产中占绝对优势的企业。安吉竹产业起初依照自身的资源与技术优势走在国内的前列，但是，当前产业的竞争体现在资源的竞争。资源的基础地位越来越重要，将成为企业竞争的关键因素，尤其是关键资源，在竞争中更是拥有决定性作用。竹林资源作为竹产业链中的核心资源，一旦没有话语权，将会严重影响安吉竹产业的整个话语权。

17.1.2 竹加工企业经营现状分析

(1) 安吉竹加工企业分布

随着安吉县明确竹林经营主体、加大林地流转力度、千方百计鼓励林农生产，安吉的竹林资源培育效果显著，竹产业集群现象也更为突出。到2011年，安吉县90%以上的竹加工企业分布在递铺镇、梅溪镇、孝丰镇和天荒坪镇。作为安吉县政府所在地的递铺镇占有绝对优势，33%的竹加工企业分布在这个区域,梅溪镇、考丰镇、天荒坪镇相对比较平均,分别占到 20%、19%、17%。安吉其他乡镇出于交通区位、资源禀赋、产业基础的原因,仅占到了 11% 的份额。从调研中可以得知,这些地区的竹产业等级比较落后,一般为中小型资源初加工型企业。而产业比较集中的四镇,无论从规模还是技术水平来看,均相对比较发达。另外,安吉竹加工企业也表现出明显的集群特色,各个样本镇均保持着自己占优势的竹加工集群,如递铺镇以发展高科技竹化工产品为主,如竹醋液、竹保健品等,孝丰镇以竹地板、竹板材等传统加工为重点,梅溪镇以竹子园艺用品为主,且多出口到日本等国家(见图 17-2)。

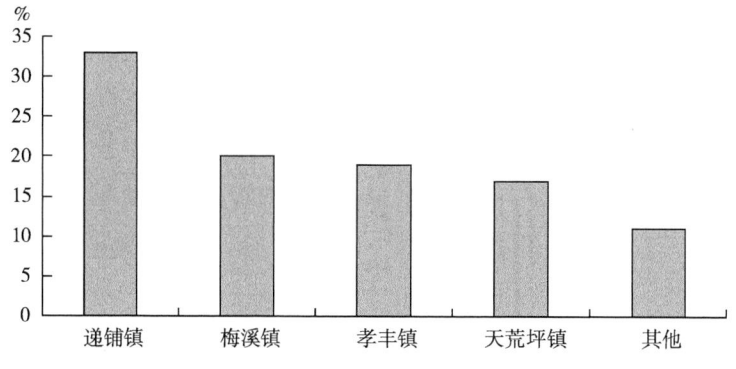

图 17-2 安吉竹加工企业分布

(2)安吉竹加工企业发展阶段

安吉县竹加工企业主要由递铺镇、孝丰镇、天荒坪镇、梅溪镇四大区域组成,产品涉及竹质结构材、竹质装饰材、竹日用品、竹纤维制品、竹质化学制品、竹工艺品、竹笋食品、竹木加工机械等。1949 年到 1957 年是竹加工业初步发展阶段。安吉地区相继成立了集体所有制的竹材加工企业,主要竹制品有 4 大类、163 种。1957 年到 1979 年是竹加工业发展停滞时期。竹材加工长期处于低水平,一般年份加工毛竹 20 万~30 万根。1979—1988 年是竹加工业恢复发展时期,竹制品加工产值也逐步上升,科研水平也有很大提高,同时开发出较多新产品,并成功打开国际市场。1988 年至今是竹加工业发展成熟时期。安吉竹加工企业数量增多,企业规模不断扩大,有外资企业进入,竹产业带动就业的数量也有明显提高。同时,竹产品系列增多,产品种类增加,年产值明显增高,出口创汇数值增加,销售网络遍及国内外。改革开放以前,安吉有少量的竹加工企业,出于计划经济等原因,发展规模较小、机械化程度较低,未形成市场导向型竹加工产业。市场经济条件下,安吉竹加工企业起始于 20 世纪70年代末，其发展主要历经了四个阶段：萌芽期、成长期、成熟期和转型期（见表17-3）。

表17-3 安吉竹产业发展阶段情况

发展阶段	区域分布	主要产品	总体地位	产业结构	加工能力
第一阶段：萌芽期（1978—1985年）	递铺镇	竹笋、建筑竹材	新兴产业	资源集约型	全国领先
第二阶段：成长期（1986—2000年）	递铺镇和孝丰镇	编织品、竹食品	主导产业	资源集约型	全国领先
第三阶段：成熟期（2001—2006年）	递铺镇、孝丰镇、梅溪镇	竹板材、竹食品、竹加工机械	技术产业	劳动和资源密集型	全国领先
第四阶段：转型期（2007年至今）	递铺镇和孝丰镇、天荒坪镇	生物制品、竹纤维、竹醋液	技术产业	技术密集型	全国领先

第一阶段（20世纪70年代末至80年代中期）：起步阶段（萌芽期）

本阶段安吉竹产业主要定位于第一产业，主要以竹资源培育为目标，包括毛竹低产林改造和笋竹两用林建设。安吉县政府实施竹林经济补助和贷款贴息优扶政策，鼓励发展竹子生产，调动了竹农培育竹林的积极性。这一时期，由于改革开放，市场需求旺盛，这些自发性的生产初步确定了竹产业在安吉经济中的地位，该时期安吉生产的竹产品主要供应上海、江苏等地做建筑材料使用。

第二阶段（80年代后期至2000年）：成长阶段（成长期）

1998—2000年竹产业规模以上工业总产值和利润总额的增速明显高于GDP的增速，由此判断该阶段为安吉竹产业成长期。该时期安吉竹产业是开展科技兴竹、提高经济效益阶段。随着改革开放的深入，首先台湾企业进入安吉，带动了安吉的竹产业向工业化方向发展，代表台资企业有明志公司、大鹿遥公司等。此后，安吉县开展了以市场为导向，以科技为依托，从加工入手，全面提高竹林整体效益为目标的竹产业生产运动。同时，在学习台湾企业的基础上，安吉竹产业基本形成了板材、编织、竹加工机械等产品系列，产品市场份额明显提高，市场竞争能力逐渐增强，企业生产能力和市场开拓能力不断提升，大量竹产业企业在安吉兴起。

第三阶段（2001—2006年）：成熟阶段（成熟期）

2001—2006年竹产业规模以上工业总产值、利润总额的增速减缓且略高于 GDP 的增速，由此判断该阶段为安吉竹产业成熟期。安吉竹产业结构趋于合理，原有的产品已经比较成熟，市场份额相对稳定。这一时期，安吉的竹产业已经由传统的第一产业为主，转向第二、第三产业。2006 年竹产业规模以上工业总产值达到 24.5 亿元，利润总额为 7.89 亿元，竹产业已经成为安吉地方经济发展的主要引擎（见表 17-4）。

表 17-4　2001—2011 年安吉规模以上工业总值和竹产业规模以上产值情况

单位：亿元

年份	规模以上总产值	竹产业规模以上产值	规模以上利润总额	占比（%）
2001	52.06	6.40	1.06	12.29
2002	57.84	7.70	3.02	13.31
2003	66.27	8.90	4.42	13.43
2004	76.93	13.30	5.46	17.29
2005	89.70	18.90	6.93	21.07
2006	103.85	24.50	7.89	23.59
2007	186.09	36.56	9.04	19.65
2008	224.13	41.66	10.11	18.59
2009	259.95	44.65	12.90	17.18
2010	325.25	42.66	17.34	13.12
2011	348.42	43.13	20.37	12.38

资料来源：《安吉统计年鉴》（2001—2011）。

第四阶段（2007 年至今）：转型阶段（转型期）

2007 年至今竹产业规模以上工业总产值和利润总额的增速开始低于 GDP 的增速，由此判断该阶段为安吉竹产业转型期。安吉竹产业市场份额开始下降，企业销售量增长变缓。江西、福建、湖南等竞争对手的崛起，加之金融危机的影响，使得安吉竹产业的利润锐减，这说明竹产业面临新的发展困境，迫切需要进行转型升级。

安吉竹产业发展经历了 2000 年之前的缓慢增长期，2002 年的迅速提升期和 2008 年的金融危机影响期，到 2010 年以后，安吉竹产业及整个安吉经济呈现平衡发展的态势。

总体来看，安吉竹产业是典型的内生型经济。在产业初期，安吉的自然资源，以及传统的竹工艺奠定了安吉竹产业基础，同时政府为竹产业的形成提供了良好的政策环境和产业环境。在产业成长期，竹产业向第二、第三产业的转移提升了安吉竹产业的竞争优势和市场占有率,大大推动了安吉竹产业的快速发展。但因受金融危机的影响以及外部竞争对手的崛起,加上安吉竹产业自身发展过程中弊端的制约,又使竹产业面临前所未有的发展困境,如何克服内生型块状经济的缺陷,并向现代产业集群转变是亟须解决的问题。

(3) 主要研究点企业发展情况

通过分析安吉竹产业的分布情况和安吉竹产业发展阶段及主要产值增长情况,对安吉竹加工企业有了整体上的认识。接下来,使用半结构化访谈和电话访问形式,通过对安吉10家竹加工企业的调研及相关人员的访谈,对安吉的重点竹加工企业有了更深刻的认识,重点企业代表了安吉竹产业的发展方向和整体实力,他们有先进的技术、人力资本和营销渠道,对他们进行分析具有典型的研究意义。以下对重点龙头企业情况进行系统梳理,从而找到其中间的差距问题。表17-5是对重点竹加工企业的情况分析。

表17-5 2012年安吉重点竹加工企业情况

单位名称	所属行业	主导产品	现有品牌	装备水平	制造能力	产品性能
浙江永裕竹业股份有限公司	竹质结构材	竹家具、竹地板	中国驰名商标、浙江省著名商标	国内先进	280万平方米	优
浙江雪强竹木家居用品有限公司	竹日用品	竹编织	雪强	先进	300万平方米	优
浙江圣氏生物科技有限公司	竹质化学制品	饮料	市名牌	国内领先	1200吨	优
安吉谈竹庄竹纤维有限公司	竹纤维	竹纤维	谈竹庄	国内领先	10万件	优
浙江安吉峰晖竹艺服饰有限公司	竹工艺品	竹工艺品	峰晖	先进	10万件	优
浙江安吉嘉翔食品有限公司	竹笋食品	竹笋食品	惊雷(市名牌)	国内领先	3500吨	优
浙江建中竹业科技有限公司	竹质化学加工	竹炭	建中	先进	2000吨	优
安吉天工机械竹木业有限公司	竹木加工机械	竹工机械	天工	国内领先	700台(套)	优

从表17-5可以看出,在产品方面,安吉的重点企业涵盖了竹家具、竹地板、竹纤维、竹工艺品等产品的八大类别,3000余种产品,他们是各自行业的领导者;在装备水平方面,安吉竹加工企业60%以上达到国内领先水平,20%以上达到先进水平,从而得出安吉竹产业的整体实力较强,尤其是重点龙

头企业更显突出；在制造能力方面，2012年以浙江永裕公司和雪强竹木家居公司为代表的竹地板和竹家具生产商，制造能力分别达到280万平方米和300万平方米，圣氏生物公司的饮料制造能力也达到1200吨，安吉重点企业的生产制造能力较强；在产品性能方面，除了一些小型作坊式工厂外，大部分安吉竹产品性能均为优，体现了安吉竹制品的整体实力。

但是，从以上研究中也看到了不足之处，安吉竹产品的品牌建设和营销渠道建设较差。从表17-5可以看到，安吉竹产品中现有中国驰名商标1个，浙江省著名商标6个，湖州市名牌产品若干，这体现了安吉竹加工企业中整体品牌实力较差，品牌建设不足。从访谈中可以知道，安吉大部分竹产品走出口的贴牌生产之路，品牌建设没有引起他们的足够重视。

（4）安吉竹加工企业发展瓶颈因素

安吉竹产业采用的是一种以二产带动三产和一产的"以二促三接一"的发展模式，竹加工企业作为第二产业，是竹产业中的重要组成部分，竹加工业的发展将更好地促进以竹产业服务业为代表的第三产业和竹林资源培育与开发的第一产业发展，所以安吉竹加工企业的发展意义重大。在发展竹加工企业中，企业必然会受到各种因素的影响，如能源及原料、税负情况、产品竞争力、资金数量、劳动力等诸多因素的影响，这些因素也会随着地域的不同和产业的不同有所改变。通过对竹加工企业50个相关人员的调查，得出影响安吉竹加工企业发展的瓶颈因素排序（见表17-6）。

表17-6 影响安吉竹产业主导企业发展的瓶颈因素排序

因素	能源及原材料	税负过重	缺乏有竞争力的产品	资金短缺	缺乏熟练工	厂房太小	订货不足	品牌较小	其他
样本比例（%）	24.90	15.77	13.69	12.86	11.20	8.30	6.22	4.98	2.07

资料来源：调查问卷

1）从表17-6中可以看出，影响安吉竹加工企业发展的主要因素有四个：能源及原材料、税负过重、缺乏有竞争力的产品和资金短缺，分别占24.90%、15.77%、13.69%和12.86%，共计占比67.22%。不同的企业有着不同的影响因素，但是总体来说，都会受这四大类因素的影响。能源及原材料问题突出，在上一节分析竹林资源的动态变化时提到这个问题，安吉的竹林资源现在不能自给，需要从省外进行大量的购买，在一定程度上制约竹加工企业的发展。政治经济学的结论告诉我们：企业对税出问题一般都会显示不满，因为两者属于斗争的双方。

2）缺乏有竞争力的产品和资金短缺成了影响安吉竹产业发展的两个重要因素。安吉竹加工业虽然在国内处于领先地位，但是与国外相比产品竞争力较差，与国内木材等替代品相比也明显不足，安吉竹产品的营销渠道建设和品牌建设均跟不上，安吉竹产品打不入高端产品市场，市场竞争力较差。另外，安吉竹加工企业多为民营企业，它们的规模相对较小，融资渠道较窄，再加上行业协会的扶持力度不够，资金问题也成为影响其发展的重要因素。

3）技术创新对竹产业发展的影响较大。这是从调研过程和二手资料收集中发现的一个重要因素。安吉政府支持竹加工企业的技术创新，从2010年开始便制定了一系列优惠政策，奖励各种对竹产业技术创新做出贡献的组织，奖金在100万元到300万元。近年来，安吉竹产业通过技术创新等方式，逐渐向产业转型升级方面发展。但是，创新能力还有待提高（见表17-7）。

表17-7　安吉新产品总值和竹产业新产品产值对比（2007—2011年）

单位：亿元

年份	2007	2008	2009	2010	2011
新产品总值	28.10	27.57	33.40	47.50	62.75
竹产业新产品产值	3.64	3.57	5.01	9.09	12.70
比例（%）	12.95	12.15	15.00	19.14	20.24

资料来源：浙江省安吉县统计局统计资料（2007—2011年）

由表17-7可知，安吉县新产品总值和竹产业新产品产值都呈现出不断上升的发展趋势，五年中，新产品总值从2007年的28.1亿元发展到2011年的62.75亿元，增长了1倍有余；而安吉竹产业中新产品产值增长了近4倍，说明安吉竹产业中创新力度更大。从所占比例来看，竹产业中新产品的产值占所有新产品产值的比例也在逐年增加，到2011年达到20.24%。这一方面可以看出，安吉县竹产业在新技术开发尤其是在创新技术在新产品的开发应用方面有了长足的发展；另一方面也说明，安吉县竹产业新产品开发对整个安吉县新产品的开发具有重要的作用。

总之，从分布区域来看，安吉竹产业主要分布在递铺、梅溪、孝丰和天荒坪四大区域，分布较为集中且有集群发展的趋势，每个地区也有着各自的主导产品；从发展阶段来说，安吉竹产业处于转型升级的第四阶段，应该向第二产业的优势产业和第三产业发展,尤其是发展与竹产业相关的服务业,如竹产业技术服务、信息服务、战略咨询等服务业,促使安吉竹产业整体升级的完成;从样本企业的分析来看,安吉竹产业加工企业在制造能力、产品性能、装备条件方面均在国内领先,但是也存在着品牌较少等问题;另外通过对影响安吉竹产业发展的关键因素进行分析,得出能源及原材料对安吉竹产业发展影响最大,接着,税负过重、缺少有竞争力的产品、资金短缺等依次影响竹产业发展,技术创新这个因素对安吉竹产业的发展影响也不容忽视。

17.1.3 竹产品贸易发展现状分析

(1) 竹产品产值情况

安吉竹产品在八大类的基础上,各种产品之间会有不同的分配比例,从产品发展周期来看,可以把安吉竹产品分为三个类别:传统竹产品、主导竹产品和新兴竹产品。当前情况下,竹笋、笋干和竹子日用品等为竹产品中的传统产品;竹地板、竹质装饰材、竹质结构材是安吉竹产业中的主导产品;而竹纤维、竹炭和化学制品等起步晚、技术含量高、效益好的产品则为新兴产品(见图17-3)。

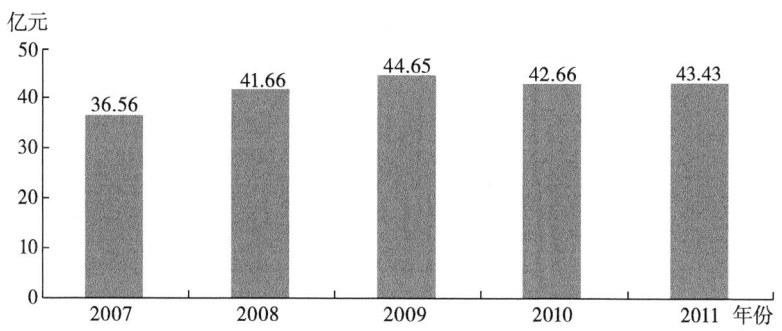

图17-3 2007—2011年安吉竹制品产值

从图17-3可以得出,安吉竹制品产值在五年内呈上升发展趋势,总体比较平衡,无太大波动。竹制品2007年产值为36.56亿元,2011年最高,为43.43亿元,平均为41.73亿元。整体比较稳定。说明安吉竹产业的制造能力在近些年改变较小,安吉竹产业的稳定性较好。

(2) 竹产品贸易情况

安吉竹产品产值近年来保持在40亿元左右,竹产品的贸易发展情况总体上也呈稳定趋势,保持在平均21795万美元的出口额。与安吉的总体出口情况比较,安吉总体出口额呈上升趋势,尤其是近两年发展较快,2011年达到183947万美元,比2007年的86430万美元增长一倍多。从以上可以看出:一方面,安吉整体经济实力在提高,尤其是出口导向型的经济在不断发展;另一方面,安吉竹产品出口出呈现较为稳定的趋势,说明安吉竹产业发展到了稳定阶段,如何突破发展具有重要意义。从安吉竹制品出口额占出口总额的比例来看,安吉竹制品的出口占比呈现明显下降趋势。2007年到2011年,安吉竹制品的出口占比分别为22.03%、21.41%、18.20%、13.75%、12.91%。每年以1~2个百分点下降,特别是2010年下降近5个百分点,五年间下降了10个百分点。说明安吉竹制品出口的优势在逐渐减小,出口总额维持在一定程度的情况下,竹产品竞争力近年保持不变。

表17-8 2007—2011年安吉竹制品出口额　　　单位:万美元

年份	2007	2008	2009	2010	2011
出口总额	86430	112218	111409	159263	183947
竹制品出口额	19041	24022	20276	21892	23745
出口占比(%)	22.03	21.41	18.20	13.75	12.91

资料来源:安吉调研资料

从表17-8可以看出,安吉竹产品贸易在近五年保持稳定,主要由以下几方面原因造成:第一,安吉竹产业处于相对稳定的发展阶段,进入和退出的企业较少,企业的生产能力变化也较小,行业比较稳定;第二,在安吉企业所开发的国际市场区域内,对竹产品的需求量呈相对稳定状态,没有太大的市场需求波动;第三,安吉竹加工企业认识到国内市场的重要性,正在试图开发国内市场;第四,安吉竹加工企业对自身如何转型发展存在疑惑,多数企业把战略定位为维持现有市场份额。

17.2 制度层面分析

安吉生态文明实践,贵在制度创新。一是生态教育制度建设,通过各种教育形式传播生态文明知识,提高人们的生态素质。二是生态法治建设,建立完备的政策体系,促进生态文明建设制度化、常态化。三是完善生态公共政策体系,把生态环境目标和经济发展目标结合起来、统筹考虑,建立与市场经济相适应的生态资源管理制度和生态行政管理体制,鼓励企业和社会组织自觉地承担生态责任。"生态立县"具有强烈的社会号召力,能引起广泛的社会共鸣,为全面推进"生态立县"发展战略,吉县以争创"国家生态县"为重要抓手,以建设"中国美丽乡村"为载体,成立了由县委书记任组长、县长和县班子分管领导任副组长的生态县建设领导小组,建章安吉县坚持"统筹一体、因地制宜、提升功能、彰显特色"原则,持续加大投入,加快城乡规划体系建设,形成了一批覆盖全县、目标明确、相互衔接的规划成果,为城乡建设提供了扎实的规范保障。

(1) 制度管环境

巩固对环境进行补偿的排污收费政策。完善生态破坏限期恢复制度及环境污染限期治理制度。对生态破坏和环境污染行为做出行政决定,限定破坏者在一定期限内完成对已破坏生态系统的恢复,污染者在一定期限内完成对污染环境的治理。考虑生态资源的保护、恢复、更新,坚持"谁开发谁保护,谁破坏谁恢复,谁使用谁付费"的原则制定资源价值补偿制度,保证生态资源环境的永续利用。

(2) 制度管政府

严格执行生态文明所要求的生态恢复与补偿制度、资源保护管理制度、监督审核制度等相关规章、制度、政策,树立"生态为政"的理念,建立高效、廉洁、绿色的行政管理体系,努力打造生态文明型政府。

首先,环境信息公开。及时向社会公开发布相关环境监测与污染物排放信息。完善企业环保责任制,制定并完善企业资源能源利用效率的约束制度、企业环保投入制度、企业内部环境保护制度、企业内部环境管理规范、企业环保信息公开制度等。

其次,环保一票否决。安吉把环保部门的地位提得很高,在安吉县领导人看来,如果环保部门在安吉没有"地位",安吉生态建设就很难做下去。环保部门最高的"地位"就是"环保一票否决",就是环保局可以对有关生态环境的任何动议、项目行使否决权。

再次,强化生态优先。坚持"生态立县"战略的安吉政府决策者,虽然鼓励招商引资,却一直坚持"污染企业进不来,进来企业不污染"的环保底线,"招商引资"在安吉变成了"招商选资"。

最后,不破坏是底线。安吉富含磁铁、铜、白钨等金属矿藏,有黄沙、石灰石等非金属矿藏,其中石灰石储量约5亿吨,具有良好的市场前景;然而一旦开采势必造成山体破坏,带来环境问题,甚至影响到老百姓的生产、生活,因此安吉坚持保护，并把这种理念普及于全社会。

（3）制度管政风

按照科学发展观的要求，贯彻以人为本原则，克服片面以 GDP 为中心的错误倾向，既考核经济社会协调发展的情况，又考虑人民群众的生存环境、社会保障、精神文化、政治文明等生活质量的要求，将乡镇综合考核指标体系具体分解为七大类 40 项考核指标，突出生态文明建设，在生态文明建设考核指标体系中单设了"中国美丽乡村"建设 14 项考核内容，把提高人民生活水平放在更加突出的位置。由于完成对干部的综合评价，把工业较好的（或适合工业的）乡镇，通过财政转移支付，"二次分配"，支持生态保护为主的乡镇，从而有力地推动了各项社会事业的进步。

（4）制度管乡村

坚持用科学的规划设计提升建设实践水平，以"环境保护"和"资源永续利用"为核心，细化了 26 项具体标准，既是工作目标，也是评价、考核指标，建立了横向到边、纵向到底的中国美丽乡村、生态文明建设工作规划体系。

（5）制度管考核

区分不同单位的实际情况，区别考核对象的类别和层次，因地制宜设计相对合理的考评指标体系和标准，防止绩效考核模式一刀切，鼓励乡镇、部门走个性化、各具特色的科学发展道路。生态建设是战略投资，生态投入是一项"看不见的工程"，必须提供坚强保障，建立长效机制。首先要健全工作机制，组建四大工程组，由县领导带头负责；推行部门结对创业和村企共建，76 个部门与 141 个村、176 家企业与 169 个村结对共建、捆绑考核。其次要注重考核激励，推行乡镇分类考核，设置个性化考核指标，实行积极的财政转移支付。下保底数，上不封顶，年初预拨，年底兑现。近三年来累计投入生态类基础设施建设 12 亿元，相当于地方财政收入的 40% 左右。最后要强化长效管理，研究制订了全县村庄环境卫生长效管理实施意见，按照"公共卫生保洁好、园林绿化养护好、基础设施维护好"的总体要求，着重强化经费保障和监督考核。

为全面提高安吉竹产业发展水平，为竹林经营提供良好政策支持，为竹加工业的发展提供物质保障，安吉县委、县政府相继出台了《关于加快竹类资源开发的实施意见》（2006）、《安吉县竹子发展规划》《安吉县冬笋开发规划》《关于加快林业现代化建设的意见》《关于提高农业竞争力加快高效生态农业发展的若干意见》《森林安吉"十二五"规划》(2011)等一系列文件,为安吉竹产业发展提供政策和物质保障。同时,安吉县政府为了引导当地林农致富,出台了《安吉县林权抵押管理办法》(2009)、《安吉县森林、林木、林地流转管理办法》(2009)等系列政策和措施,促使林权抵押贷款发展,并投入人力、物力和财力,成立林权交易中心、林权管理中心、森林资源评估中心、林权抵押贷款服务中心,为林权登记、变更、注销、信息发布、评估等提供一站式服务。

17.2.1 构建营销网络,建设市场终端

鼓励企业通过直营连锁、特许加盟等方式开设专卖店,在县级以上行政区设立专卖店,数量达到50个以上且单体店面积在100平方米以上的,经验收合格,给予企业每个专卖店2万元补助,最高不超过200万元。鼓励企业利用同类行业的成熟营销渠道进行销售,对于年销售额分别达到3000万元、5000万元、1亿元以上的企业一次性分别奖励10万元、20万元、30万元。鼓励有条件的企业在国外(欧美国家)实施兼并或开设营销、研发机构,对正常运营一年以上企业,按其注册资本给予5%的政策支持(单个企业最高不超过100万元)。

鼓励发展电子商务。引导和帮助企业借助电子商务平台获取商务信息与出口订单。规模以上竹产业企业当年度利用境内外知名商务网络平台开展贸易活动,对首次的网站开发费用、网络服务费给予50%的补助,累加补助额最高不超过1万元。对龙头骨干企业电子商务交易系统建设投入,按当年实际发生额在企业所得税前加计扣除。

17.2.2 培育龙头企业,鼓励企业发展

对列入竹产业龙头企业培育对象的龙头骨干企业(不同类别)实行"一企一策",进行动态管理(每年评定)。加大财政奖励力度,竹产业企业当年入库税收达到100万元以上的,按销售收入进行分档扶持。销售收入超1亿元的企业或龙头骨干企业,其当年实际入库税收中县财政所得比上年增长15%以上部分全额奖励给企业;销售收入超3亿元、5亿元、10亿元的企业,分别按其当年实际入库税收中县财政所得比上年增长10%以上、5%以上、全部增长部分全额奖励给企业。奖励资金专项用于企业技术改造和技术创新项目、品牌建设、营销渠道建设等。

鼓励企业兼并重组。鼓励产业内企业组建产业联盟。对行业龙头骨干企业实施横向、纵向联合并购重组成功的，对兼并过程产生的相关税费在当年实际入库税收，县财政所得部分全额奖励给企业。根据被兼并企业的面积对实施兼并行为的龙头骨干企业给予每亩3万元的政策性补助（单个项目最高不超过300万元），并在兼并的次年计算"财政奖补标准"时，被兼并部分不计入考核基数。实施较大规模兼并的龙头骨干企业，其当年实际入库税收县财政所得比上年增长部分全额奖励给企业。县财政奖励兼并过程产生的相关税费金额和奖励实际入库税增量金额的总和不得超过企业当年实际入库税收。鼓励企业股改上市，鼓励龙头骨干企业加快上市步伐，对完成股份制改造的企业给予10万元奖励，并对股改过程中涉及溢价部分产生的税收县财政所得部分按50%予以奖励。

17.2.3 强化创新能力，提升技术创新

鼓励产业内龙头骨干企业加快构建企业技术创新体系，加大技术创新投入，支持企业建立企业技术中心、研发中心、"竹子研究院"、"博士后工作站"等，增强技术领域控制权。对完成省级企业技术中心创建的企业给予50万元奖励，对完成国家级企业技术中心创建的或建立国家级重点实验室的企业给予300万元奖励。企业为自主创新活动而引进专利技术，其用于研发活动的专利技术摊销费用可纳入研究开发费用范围。县科技专项重点支持竹产业重大技术攻关项目。

着力提高产品开发创新能力。鼓励企业提高装备水平，企业单个项目生产设备两年内投入累计达到500万元以上的，项目投产后给予先进设备6%的奖励。同时引导企业以市场需求为导向，自主研发或引进并投产一批有自主知识产权、自有知名品牌、有较高市场影响力和附加值、有巨大竞争力的新产品，对当年开发新产品5个以上且新产品产值占企业销售收入60%以上的企业，在享受原有新产品奖励政策的基础上，再奖励10万元，对列入国家级新产品开发计划的，每项奖励10万元，对列入国家自主创新产品的，每项奖励20万元。大力推进管理创新，积极推行企业精细化管理，对于年初列入实施对象的企业，经验收合格，给予每个企业20万元的奖励。

17.2.4 实施品牌战略，加强品牌建设

深入推进品牌战略，提升个性品牌的竞争力和区域品牌的影响力。抓紧策划、适时申报，积极构筑安吉竹系列产品区域品牌。政企联手，通过建立

"全竹家居"体验馆、创建网上未来生活馆、举办竹产业发展论坛等渠道，提升安吉竹产业整体影响力。

支持企业品牌建设。对通过行政方式获得国家驰名商标、省级著名商标或名牌产品的企业，分别给予100万元、10万元的奖励。鼓励有条件的企业购买国外品牌，经主管部门评估认定，每个品牌给予30万元奖励。鼓励产业内龙头骨干企业依托品牌优势，采取收购、兼并、控股、联合、虚拟经营等方式，整合众多无牌、贴牌加工企业的生产能力，扩大品牌经营规模，加快形成一批拥有自主知识产权和国际竞争力的知名品牌，提升产业主导产品附加值。

17.2.5 制定竹产业规划，加强安吉生态建设

为全面推进"生态立县"发展战略，安吉县以创建"国家生态县"为重要抓手，以建设"中国美丽乡村"为载体，已形成了较全面的生态县建设规划体系，编制了《安吉生态县建设总体规划》和生态农业、生态工业、生态旅游、生态文化等专项子规划，所有16个乡镇（街道），先期共80个村编制了生态建设规划，形成了层次分明、相互配套、有分有合、规范有序的生态建设规划体系，生态建设有前瞻性蓝图和规范化依据；先后出台了《安吉县生态县建设实施意见》《生态县建设专项资金使用管理办法》等，为生态县建设提供了有力的政策保障；从乡村的环境综合整治入手，发动群众"扮靓"家园。同时建立了生态公益林利益补偿机制，创造了"动钱不动山，利润再调节"的分配机制，不断完善农村环境保护体系。

安吉县全面推进森林生态体系建设，建设100万亩生态公益林，加快发展阔叶林，实施退耕还林工程，推进城乡绿化一体化进程，加强生物多样性保护，林业生态建设取得显著成就。目前，安吉县植被覆盖率达75%，森林覆盖率达71%；空气质量广大农村为一级，城镇在二级以内，水质支流达到一类、二类，安吉成为气净、水净、土净的"三净"之地。

17.3 精神层面分析

17.3.1 竹文化历史渊源

竹文化有着悠久的历史渊源，也以各种形式存在于人们的精神生活之中。一种说法是"岁寒三友"，即松、竹、梅；另一种说法是把梅、兰、竹、菊称

为"四君子"。竹子均并列在其中,由此可见竹子在人们精神生活中占有重要地位。它四季常绿,姿态优美,独具韵味,情趣盎然。翠竹既能美化人的生活,又能陶冶和升华人的高尚情操。在精神文化方面,竹文化内涵十分丰富和独特,影响着中国人的价值观念以及伦理道德,同时对中国文学、工艺美术、中国音乐、宗教文化、风俗习惯和园林景观等都有着极其重要的影响。尤其是在人们的日常生活中,也起到了极大的促进作用。

竹是中国文学中的重要题材,每个时代皆有描写竹子的诗文佳作,因此而产生的文学作品不计其数,形成了中国独特的竹文化与竹文学,在国内文学史上独树一帜,精彩纷呈。《诗经》是我国最早的一部诗歌总集,编成于春秋时期,书中有大量关于竹子的诗,直接提及竹子的有5首,出现7次,间接提及的更多。如《诗经·卫风淇奥》曰:"瞻彼淇奥,绿竹猗猗。"此后各个朝代各种典籍中都有竹诗画记载。

竹是工艺美术品的重要材料,是美学和生活的结合,是科学和艺术的产品,数千年来,中国先人们用竹子编织和雕刻各种赏心悦目的工艺美术作品,丰富了竹文化的内涵。从新石器时代早期的竹编织器物,到春秋楚国的竹艺术品,再到商周时期的雕刻工艺,汉代及六朝时期的竹雕刻艺术品,以及后来唐朝、明代及清代的竹刻名家,都充分展示了竹工艺水平的高超。另外,竹还是工艺美术中的表现题材,被用于雕刻、印染、陶瓷、编织等各种工艺品的创作中。

竹是中国音乐文化的重要载体,中国传统的乐器多以竹子为制造材料,尤其是吹奏乐器和弹拨乐器。除了乐器之外,竹子为中国音律的起源奠定了基础。所以,周朝以后的历代多以竹定音律,并且有着"丝竹"为音乐的名称,演奏乐器的艺人称为"竹人"的说法。因此,竹是中国音乐文化与物质文化中不可替代的物质载体。

竹对中国的宗教文化和民俗文化也产生了很大的影响,古代的先民奉竹图腾,视其为图腾崇拜物,把竹作为祭祀的工具和祭品。道教和佛教出于教义崇奉竹子,追求竹子所构筑的环境。竹文化联系着口承文艺和游乐活动以及信仰习俗;进入了人类的仪礼制度之中,在祭祀、婚丧、交际、节日、朝规等社群文化中构成了民间竹文化的重要元素。

园林竹子是我国古典园林造园中不可缺少的组成部分,我国最早开始竹子造林始于公元前11世纪周文王"筑灵台、灵沼、灵囿",有关竹子用于造园的最早记载是秦始皇统一六国后建"上林苑"从山西云冈引种竹子到咸阳。到了魏晋、南北朝，竹子与政治、宗教等思想结合，融入了造园之中。《水经注》中"竹柏荫于层石，绣薄丛于泉侧"，描绘了北魏著名御苑"华林园"。唐代诗人王维规划了"斤竹岭""竹里馆"等竹景，北宋皇帝宋徽宗亲自参与规划的"寿山艮狱"是北宋山水宫苑以竹造景的典型。北宋李格非所写《洛阳名园记》对其中的归仁园、董氏西园等10座宅园做了专门的竹子景观描述。从南宋周密的《吴兴园林记》中也可了解到吴兴的宅园"园园有竹"。明清时期，竹子与水体、山石、园墙建筑结合成竹林景观，是江南园林、岭南园林的最大特色之一，沧浪亭、狮子林、扬州个园、惠州逍遥堂等是这方面的典范。在这一时期造园技术理论书籍相继出版，对竹子造园作了详尽、精辟的论述。最有影响的要数计成的《园冶》、文震亨的《长物志》。随着诗、书、画及造园艺术、技术的发展，人们已不满足于庭院造景，于是，就产生了能在屋宇内随时欣赏、掌玩的自然风景缩影——盆景。竹子盆景发展到今天出现了许多精品，如周瘦鹃先生的《竹林七贤》《竹趣图》等，还有扬州的《潇湘流水》《翠野图》《竹林逸隐》《东坡遗风》等一大批竹子盆景代表作。中国盆景一直被称作"无声的诗，立体的画"，倍受东西方人民的喜爱。

竹子与人民生活息息相关。从服饰方面看，竹对中国人的服饰起源和进一步发展起着重要作用。秦汉时期就出现用竹制布，取竹制冠，用竹做防雨用品的竹雨鞋、竹斗笠、竹雨伞，一直沿用至今。唐代，岭南地区一些州县曾把竹布当作重要贡品之一，竹还是古代人装饰的材料，说明竹对人类服饰文化的贡献。

从食用方面看，竹笋和竹荪是人们十分喜爱的山珍美味，同时在救荒中发挥重要作物原料的作用。文献记载，3000多年前的竹笋就是席上珍馔。竹笋的食用方法多种多样，可烹饪数千种美味佳食。竹还具有特别的医用价值，在中国最早的医书典籍中，就有用竹治病的历史记载。竹的全身都是宝，叶、实、根及茎秆加工制成的竹茹、竹沥，都是疗疾效果显著的药用材料，竹黄、竹荪也是治病的良药。

从建筑方面看，竹子用途更加广泛。人类发展早期，在人类从穴居及巢居向地面房居演进的过程中，竹子便发挥了很大的作用。以后的各个朝代的竹子均有所使用。江苏吴县新石器时代晚期发现的"草鞋山遗址"有用竹作建筑的材料，另外，汉代的甘泉宫竹宫、宋代的黄冈竹楼，皆是取竹建造并负有盛名。在现代，最早的竹子用于脚手架，后来竹子成为房屋的结构材，再后来又开发了竹地板、重组竹等产品，更加提高了竹子的利用范围。

交通工具和设施的产生与发展，是中国文明的标志之一，竹在交通方面发挥了重要作用，古代交通工具和设备的起源均与竹有着密切关系。古代人用竹子制造竹车和竹筏和船等，丰富了古代的交通工具。同时，在建筑工程中，竹在桥梁建设、道路建设等方面发挥了重要作用。竹子对世界交通的革新与发展做出了重要贡献。

由此可见，我国的竹文化历史悠久，伴随着文明史的发展有两千年的历史。在这个过程中竹文化影响着人们生活的各个方面，如竹子相关的文学作品、竹工艺美术品、音乐文化、宗教与民俗文化、竹子与园林以及竹子对人们日常生活的影响。竹文化在我们的生活中无处不在，这很好地展示了竹文化的风采。

17.3.2 安吉竹文化产品现状

安吉全县有2632家竹业企业，由于注入了文化元素，竹产业现已成为安吉的支柱产业和朝阳产业。竹文化绽放着无限魅力。安吉"中国竹子博物馆"自2000年开馆以来，年均接待游客超过50万人次，旅游收入超过1200万元，成为著名的4A级景区。现在，安吉又诞生了34个竹文化民俗馆。竹文化引来一批批文化项目落户安吉，仅2017年竣工的文化休闲项目总投资就达110亿元，在建的13个项目总投资超过130亿元。这批文化项目全部投入使用后将拉动1760亿元的产出。

安吉的竹已不仅仅是竹，更承载着一种厚重的文化，成为一种先进的生态文化的符号。竹的秀美赞不尽，竹的风采看不够，竹的精神唱不完。安吉竹文化的表现最直接的是安吉的竹文化影视基地以及其间接影响下的生态旅游业。竹文化内涵深厚。在"林改"的推动下，安吉县围绕竹文化的挖掘、整理和保护，大力传承和弘扬竹文化，做深做活竹文化的经营，推进竹产业的"接二连三"发展。

一是文化交流。安吉的竹叶龙、竹乐和百笋宴等民间艺术多次登上国家级艺术殿堂，并成功走出国门。现已建成中国最大、功能最全的生态博物馆，山民文化、龙文化与扇文化等得到全面展示。为进一步弘扬竹文化，发展竹产业，建设新竹乡，安吉县先后成功举办了中国第一届"竹文化节"、上海交响乐团竹林音乐会、"竹业走向二十一世纪"国际学术研讨会、"第一届联合国教科文组织中国创意性（竹玩具）活动"、"首届中国竹工艺精品创作大赛"、中国（安吉）竹文化节、中国（安吉）国际竹产品贸易博览会等。

二是乡村旅游。依托环境、整合资源，大力发展竹子第三产业。全力打响"中国大竹海""中国美丽乡村"两大品牌。建成亚洲最大的竹博园、县级最好的熊猫馆、整体最美的大竹海、江南唯一的室外滑雪场等。推出"竹乡农家乐"特色旅游项目，"农家乐"发展到800余家1万余张床位，直接或间接从事生态旅游商品生产和经营的农民超过2万人。影视文化产业提升了美丽乡村的知名度，每年还带来了400万人的"追星族"，更带火了当地的生态游。有的村里专门建起了影视文化馆，通过将景区的美景与已拍摄放映的影视镜头有机结合成一体，运用现代科技形成强烈的视觉冲击，给游客耳目一新的感觉。既增加了集体收入，又让游客乐此不疲。

三是文化创意产业。在广袤的林海中高品位建设影视基地，为成功拍摄《夜宴》《越王勾践》《蜗居》等著名影片和奥斯卡获奖影片《卧虎藏龙》提供了独具特色的天然场景，被国家相关部门命名为全国生态影视拍摄基地。抓住"休博会""世博会"契机，积极包装和发展竹文化创意产品，全力倡导和积极努力实现"乡村，让城市更留恋"。浙江安吉竹文化的"裂变效应"已渗透到安吉社会生活中的方方面面。一部电影带出了一个产业，也成就了一群山里人的致富之梦。随着《卧虎藏龙》在全球各地的上映，影片中那清秀叠翠、延绵起伏的大竹海也给观众留下深刻印象。仅一山之隔的"天下银坑"景区自从拍摄了《夜宴》后，《小鬼当家》《越王勾践》《蜗居》等影视剧组相继涌来。2010年以来，安吉将整个县域作为一座自然的生态博物馆来规划，投资13.1亿元，基本建设成了中国东部地区第一个以"一中心、四大类、十二展示区、多个展示点"为框架结构的一座"没有围墙"的生态博物馆，为生态影视文化的崛起奠定坚实的地域文化基础。

17.3.3 安吉生态旅游业现状

安吉十分注重休闲旅游业的发展，从2003年做出第一次旅游业发展总体规划后，2011年又重新制定了新的"安吉休闲旅游业发展总体规划"并规定安吉县休闲旅游业发展的总体布局，即"一核一环五区"。一核即递铺镇、孝丰镇与灵峰旅游度假区结合形成的全县旅游综合发展服务中心；一环即国家级美丽乡村精品区；五区为大竹海休闲度假区、昌硕文化体验区、黄浦江源观光休闲区、白茶飘香休闲农业观光区和田园观光体验区。

(1) 旅游接待情况

近年来安吉旅游区发展迅速，无论是从接待人次还是从景区收入来看，增长速度都十分迅速。这不仅得益于安吉竹乡的美誉，还有便是安吉美丽乡村建设取得的一系列成果。安吉旅游业的发展更好地促进了安吉竹产业的发展，它们之间有着相辅相成的作用。安吉的旅游发展同样促进了安吉竹产品的知名度提高。

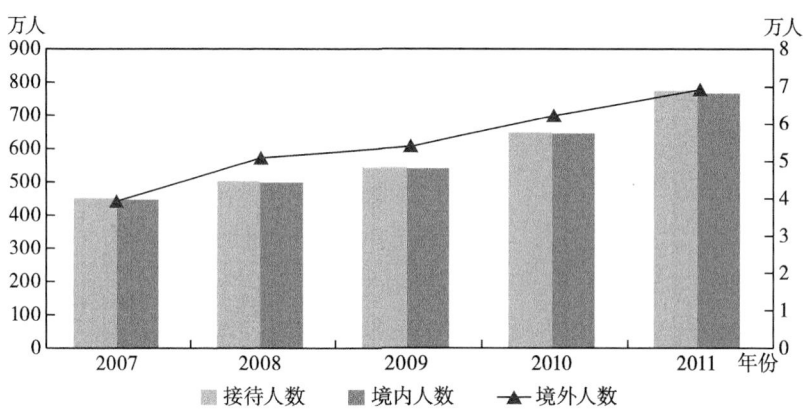

图 17-4　2007—2011 年安吉旅游业接待人数情况

从图 17-4 可以看出，总体来看，安吉旅游业发展迅速，总体接待人数和境内、外接待人数都呈逐年递增趋势。具体来看，总体接待人数从 2007 年的 450 万人增长到 2011 年的 774 万人。境内接待人数也同比例增加，与此同时，境外接待人数也增长较快，除了 2009 年增长较慢以外，其他年份增长速度都较快，年最快增速达到 11.96%。可以看出最近几年安吉针对旅游业所取得的成效，旅游人数的增加便是最直接的例子。

(2) 旅游收入情况

除了旅游人数的增长，旅游收入的增加情况也是我们需要考虑的重要因素。通过对安吉近五年的旅游收入情况进行分析可以得出如下结论：安吉旅游业总收入增长较快，2011 年是 2007 年的 3 倍有余。尤其是，2010 年和 2011 年旅游业收入增长明显。到 2011 年末，旅游总收入达到 51.25 亿元。这说明安吉旅游业的知名度和设施水平在这两年取得突出成效。从旅游景区门票收入情况来看，增长速度远没有旅游总收入快，而且门票收入所占比重也越来越小。根据调研时的资料分析，门票收入在安吉旅游业收入中的占比将越来小，这也符合旅游业的发展趋势（见图17-5）。

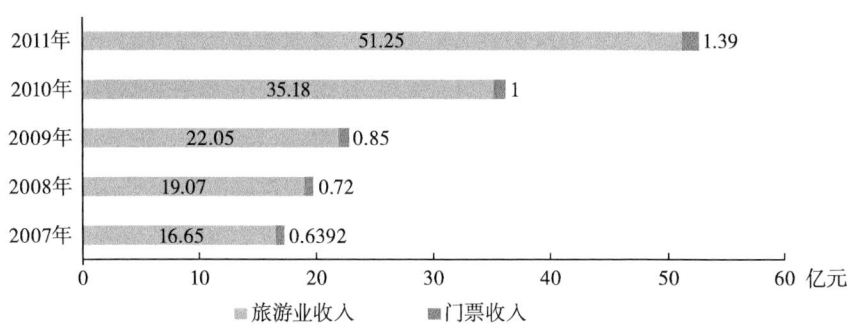

图17-5 安吉旅游业收入和门票收入对比

（3）样本景区的旅游情况

本次调研中除了对安吉旅游业整体资料进行研究外，也重点分析最早选择的四个样本景区，以此来验证其发展情况是否和安吉整体旅游发展相吻合。作为竹旅游的重要样本，他们分别是中南百草园、竹博园、江南天池和藏龙百瀑（见图17-6）。

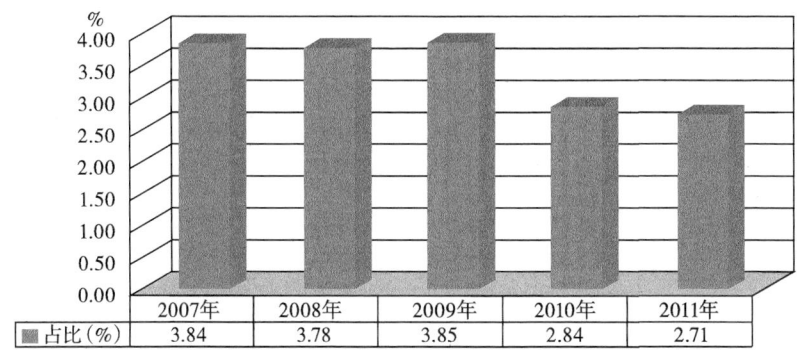

图17-6 2007—2011年样本景区门票收入占旅游总收入的比例

从以上分析可以得出门票收入占旅游收入的比例将越来越小的结论。通过对样本景区的数据进行分析，得出一致的答案。四个样本景区的门票收入占旅游总收入的比例从2007年的3.84%一直降到2011年的2.71%，并且还有持续下降的趋势。调研时有旅游部门的管理人员称，门票收入将会阻碍安吉旅游业的发展，安吉也在试图降低门票收入，吸引更多的游客前来，带动整个安吉经济的发展。

17.3.4 安吉生态文化传承

安吉县生态文明建设成果显著,在物质、制度和文化层面均有发展。主要包括生态危机反思、生态立县战略、生态环境整治、生态经济发展、生态制度建设、生态文化传承和美丽乡村模式等七个方面。

从生态文明的建设过程看,安吉积极倡导全体公民以生态理念为价值取向的生活方式,提升全体公民的生态意识。安吉以培育生态文化为重点,建立完善的生态教育机制,培育全社会良好的生态道德意识,增强全民的生态忧患意识,树立对于自然的道德义务感,着力将生态文明的理念渗透到生产、生活各个层面和千家万户,加快推动文化资源向文化资本、文化潜力向文化实力转变,不断增强安吉文化的影响力和竞争力,努力建设生态文化强县。

生态文化建设是安吉县委、县政府"生态立县"战略的一个重要组成部分。为促进文化事业建设与生态理念的交融,县委、县政府制定了一系列生态文化发展的规划、先后出台了一系列关于推进生态文化繁荣发展的政策,将包括城市社区和乡镇社区在内的全县域生态文化建设作为一项重要工作来抓,特别是将农村生态文化建设纳入全县乡镇经济社会发展总体规划,做到一起部署、一起实施、一起考核。生态文明的落地是一个复杂而艰难的过程,它不仅要依靠制度的约束力、强制力,还要依靠领导的表率力、每个人的自律力等力量。提高执行力,促使生态文明落地。生态文明建设并不是喊口号、做样子、发册子,而是要在行动上落实。为生态立县战略的落地生根。编制了《安吉生态县建设总体规划》和生态农业、生态工业、生态旅游、生态文化等专项子规划,所有16个乡镇(街道),先期共80个村编制了生态建设规划,形成了层次分明、相互配套、有分有合、规范有序的生态建设规划体系,生态建设有前瞻性蓝图和规范化依据;先后出台了《安吉县生态县建设实施意见》《生态县建设专项资金使用管理办法》等,为生态县建设提供了有力的政策保障;从乡村的环境综合整治入手,发动群众"扮靓"家园。同时建立生态公益林利益补偿机制,创造了"动钱不动山,利润再调节"的分配机制,不断完善农村环境保护体系。

安吉县坚持"统筹一体、因地制宜、提升功能、彰显特色"原则,持续加大投入,加快城乡规划体系建设,形成了一批覆盖全县、目标明确、相互衔接的规划成果,为城乡建设奠定了扎实的规范保障。在县级层面,完成了县域总体规划、土地利用总体规划、村庄布局规划以及各类专项规划,特别编制了生态县建设规划和生态人居名县规划；在城市层面，完成了城市总体规划、分区规划、单元控规以及各类专项规划，特别深化开展了城市总体设计、景观设计以及规划研究工作；在乡镇层面，完成了乡镇总体规划、土地利用规划以及所有乡镇的生态乡镇建设规划；在村级层面，完成了所有行政村的村庄规划，并先后开展了村庄环境整治方案和环境提升专项设计编制工作。

"中国美丽乡村"是新农村建设的科学实践，为保证"中国美丽乡村"建设的科学有序，安吉制定了《中国美丽乡村建设整体规划》，把全县作为一个大乡村来规划，把每一个村当作一个景点来设计，把每个农户当成一个小品来改造。把全县所有行政村划分为40个工业特色村、98个高效农业村、20个休闲产业村、11个综合发展村和18个城市化建设村，并出台了《中国美丽乡村实施意见》，明确了"中国美丽乡村"的实施架构、评价标准、考核办法、奖励政策和长效管理机制，使"美丽乡村"建有方向、评有标准、管有办法，把新农村建设从一个方向性的概念具化为可操作的工作。

安吉将整个县域作为一个大型生态博物馆，按自然生态、历史文明、民俗文化、人地和谐特征划分为"一中心、四大类、十四个展示区"，打造集展示、体验于一体的山民文化陈列馆、农耕文化陈列馆、书画文化馆、少数民族文化馆、生态建筑屋、孝子文化公园等设施。建成中国·安吉生态博物馆中心馆，安吉竹文化生态博物馆、安吉白茶生态博物馆、天荒坪生态能源博物馆等一批专题馆已初具规模，已建成30座反映地域文化特色的"民间博物馆"；龙山森林体育公园、山地极限运动、生态影视等基地建设即将完工；新增一批生态文化长廊、生态建筑（公园）等生态文化设施。

安吉每年以"3·25"县设生态日、"6·5"世界环境日为契机，广泛开展生态文明主题实践活动。常年举办生态文化节，给群众提供生态文化大餐。开展绿色饭店、绿色学校、绿色社区、绿色企业、生态村创建，社会化推进生态文化建设。在全县开展了"我最不喜欢的不文明行为"有奖投票活动，评选出十大不文明行为，引导市民向陋习宣战。利用移动、联通、电信、气象等短信平台每月向市民发送一条创建公益短信。各级文明单位、各窗口行业、学校、宾馆、饭店、社区等公共场所设立有关创建内容的宣传牌、宣传栏。在中小学开展了"小手拉大手，文明齐步走"入户宣传活动，举办了创省示范文明县城广场签名活动。

县环保局与宣传部、团县委等部门多次联合举办"保护母亲河、共创生态县"系列活动。县妇联在全县组织了288支"巾帼义务保洁队",活跃在全县各地,开展义务保洁活动,使全县广大妇女、团员青年成为生态文明建设的生力军。"'吃山'不毁林、添绿又致富""要绿色消费,不要消费绿色"已逐步成为广大民众的道德准则和行为规范。在全国优美乡山川、省级生态乡镇报福等乡镇党代会、人代会上(2008—2011年),高达70%以上的提案涉及环境保护和生态建设。"创生态县、做文明人"之新风已在安吉蔚然形成。

(1) 营造氛围,普及理念

安吉通过各种社会活动营造良好的生态建设氛围,提升全民生态文明意识。大力开展不同规模和领域的生态研讨和培训。在全县开展了"我最不喜欢的不文明行为"有奖投票活动,评选出十大不文明行为,引导市民向陋习宣战。利用移动、联通、电信、气象等短信平台每月向市民发送一条创建公益短信。安吉每年以"3·25"县设生态日、"6·5"世界环境日为契机,广泛开展生态文明主题实践活动。常年举办生态文化节,给群众提供生态文化大餐。

(2) 积极培育,大力保护

做足山、水、树、花的功夫,巧妙结合当地的自然条件和文化元素,将安吉的历史文化、地域文化和现代文化紧密融合,在共性中追求个性,彰显魅力。竹是安吉文化之根,竹子精神是安吉人民人格和美学精神的朴素诠释,安吉竹乐、昆铜竹叶龙、马家弄竹鼓以及中张畲族貔猊舞、竹叶龙等竹文化艺术得到不断的挖掘、整理,成为安吉竹文化的闪亮品牌,不仅国内知名,而且影响远及海外。

(3) 健全载体,扩大对象

安吉建成中国·安吉生态博物馆中心馆,安吉竹文化生态博物馆、安吉白茶生态博物馆、天荒坪生态能源博物馆等一批专题馆已初具规模,已建成30座反映地域文化特色的"民间博物馆";龙山森林体育公园、山地极限运动、生态影视等基地建设即将完工;新增一批生态文化长廊、生态建筑(公园)等生态文化设施。

(4) 借助媒体,广泛参与

安吉利用多种媒体渠道进行宣传。在安吉新闻网、安吉文明网也开设专栏,开展多层次、全形式的宣传。新浪网专门开设专栏,深度报道安吉美丽乡村建设。主推"中国美丽乡村""中国大竹海"两大品牌,在长三角发放3000万张旅游共享券,进一步拉动了周边、带动了地方消费增长、扩大了影响。以

"黄浦江源"为纽带,开展"万只竹篮进上海""上海安吉放歌"等活动,借上海这座国际化大舞台扩大安吉生态文化的影响力。

17.4 生态文化视角下安吉竹产业提升依据

17.4.1 安吉竹产业发展模式

根据前期的研究成果,总结出安吉竹产业经营的四种模式,一是"公司+农户"模式;二是准股田制模式;三是产业园区模式;四是"以二促一带三"模式。

(1)"公司+农户"模式

"公司+农户"模式由来已久,在1988年的"组织创新与经济发展研讨会"上被提出,并认为是深化农村改革的一种思路,之后有许多学者提出了此种模式的内涵、运作类型等。"公司+农户"模式被运用到林业上是最近才出现的新形式。它的基本含义是指以国内外市场为导向,以经济利益为纽带,以合同契约为手段,以农副产品加工、销售等企业为中心,团结一大批专业化生产的农户,结为一个利益共同体进行生产经营活动。

安吉较早采用了"公司+农户"的发展模式,全县80%以上的农户从事和竹业有关的产业,或种植,或加工,或销售,竹产业已经融入千家万户之中。农户以土地入股、公司出资金、出技术,统一经营和管理,产生效益后,按比例分成。这种模式让农户对竹产业前景充满信心,除了获得分红收入外,劳务收入也相当可观,合作意愿和积极性非常高。安吉县已基本形成了"公司+农户"的模式,并在此基础上延伸出"公司+基地+农户"和"合作社+农户"等多种稳固经营的模式。

(2)准股田制模式

作为涉农产业企业,竹产业生产所需土地是企业必须解决的问题。而我国现行土地政策在客观上不利于现代化、大规模的农业企业的发展,对此,安吉竹产业创新探索出一种"准股田制模式"。"准股田制"是浙江森禾公司提出的一种新型的合作方式,这项制度是针对一些有一定资金实力又有一定从事基础的涉农企业和种植户而制定的。其中,农民以土地、劳资和其他生产要素为"股份",公司以新品种、新种苗为"股份",并提供免费技术指导,双方以对等投入、对等分红的原则进行阶段性生产合作。这是该公司借鉴"股田制"理论,根据"公司+农户"的原则及行业特点创造的生产双赢模式。

"准股田制模式"采取将土地作股份形式把农民吸纳到公司的生产经营体系中,由竹产业企业以技术指导、合同收购成品等方式运作,这一"零风险计划"超越了传统的"公司+农户"和"公司+农户+基地"的生产方式,既规避了农民的经营风险,又保证了农民的收益。同时,通过自主研发创新,开发出一大批具有自主知识产权的竹产品,不仅促进了产业升级,也为当前发展现代农业探索出一种成功模式。这种模式不仅较好地解决了目前土地对集约化生产的制约,而且还有效带动了农民增收致富。通过品种推广、技术培训、销售服务、吸纳就业等方式,竹产业带动了大量林农生产致富。

(3)产业园区模式

发展竹产业核心是构建竹产业链,通过系统的整合可以有三种方式,以企业为龙头的产、供、销一体化的运作模式,以品牌为核心的产业基地发展模式,以高级的可持续发展观念引领的生态产业园区模式。安吉竹产业园按照"集约经营、循环利用、清洁生产"的规划标准,集聚发展竹木制品、竹工机械产业,坚持走高标准、高起点、高效率的科技创新发展之路,着力提升竹资源利用率,大力提高竹产品附加值,努力拓展竹材应用新领域。目前安吉竹产业园区已初步形成竹材综合利用、从物理利用到化学利用的完善产业链。一个集竹产品研发、生产、交易功能于一体的具有工业循环经济示范作用的竹乡特色鲜明的先进制造业基地初具雏形。

竹产业园区模式有效延伸了竹加工产业链,提高了竹资源利用率,进一步开发了相关产品附加值,也有效降低了对环境的不利影响。园区企业技术创新力度不断加强,竹木加工废弃物回收利用水平明显提高,特色竹木制品加工产业链初步形成,实现区内资源消耗的减量化、循环化和产出的增量化。

(4)"以二促一带三"模式

通过自主创新,大力开发新技术、新产品,开拓产品应用领域,扩大竹材加工产品的国内市场,利用好中央关于扩内需、保增长的一系列方针政策,加快产业结构调整,积极转变经济发展方式,高起点发展竹加工业,从创新发展战略模式入手,探索出一条"以二促一带三"的发展战略模式,即重点发展以竹材加工为主的第二产业,促进发展以竹资源培育为主的第一产业,带动发展以林产物流、信息服务、生态旅游及文化创意为主的第三产业,形成资源增量、产业增效、林农增收、生态环保、永续利用的发展模式。以竹业作为加快农业经济发展的主导优势产业和新农村建设的主抓手,走出一条"山上建基地、山下搞加工、山外拓市场、山中兴旅游"的竹产业经济发展道路，发挥竹子生态、经济与文化的协同效应，促进竹产业集群的可持续发展。

17.4.2 安吉竹产业发展优势

（1）交通区位优势

安吉位于长三角腹地，发展机遇凸显，战略地位明显。与浙江省的长兴县、湖州市吴兴区、德清县、杭州市余杭区、临安和安徽省的宁国县、广德县为邻。与上海、杭州、南京等大城市邻近，县城距上海223公里、距杭州65公里。环杭州湾产业带的成长，苏南及南京经济向上海对接联系加强，区位位置十分优越。随着杭长高速二期即将实现全程通车和申嘉湖高速西延工程启动建设，届时将形成"一纵一横"高速公路骨架，构建30分钟到杭湖、90分钟到沪宁的快捷交通网络。"商合杭"高速铁路过境安吉设站项目正式列入铁道部和浙江省合作协议，将在"十二五"期间启动建设。通杭城际轨道交通项目已纳入浙江省和杭州市"十二五"交通发展规划。

（2）产业基础优势

一是龙头作用日益显著，安吉龙头企业以外向型企业为主，其主导产品和产业链相对完善，以竹凉席和竹地板为代表的传统产业占据了大量市场份额。安吉竹产业加工总值占全县工业总产值的1/3左右，产品涉及八大系列3000余个品种。二是安吉知名度较高，品牌建设基础良好。安吉竹产业的规模不断扩大，产业的区域品牌效应已逐步形成。安吉县先后获得"全国森林经营示范县""中国竹地板之都""省竹产业建设先进县""中国竹产业展览中心""中国竹产业加工中心"等国家级和省级荣誉称号，国家林业局授予"全国林业科技示范县"，同时安吉县竹精深加工业获省级高新技术特色产业基地称号。安吉的这种地域品牌优势，将更好地转化为企业品牌创建的优势。在未来的企业品牌战略中，基础较为良好。同时，安吉举办了一系列的活动，为其知名度提高奠定了新的基础，如2011年第四届"中国美丽乡村·安吉投资贸易洽谈会"、2011年"首届中国安吉'竹·熊猫'动漫节"、2012年"美丽中国·安吉论坛"。这些活动的成功举办以及安吉县各种称号的获得，将为安吉竹产业进行品牌战略打下坚定的基础。

2016年实现总产值200亿元；规模以上企业实现销售收入57.6亿元；竹产业产品自营出口量达到25.91亿元；竹产业企业总数达到1630家，其中规模以上企业61家。2017年第一季度竹木制品企业累计出口33483万元，同比增长 26.5%；永裕竹业出口 11370 万元，同比增长 99%。

(3) 生态环境优势

安吉生态环境优势明显，在国内起步较早。自 2003 年浙江省委提出建设生态省的号召后，安吉县委、县政府便坚定了走"生态立县"发展路子的决心和信心。安吉县第十一次党代会（2005）提出了建设现代化生态县，打造生态经济强县、生态文化大县、生态人居名县三张名片的奋斗目标。同时通过法定形式设立"生态日"，确定 3 月 25 日为安吉县生态日。在这之后先后获得"国家级生态示范区""中国人居环境范例奖"等称号和荣誉。安吉长年坚持组织生态活动和宣传，动员公众广泛参与生态县建设，有效教育和动员全县人民，用生态的眼光认识、用生态的方式生活、用生态的理念发展从而推动生态县建设，促进可持续发展。安吉生态文明建设实践取得巨大成功。而它取得成功的核心要素：生态制度：建章立制，顶层设计；生态理念：生态至上，农字优先；生态创建：美丽乡村，县域一体。以上三点皆着眼于全局、全体，不是局部，也不仅仅是城乡，而是包括生态圈在内的整个县域的整体发展。

(4) 文化底蕴优势

安吉县域生态文化底蕴深厚。第一，地方政府通过各种社会活动营造良好的生态建设氛围，提升全民生态文明意识，普及生态文化理念，实现从"山上有生态"向"心中有生态"的提升。第二，要加大文化保护力度，加强优秀民族、民间文化资源的发掘、整理和保护。第三，要营造共建共享的氛围，突出生态文明建设的全民性，形成全民共建共创生态文明的生动局面；全面改善民生，着力构建完善的保障体系、均衡的公共服务、舒适的富裕生活、祥和的人居环境，开创民生发展的新局面。第四，要增强人才保障，培育各类人才，为生态文明建设提供智力支持。

17.5 安吉竹产业发展存在的问题

17.5.1 物质层面问题

(1) 产业基础与产业结构有待提升

1) 产业基础设施配套不足。

安吉竹产业发展的基础设施的问题主要体现在以下两个方面：

第一，工业园区的基础设施不足，与上海、江苏等先进地区的产业园区相比，安吉的工业园区不仅在规模、基础设施水平、资源要素保障供给的能力上存在很大的差距，而且各个镇工业园区之间缺乏相关配套与合作的体系，产业园区的协同效应和规模效应并未形成。另外，同一个工业园区内部相关企业之间缺乏必要的联系，特别是安吉经济开发区（递铺）、孝丰两大区域与其余组团之间没有通过板块联动产生应有的集群效益。同时，城市功能未能体现，竹产业空间没有充分利用城市功能形成完善的现代化服务体系，点状和带状经济联动发展的格局尚未形成。

第二，重点开发地区的基础设施不足。以旅游为例，围绕天荒坪镇发展的旅游产业，由于受地理及交通环境的约束，虽然产业定位较为明确、对外宣传面较广，但是发展速度仍较缓慢。在企业职能中，安吉基础设施的不足体现在人才培训设施、网络及信息平台、技术研发实验室等方面。例如关于企业中人员的培训的相关基础设施，如学校、场地、师资等不足。

2）竹林资源供给瓶颈逐渐凸显。

企业是生产的主体，企业更是发展的主体，凭借自己产业链优势迅速抢占原料市场是资源型企业发展的重要一环。安吉毛竹林的整体经营水平领先于全国，毛竹丰产培育技术广泛应用。但是目前竹林的产出已经接近生态环境所能容纳的最大限度，在没有新的突破性技术产生以前，安吉的竹资源培育将很难有大的突破，产值和效率的增加空间也在不断缩小，竹资源培育情况将不会有大的提高。如果按照原来的经营方法，安吉的竹资源优势将逐步丧失。我国南方及中西部地区的竹产区，自然环境优越，劳动力充足，政府日益重视，增产增效的潜力十分巨大，竹林培育超过安吉只是时间问题。劳动力成本的逐年上升，加上安吉竹产业的快速发展，使得安吉竹加工企业的大量原竹的外部依赖性较强。据安吉竹产业协会分析，全国拥有 1 万公顷竹林面积的县区为 130个，到目前安吉企业所能或者说已经涉足的只有 1/5。外出借竹也好，当地实施"南竹北移"工程也好，相对于安吉县 2/3 以上的毛竹缺口困难，这都不是彻底的解决办法。

3）竹产业整体竞争力不强。

产业处于中低端环节。首先，安吉县竹产业是以民营经济为主的内源型产业集群。产业整体基本由日本、中国台湾转移过来，大多数以出口贸易为主，使得竹产业仅处于价值链的低端制造加工环节。其次，由于民营资本的实力有限，产业主要集中在原材料生产、中间产品和终端产品方面，而且规模小而分散，尽管部分企业开始形成自己的独特优势和创新能力，但是产业整体仍处于价值链的中低端。缺乏具有代表性的企业能够控制上游的研究及下游的管控营销。产业整体竞争力不强。尤其是在金融危机后，由于国外经济复苏缓慢，导致安吉竹产业企业以 OEM 为主的生产订单减少，使得安吉竹产业受到了一定的冲击，出口数额增长缓慢。如图 17-7 所示，通过对金融危机之后的企业人员的调查可知，50% 以上的企业在市场增长率和总销售额上已经有所减少，情况不容乐观。

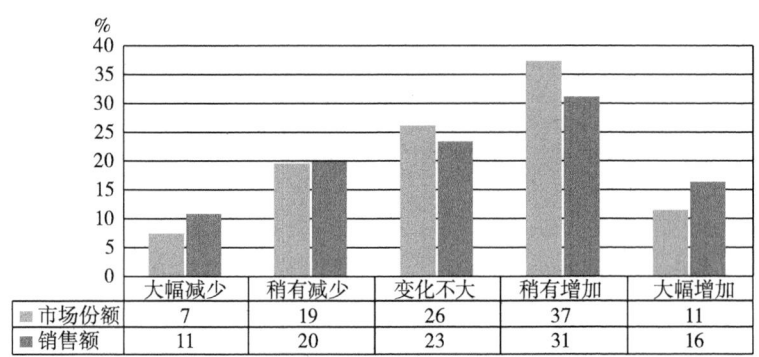

图 17-7 竹产品市场份额和销售额变化情况对比

由此可以得出两个结果：一方面，研发、营销和品牌等高附加值环节为发达国家的公司所掌控；另一方面，由于长期贴牌生产形式的存在，使得安吉竹产业企业的对外依存度高，企业缺乏自主创新能力，导致很难培育、带动本地企业和产业集群的发展，难以从整体上提升产业层次。

安吉竹业三产经济亟待提升。从总体上看，安吉第三产业整体水平仍不高，与浙江周边地区的先进县市相比有很大的差距，特别是与安吉竹产业二产相比，三产经济明显滞后，仍是安吉经济亟待发展产业。安吉第三产业的发展重点仅集中在旅游方面，忽视了更有前景的第三产业内容，如竹技术服务业、竹产业信息行业和竹产业人力资源培训行业等具有广泛前景的方面，目标过于狭窄。

（2）竹加工企业职能方面存在不足

1）企业研发投入及成果弱。

首先，企业研发费用占销售值比重较低。从图 17-8 可以看出，样本企业均为重点龙头企业，研发费用占销售值比重仅在 5% 左右；从竹产业总体的研发情况来看，另一组问卷调研显示，87.5% 的企业研发费用占销售值比重在 5% 以下，仅有 12.5% 的企业在 5% 以上。

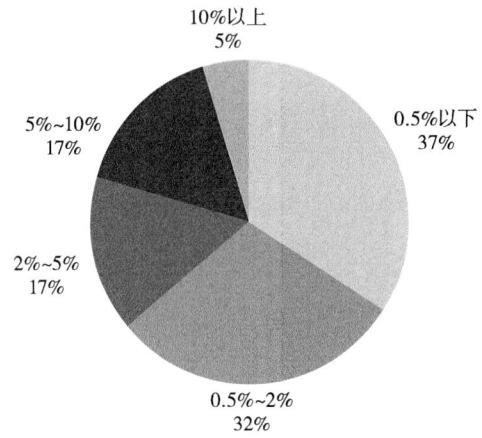

图 17-8 企业用于研发费用占销售值的比重

其次,企业研发机构设立不足。调查显示,79.76%的竹加工企业没有设立专门的研发机构,仅有20.24%的企业有研发机构,而且在有研发机构的企业中有着明显的分化,企业自有研发机构的仅占52.94%,其余的研发机构多半是和外界合办,或者说利用外界的研发机构,如与浙江省林科院、浙江农林大学的合作,这些合作多是短暂性的,大多有名无实。另外,安吉县建立的地市级以上的研究中心几乎没有。

最后,成果转化能力较差。2011年,安吉竹产业共有1134件专利,其中发明专利82件、实用新型专利261件、外观设计专利791件。但是这些专利的市场化转化程度较低,产生的社会效应不明显。如何提高科技成果转化能力,是安吉竹产业亟待解决的问题。

2)营销渠道与市场控制差。

在营销渠道方面,营销渠道建设的不完善是安吉竹产业链中的薄弱环节。多数企业以生产加工为主,充当知名品牌的半成品加工厂,缺乏品牌优势、网络优势和人才优势。调研显示,自产自销构成了65.6%的企业生产方式,原因在于安吉的传统竹产业(竹编织品)都是以内销为主。代理加工和委托加工占34.4%,网络销售占18.9%。而依托专业市场销售的仅占7.8%。特征显示:传统的竹编织品还是以国内市场销售为主导;以竹地板为代表的安吉竹产品,是以外销为主导,并大多数都是通过国外代理商或经销商销售,销售方式以OEM为主;安吉乃至全国的竹产业的专业市场并不完善;网络销售在安吉的竹产业企业中已经开始占据一定的份额。调查显示,厂商的营销渠道以厂家直销为主（占71.6%），以分销商代理销售为辅（占18.5%），如图17-9所示。另外，以委托加工为主的内资企业营销模式导致市场控制力不强，受外部牵制比较大。

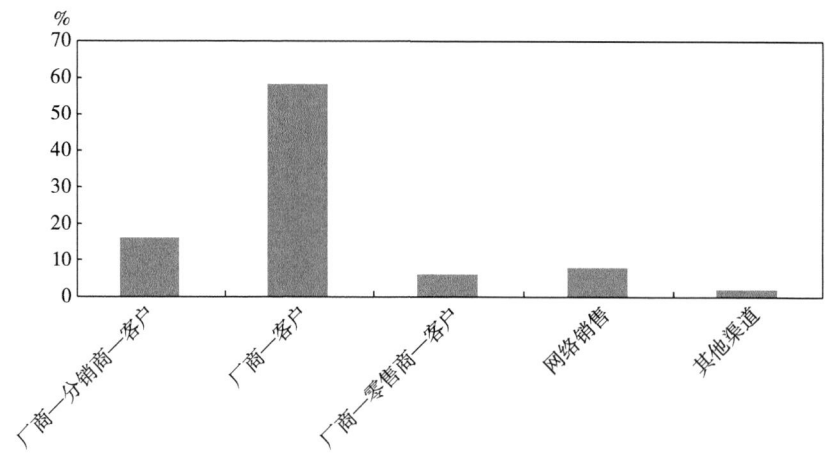

图17-9　竹企业营销渠道现状

以委托加工为主的内资企业营销模式是构成营销渠道建设滞后的主要原因。目前，安吉县竹产业企业没有一个具有完整的营销渠道，因此市场控制力不强，受外部牵制比较大。

3）人力资源结构与供给失衡。

人力资源结构不平衡。人才问题已经成为安吉竹产业发展的重要制约因素。调研发现核心人才的缺乏是制约安吉县竹产业企业发展的一个重要因素。通过问卷调查，进一步对企业人力资源问题进行分析：核心人才紧缺排序中营销人员、专业技术人员和研发人员占据前三位，高端人才缺乏是安吉人力资源的首要问题（见图17-10）。

人才供给不平衡问题十分明显。对企业的调研数据显示，人才招聘渠道不畅和人才流失问题是目前企业发展中的两大重要难题。企业发展所需的两极人才招聘更为困难，高端人才引不进，低端人才招不到，尤其是在县域经济的发展中更加突出。此外，安吉竹产业发展过程中的人力资源问题表现在人才信息沟通不及时和开发成本较高两个主要方面。信息沟通不及时是人员供给问题的重要原因，企业没有合适的信息渠道来了解所需员工情况，劳动力也很难找到对口企业，针对竹产业的专业化供需信息更是较少。员工能力结构不合理，员

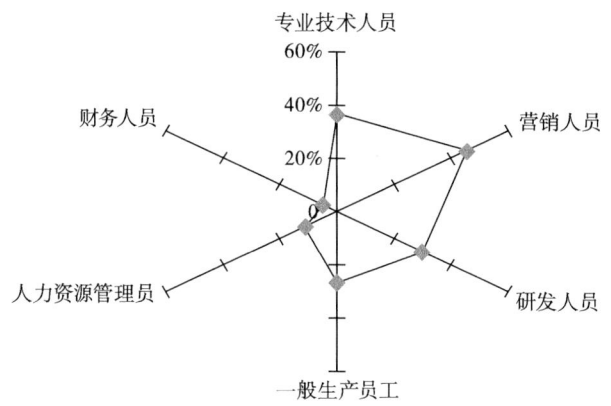

图 17-10 安吉核心人才紧缺情况

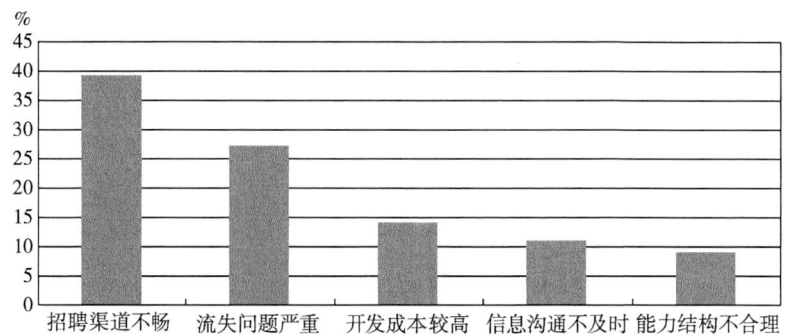

图 17-11 安吉竹加工企业人力资源问题

工流动大,进行员工培训成本高。以上五种主要原因,导致安吉人才供给不平衡(见图 17-11)。

17.5.2 制度层面问题

(1) 政府竹产业规划缺乏生态文化理念

生态文化理念要求我们在进行规划时要充分考虑一产、二产和三产的具体情况,在社会和自然、经济、生态与文化相协调的前提下进行产业的规划。

从安吉的情况来看,政府方面,管理权力分散,安吉竹产业从产业划分来看,产业横跨一产、二产和三产:一产主要由林业局主管,二产主要由经贸委主管,三产的管理权限分散在政府各部门。这种现象导致处于交叉管理的环节,存在产业管理权限不清晰和严重的多头管理现象。行业协会方面,功能不完备,安吉县竹产业缺乏能充分发挥其功效的行业协会,由于管理力度不够,协会的功能不能很好地体现。例如企业参与标准制定的意识薄弱,目前可执行的 47 项相关上级标准中,由安吉的企业参与制定的仅 6 项。科技中介服务机构及各类公共检测研发机构的缺失,公共技术服务平台的建设,安吉竹产业缺乏有效的科技中介服务机构及各类公共检测研发机构。同时,需要建立企业、高校和科研机构共同参与的产学研联合机制。

由于政府和行业协会在整体上存在责任不明、机构功能不全面的问题,因此在产业规划时不可能全面考虑协调自然与经济的发展。另外,生态文化理念的引入和吸收需要一个过程,安吉竹产业规划中虽然有所涉及,但是尚未全面地以生态文化理念进行竹产业相关战略及发展规划。

(2) 行业协会体系和制度水平滞后

行业协会的服务体系建设是一个产业发展的有力支撑与保障,安吉竹产业协会作为安吉竹产业发展的保障,起到了重要的作用。但是,在完整的体系建设方面还存在不足。

金融服务。资本市场不完备,中小企业融资难问题仍然存在。县政府出台了鼓励金融机构对中小企业的相关政策,并积极发展银企对接会等形式,有效推动了企业融资问题。但安吉企业流动资金和项目资金相对紧张,而中小企业融资难问题仍然存在。虽然县政府推出中小企业上市培训班等引导龙头企业上市,但资本市场仍然非常不完备,仅仅处于初级阶段,因此需要进一步提升。

商贸服务。商贸中心的市场凝聚力和品牌影响力较弱,商贸业是安吉竹产业链中的薄弱环节,安吉县投资的国际竹产品商贸交易中心,但由于经营模式不当和后期开发放任自流,实质已变成一个房地产开发项目,只是简单提供一个商贸的场所,作为商贸中心的市场凝聚力和品牌影响力远未形成。该市场 2007 年刚开业时入驻商户 421 户,占用商铺 1036 间,其中外地企业商户 49 户,商铺 114 间。由于市场不完善,未能取得预期效果。

信息服务。信息服务功能需要进一步扩展,目前安吉县大多数竹产业企业已开始利用自己或专业性的网站从事商业活动,但主要是用于商品展示和信息发布。调研的企业数据显示,企业需要政府搭建信息平台。这说明企业亟须产业集群信息服务平台的建设和信息整合、信息共享的实现。

17.5.3 精神层面问题

(1) 竹产业文化水平亟待提升

竹子精神在华夏文明史上写下光辉的一页,竹子与炎黄子孙代代为伴,与中华民族息息相关，上下五千年，衣食住行用，物资偕精神，处处竹相连。我国竹子利用历史悠久，从远古时期的生产工具、生活器具，到竹制的兵器弓箭，再到竹工艺品、竹简刻字以及用竹造纸，竹子广泛应用于社会活动的各个方面，既体现出经济的价值，又传承文化的意蕴。竹林调节气候、减少污染、固碳释氧的生态功能和其独特的文化属性认识有待提高，竹区休闲、竹文化体系及其旅游产品转化才刚刚起步，特别是竹子旅游产品开发的深度不够，竹文化内涵有待进一步发掘。安吉在生态建设实践中也暴露出一些问题，主要是人们对生态的认识还不够全面、深刻，生态理念还不强，导致一些开发建设行为、生产生活现象与建设现代化生态县的目标还有相当差距。这迫切需要设计一个平台和载体，来有效引导人们学习生态知识、强化生态理念、推动生态建设、促进可持续发展。

（2）消费者对竹产品认知度低

因深受国外消费者喜爱，我国竹产品过多依赖国际市场，而国内市场份额小、增长慢、需求不足，墙内开花墙外香。长期以来竹产业企业都致力于国外市场的开发，对国内市场的开发力度不够，热衷于打价格战，缺乏品牌形象以及营销策划，大大阻碍了国内市场份额的扩大。摆在竹产业面前的最重要问题就是，如何加大对消费者对产品认识的引导，逐渐培养消费者对竹产品认知，在新兴市场和新的消费人群中引导竹产品的消费、建立销售网络，进一步加大对竹产品的宣传力度，拓展国内市场。

17.6 国内重点竹产区的经验借鉴

我国竹子分布具有明显的地带性和区域性，大致可划分为三大竹区，在19个省（自治区、直辖市），其中福建、江西、浙江、湖南、四川、广东、安徽、广西八省（自治区）的竹林面积均超过30万公顷，这八省的竹林面积合计达447.20万公顷，占全国竹林总面积的88.64%；而福建、江西、浙江这三省的竹林面积合计达262.76万公顷，占全国竹林总面积的50.00%以上（见表17-9）。

2006年10月，国家林业局评选出安吉县、建瓯市、临安市、永安市、桃江县、龙游县、广宁县、宜丰县、德清县、赤水市、广德县、沙县、顺昌县、崇义县、奉新县、长宁县、绥宁县、赤壁市、兴安县、沐川县、余杭区、霍山县、怀集县、黄山区、武夷山市、安化县、安福县、尤溪县、宁国市、桃源县等三十个"竹子之乡"。上述三十个"竹子之乡"主要集中在福建、浙江、江西、安徽等四个省份。

表 17-9 中国主要产竹省份面积统计表　　　　单位：万公顷

统计省份	福建	江西	浙江	湖南	四川	广东	安徽	广西
竹林面积	99.31	85.16	78.29	62.78	48.6	40.78	32.28	30.46

资料来源：国家林业资源普查公报

17.6.1 福建省经验借鉴

福建省现有19属约200个竹种，其中竹林面积已超过86万公顷，其中，武夷山、戴云山、博平岭和鹫峰山脉中低山山地是中国毛竹分布区自然生产力最高的区域。"世界双遗"武夷山自然保护区及周边大面积毛竹林加工利用率高，在市场上具有极强的竞争优势和潜力。

福建省现有竹加工企业3000多家，其中年产值1000万元以上的企业60多家，产值1亿元以上近10家，基本形成竹材加工和笋食品加工两大体系50多个系列产品。竹材加工产品从初级产品、低附加值向深加工、高附加值方向发展，主要以竹地板、胶合板、竹凉席、竹炭、竹浆等为代表；笋竹加工业已逐步从小规模、手工生产向大规模、机械化生产方向发展。福建省竹产业初步形成产品系列化、质量标准化、产业集群化、营销网络化的发展格局，奠定了加工业的工业基础。目前，福建省竹资源正在形成以散生竹为中心，以丛生竹和混生竹种为两翼的竹类资源结构，通过组建毛竹、麻绿竹和苦笋加工集群，开辟全国最大的竹食品营销市场。

经验借鉴：福建省的竹产业具有两大明显经验可以借鉴，一是助推企业多途径上市。福建积极推动竹企业上市，采用多种不同方式助推企业，如"永安林业"组建国有林业企业打包上市，"亚洲竹业"则选择在境外上市；二是借力打造营销网络。福建的竹企业通过借力总部位于上海的圣象集团，快速占领国内市场。这两种方式对安吉企业在扩大规模和加强营销、品牌建设方面极有借鉴意义。

17.6.2 江西省经验借鉴

江西省现有竹类植物20属100多种，竹林总面积有55.4万公顷，以毛竹为主要竹种，面积达53.2万公顷，占全省有林地面积的9.2%，占全国毛竹林面积的11%，总立竹达10.5亿根，占全国总根数的12%，毛竹林面积和蓄积量均居全国第二位。全省毛竹林面积在6667公顷以上的县有31个，其毛竹林面积占全省竹林面积的85%。由于毛竹林分布广且又相对集中，因此易于实行集约经营和规模开发。除毛竹这一主要竹种外，还有经济价值较高的淡竹、苦竹、黄竹、早竹和珍贵稀有竹种，如方竹、寻乌藤竹分布，其开发利用价值很高，发展前景很广阔。

江西省已在六大竹类产品方面初步形成了规模和系列化生产。一是竹质人造板系列产品，全竹胶合板加工能力已达到2600万平方米；二是竹笋加工系列产品，水煮笋加工能力已达42000吨；三是竹制纸系列产品，竹类造纸原料占全省造纸原料的8%，生产竹制纸浆达10000吨；四是竹日用系列产品；五是竹药用系列和竹沥宝饮料；六是竹工艺系列产品。另外，还进行竹制天然色素和竹荪等产品的开发。

经验借鉴：江西在竹产业上虽然发展不足，但是在营销网络建设和合作伙伴关系建设方面具有借鉴意义。一是积极加强与优势企业的合作，江西的企业在与优势企业的合作上取得了明显进步，它们加强与技术、品牌和资源优势的企业合作，借力强大自己；二是加强自我营销渠道建设。江西的自有营销渠道，率先占领国内90%的市场。

17.6.3 安徽省经验借鉴

安徽省现有竹类植物13属57种，加上变种等达100多个品种，以毛竹为主要竹种，竹林在全省范围内分布广泛，尤其是皖南山区和大别山区竹林分布面积大、种类多。目前，主要竹子生产县已将竹林培育、加工利用与产业开发集于一体。广德、宁国、霍山、泾县、黄山区、潜山、休宁等县的竹材加工利用率都在70%以上。

安徽省充分利用现有竹种资源，大力发展笋用林、笋材两用林，开发"名特优新"竹产品，变资源优势为商品优势、经济优势。例如"中国元竹之乡"宁国市基本形成了元竹、笋干竹、雷竹和毛竹四大竹林基地，浙皖淡竹面积达6.4万亩，年产元竹9000吨，加工元竹7000吨；研制开发出了花竹工艺、竹文化生活用品、竹药用品、食用笋等八大系列产品，年出口创汇达500多万美元；加工生产的"宁国青笋""天目茶笋"等品牌产品十分畅销；以生产鲜笋为经营目的的雷笋，现发展到3万多亩，年产鲜笋1.5万吨，产品在苏、浙、沪等地很受欢迎。

经验借鉴：安徽在竹产品中一方面注重竹文化的挖掘，借助安徽"文房四宝"的历史文化,开发相关竹文化用品,加强在竹产品中体现竹文化;另一方面充分挖掘竹产品的特色与生态价值,开发了生态健康的春笋、茶笋等各种类型的竹食品。

17.6.4 湖南省经验借鉴

湖南省现有竹子种类共19属136种。2009年,全省竹林总面积1269万亩(其中毛竹1253万亩,福建省毛竹1341万亩、江西省毛竹1214万亩、浙江省毛竹1200万亩),立竹根数17亿根,年产商品竹材1.8亿根,竹林面积和立竹根数均位居全国第四,桃江县、绥宁县、安化县、桃源县被评为"中国竹子之乡"。2004年启动了38个毛竹丰产示范基地建设,引进新竹种7个,推广慈竹栽培面积1.8万亩。"十一五"期间,全省共建毛竹丰产林示范基地90多万亩,新造毛竹林17.8万亩,改造低产毛竹林248.5万亩,竹资源数量和质量均有较大提升。湖南是全国楠竹大省,2010年,全省楠竹林面积达1271万亩,立竹根数18亿根,全省楠竹产业总产值为109亿元。

近5年来,全省年均改造低产竹林100万亩,新造竹林30万亩。根据省政府出台的竹产业发展意见,到2015年,全省竹林面积将发展到1500万亩,立竹总数达27亿根,形成竹建材、竹纤维纺织、竹材制浆造纸、竹笋食品、竹家居用品、竹工艺品、竹文化生态旅游等七大产业集群。到2025年,力争将竹产业打造成千亿元产业。

经验借鉴:湖南竹产业发展有自上而下的竹产业政策,一方面实施竹产业发展"省长工程""市长工程""县长工程",推动湖南省由竹产业大省向竹产业强省转变;另一方面积极传承竹文化,发挥民间竹文化基础性、特色性资源的作用,注重与民间竹文化的渗透、融合,以此促进竹产业进一步发展。

17.7 生态文化视角下安吉竹产业提升对策

根据第16章对生态文化视角下安吉竹产业现有模式归纳、安吉竹产业发展的优势与存在的问题分析,并借鉴国内重点竹区的发展经验,以此从生态文化的物质、政策和精神层面提出提升对策。

17.7.1 物质层面对策

从物质层面来看,安吉政府首先要制定生态文化视角下的竹产业发展整体规划,接着要同步加强基础设施建设,加大竹林资源经营与培育并引导竹产业结构调整与优化升级；在企业方面要加强企业技术研发、营销网络建设与人力资源管理等物质方面的建设。

(1) 加强竹产业基础设施建设与结构优化升级

1) 加强竹产业基础设施建设。

竹产业的发展需要一系列基础设施作支撑。如交通条件、电力和通信设施等，尤其是现在最需要解决的公共贸易平台建设和公共研发机构及竹产业信息咨询机构等基础设施。首先，要合理规划设施空间布局。以发展规划、产业导向和政策支持为引导，通过实施绿色生态、集聚发展、自主创新和大公司大项目带动等战略，逐步形成以递铺、孝丰、天荒坪三大区域为骨干、各类城镇特色工业功能区为补充的新型竹产业发展格局。根据三大区域的环境承载能力、土地利用规划和产业发展导向，有选择性地发展区域竹产业。竹产业要在安吉经济开发区（递铺）、孝丰、天荒坪等工业功能区形成集聚发展。梅溪、昆铜、高禹、良朋、报福、杭垓等地的工业园区要根据生态环境和基础条件，走错位发展、差异化竞争的道路，积极发展符合生态工业要求的竹产业相关配套产品。其次，加强土地要素保障。建立政府间合作机制，打破原有行政区划限制，通过税收共享等多种形式，通过跨空间的行政管理和经济开发，实现两地资源互补。通过创新体制机制，参照省内宅基地置换（"两分两换"）等形式，盘活集约利用安吉县现有空闲土地。

2) 增强竹林资源经营与培育力度。

面对竹林资源日益紧张的问题，要加速建立一批速生、丰产、高效的用材林基地，努力扩大竹林资源总量，满足各类加工企业生产的需要。资源培育要注重运用科技力量，加速改造低效竹林，要把原料林基地建设与竹材企业发展有机地结合起来，提高竹产品加工的整体水平，优先发展具有比较优势的特色异地竹产品原料基地，实现集约化、规模化经营。积极推进林地林木流转，通过承包、租赁、合作、联营等多种经营形式，激发竹精深加工企业增加投入，建立原料林培育基地研究解决未来安吉竹林可能大面积开花问题，走可持续发展的道路。大户合作、小户流转的经营模式。鼓励发展股份制合作社和专业公司（大户）等现代经营模式，继续执行和引导林地流转，吸引工商资本和人才进入竹林培育，并责成有关职能部门对流转经营大户（公司）或合作社，建立详细档案资料，进行跟踪服务，在政策上或者在安排林业项目予以适当倾斜。

3）引导竹产业结构调整优化升级。

安吉竹产业的发展要加强与省、市级的品牌建设、渠道建设、研发设计等相关产业政策对接，充分发挥上级政府资源对促进安吉竹产业块状转型升级的支持作用。引导产业协调发展，要充分发挥县政府的引导协调作用，整合相关资源，联合相关部门，邀请省内行业专家共同建立竹产业块状转型升级决策咨询机制，跟踪产业发展动态，把握块状发展现状，强化块状转型升级的内外部智力支持。

树立开放理念，政府提供适当财政资金或土地相关资源，引导有较高威望、具备战略眼光的本土竹产业企业家，同时引入外来投资者，联合发起成立培育一批新型竹产业龙头企业。新型龙头企业发展定位：高起点、高新产品技术开发、高端制造能力融为一体，摆脱以往资金、技术发展瓶颈，突破传统路径依赖，立足发展高端竹产业领域，打破现有产业格局着力发展产业链高附加值环节，差异化竞争、错位发展，为块状行业树立新标杆，发挥引领示范作用。

加快推进产业重组，打造若干大企业集团。在壮大新型龙头企业实力的基础上，积极推进新型龙头企业、传统企业不断通过兼并、股权重组等多种形式，减少块状内无序低端竞争，整合块状内有效资源形成产业分工合作体系，促成产业合力，争取在"十二五"期间打造若干个大企业集团。创新成长型企业培育机制。每年县政府根据企业的营收、利润、年增长率、亩产值及利润、研发设计能力、员工素质结构、员工薪酬保障水平等指标，结合行业专家意见、创投（风投）机构评价办法及意见，评选出一批成长型竹产业企业。每年县政府对评选出的成长型竹产业企业实施整体"打包"培育计划，并在财政、税收、土地、融资等相关产业政策方面给予成长型竹产业企业大力扶持，引导其整体"抱团"发展。

以项目带动来推动三产集聚发展。一要抓紧重点项目建设。抓好三产项目的策划开发，促进项目梯度建设，形成竣工一批、在建一批、储备一批、策划一批的发展格局，着力抓好一批以天荒坪为主线的有影响力的第三产业项目。二要加强重点企业培育。要组织、筛选一批重点企业，从全县产业发展的高度进行评估和关注，予以扶持、加强，以促进三产加快发展。三要注重重点区域发展。突出发挥区域中心城镇的辐射作用，建设区域商贸、金融、信息和科技、教育、文化中心，形成带动全县第三产业发展的增长极。抓住中央加快城镇化进程的机遇，把小城镇作为发展农村第三产业的重要载体，加快小城镇建设步伐，有效推动各种生产要素向小城镇集中。

（2）加强企业技术、营销网络与人才建设

1）加强企业技术创新与研发力度。

深入推进产学研合作创新。深入推进企业与科研院所、大专院校开展多种形式的合作，采取"走出去，请进来""政府搭台、企业唱戏"等科技协作形式，建立多层次科技协作网络。

鼓励企业进行技术创新，培养自主开发能力。鼓励企业在经验积累、技术引进的基础上，积极开展技术创新活动，鼓励企业积极进行专利申报；综合技术研发经费投入、专利申请数量等指标，每年对竹产业企业开展技术创新评比活动，同时授予技术优秀企业"安吉县技术明星企业"称号，并在当地媒体上进行宣传；鼓励企业大力开展新产品开发，政府积极帮助企业对接相关政策和外部有利资源，为新产品开发提供基层政府特色的全方位配套保障。鼓励企业成立技术中心，提升中心建设水平。政府组织竹产业企业家到国内外同行先进技术中心参观、考察、学习。

鼓励企业使用先进装备，提升先进制造水平。尤其是在安吉竹资源紧缺的情况下，采用集约化经营，鼓励企业采购国际国内先进竹工机械设备，鼓励企业积极改造和引进自动化程度高、精密度高的竹工机械生产线，县政府应给予一定的扶持，同时也为相应竹产业企业积极争取上级政府相关扶持政策。

2）加强营销渠道与市场控制强度。

支持企业拓展营销渠道，积极鼓励企业在境外设立营销网点和建设营销网络，重点扶植龙头企业开拓国内销售市场，全面提高竹产业的市场占有率。有两种主要途径可供参考。

第一，鼓励企业通过直营连锁、特许加盟等方式开设专卖店，重点城市知名商业区设立专卖店，以多种加盟形式进行店面扩展，可以在高铁火车站、飞机场、重要商业区建设竹产品营销体验店，让消费者对安吉竹产品有一定程度的认识。之后通过推广，占领超市、贸易市场、零售店等各类中高端市场。

第二，鼓励发展电子商务。对安吉的调研数据显示，安吉进行电子商务的企业较少，尤其是借助阿里巴巴、淘宝网等平台进行销售的更少，虽然近几年有所出现，但是在总量上还明显不够。安吉竹加工企业应该在提升自身产品质量的基础上，通过良好的产品包装与设计，通过电子商务，逐步打入国内中低端市场。

3）加强人才引进培训与激励措施。

安吉人力资源的主要问题在于企业家素质不高、高级人才短缺和技术工人不足。首先，以多种方式提升企业家综合素质。组织企业家到名校参加企业经营管理培训，同时组织邀请省内外相关行业专家、著名企业家、知名教授学者到安吉县开设讲座，传播行业信息，把握行业规律，着重提升竹产业企业家的经营管理水平、战略规划能力、资本运作能力；组织企业家到国内外行业龙头企业如万象、大庄等进行参观、考察，学习行业标杆的先进经验。

其次，突破高级人才要素制约。转变"以引为主"的传统人才观，树立"以用为主"的人才观，积极尝试人才共享的各种途径，采用兼职、柔性引才、项目合作等多种形式，吸引高级管理人才、技术人才；政府建立企业高级人才用人信息库，帮助企业联络、主动跟踪省内外行业技术专家；充分发挥安吉县生态环境优势，多种形式筹建人才公寓，完善生活配套设施，为留住人才提供保障。

最后，建立技工培养机制。政府联系相关行业技术学校来安吉开设技工定期培训班，并邀请安吉竹产业企业资深技工"师傅"来课堂授课，注重理论联系实际；鼓励企业对肯钻研、有事业心、有一定学历的技术工人送到外面专业院校继续学习深造，对于继续回本县发展的技术工人，县政府应给予一定的奖励。

17.7.2 制度层面对策

政策层面主要包括政府制定竹产业生态发展整体规划和行业协会发挥其中介服务作用，完善各类竹产业标准建设。

（1）制定竹产业生态发展整体制度规划

竹产业的发展特别需要一个详细的规划作为指导，尤其是以生态文化作为基本思想的指导，生态规划要求按照生态文化的物质、政策和精神层面进行规划，最终实现规划的可持续性。规划的制定要以国家林业发展为背景，根据安吉县的具体实际，并结合安吉县经济协同发展的需要，尤其是生态县建设的要求，对竹产业进行规划。规划内容应包括：安吉竹产业的发展历史阶段分析，竹产业结构规划、产业组织规划、产业服务体系规划、产业基础设施规划、产业实施人员规划、产业实施主体规划、产业政策规划、产业扶持标准规划以及产业主管部门、产业考核与调整评价等关于安吉竹产业发展的详细规划。并且这些规划要及时更新,以确保顺应现实条件的变化。只有全面的规划才能使安吉竹产业发展顺应历史和国家发展的大背景,并结合自身特色不断发展。良好的产业规划必须明确政府职能界限、责任清晰,从而更好地提升安吉竹产业的整体发展实力。

(2)促进行业协会的中介服务制度建设

行业协会在产业发展中发挥着重要的中介作用,它是提供信息、组织企业、规范管理和对外交流等的重要中介组织。行业协会在会展服务、信息服务、技术咨询、市场预测等方面具有重要的作用。根据安吉竹产业发展的需要,现阶段行业协会主要在培育新型流通组织、鼓励企业开拓市场和建立金融服务体系方面发挥作用。

培育新型流通组织。新型流通组织是发展现代产业集群的重要载体。要加强规划布局和市场引导,运用先进的组织方式和经营方式,提升特色专业市场功能,推动市场主体由单个企业经营向集团连锁经营转变,由区域性的固定市场向跨区域、开放型市场转变,由"现场、现货、现金"的传统交易方式向网络交易、电子商务、连锁配送等现代营销方式转变。重点规划和发展一批辐射国内外、经济拉动强的专业市场,使之成为产业集群的加工销售中心、价格形成中心、物流配送中心和信息传导中心。

政策鼓励企业组团开拓市场。组团参加国内外展会的,由政府给予一定数额的参展经费补助。①政府推动。政府帮助企业落实展位,在扶持企业参展的政策上给予一定的倾斜。②行业协会组织,对展位进行统一设计、统一制作、统一布展,统一印制参展宣传手册和统一广告,加强对区域品牌的宣传。③由行业协会协调,指导企业根据各种展览会、博览会的特点,选择特色产品参加展览,保证参展样品的多样性、系列化,尽量避免样品重复。④政府及行业协会协调,制定行业自律相关规定并进行培训,明确了各类产品的毛利水平,统一价格区间,坚决杜绝自我恶性竞争,盲目降价,维护块状经济总体利益。

金融服务体系制度建设。鼓励银行业金融机构创新金融产品和服务方式,以银企会商、整体授信等方式加大对竹产业的金融支持力度,优先保障竹产业内龙头骨干企业、科技创新企业和重点项目的信贷需求。重点加大对科技型、成长型中小企业的信贷支持力度。县财政每年安排一定的中小企业信用担保和风险补偿专项资金,用于引导和支持中小企业信用担保机构与再担保机构发展。鼓励民间设立创业投资、风险投资机构,开展对高技术创业型竹业企业的投资。鼓励引进战略投资，参与安吉竹产业领域的股权投资。

17.7.3 精神层面对策

在精神层面要积极弘扬与继承生态文化，加强生态文明宣传，在竹产品层面要加大竹文化品牌建设，大力挖掘竹文化内涵。

竹产业集群战略使命与目标定位、竹产业集群商业竞争战略模式选择、制定与实施竹品牌战略、战略性规划与计划实施，其核心是用生态文明、生态致富的理念引领并促进竹文化与竹产业集群战略的协同融合。最后针对存在的问题提出我国竹产业集群的优化升级的相应战略对策，促进我国竹产业集群可持续发展。

以合作媒体（网络媒体、广播电视、报纸等）为载体，结合适时举办大型竹制品展销会等相关展会，向目标消费群体大力宣传竹制品在产品性能、环保、价格等方面的竞争优势，积极引导国内消费者的消费理念的转变。

引导消费理念的转变。以合作媒体（网络媒体、广播电视、报纸等）为载体，结合适时举办大型竹制品展销会等相关展会，向目标消费群体大力宣传竹制品在产品性能、环保、价格等方面的竞争优势，积极引导国内消费者的消费理念的转变。

拓展营销渠道，提高市场占有率。支持企业拓展营销渠道，积极鼓励企业在境外设立营销网点和建设营销网络，重点扶植龙头企业开拓国内销售市场，全面提高竹产业的市场占有率。

鼓励企业争创品牌、注册商标。鼓励竹产业企业争创国家、省级、市级名牌称号，积极鼓励竹产业企业注册全国驰名商标、省级和市级著名商标，对于取得相应名牌称号和注册商标的竹产业产品和企业，县政府应给予一定的扶持，同时也为相应竹产业企业积极争取上级政府相关扶持政策。

推广区域品牌，提升区域影响。通过"阿里巴巴、新浪、搜狐"等网络、电视、报刊、论坛等形式积极向外宣传"安吉竹产业"的区域品牌，进一步扩大安吉竹产业的知名度；注册"安吉竹"域名和区域商标，进一步在"安吉竹"区域品牌下面建设"安吉竹地板""安吉竹凉席"等子品牌，强化安吉竹产业区域品牌影响力；在对外展示推介方面，政府组织企业以"整体"形式参加"中国国际地面材料及铺装技术展览会""国际竹藤大会""广州中小企业博览会"等博览会；在品牌宣传方面，政府可以委托专业品牌策划机构对成长型安吉竹产业企业进行整体品牌策划、包装，对外统一形象整体宣传，强化区域品牌影响力。

竹产业作为浙江林业重要的组成部分，是林农增收、林业发展的重要支柱，日益受到浙江省政府的重视。本书在文献回顾的基础之上，选择竹乡安吉作为样本，对其竹林资源经营情况、竹加工发展现状、竹产品贸易等进行分析，接着对安吉竹产业发展模式、优势及问题进行总结，并借鉴国内重点竹产区的经验，以此提出生态文化视角下安吉竹产业发展的提升对策。通过以上研究得到如下结论：

1）安吉竹产业经过四个阶段的发展，产业整体较为成熟、基础良好、历史悠久，现已形成9大产品系列3000余种产品，四大主要竹加工集聚镇、十大龙头企业等。同时具有交通区位、产业基础、生态环境和文化底蕴四大明显优势。

2）生态文化视角下的安吉竹产业当前已经形成四种主要模式和四大优势。四种模式为："公司＋农户"模式、准股田制模式、产业园区模式、"以二促一带三"模式；四种优势是：交通区位优势、产业基础优势、生态环境优势、文化底蕴优势。

3）安吉竹产业在物质、政策和精神层面存在以下问题：产业基础与产业结构有待提升，企业职能建设有待加强，政府竹产业规划缺乏生态文化理念，行业协会体系和制度水平有待提升，竹产业文化水平亟待提升，消费者对竹产品认知度低。

4）生态文化视角下的安吉竹产业提升对策。主要包括：加强竹产业基础设施建设与结构优化升级，加强企业技术、营销网络与人才建设；制定竹产业生态发展整体制度规划，促进行业协会的中介服务制度建设；积极弘扬生态文化，挖掘竹文化品牌内涵。

17.8 基于生态文明的安吉竹产业集群区域品牌建设发展路径

在当前低碳生活方式的引领下，生态文明成为一种新的文化深入人心，更多的人喜欢通过在与自然的接触过程中，去感受自然，最终达到"天人合一、人地共荣"的目的。安吉竹产业的发展实践为我们提供了一个从生态环境到生态经济、从物质富裕到精神富有、以农民为主体的山区县域生态文明发展道路的成功范例。安吉是我国竹资源最丰富的区域之一，素有"中国竹乡"之美誉。这里拥有集最好的生产设备、最先进的技术、最齐全的产品于一身的竹产品制造中心。然而，安吉竹产业发展形势不容乐观，除去外部因素的影响，纵观国际产业发展经验，品牌建设无疑是一个重要的推手。但是，安吉竹产业在国际市场上呈现"有品无牌""有牌不响"现象，部分行业产品在国内市场上呈现"低端竞争"现象，致使竹产业处于两难的"尴尬"境地。如何提高产品品牌，提升企业品牌，进而创建区域品牌，由"制造大县"向"制造强县"转变是不容回避的问题。安吉是"绿水青山就是金山银山"的发源地，因竹而富、因竹而美、因竹而名。县域面积1886平方千米，全县现有林地面积1383.3平方千米，其中竹林面积720平方千米。2016年，安吉竹产业企业总数达到1360家，其中规模以上企业61家，实现销售收入57.6亿元，占全县规模以上企业销售收入总额的11.35%；全县竹产业产品自营出口量达到25.91亿元，同比增长29.0%，占全县出口总额的14.25%。安吉拥有400余件商标有效注册量、4个中国驰名商标，为竹产业的区域国际品牌创建工作奠定了坚实的基础。G20杭州峰会期间，通过安吉提供了87款近5000件套的主会场竹工艺用品、国宾馆竹材装修、装饰和宴会设施、工艺品、纪念品等竹制品，得到了国内外的一致好评。

17.8.1 安吉竹产业品牌建设现状及其成效

（1）安吉竹产业品牌建设情况

在20世纪90年代初，安吉的竹产业发展还处于很初级的阶段，竹子只是简单地用于建筑工地搭搭脚手架、农民编编簸箕或菜篮、小筐，或是粗加工成竹筷、凉席等。随着日本、中国台湾地区企业的进入，首家合资工业企业的成立，安吉竹产业的发展拉开序幕。由此，安吉的竹子加工实现了从手工向机械这一质的跨越，经过几十年的发展，逐步取代了日本、中国台湾在世界竹产业中的制造地位。虽然安吉竹产业的发展已处于世界领先水平，但品牌建设工作较为滞后。从全国的竹产业发展来看，安吉竹产业相比我国其他地区如江西、福建、安徽来说具有一定的先发优势。全国整个竹产业的发展很大程度上依赖于安吉竹产业的带动。然而，近年来，随着中西部地区本身制造能力的提升，加之南方及中西部地区林地广阔，水热条件好，竹子生长快（特别是丛生竹），增产潜力大，竹资源培育水平正逐渐与安吉拉近距离。随着中西部加工技术日趋成熟，交通环境不断改善，低廉的劳动力成本优势显现，政府产业引导的力度加大等因素影响，原先为安吉加工半成品的外地企业将越来越多地抢占终端市场，与安吉争夺市场份额。同时，外地企业开始重视品牌建设，如一直走在全国前列的临安市的水竹笋产业,其"天目笋干"区域品牌建设的成功经验值得称道,目前更是抢占先机,与浙江农林大学合作,着手创建由国家林业局命名的全国首个"碳汇林业示范区"。

(2)产业优势明显

安吉竹产业集群经过30多年的发展,成为国内最大的竹产业基地。已建成毛竹现代园区26个,各类专业合作社32家,同时以多种合作方式与国内外客户发展竹产业。2015年,全县竹产业总产值达190亿元,占全县GDP的60%以上,其中第一产业、第二产业、第三产业分别增长7.8亿元、130亿元、52.2亿元。体现了新农村建设的基本规律,具有重大推广意义(见表17-10)。

表17-10 2015年安吉竹产业龙头企业相关情况

序号	龙头企业	所属行业	主导产品	生产规模	现有品牌	研发费用占销售值比重(%)	装备水平	制造能力	产品性能
1	永裕竹业	竹装饰材料	竹地板	3亿元	永裕	4	国内先进	320万平方米	优
2	天振地板		竹地板	3亿元	"天振"	4.1	一流	300万平方米	优
3	中源工艺品	竹日用品	竹编织	2.5亿元	居然雅竹	5	先进	800万平方米	优
4	雪强竹木制品		竹编织	250平方米竹窗帘系列	雪强	5.5	先进	300万平方米	优
5	圣氏生物制品	竹质化学加工材料	"个个健"饮料	3500万元	市名牌	6	国内领先	1200吨	优
6	建中竹业科技		竹炭	5000万元	建中	5	先进	2000吨	优
7	吉泰机械	竹木加工机械	竹工机械	1800万元	"天赋"市名牌	3	国内领先	1500台	优
8	嘉翔食品	竹笋食品	竹笋食品	4000万元	"惊雷"市名牌	6	国内领先	3500吨	优
9	谈竹庄竹纤维	竹纤维	竹纤维	5000万元	"谈竹庄"	8.9	国内领先	10万件(套)	优
10	峰晖竹艺制品	竹工艺品	竹工艺品	4000万元	"峰晖"	5	先进	10万件	优

(3) 专业市场建设正逐步成熟

位于经济开发区的竹商贸城是安吉早期的竹制品专业市场，竹商贸城促进了安吉的竹制品生产进一步完善和壮大。随后，许多专业的竹制品市场开始出现。安吉国际竹艺商贸城是一家大型竹制品综合市场，总占地面积313333平方米，总建筑面积约105600平方米。商城自2007年竣工以来已举办多次竹制品商贸展销会，为县内外广大竹制品供需方提供了一定的展销、推广、交流平台。目前拥有商铺1600余个，涉及竹凉席、竹炭、竹食品、竹纤维、竹工艺品等竹系列产品近3000个品种，已经销售至世界多个国家和地区，竹博会也成为安吉竹产业展销的亮丽名片。竹艺商贸城是至今为止国内唯一一家具备商贸、研发、物流、旅游等多种功能的大型竹制品专业交易市场。近几年来，由于安吉竹产业在科技创新方面投入力度的显著增强，其科技创新能力也随之明显提高。据统计，到2012年，安吉竹产业共有省级企业技术中心1个（永裕），专利申请量达到102件，累计专利授权量达1753件。

(4) 政策激励效果明显

竹产业横跨一二三产业，为了便于协调与管理，安吉县政府于2011年专门成立了安吉县竹产业发展局，2010年制定了《关于加快推进竹产业转型升级的若干意见》，进而科学规划了研发、检测服务体系，并为竹资源的进一步保护、开发和利用进行了有效统筹；工商局针对品牌建设起草制定了《关于加快推进竹产业品牌建设的实施意见》；科技局推出了一系列科技创新政策，对竹产业企业的科技创新行为给予了一定的支持和奖励。值得一提的是，2012年安吉竹产业企业财政奖励共计760万元，其中，企业转型升级奖励578万元，外贸出口奖励182万元。这些政策为安吉竹产业品牌的发展提供了一定积极稳定的政策环境，有效推进了安吉竹产业集群区域品牌创建步伐。

(5) 品牌建设崭露头角

通过不断的投入与努力，扩大了安吉竹在专业领域内的美誉度和知名度，推动了区域品牌的建设。竹资源高效利用一直是行业品牌和影响力的重要手段，目前，通过借助高等院校和科研单位，陆续开发出新型竹窗帘、室外竹地板等新产品30多个，从竹梢、竹根、竹竿到竹叶，样样都是宝，就地解决每年高达20万吨的竹加工废料，目前，安吉竹产业的循环利用率已达到100%，使其"省循环经济示范区"更加名副其实。

17.8.2 安吉竹产业品牌建设存在问题

在对安吉竹产业品牌建设调研中发现，虽然安吉竹产业的发展已处于世界领先水平，但品牌建设工作较为滞后。从全国的竹产业发展来看，安吉竹产业相比我国其他地区如江西、福建、安徽来说具有一定的先发优势。全国整个竹产业的发展很大程度上依赖于安吉竹产业的带动。

中西部和南方的森林面积广阔以及优良的水热及光照条件，促使竹子快速生长，拥有了增产潜力大的明显优势，竹资源培育水平接近安吉地区水平，拉近距离。随着中西部加工技术日趋成熟，交通环境不断改善，低廉的劳动力成本优势显现，政府产业引导的力度加大等因素影响，安吉竹产业门类多，每个门类产品特点不同，其存在的问题也不尽相同。但大体上主要有以下几个问题：

（1）产业同质化竞争严重，优质品牌难以维系

安吉竹产业集群内存在较多规模小、分布散、主导产品不集中的小企业，为求生存发展，这些小企业常采取产品模仿、成本挤压、违规生产等行为。因为其技术含量要求低，产品模式较稳定，企业大多处于无序竞争状态，大量小企业利用低价格、低成本、低标准争夺市场份额。这种恶性竞争直接占据了生产优质产品企业的市场空间，导致了生产优质产品的企业无利可图，甚至被迫采取同样的竞争战略，致使企业品牌乃至整个区域品牌价值流失，优质品牌难以维系。譬如竹凉席，截止到2012年，安吉县拥有竹凉席生产企业1200余家。除了天然雅竹、航进、恒盛等企业在国内市场拥有一定的知名度外，大部分都是规模小、投入少的小企业。行业准入门槛低于一般正常水平，生产能力的过剩和企业差异化竞争优势的匮乏，加之受到集体行动限制，安吉竹产业现状严峻。

（2）集体商标创建相对滞后，品牌核心元素亟须建立

安吉竹产业发展了30多年，在企业和政府的共同努力下，打开了生动的局面。然而在竹产业转型升级的关键时刻，集体商标的创建工作依然相对落后。相比于安吉椅业和安吉白茶区域品牌创建的成功，安吉竹业集体商标的注册在2013年才刚开始启动，区域品牌的建设和运作机制尚未形成（区域品牌形象、推广模式的欠缺）。与安吉其他产业的发展状况相比，竹产业集体商品建设相对较为滞后，已严重制约了区域品牌的建设和发展。

（3）出口加工依赖性强，"有品无牌"甚至"有牌不响"

"有品无牌"甚至"有牌不响"集中反映在安吉竹地板、竹编织品上。出口国外的产品经过层层质量把关，拥有超高品质，却没有自己的品牌，大多为

贴牌加工生产。企业大量依靠外销获取微薄的利润，限制了内销的发展，导致企业自主创牌的动力不足，国内市场影响甚微。尽管安吉竹地板品质享誉中外，目前却只有"永裕""天振"两个中国驰名商标。其他企业即使拥有一流的生产技术，严格的质量把关程序，却只从事外销进行贴牌加工生产。少数有自主创牌意识的企业大多处于起步阶段，品牌影响力弱，明显存在着有品无牌、有牌不响的现象。竹编织品在安吉拥有悠久的历史，国内市场上竹编织品享有很高的知名度，但区域品牌建设工作的滞后，造成了安吉的区域品牌"有名无实"，在某些领域内还竞争不过中西部地区的品牌。

（4）企业研发水平能力弱，公共平台和服务体系建设有待完善

安吉竹产业缺少具有核心市场竞争力的高端产品。竹产业技术质量水平还比较薄弱，标准化体系有待完善，加之竹产业忽视在科技创新方面的投入，创新力量较弱，基于这些原因，竹产业缺少依托高技术、高附加值产品的著名品牌。目前，安吉公共服务平台建设正在积极进行中，在这个过程中，也呈现出很多问题。竹产业会展服务的整体功能尚未体现，本地缺少具有强影响力的会展服务公司，本地举办的全国乃至国际性的展览会影响力很弱；产业集群的信息服务平台缺失，专利申报、知识产权维护专业人员较少等。

17.8.3　安吉竹产业集群区域品牌建设发展路径

绿水青山就是金山银山。安吉竹产业集群区域品牌建设必须坚持绿色发展原则。要坚持以生态文明的理念重塑竹产业发展模式，以生态经济为目标，从生态品牌意识、质量品牌意识、高端品牌打造等方面，提升可持续发展水平。

（1）强化生态品牌意识

生态品牌，理念先行，让生态文明落地生根才是硬道理。生态品牌建设首先要让生态文明理念植根产业发展之中。要全面贯彻落实科学发展观，坚持以竹产业转型升级为主线，以提高竹产业集群的综合竞争力和区域品牌影响力为目标，深入实施"两创"总战略，创建竹产业区域品牌，推动区域品牌和企业个性化品牌协调发展。

（2）树立质量品牌意识

引导并提高企业质量意识，在区域内逐渐形成质量第一的氛围和共识；加强对榜样型企业的宣传和鼓励，切实保证产品质量，不断提高产品品质。一方面促使区域内出现更多具备高产品质量的企业，另一方面改善并增强市场对安吉企业的认同度，提高区域品牌美誉度。

首先,树立质量品牌意识,全面加强区域品牌创建意识培养。加强政府与企业之间的沟通与交流,达成共创"安吉竹"区域品牌的共识。其次,以政府报告、政府规划、专题研讨会和媒体宣传等方式,加强宣传工作,使区域内企业深刻意识到区域品牌对区域及企业持续发展的重要价值,引导区域内企业主动、积极参与到区域品牌创建工作中。最后,积极提高并统一政府各相关职能部门思想认识,加强各职能部门之间的协调和配合,全面推进区域品牌创建工作(见图17-12)。

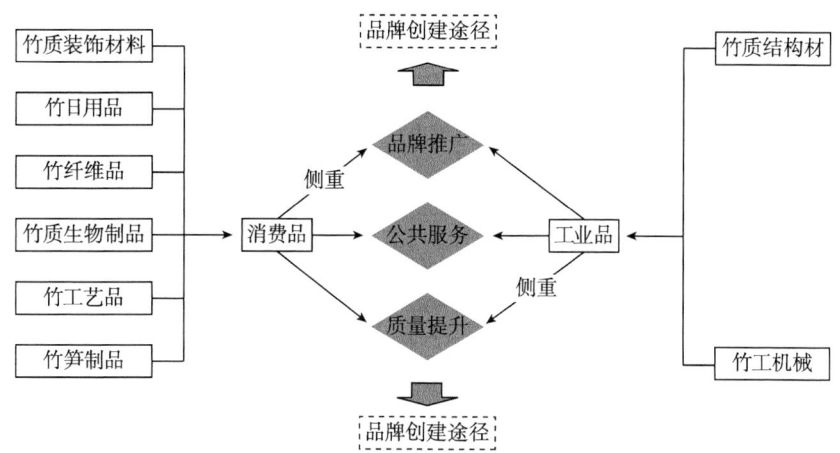

图 17-12 安吉竹产业集群品牌创建分析

(3)积极支持品牌建设

首先,支持行业协会建设,发挥"旅游+产业+文化"的协同效应,策划一系列大型活动,包括博览会、高峰论坛、知名品牌评选与工业设计大赛等,实现与安吉"国际竹产品博览会""生态文化节"等活动的联动,增加品牌传播的协同效应;充分发挥"联合国人居奖"的声誉优势,利用安吉"美丽乡村节"等旅游主题吸引大量的游客。其次,充分重视企业个性化品牌的培养和发展,全力开展品牌形象策划和宣传,增强区域环境对企业创新的带动作用和对国内市场的辐射与影响能力,强化安吉竹产业集群的优势,巩固竹产业在全国的声誉,逐渐形成具有现代化特征的区域品牌形象。

(4)以生态产品带动区域品牌生态化

加快先进设备的应用推广,从提高生产效率、清洁生产及专业化程度等方面推动企业生产技术水平的改造和提升;努力实现生产过程的零污染、零排放。充分重视企业个性化品牌的培养和发展,全力开展品牌形象策划和宣传,增强区域环境对企业创新的带动作用和对国内市场的辐射与影响能力,强化安吉竹产业集群的优势,巩固竹产业在全国的声誉,逐渐形成具有现代化特征的区域品牌形象。

(5) 以技术高端带动区域品牌现代化

竹产业转型升级的重要战略问题在于自主创新能力不断提高和竹产品附加值的提升,以及普遍被市场所接受。以技术创新为核心,加强技术研发和人才储备力度,提升技术装备水平,改善人才素质结构。加快先进设备的应用推广,从提高生产效率、清洁生产及专业化程度等方面推动企业生产技术水平的改造和提升。

加强区域品牌建设。完成集体商标注册、专业商标品牌基地建设、浙江省区域名牌创建等相关工作,以"中国第一竹乡"称号和"安吉竹产业"品牌为依托,多方式开展宣传推广活动,建设绿色家居体验馆,运营推广安吉竹产业官网及微信平台,投放传统媒体和新媒体广告。

加大企业创建品牌的扶持力度,为安吉竹产业集群的发展和区域品牌打造创造良好的基础。积极构筑竹产业商贸流通平台。加大互联网交易平台建设,综合产品展示、资源信息发布和网络交易,提高电子商务应用水平。支持并加快线上线下交易的融合。在国际贸易博览会中提高中国安吉竹产业水平,并不断提高其区域品牌的知名度。

(6) 以管理精细化带动区域品牌集约化

科学管理中的其中一种方式方法就是"精细管理",能够有效提高企业经营管理效率,不断提升企业执行能力。在"细节经济"时代中,最重要的就是靠细节取胜。细节是一种专一和专业的态度。企业员工只有具备工作认真、严谨的态度,这是注重细节的体现,才能把工作落到实处将注重保护生态环境理念落实到生产过程的方方面面。努力实现生产过程的零污染、零排放。加大对技能型产业工人的培养培训力度,与中德工程师学院开展校企合作,鼓励职教中心为企业订单式培养人才。完善专家服务团队建设,发挥专家服务团队在产业集群战略筹划、高端咨询、共性技术攻关和紧缺人才培养等方面的作用,为产业发展提供服务。

(7) 以竹文化带动区域品牌文明化

竹文化是中华民族的传统文化,具有幽雅的内在品质和儒雅的人文品位。

让竹文化助力品牌建设。首先要注重对"安吉"竹文化、孝丰传统文化中"孝文化"的联系和挖掘,丰富区域品牌的文化内涵,利用安吉个性文化提升区域品牌形象,提高区域品牌的文化附加值。其次要逐步开展区域信用文化建设工作,将区域信用文化建设作为区域品牌创建的重要配套性工作,将生态文明流程化、制度化,使生态品牌之树长青。

第18章 中国竹产业发展面临的机遇与挑战分析

18.1 竹产业发展面临的形势

党的十八大报告提出了到2020年全面建成小康社会的宏伟目标,经济社会发展对竹产业发展提出了更新更高要求,竹产业发展面临着重大机遇。随着中国天然林禁伐和退耕还林政策的实施,木材供需矛盾日益紧张,在部分领域实施"以竹代木"切实可行。天然林禁伐后,中国木材供给量每年大约减少2亿立方米,供需缺口每年约4.5亿立方米。作为建筑用材,每60根竹子便可代替1立方米木材。竹地板是中国竹制品的代表产品,质硬耐磨,纹理细腻,每平方米出厂价150元左右,而原来只需毛竹料4根,成本40元左右;竹炭是新兴的环保材料,其抗电磁辐射能力、空气净化能力、水分调节能力等正日益受到关注。日本每年要从中国进口竹炭近4000吨;竹制食品更是市场潜力巨大,中国鲜笋每年总产40万吨左右,而全国市场容量在150万~300万吨,竹笋出口量每年仅3~5吨,国际市场需求则在50万吨以上,中国名贵菌类竹荪在国际市场上更是供不应求;近几年,绿色色素、竹叶黄酮、竹材防腐防霉制品等高科技含量的竹制品开发成功,为传统的竹产业创造了新的增长点。

18.1.1 发展竹产业,是促进绿色增长的需要

党的十八大报告提出要着力推进绿色发展、循环发展、低碳发展。胡锦涛同志在首届亚太经合组织林业部长级会议上明确指出,森林在推动绿色增长中具有重要功能,对人类生存发展具有不可替代的作用。各级林业部门要遵循自然规律和经济规律,加快发展林业富民产业,大力提升林业传统产业,着力培育林业战略性新兴产业,形成绿色富民产业和新的经济增长点,为促进绿色发展作出应有贡献。目前,我国森林面积达到1.96亿公顷,森林覆盖率为20.36%,其中人工林面积达到6168万公顷,居世界首位,为促进绿色增长提

供了有利条件。而竹林被誉为"第二森林",竹子作为一种可再生资源,是低碳、循环的生态环境友好型和资源节约型产品的重要原料,在发展循环产业、促进绿色增长、壮大绿色经济中地位突出,作用显著。例如,在浙江省安吉县,一根竹子,实现了从竹根、竹竿、竹叶甚至到竹粉末的全竹利用:竹根做根雕,竹竿制地板、凉席,竹梢、竹鞭做工艺品,从竹叶提取生物保健药品中间体、竹叶抗氧化剂,就连传统竹产业中的废料——竹屑、竹粉、竹节也得到了100%的利用,被加工成竹地板和竹炭系列产品。此外,竹子在生长过程中,与树木一样有着固碳能力,有关研究表明,1公顷毛竹的年固碳量为5.09吨,是杉木的1.46倍。因此,加快竹产业发展,对于增加森林碳汇、应对气候变化、促进绿色发展意义重大。

18.1.2 发展竹产业,是发展民生林业的需要

我国山区占国土总面积的69%,山区人口占全国总人口的56%,这些地区贫困人口相对集中,经济社会发展相对滞后,民生问题十分突出。而竹林大多分布在山区,是山区群众和地方财政的主要经济来源。竹产业属劳动密集型产业,产业链长,涉及国民经济一二三产业,其发展已成为我国南方山区农村经济、环境和社会可持续发展的突破口,是改善生态环境、调整农业结构、繁荣农村经济、增加农民收入的重要措施。在国家实施的公益林生态效益补偿、天然林保护、退耕还林、长江防护林体系等林业重点建设中,竹林占有一定的比重。近年来,我国竹林面积以每年20万公顷以上的速度增长。由于竹加工业的拉动,竹资源大幅升值,农民收入通过竹加工业实现了几倍甚至十几倍的增长,竹林成为竹区农民经济收入的重要来源。2009年,江西省毛竹产业带动农民人均增收140元,崇义县重点竹区林农来自毛竹产业的人均收入近3000元,占全年人均收入的70%左右。在浙江省安吉县,竹产业平均为农民增收达6500元,占农民收入的近六成。因此,加快发展竹产业,可为农民提供大量的就业机会,这对于加快山区经济发展、缓解农村社会就业矛盾、促进农民增收、发展民生林业、实现小康社会具有重要意义。

18.1.3 发展竹产业,是缓解木材供需矛盾的需要

森林是国家重要的战略资源,木材是国际公认的四大原材料之一。我国木材和林产品需求急剧增长,目前,每年进口木材类产品折合原木超过2亿立方米。当今,在生态环境不断恶化的情况下,维护全球生态安全、应对全球气候变暖,各国对保护森林资源提出了强烈要求。森林资源的稀缺性对经济社会发

展,对木材的刚性需求的矛盾日益尖锐。在全球森林面积大幅减少、木材供应日趋萎缩的情况下,为解决经济社会快速发展对森林资源需求量不断扩大的现状,寻求和开发林木供应的替代品已成为当务之急。与其他造林树种比较,正是竹类植物所特有的生物学生态学特性和用途广、经济价值大等优势,使其成为木材资源的首选替代品。一根竹子,3~5年即可成材,一般的速生用材林,成材都要10~15年,竹子可一次造林成功,年年择伐,永续利用。我国年产竹材约15亿根,相当于2300多万立方米的木材量,以竹代木生态效益巨大,以竹代木前景十分广阔。因此,大力发展竹产业,是缓解木材供需矛盾、维护国家木材安全的重大举措。

18.1.4 发展竹产业,是繁荣生态文化的需要

党的十八大从实现中华民族永续发展和为全球生态安全作贡献的战略高度,首次对建设生态文明作出了全面部署。生态文化是弘扬生态文明的先进文化,是建设生态文明的文化基础。森林是生态文化的主要源泉和重要阵地,竹文化是森林文化的重要组成部分。竹,自古以来被国人视为民族气节的代表,是一种美丽、实用而又祥瑞的植物。竹因其形千奇百态、姿优美高雅、杆挺拔秀丽、叶潇洒多姿,加之它四季常青、不畏逆境、高风亮节等品质而为世人所称颂。竹文化是人类在社会发展历史过程中,从识竹、种竹、用竹到升华成文字、绘画、文艺作品、人格力量的物质和精神财富的总和。竹子不但孕育了古代文明,并以其蕴含的感召力影响着人们的性情和品格,而且同时深深地影响了现代文明的发展。我国有着悠久的爱竹、种竹、养竹、赏竹的文化传统,"宁可食无肉,不可居无竹"就是其真实写照。加快竹产业发展,有助于将源远流长的中华竹文化与现代文化相结合,繁荣发展竹文化,对于繁荣生态文化、推动生态文明建设具有十分重要的战略意义。

18.2 市场需求分析与预测

18.2.1 竹笋市场需求分析与预测

随着国内外消费者对食品消费的需求更趋向于天然、安全和健康,竹笋及其加工产品的市场需求呈现持续增长趋势,特别是随着竹笋保鲜及加工技术的提高,竹笋加工产品越来越丰富;随着物流能力的提高,竹笋已经打破了以往区域性消费的局限,在国内外都有越来越广泛的消费市场。

预计"十二五"期间国际国内市场对竹笋的需求将以年均约16%的速度增长，2015年全国竹笋加工产品需求量预计达到350万吨；2020年达到530万吨，年均增长速度约为9%。

18.2.2 竹材人造板市场需求分析与预测

竹材人造板与木材人造板相比，具有强度高、硬度大、耐磨损等特点，可满足对强度和硬度等方面要求高的产品的需求，也可和木材一起制成各种竹木复合人造板，广泛应用于汽车、火车、轮船、建筑业、集装箱、包装等多个行业和工业领域。同时，由于竹材本身的生长周期短、循环快，在国际提倡发展非木质材料的潮流中，大力发展竹材人造板是大势所趋。

随着竹材人造板加工工艺及加工机械的不断改进，竹材利用率的提高，竹材人造板的应用范围和需求将会不断扩大，年均增长速度为4%，预计2015年全国竹材人造板需求量将达到293万吨；年均增长速度为8%，2020年达到430万吨。

18.2.3 竹地板市场需求分析与预测

在崇尚"低碳、环保、生态"生活品种的大消费环境下，竹地板以其固有优势，已经被越来越多的消费者所接受，但是由于全球金融危机对外贸市场的长期性影响，国际竹地板的需求增长速度也将放缓；同时，由于目前国内竹地板与木地板、复合地板的市场竞争激烈的状况不会改变，竹地板市场萎缩。未来竹地板生产企业只有通过不断的技术创新、产品创新，并加大宣传力度，强化消费者对竹地板的认知度，才可不断扩大竹地板的市场占有率。预计"十二五"期间竹地板的消费需求量将保持5%的年均速度增长，预计2015年需求量为95万立方米，2020年达到121万立方米。

18.2.4 竹浆造纸市场需求分析与预测

在中国宏观经济持续向好的情况下，国内市场对纸张的需求将持续呈现快速增长的趋势，据预测，2015年纸张需求量将达到15705万吨，2020年将达到19953万吨。我国对纸张的需求量快速增长，但存在着原料供应不足的矛盾。竹浆性能介于针叶林和阔叶林木浆之间，明显优于草浆，可以替代阔叶木浆，并减少针叶木浆用量，可用于制造各种纸张。目前竹浆造纸的吨成本比松木低近1500元，比桉木低近900元。大力发展竹浆造纸是解决我国造纸行业供需矛盾的有效途径，也是调整我国造纸行业原料结构的现实方法，可以弥补我国中高档纸浆的缺口，具有巨大的发展潜力。但是考虑到竹资源供应量的限制，预计"十二五"期间竹浆需求量将以年均8%左右的速度增长，预计2015年竹浆需求量超过207万吨，2020年达到304万吨。

18.2.5 竹制日用品（含竹工艺品）市场需求分析与预测

在全球强化环保观念的推动下，竹材以其环保、耐用、轻巧的特性已成为玻璃、塑料、金属等材料的理想替代品，自然、稳重、典雅的竹制日用品显得更具舒适感，同时，竹制品还具有非常突出的优点：保温、防烫、耐用，所以日益形成全球流行的消费趋势。年均增长速度在5%左右，预计2015年竹制日用品（竹工艺品）需求量将达到321万吨；年均增长速度为8%左右，2020年竹制日用品（竹工艺品）需求量将达到472万吨。

18.2.6 竹家具市场需求分析与预测

竹家具以其自然、纯朴而在国外许多国家流行，尤其是在意大利、德国、英国等地，竹家具作为卧室家具、厨房家具很普遍。此外，竹家具也流行于作为旅馆和饭店的成套家具；我国及东南亚国家出口的竹家具价格相对低廉，正在成为发达国家和地区的重要消费品之一。在国内竹家具主要针对追求个性、简约，接受环保低碳理念的消费人群。

由于竹家具属于个性化的家具，随着"以竹代木"环保理念的盛行、竹加工工艺技术的突破及消费者认知度的不断提高，在目前家具业已经产能过剩、产品同质化泛滥的现状下，竹家具反而会在未来五年到十年迎来巨大的发展空间。年均增长速度为8%，预计2015年竹家具需求量达到918万件，年均增长速度为7%，2020年竹家具需求量达到1288万件。

18.2.7 竹纤维制品市场需求分析与预测

中国丰富而优质的竹资源，为竹纤维生产提供了得天独厚的条件。竹纤维具有吸湿性好、透气性强、柔软手感好等特点，与棉花和其他纤维混纺具有优良的性能。除了应用于纺织领域外，竹纤维通过进一步加工组合形成的各类复合材料可以被广泛应用于交通、建筑、家具等领域。因此，随着市场推广的加强及应用领域的不断扩展，竹纤维的需求量将继续保持高速的增长。《纺织工业"十二五"科技进步纲要》要求竹浆纤维企业要进一步加强自主创新，力争2015年国内竹浆纤维总产能超过10万吨/年，年均增长速度约为25%；预计2015年竹纤维制品的需求量将达到24万吨，年均增长速度约为10%；预计

2020 年需求量达到 38 万吨。

18.2.8　竹炭市场需求分析与预测

2003 年以前，我国竹炭以外销为主，出口量占总产量的 90% 以上，日本、韩国、中国台湾是外销的主体市场。2003 年以后，随着国民经济的迅速发展、人们环保意识的不断增强，以及中东、欧美市场的不断拓宽，我国竹炭产业迅速发展壮大，竹炭的产销量均大幅增加。

随着生产技术的不断发展成熟和应用领域的不断拓展，竹炭在食品加工、土壤改良、装潢材料、保健、水源净化、工艺品领域都将有广泛的发展前景，预计"十二五"期间我国竹炭的需求量仍将保持年均 13% 左右的速度增长，2015 年竹炭需求量达到 22 万吨，年均增长速度约为 10%，预计 2020 年竹炭需求量将达到 36 万吨。

18.2.9　竹饮制品市场需求分析与预测

随着人们健康、保健意识的不断增强，功能饮料在全球都呈现快速发展的态势，在饮料中的比重越来越高。中国功能饮料的销售额也从 2000 年的 8.4 亿元激增到 2010 年的 50 亿元。与世界发达国家相比，中国功能饮料的人均消费量每年不足 1 公斤，距离全世界人均 7 公斤的消费量尚有较大空间，因此未来竹饮料的发展具有巨大的市场潜力。

依托中国丰富的竹子资源优势，在消费者对健康型功能饮料的巨大需求拉动下，现有竹饮料企业通过不断加大科研力度，积极引进先进的生产制造设备，生产出更符合人们消费习惯的优质竹饮料产品，并通过营销网络建设和品牌营销抢占饮料市场份额，同时，国内外大型饮料企业也会越来越关注竹饮料的发展空间，并会伺机抢占市场。预计未来五年，中国竹饮料行业的产量和产值将以年均 40% 以上的速度增长，2015 年竹饮制品产量将达到 7 万吨；年均增长速度约为 15%，预计 2020 年竹饮制品产量将达到 14 万吨。

18.3　竹产业未来发展态势

18.3.1　竹种资源开发利用潜力巨大

我国有竹子 39 属 500 多种，是世界上竹种资源最丰富的国家。毛竹是我国用途最广、利用价值最大的经济竹种，集材用、食用、观赏、药用等众多用途于一体，在我国现有 672.74 万公顷的竹林里面，毛竹林面积达 448.22 万公顷，占 66.6%，且成片毛竹林面积大，容易形成产业化。除毛竹外，我国还有很多经济价值非常高的特色竹种，有些竹加工产业只有使用特定竹种才能产生最大的效益。就笋竹林来说，我国就有中国方竹笋之乡——贵州省桐梓县，中国甜笋之乡——云南省昌宁县，中国麻笋之乡——广东省英德市西牛镇等，已经形成特色品牌经济区。但由于特色竹种分布往往比较分散，短时间内难以形成规模经济，所以在以往的发展中没有得到足够的重视。因此，只要各地林业主管部门针对本区域的竹种资源特点，合理规划，并与科研机构紧密合作，加强优质竹种的选育推广，引导竹农种植能够满足当地或就近区域竹加工产业集群需要的竹种，避免同质化竞争，我国竹种的资源优势就能真正转化为经济优势。

18.3.2 低产低效竹林改造潜力巨大

我国竹林资源虽有较大的发展，但适应竹产业发展和生态环境需求的优质、高效、健康的竹林资源体系尚未建成。据不完全统计，截至 2011 年底，我国 16 个主要产竹省区现有竹林中，低产竹林面积为 308.20 万公顷，占 45.8%，其中低产毛竹林面积 144.32 万公顷，占毛竹林总面积的 32.2%。其他散生竹林总面积为 74.59 万公顷，其中低产林占 59.0%。丛生竹林和混生竹林总面积为 149.93 万公顷，其中低产林占 80.0%。可以看出我国的竹资源中有相当大的一部分生产潜力未得到充分开发和利用，特别是毛竹外的散生竹和丛生混生竹林。而这些低产竹林的形成既有自然环境的因素，也有体制机制的因素。随着林权制度改革的深入和主管部门对竹产业的重视程度加强，资金及技术支持力度加大，基础设施会不断完善，第二产业布局与目前低产低效林分布形成呼应，低产低效林改造的经济价值将会逐步显现出来。

18.3.3 竹产品研发创新空间巨大

竹子具有的先天优势及我国竹资源在世界范围内的绝对优势使得竹产品开发和竹产业发展有得天独厚的基础。特别是经过近 20 多年来的快速发展，竹产品已经覆盖人们日常生活的各个方面，10 大类上千个品种的产品已经向人们展示了竹产业发展的无限空间。但由于竹加工产业普遍处于工业化的初级阶段，产品的劳动密集化程度高，企业规模小，机械化和标准化生产程度低，生产成本较高，所以竹产品虽然种类多，但每一种类的产品品种相对单一，消费者可选择余地小，产品同质化现象严重。随着产业的发展，国家对于竹产业的重视程度会逐步提高，科研院所与企业的沟通合作会不断加强，龙头企业及企业联盟也会加入产品研发创新的行列中，制约整个行业发展的关键技术将会不断取得突破，配套机械设备会不断创新，所有这些产业发展趋势都会提高我国竹产业产品研发创新能力，使我国竹资源优势释放，使竹产品从花色品种、外观设计到内在质量上都实现突破。2010年世博会，国际竹藤组织馆中展出的以竹材为原料的丰富产品，使人们对竹子的认识大大改观。同时随着人们对竹子性能的进一步认识，竹产品的应用领域将会不断扩展，竹材作为一种新型材料的前景十分广阔，以竹代木、以竹代塑将不再停留在概念层面，竹材产品创新空间巨大。

18.3.4 竹业解决劳动力就业优势明显

目前全国约有775万农民直接从事竹产业，其中一二三产业就业人数分别为714.32万人、53.05万人、7.51万人。竹加工产业发达地区农民收入的30%以上来自竹产业，像浙江安吉、江西奉新、福建三明等地区，这个比例更是高达50%。

未来竹加工产业和竹旅游业的发展和崛起将为竹产区提供更多工作岗位。预计2015年竹产业的就业人数将达到881万人，就业岗位数比2011年增加13.65%，年均增速为2.59%，一二三产业就业人数的比例由2011年的92∶7∶1调整为88∶10∶2，2020年竹产业就业人数预计将达到1002万人，比2011年增加了29.28%。由此可见，竹产业的快速发展在促进农民就业、增加农民收入方面具有重要作用（见表18-1）。

表18-1 2011—2020年中国竹产业就业情况

竹产业	2011年就业人数（万人）	占总就业人数比重（%）	2015年就业人数（万人）	占总就业人数比重（%）	2020年就业人数（万人）	占总就业人数比重（%）
第一产业	714.32	92.18	772.22	87.69	830.12	82.87
第二产业	53.05	6.85	88.67	10.07	122.20	12.20
第三产业	7.51	0.97	19.77	2.25	49.43	4.93
总计	774.88	100.00	880.67	100.00	1001.75	100.00

资料来源：国家林业局

18.3.5 竹产品市场发展潜力巨大

由于长期以来竹产业存在的资源分布不均、政府扶持力度小、行业技术创新能力差、企业对国内市场及品牌建设重视不够等问题，造成消费者对现代竹产品的认知程度低,接受度差,消费潜力远未得到释放。

随着土地和森林资源的紧张及人们消费观念的转变,竹子成材快、可再生、自然生态等优势将会越来越多地彰显。目前在造纸、纺织、家具等领域,以竹材为原材料进行加工的产品产值占行业总产值的比重还很低,而这些产业对原材料的依赖程度大,随着市场需求的不断增长,木材资源的缺乏及棉花与粮争地的现象会越来越明显,生产企业对竹资源的需求会越来越大,而消费者会有更多的机会了解越来越多的竹产品,消费观念会在潜移默化中得到改变。另外,随着竹产业关键技术的突破和物流产业的发展,产品品种及品质将得到丰富和改善,生产和经营成本下降,竹产品消费将越来越摆脱过去区域消费的特征,符合绿色、生态、环保、健康理念且性价比高的竹产品会越来越多地进入消费领域,特别是竹笋、竹饮品、竹纤维等产品的市场需求会以较快速度增长。同时,随着产业的充分竞争,行业标准会得到完善,市场竞争会得到规范,企业的生产标准化程度会逐步提高,一些真正有竞争力的优秀企业和品牌会出现,消费者对于产品的信任度增加,消费时能有明确的导向,市场需求潜力会被进一步激发。

18.4 中国竹产业发展面临的挑战

(1) 区域发展不平衡

东部地区的浙江、福建、广东等沿海省区继续保持良好的发展势头,三省竹林面积合计3015万亩,占全国竹林总面积的41.5%,竹业总产值约332亿元,占全国竹业总产值的55.5%。西部地区的广西、重庆、四川、海南、贵州、云南等省区竹资源发展呈后来居上之势,六省区竹林面积合计1497万亩,占全国竹林面积的20.6%,竹业总产值约128亿元,占全国竹业总产值的21.4%。中部地区竹业发展潜力巨大,但优势没有充分发挥出来,湖南、江西、湖北、安徽、河南五省竹林面积2630万亩,占全国总面积的36.2%,而竹业总产值只占全国竹业总产值的22.9%。

(2) 竹种优势发挥不充分

我国毛竹的培育、经营历史悠久,面积大,开发利用水平高,而我国丰富的中小径竹、丛生竹种发展滞后,优势远未发挥出来。出现了毛竹加工产品雷同,恶性竞争,资源浪费,效益低下;而随着竹笋加工、竹浆造纸等竹加工业的发展,对中小径竹、丛生竹需求量猛增,却出现原料短缺的问题。加快发展具有区域特色的中小径竹、丛生竹的潜力巨大。

(3) 林地生产力不高

全国丰产竹林只占竹林总面积的25%左右，集约经营的竹林面积不大，低产、低质、低效竹林面积仍不少，提高竹林经营水平和效益的潜力巨大。同时，竹林纯林化的趋势日显突出，生态平衡受到影响，病虫灾害呈加剧态势。喷灌、配方施肥等高效栽培技术应用不够，竹林道路等基础设施建设滞后，影响了竹林经济效益提高。

(4) 产业化程度较低

我国大部分竹业加工企业生产规模小，年产值1000万元以上的竹加工企业数只占竹业加工企业总数的8%左右；产品档次低、初级产品多，具有明显优势的拳头产品和名牌产品少；竹子综合利用率低、重复项目多，新产品开发能力较弱，拥有自主知识产权的产品少，市场竞争力弱。

(5) 组织化程度不高，行业引导不够

缺乏全国性竹产业发展规划，竹产业标准化体系建设刚刚起步；对竹产品与木制产品等其他产品的竞争力等战略性和方向性问题研究不够。我国竹产业协会还处在初期培育阶段，农民合作经济组织发育和成长进程缓慢，大部分省区尚未成立竹产业协会，基层竹业协会少，加入的农户比例小，合作紧密性不强，为农民和企业提供技术、信息和产品销售服务等方面发挥的作用还很有限，而且服务内容主要局限于技术、信息等方面，提供生产、加工、销售、融资等深层次服务不够。

一是公路发展缓慢，农村大部分劳动力外出务工，留在家里的大多是老、弱、病、残等，造成一些偏僻乡村的竹料无法运输出来。二是由于本县、本乡镇竹种紧缺，大部分农户到外地去购买竹种，而农民对种苗好坏的识别能力不强，造成高价购到的却是品质不好甚至是快淘汰的种苗，导致竹子产量较低、农户上当受骗。三是农民采伐、种植等不科学，许多地方存在只采伐不补种的现象。农户种植技术不规范、种植时机把握不是很好等，导致竹子长势不好。四是竹产品加工单一，销售存在一定的难度。五是基层竹产业激励发展机制不健全，造成农户种植积极性不高涨。

18.5 加快中国竹产业发展的对策

18.5.1 明确林地经营主体，积极倡导林地的合理、有偿、有效流转

竹产业发展较成功的地区大都采取各种措施完善竹林经营体制，在明晰竹林资源产权的基础上，引导竹农走规模化、产业化道路。明晰产权，促进林地合理流转，是"十大竹乡"重要的成功经验，它们创造了许多值得借鉴的竹林经营模式，例如，鼓励有偿转让竹山经营权，以联合、租赁、股份合作、拍卖、承包等多种形式办基地的模式；"集体所有、家庭经营、合理分配"的分户经营责任制的模式；竹山评估作价，公开招标经营，增产不增租，减产不减租的模式。它们对竹林和林地的持续经营起到了重要作用。因此，通过发放林权证，明确建立林地使用权和经营权流转市场，促进竹林、林地依法有偿转让，或将其作为合资、合作造林、经营竹木的条件，是发展竹产业的根本条件之一。

18.5.2 以竹资源培育和加工的标准化和国际化带动和促进竹产业的发展

抓住竹产业发展的先机，尽快制定和建立竹资源可持续经营认证体系，将竹笋资源优势转变为绿色食品的品牌优势，将竹林资源优势转化为环保产品的品牌优势，努力突破竹产品走向国际市场的技术和绿色壁垒。在全球经济一体化的大趋势下，在世界上率先建立与国际质量和环境标准相适应的竹产业国家标准体系，加速竹产业的标准化和国际化进程，对于开辟竹产业国内和国外市场，提升竹产品的市场竞争力，具有十分重要的作用。

18.5.3 政策的制定与实施要强调和重视利益相关者参与

发展竹产业依靠的是成千上万的农户和竹加工及销售企业，正是竹资源经营的分散性和复杂性要求竹产业政策的制定与实施需要考虑各利益相关主体的差异，重视和激励他们的主动精神，通过宣传培训、典型示范以及现场指导等，在政府与竹资源生产者和经营者之间建立信任、顺畅的互动关系，逐渐引导他们自愿参与和积极合作。

18.5.4 为竹产业发展创造良好的经营环境

竹产业作为一项新兴产业，需要政府的政策支持，消除竹产业发展的障碍。一要减轻竹业经营的税费负担，制定统一、合理的笋竹税费征收标准。一

些地区竹子税费项目达 13 项之多，例如农林特产税、育林基金等，对一根毛竹征收的税费约占销售价的 50%，这对竹产业发展产生了严重的负面影响。二要加强市场、道路和通信等基础设施建设。主要产竹区一般分布在山区，交通运输和通信条件差，市场信息不通畅，使竹资源利用的交易费用大幅度增加，以致丰富的竹资源不能取得相应的效益。三要通过银行信贷、财政扶持等帮助农民和企业开发竹资源。山区农民的投资能力一般较弱，获取资金困难，而竹资源的集约经营需要较大的投入，因此，获得银行信贷的难易程度以及能否获得财政扶持将会影响竹产业的发展。

18.5.5 应加强竹产业协会建设

第一，发展竹产业协会是落实科学发展观、构建社会主义和谐社会、提高农民组织化程度、深化我国农村经济体制改革的需要。落实科学发展观，构建社会主义和谐社会，要求社会的组织创新和制度创新，需要组织多元化，包括政府的、市场的、民间的以及合作伙伴关系的等。在市场经济条件下，市场失灵的场合可以由政府承担，但政府也有很多管不好也不该管的地方，需要转变管理方式，非政府组织就成为一项重要的组织创新，以新面貌、新方式通过新机制在市场与政府之间积极从事社会公益性活动，这样，随着改革的不断深化，许多社会职能将更多地依托行业协会等公共事业组织来承担。我国目前有 3500 多万名农民直接从事竹林培育、竹制品加工等生产经营，但是其组织化程度低，科技文化水平和管理素质不高，是制约我国竹业规模化生产、产业经营效益提高的主要瓶颈之一。大力发展各级竹业协会是提高竹业专业化生产水平、形成竹业规模效益的内在要求，也是落实科学发展观、构建和谐社会、深化农村体制改革的内在需求。

第二，发展竹产业协会是适应市场经济体制，提升竹业产业化水平的需要。实行家庭承包责任制以来，我国农业生产有了突飞猛进的发展，但随着农业生产技术的快速发展和市场化改革后所面临的形势，农民千家万户的小生产与千变万化的大市场难以对接，家庭承包责任制与竹业规模化生产、集约化经营之间的矛盾越来越突出。为解决这些问题和矛盾，在竹业产业化经营中，通过发展各级竹产业协会等新型合作经济组织，采取"公司+协会+农户"等形式，构建竹业龙头企业和农户的联系桥梁，不仅能较好地填充竹业产业化经营的组织"断层"，建立企业稳定的原料来源渠道，而且能促进广大竹农开展基地化生产，产生规模化效益，实现公司企业与农户利益的"双赢"，实现竹业产业化发展，促进竹业经济稳定持续的增长。

第三，发展竹产业协会是保护农民利益、促进农民增收致富的必要途径。在激烈的市场竞争中，市场供需形势千变万化，分散的农户很难获取准确的市场信息并分享二、三产业的增值利润，经常出现买难、卖难和价格大幅波动等现象。在与竹业加工企业或商业企业的合作中，企业以盈利为目标，与农民之间既合作又竞争，农民总是处于不利的竞争地位，需要有新的组织形式来维护自己的利益。建立竹产业协会等农民合作经济组织，提供生产、加工、购销等服务，有利于农民在保持产权独立的前提下组织起来，形成与工商企业协同发展的能力，在贸易上增强谈判地位和利益保护能力，真正建立起保护农民利益、促进竹产业发展的长效机制。同时，通过竹产业协会可以帮助维护市场和社会秩序，提供社会公共服务，从而提高政府管理效能。

第四，发展竹产业协会是增强我国竹业国际竞争力的重要途径。从世界各国经验看，各类合作组织是世界各国农民最普遍、最受欢迎的组织方式，也是政府有关部门在国际农产品贸易谈判中的重要依靠力量。根据WTO规则，各国政府宏观调控手段要实现与国际接轨，将可调控的内容集中于"绿箱政策""黄箱政策"等方面。按照国际通行的做法，今后我国对农业的支持保护政策应更多地通过合作经济组织加以实施。此外，在国际农产品贸易纠纷中，代表农民进行谈判的，往往是农民自己的组织。近两年，面对国际贸易纠纷，一些省区因为缺少一个对等谈判的主体——农民自己的合作经济组织，而经常处于被动地位。在经济全球化的时代，面对国际竹业市场竞争日趋激烈的新形势，要使我国竹产品提高竞争力，确保市场份额，必须加快培育和发展竹业协会等农民合作经济组织。

18.5.6　实施竹产业品牌战略

提高竹产品的竞争力，必须有一批市场承认的品牌，要通过市场化经营运作，催生一批品牌、培育一批名牌，不断提高竹产品的品牌覆盖率，把品牌、名牌优势转变为市场优势、经济优势，做大做强品牌竹业，培育具有国际竞争力的竹产品重点企业。

充分利用和建设国内国际两个市场，国内市场方面，加快建立统一开放、公平竞争的国内竹产业市场，加快推进竹产品集散市场的升级改造，打破地区封锁，推进竹产品运销"绿色通道"建设，探索建立竹材期货市场。不断强化市场信息服务，加强市场监管，制定和完善竹业生产、加工、经营相关标准，促进市场主体的规范交易。

国外市场方面，鼓励竹产品的进出口，积极开拓国际竹产品市场。促进竹产品出口，逐步调整竹产品出口市场结构，在出口审批方面适当优惠，加快出口竹产品的行业组织建设，规范竹产品出口秩序，积极应对国际贸易纠纷。加大对竹产品出口退税支持，健全竹产品出口信用保险制度，增强竹产品出口企业的风险防范能力。

通过市场化经营运作，催生一批品牌、培育一批名牌，不断提高竹产品的品牌覆盖率，把品牌、名牌优势转变为市场优势、经济优势，做大做强品牌竹业。培育一批竹产品出口重点企业，加快出口竹产品的行业组织建设，提高行业组织化程度，规范竹产品出口秩序，积极应对国际贸易纠纷。加大对竹产品出口的优惠利率信贷支持，健全竹产品出口信用保险制度，提高竹产品出口信用保险的保费扶持比例，增强竹产品出口企业的风险防范能力。

18.5.7　竹产业发展应加强科技投入

强化自主创新，构建竹产业技术创新体系。在加工技术方面，发挥企业技术创新主体的作用；在资源培育和重大研究方面，以国家投资为主，实施竹业发展技术引导政策，促进竹产业科技原始创新、自主创新和引进技术消化吸收再创新，推动国际合作，加强知识产权保护，加快"国家竹子工程技术中心"的建设；制定鼓励发展技术和限制发展技术目录，重点攻克一些长期存有争议悬而未决而又事关竹业发展大局的科技难关。

依靠科技进步全面提高竹业发展水平，促进竹产业升级。推动竹业高新技术产业化，推行竹产业标准，加快竹加工企业科技更新步伐，大力发展生物质能源、生物质材料等竹类生物经济，鼓励采用清洁生产工艺，积极引进先进的污染治理技术及装备，推进清洁生产，限制不合理的竹林开发利用方式以及高能耗、低产出的加工方式。

18.5.8　完善资源管理策略

加强对竹林资源的管理，进一步明晰竹林的权属。制定竹林林地管理办法，严格禁止将竹林用地转为非林业用地，强化对竹林林地使用权、竹林所有权流转市场的管理，规范竹林林地使用权、竹林所有权的有序流转。

推进竹林的分类经营管理，对于商品型竹林，在总采伐量控制的前提下，放开年度采伐限制，允许经营者自主调配采伐额度，加大对商品竹林基地建设的扶持力度，简化竹材及竹产品的准运制度，减少运输成本；对于公益型竹林，在有利于发挥和增强其生态功能、社会效益的前提下，允许对竹子进行成熟更新性采伐。适度提高公益竹林的生态效益补偿标准。

提高竹林资源的培育、经营管理水平。鼓励利用生物技术等手段培育优质、高产、高效的竹子新品种。鼓励改良竹林经营措施，改造低产竹林，提高集约经营水平。控制由于超强度经营而造成的笋用竹林衰退，加快制定《毛竹丰产林标准》《笋用林建设标准》《生态公益竹林建设标准》等行业标准；加快实行竹林可持续经营的绿色认证制度，对竹林、竹材、竹笋产品积极推行认证管理。

第19章 竹产业发展前景与风险防范

19.1 中国竹产业供需预测

19.1.1 2019—2025年中国竹产业供给预测

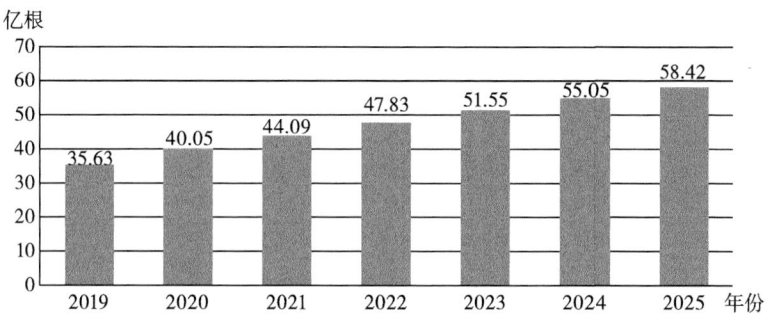

图19-1 2019—2025年中国竹产业供给预测

资料来源：智研咨询

19.1.2 2019—2025年中国竹产业需求预测

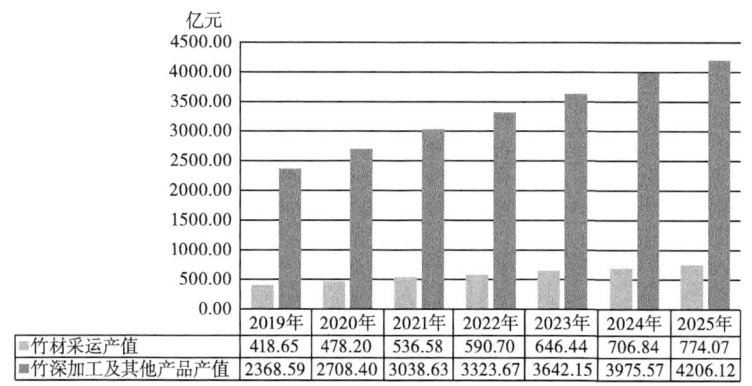

图19-2 2019—2025年中国竹产业需求预测

资料来源：智研咨询

19.1.3 2019—2025 年中国竹材供需平衡预测

由竹子延伸出的竹食品、竹工艺品、工业原料、建筑材料、竹生态旅游等近 10 个产业门类，折射出竹产业的广阔前景，竹子正在成为绿色发展进程中不可缺少的一部分。在中国，竹产业已经成为建设秀美山川的绿色产业、促进乡村振兴的先导产业、推动农村脱贫的致富产业。

当前，环境问题、资源问题已成为世界各国关注的热点。如何开发利用资源既取得经济收益又能达到可持续绿色发展是人类发展关心的话题。作为全球最重要的非木质森林资源之一，竹子具有涵养水源、保持水土、调节气候、净化空气等生态功能，而且有着很高的经济价值和独特的文化价值。竹制品环保、生态，在许多方面可以替代木材、钢材、水泥、塑料制品，对于维持和保护人类生存环境有着重要作用，是践行绿色发展理念、实现可持续发展的重要元素。竹产业的快速发展将为绿色发展带来新机遇（见图 19 - 3）。

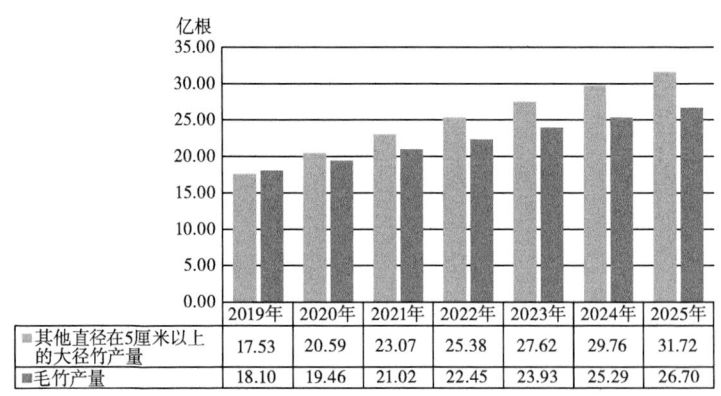

图 19 - 3　2019—2025 年中国细分竹材产量预测

资料来源：智研咨询

19.2　影响企业生产与经营的关键趋势

19.2.1　市场整合成长趋势

在现行崇尚"绿色、自然、生态"的消费背景下，人们越来越注重环保低耗理念，对消费品的需求也不再仅仅局限于满足物质生活方面，而是更加注重生活的品质和环境的健康，对竹产业发展有着切实可行的现实意义。由于环境和空气质量持续下降，新闻报道又时常曝出地板、家具中的苯、二甲苯、甲醛、氨等有害气体严重超标，引起了人们对室内环境污染的关注和重视，从而使得以自然、健康著称的竹制品在市场上大受欢迎，逐渐成为人们的居家新宠。而竹产业也正逐渐成为全球公认的集社会价值、经济价值、生态价值和文化价值于一体的绿色产业。其社会公众环保意识的增强及低耗消费理念的转变还将有效惠及竹制品制造行业市场的进一步增容。

19.2.2　需求变化趋势及新的商业机遇预测

随着土地和森林资源紧缺以及人们消费观念的转变，竹子成材快、可再生、自然生态等优势逐渐彰显出来。但是目前在地板、家具等领域，以竹材为原材料进行加工的产品产值占行业总产值的比重还很低，而这些产业对原材料的依赖程度大，随着市场需求的不断增长，木材资源的缺乏现象会越来越明显，生产企业对竹资源的需求会越来越大，而消费者会有更多的机会了解越来越多的竹产品，消费观念会在潜移默化中得到改变。

19.2.3　企业区域市场拓展的趋势

出于原料运输和存储方面的原因，我国竹产业企业主要分布在我国的竹产区，生产规模和产品质量参差不齐，既有规模化生产、实力较强的知名生产企业，也有家庭作坊式的厂家，均具有较强的区域性，其发展总体上呈现出"东部沿海地区竹产业发展较快、内陆地区竹资源优势明显但竹产业发展滞后、中西部地区竹资源优势和潜力远未得到发挥"的格局。

随着竹产业关键技术的突破和物流产业的发展，产品品种及品质得到丰富和改善，生产和经营成本下降，更多符合绿色、生态、环保、健康理念且性价比高的竹产品会越来越多地进入消费领域。

19.2.4　科研开发趋势及替代技术进展

目前大多数竹产业企业机械化、自动化和标准化生产程度不高，属于劳动密集型企业，开发、产品深加工程度、龙头企业培植等方面力度较弱，未有完整开拓的竹加工产业链，使得竹材资源优势转变为经济效益的潜力未得到充分挖掘。

随着产业不断竞争，行业标准会不断提高，市场竞争将得到规范，企业的生产标准也会相应得到提高，一些真正有竞争力的优秀企业和品牌会不断涌现，消费者对于产品的信任度增加，消费时能有明确的导向，市场需求潜力会被进一步激发。

19.2.5　影响企业销售与服务方式的关键趋势

随着新经济和全球化浪潮的推动以及区域经济活动的日趋活跃，城市化进程使得城市居民消费需求进一步增长和升级，中国的城市化进程进入了快速发展阶段。2018年，中国城市化率达59.58%，带来了大量的刚性需求和改善性住房需求，同时伴随而来的家具装饰市场规模也与日俱增，在城市化进程所受影响最为直接。而主打环保健康理念家具装饰市场理性有序、逐步成熟的发展又使竹制品制造企业最为受益。

19.3　竹产业投资风险及防范

19.3.1　政策风险及防范

中国竹产业还在发展初期，需要国家和政府的产业政策支持和扶持。近年来，各地政府推出一系列产业政策和法律法规鼓励和推动竹产业发展，从而使得竹产业发展迅速。如果未来相关产业政策、法律法规和行业标准发生较大变化，会在很大程度上影响竹产业的健康发展，将对公司造成不利影响。

针对政策风险，竹产业内企业应当及时关注国家相关行业的各项政策法规，及时做出应对和策略。此外，根据政策导向主动调整经营发展战略，这样才能实现企业的长足健康发展。

19.3.2　技术风险及防范

（1）技术、产品更新不及时的风险

为应对行业激烈的市场竞争，竹产业企业应努力实现大规模机械化生产技术和设备的研发，以不断提升企业的技术能力。尽管如此，企业仍可能面临因技术和产品品种更新速度慢，不能及时满足市场需求，从而导致市场占有率下降和产品利润率下滑的风险。如果竞争对手率先使用先进技术将对企业产品的竞争力提出新的挑战。

（2）核心技术人才流失的风险

拥有稳定、高素质的科技人才队伍对竹产业企业的发展壮大至关重要。若企业出现核心技术人员流失的状况，有可能影响公司的持续研发能力，甚至造成企业的核心技术流失，从而给企业经营带来一定的风险。

针对技术风险的对策，主要是将进一步加大科技投入，一方面，通过继续提高科研人员各项待遇，吸引高素质的专业技术人才，增强行业的科研开发能力；另一方面，加大综合技术改造力度，不断提高行业技术开发和生产能力。此外，进一步加强与国内重点科研单位和国外合作伙伴的技术合作，跟踪国内外技术发展动态，引进、消化、吸收和充分利用国际、国内同行新的先进技术成果。

19.3.3 供求风险及防范

竹产业作为一个新兴产业，目前行业集中度和准入门槛较低，越来越多的企业进入竹制品及相关产品的生产和销售市场中，使得行业竞争越来越激烈，行业秩序混乱。许多竹制品企业间恶性竞争，相互压价，有的家庭作坊不断放低产品品质，以牺牲消费者权益为代价谋取利益。

竹产业市场的供求关系是不断运动变化的，必然造成竹产价格的波动，进而使竹产业投资的预期收益率发生偏离。当竹产价格上涨时，企业投资积极性提高，从而竹产量得到提高，当竹产量超过市场需要时，价格则会大幅下跌并逐渐趋于平缓并影响生产积极性，竹产品产量减产进而引起下一周期竹产品价格的上涨。竹行业周期性变化会对竹产业企业业绩产生一定的不利影响。

市场供需关系是影响市场变化的主要因素，在激烈的市场竞争中，竹企业及投资人要全面准确地了解自己以及所处的环境，做出适时有效的市场决策，通过规模化、产业化经营、现代化管理，有效降低生产成本，提高市场竞争力。通过统筹布局，合理规划，相对利润较高的鲜竹笋可以通过气调保鲜和选择不同地域控制其上市时间，提高全年的平均利润。

19.3.4 宏观经济波动风险及防范

宏观经济运行有其自身客观规律和周期性，总是表现为经济扩张与经济紧缩的交替更迭、循环往复，同时国家根据宏观经济调控目标所采取的货币政策、财政政策等对整体经济形势也会产生重要影响。在经济紧缩时，居民收入的下降及失业率的上升会使消费者消费需求下降，可能会适当减少消费支出，从而对企业经营业绩产生一定不利影响；反之，在经济扩张时期，消费者消费需求会上升，可能会对企业经营业绩的提升起到一定的促进作用。

针对这种情况，企业应该积极地提高自身的市场竞争力，做到市场领先，在必要时甚至可以减小企业规模，降低成本支出；或者保持审慎型的经营策略，保证一定的现金流量来应对风险。

19.3.5 关联产业风险及防范

关联产业风险是指因相关产业或相关市场的变化而导致经济主体未来收益

变化的不确定性。关联风险源于金融机构与相关产业或相关市场之间的相互依赖性。经济全球化和金融全球化的不断深入尽管有助于提高金融资源的配置效率。但也使金融机构暴露在一连串难以预料的风险因素之中。相关产业或市场上的风险事件，通常可以通过种种传导机制，引起金融机构未来收益的不确定性变化，当演变为金融危机时，往往就会表现出典型的多米诺骨牌效应。

在现代经济中，各种经济实体间的关系更加复杂，联系更加密切，任何一个环节受到损坏，往往会"牵一发而动全身"，引起整个市场产生连锁反应，导致市场混乱。

19.3.6　产品结构风险及防范

我国是竹产业生产大国，市场竞争激烈。如果下游市场对某类竹产品的需求量下降或质量要求提高，企业不能有效应对市场变化，导致企业的销售量下降，则会对其的生产经营产生重要影响。

企业要抓住加强营销渠道建设和品牌推广；不断提高现有产品的质量，丰富产品类别，优化产品结构；引进先进加工技术，保持竹产业供应的成本价格优势。

19.3.7　其他风险及防范

经营管理风险是指公司的决策人员与管理人员在经营管理过程中出现失误而导致公司盈利水平变化，从而产生投资者预期收益下降的可能。经营管理风险是企业的主要风险。企业的经营状况最终表现为盈利水平的变化和资产价值的增长，经营风险主要通过盈利变化产生影响。

随着行业的发展，行业内企业规模不断扩大，即使部分企业已经建立了较为完善的内部控制制度和管理制度，但随着企业资产规模、经营区域将大幅增加，业务和管理机构地域分布将更加广泛，人员数量迅速增加，将对企业的管理能力提出考验。如果企业管理模式和管理水平无法满足企业业务持续发展的需要，将对企业的正常经营、业务协调及拓展造成不利影响。

企业可以通过加大对内部管理的重视程度和资金投入，公司将通过招聘具有相关岗位经验的人才、梳理内部管理体系、提高主要人员内部控制意识等措施和手段，不断完善管理体系、加强公司在战略规划、组织机构、内部控制、运营管理、财务管理等方面的管理水平。

第20章 竹业长青发展战略与生态文化建设

20.1 战略综合规划

20.1.1 战略管理基本过程

战略管理是对全局发展的筹划和谋略，它实际上反映的是对重大问题的决策结果，以及组织将要采取的重要行动方案。而战略管理则不仅是决策方案的制定，还要涉及战略方案的评价与实施，因此，企业战略的制定、评价和实施是一个系统过程，这个过程需要一定的理论与技巧。由于战略管理涉及企业的长远方向和重大决策影响范围，因而所需考虑的因素和技术更多，也更为复杂。

（1）战略管理历史发展

战略管理（Strategy Management）一词最初是由美国学者安索夫于1976年在其《从战略计划走向战略管理》一书中提出的。20世纪以西方工业发达国家为代表，战略管理发展的重心发生了转移：50年代重心是生产管理；60年代重心是市场管理；70年代重心是财务管理；80年代重心是战略管理；90年代重心是企业核心能力。

（2）企业战略管理过程

战略管理过程是一个科学的逻辑过程，该过程主要包括三个关键部分：

战略分析——了解组织所处的环境和竞争地位，知己知彼，百战不殆；

战略选择——对可行战略方案进行评价和选择，一着不慎，满盘皆输；

战略实施——采取一定的步骤、措施，发挥战略的指导作用，实现预期战略目标。

战略管理的三个部分可具体化为以下9个操作步骤：

①确定企业使命和目标；

②侦测环境；

③发现机会和威胁；

④分析企业的资源；

⑤识别优势和劣势；

⑥重新评价企业的使命和目标；

⑦选择和制定战略；

⑧实施战略；

⑨评价结果。

尽管不同的企业进行战略管理的具体过程往往会有差异，但是战略管理的基本过程是相似的。一般来说，动态的企业战略管理过程可以分为战略制定、战略实施、战略控制和战略修正 4 个阶段，每个阶段又包含若干个步骤。也有不少论著将战略控制阶段和战略修正阶段合二为一，并称之为战略评估与控制阶段，也就是说，在这些著作中，战略管理过程只有三个阶段。

1）战略制定。

简单来说，企业战略制定就是制定企业长期发展规划的过程，其标准的程序包括：首先通过对企业内外部环境因素的分析来确定企业的使命和未来所要实现的目标，其次制定企业实现目标的战略和政策。当然，在某些特殊情况下，可能会先有企业使命，然后才对企业内外部环境因素进行分析以制定企业的目标、战略和政策。

第一，企业外部环境是指影响企业作出战略性决策而对企业来说是不可控制的全部条件的总和。它包括一般环境和直接环境。一般环境是指与本企业经营有关但不可控制的经济的、社会的、政治的和技术的因素。直接环境是指企业经营所处的竞争环境，它直接影响企业经营目标和经营战略的选择以及实施成效。直接环境通常是那些和本企业有关的竞争对手、用户、供应者和贷款人等的战略性行为相互作用的结果。尽管本企业的行为也会对外部直接环境产生影响，但总的来说，对于本企业而言，外部直接环境在很大程度上也是不可控的。

企业内部环境因素指的是企业在经营中已具备的和可取得的资源，如人、财、物等的数量和质量，它表明企业具有的优势和劣势。

一般来说，通过对企业内外部环境因素的分析和组合，可以找到企业的发展机会，从而确定企业的使命，在此基础上，制定出合适的企业目标和战略。

第二，企业使命是指企业将在社会中负有满足何种需要的使命，简单讲就是它将在哪些产品、市场和技术领域经营。企业使命只是反映了企业战略决策者办企业的主要意向，而不是对特定时间内要做到何种程度作明确的规定。一般来说，企业的使命即经营方向要受到外部环境因素和企业内部因素的制约，而企业内部因素反过来又决定了企业应着重从哪些方面增强实力，提高素质，并对外部环境产生影响。

第三，企业目标指的是企业希望在未来某个时期内通过其经营活动取得的效果，如在利润、投资回收、市场竞争地位、技术领先地位、生产率、员工培养、人力资源开发和员工物质生活等方面要求取得的效果。企业目标一般是多元的，而且每一个目标都应当是明确的、可衡量的、能够达成的，并且是与其他目标相协调的。从时间的角度看，企业目标可分为近期目标和长期目标。在战略管理中，企业长期目标的周期一般为3~5年。近期目标指的是企业根据其长期的战略目标，在近期的经营活动中要求取得的效果。近期目标一般也称为年度经营目标，它所涉及的课题和内容与长期目标基本相同，所不同的是年度目标要求更为明确，以便指导近期的经营活动。所以，长期目标基本上是规划型的，而近期目标更多的是执行型的。例如，某企业在长期目标中规定年平均生产增长速度为10%，这就是规划型的；第一年的近期增长目标可能规定为8%或12%，这属于执行型的。

第四，企业战略就是实现企业长期目标的方法或行动方案。企业战略选择的过程就是对重大的机会提出相应的长期目标并提出为实现这些目标的经营战略方案，然后根据企业长期目标和经营战略，进一步提出近期的经营目标和经营策略。一般来说，提出的是多个战略或策略方案，所以要对这些方案逐个进行比较和评价，以求得一个能最好地实现企业长期目标的战略组合。在比较和评价中，关键的问题是要确定一定的衡量标准，因为任何一个备选方案都会有优缺点，衡量标准不同，选择的结果也会不同。而战略选择反过来也会对企业的经营方向、内部因素、外部环境和竞争环境产生影响，从而进一步丰富和发展原定的经营方向和目标，并对企业的能力提出新的要求。

2）战略实施。

企业的创业政策是把战略制定和战略实施联结起来的决策和行动指南。具体来说，战略解决的是企业发展的基本方向、主要步骤和重大项目等事关全局的问题，而政策则是指导员工实施战略的行动细则。也就是说，企业运用政策来确保所有员工的决策和行动支持企业使命、目标与战略。所以，为了实现自己的使命、目标和战略，每个企业都需要在生产经营中以一系列的政策来指导产品的开发、设计、生产、定价、销售和顾客服务等决策活动。

企业的创业战略实施就是借助行动计划、预算和一定的程序，把战略推向行动之中。也就是说，战略在实施以前只是纸面上或头脑中的东西，实施是战略成为可以产生实际效果的行动。战略制定中的关键在于其正确性，而实施的关键在于其有效性。战略实施的效果取决于实施战略所必需的工作任务、组织结构、人员、技术、报酬制度等重要因素的有效协调和运用。所以战略的实施过程一般会涉及整个企业的文化、组织结构和管理系统的变革。除非需要非常激烈、横跨整个企业的变革，一般来说中层和低层管理人员就可以执行与实施战略。当然，作为企业的最高行政首脑，企业的总经理必须对企业战略的实施承担全部责任。所以在现实中，较之企业战略的制定，企业高层经理（特别是总经理）往往会将更多的时间和精力用于企业战略的实施。他们要为战略的实施提供指导，进行评估和控制。

3）战略控制。

战略控制就是将战略实施过程中反馈回来的成效信息与预期的战略目标进行比较，评估两者的偏差度，并采取相应的行动纠正措施，以确保战略目标的完成。早期的信息来自市场对企业战略的反应，这可以作为战略控制的初步依据。而对战略的全面的、最后的总结评价和控制则在于证明其能否实现企业的经营目的——近期和长期的目标及企业的经营方向。战略只有达成了其目标才是成功的。战略控制是企业高层战略活动的控制，它不同于管理层和作业层等中下层的控制。但是为了实现有效控制，高层管理者要能够从中低层的员工中获取明确、快捷、无偏见的信息，而这往往是困难之所在。

4）战略修正。

企业的战略修正是在企业战略实施的过程中产生的实际效果与战略目标有明显的偏差时采取对原战略方案的修改。战略控制是对战略实施行动的纠正，而战略修正则是对战略方案本身甚至战略目标本身的修改。当然，如果战略实施效果与预期的战略目标无偏差或差异很小则不需要进行战略修正。显然，战略修正又可被看作下轮战略制定的起点。

上述模式是战略管理的基本模式，但它不是唯一的模式。实际上，各个企业可以根据各自的实际情况和需要对其组成的内容做出必要的增删调整。

20.1.2　战略综合规划基本内容

企业战略规划是依据企业外部环境的自身条件的状况及其变化来制定和实

施战略，并根据对实施过程与结果的评价和反馈来调整，制定新战略的过程。企业战略综合规划的具体内容包括：①通过内部人员访谈、外部专家访谈、竞争对手调查、内部问卷调查、资料案头分析、专题研讨会等形式和手段对企业内外部状况进行全面的把握和系统的分析；②以战略诊断报告会的形式明确企业存在的战略问题；③确立愿景和使命，明确战略意图，搭建战略框架，使企业明晰未来的发展方向，并且帮助企业内部人员对未来形成一致的认识；④确定业务范围和业务组合战略，即确定企业具体做哪些业务，明确各类业务的战略主旨，以及对这些业务如何进行管理和资源配置；⑤制定各业务的发展战略及目标，以及具体的战略举措；⑥制订详细的战略实施计划和监督控制方法；⑦制定战略执行的保障措施，明确与战略对接的组织结构调整、集团管控方案以及人力资源、财务、市场营销等职能规划。

20.1.3 技术开发战略及投资方式建议

中国竹企业要开拓竹胶板、竹地板、竹家具及竹编制品的高档产品。例如竹地板行业，如同当年的木地板一样，众多的厂商拥挤在中低端产品上，由于加工需求导致原材料供给价格上涨，但大量地生产同时导致了产品价格的下跌，极大地压缩了产品的利润空间，导致厂商为了维持足够的利润额更加大量的生产从而陷入恶性循环中。实际上，部分有能力的厂商完全可以部分或全部地将产品市场转向技术含量较高的高端产品或是专业化产品，通过此种途径保证利润额的增长，部分企业由建筑模板市场转向集装箱地板生产就是一个成功的案例。此外，木材产品应用的领域越来越宽，主要是由于木材的物理性能与绿色环保特性，此两项恰恰也是竹产品的优势所在，而且在某些应用方面天然竹物理性能远优于木材，因此，应像木材产业发展一样，积极寻找和拓展市场领域，结合消费理念开发新产品及已有产品的新用途。

1) 突破关键共性技术。以提高工业用竹林经营效益，竹产业生产加工技术升级为重点，以支撑产业发展的竹材人造板、竹制品、竹笋和竹化工品等大宗重点产品为主线，对整体产业链相关技术基础理论科学问题进行深入研究，并针对应用领域的特征需要，突破相应的关键瓶颈技术，建立完善相关标准体系和设计规范，为竹制品的技术进步和市场规范奠定基础。

2) 整合集聚科研技术力量。目前，鉴于竹制品的创新性以及应用的广泛性，急需加大研发力度，组建全国级工程技术中心，集合国内相关领域的产学研力量，深度融合；建立关键技术、关键装备、产品开发、应用指导等领域的人才团队体系，培养并聚集包含高端研发、工程技术和企业管理人才队伍，形成支撑产业发展的多层次科技人才体系。

3）提高关键装备水平。针对竹材加工业劳动力成本高和生产力低下等问题，在提高资源利用效率、降低能源消耗的前提下，重点研究竹材经营用轻型机械实现竹材高效采运，突破竹材人造板整线机械连续化和自动化，提高竹材工业化生产水平。同时融合产业大数据和人工智能技术，大力发展机械化、自动化和信息化程度高的竹材加工机械，实现竹材加工技术链上科学化、质量链上标准化，全面强化竹产业的核心竞争力。

4）加强产业化推广宣传力度。当前，竹产业面临的问题主要为企业规模小，政策扶持力度不够，不利于产业的快速健康发展。因而，在后续推广过程中，需要政府加大扶持力度，在财政补贴、税收、融资等方面给予支持，同时需要引入大资本、大企业、大品牌介入产业，培植高起点、高技术、高附加值、市场开拓能力强、带动力大的龙头企业，引领带动产业升级。同时政府、行业协会、企业以及新媒体联手，通过多种形式加大竹产业、竹产品、竹企业宣传力度，提高竹产品市场认知度，形成产业影响力。

20.1.4 业务组合战略投资方向建议

针对我国竹产业发展的现状，在政策法规、管理方式、人才培养、科研技术以及产业结构等方面提出建议：

1）通过企业内部人员访谈、外部专家访谈、竞争对手调查、内部问卷调查、资料案头分析、专题研讨会等形式和手段对企业内外部状况进行全面的把握和系统的分析。

2）以战略诊断报告会的形式明确企业存在的战略问题；明确企业未来的战略路径和各业务的战略定位。

3）明确愿景和使命，明确战略意图，搭建战略框架，使企业明晰未来的发展方向，并且帮助企业内部人员对未来形成一致的认识。

4）完善竹产业相应的政策法规，为竹产业的进一步发展提供法律依据和法律支持。

5）积极学习国外先进的竹产业管理经验和发展经验，进一步完善符合我国国情的竹产业发展的思路和方法。

6）通过人员培训、技术支持、信息服务等建设，着力引导竹产业新的发展利用方向，提升基层从业人员技术水平，使竹产业科技的发展能够切实地为基层服务。

7）积极开展与国外竹产业同行的交流合作，引进先进技术，同时加以改良使之符合我国国情，为我国竹产业的发展注入活力。同时，注重培养国内竹产业的科技创新性。

8）优化竹产业结构，提升第二、第三产业占比，为竹产业的可持续健康发展提供保证。

20.1.5 区域战略规划

区域发展战略是指竹材企业根据内外部环境，以及对它所面对的不同区域市场的分析，确定开发方式，明确重点开发区域，确定重点开发区域和非重点开发区域的开发策略与开发措施，提出区域近期重点建设项目的地区安排。区域发展战略的制定实际上是根据区域发展条件、进一步发展的要求和发展的目标所作的高层次、全局性宏观谋划。是对区域整体发展的分析、判断而做出的重大的、具有决定全局意义的谋划。它的核心是要解决区域在一定时期的基本发展目标和实现这一目标的途径。

1）通过广泛内外部专家访谈、标杆区域调查及专题研讨会等方式对区域内部软硬资源状况进行全面的把握和系统的分析；

2）对区域外部环境包括相关政策、上级政府经济规划进行综合研究与分析；

3）通过系统分析对区域进行科学定位并制定出区域主导产业发展规划，明确区域发展模式及规划纲要；

4）确定区域发展的具体措施与步骤；

5）对企业发展进行追踪评估；

6）利用相关资源促进区域外部资源的引进与吸收，助推区域品牌提升。

20.1.6 竹业战略规划及发展策略建议

产业发展战略就是研究产业发展中带全局性的规律性的东西，或者说，产业发展战略是指从产业发展的全局出发，分析构成产业发展全局的各个局部、因素之间的关系，找出影响并决定经济全局发展的局部或因素，而做出相应的筹划和决策。

1）对现有产业环境进行内外因素分析，明确现存优势与不足。

2）根据环境分析，实施产业集群规划，梳理产业体系，打造持续竞争力、建立以主导产业为基础的整体产业体系；对现有产业集群提供成长发展政策咨询。

3) 从循环经济、产业融合等入手，为客户区域的农业、制造业和服务业的综合发展提供具有可操作性的咨询服务。

4) 开展竹材特性的生物形成机理研究。竹材是天然生长的有机体，同木材一样均属非均质和各向异性材料。但是在外观形态、结构和化学成分上却有很大的差异，具有自己独特的性能。只有很好地了解这些特点，才能把握和利用好竹材。对竹材各项特性的生物形成机理进行研究，可进一步阐明竹材在生物形成过程中各项性质变化的规律，揭示竹材生长发育规律，为定向培育竹材优良品种选育、遗传改良及其深加工利用提供科学依据和指导。

5) 加强国际合作，竹产业面向国际化。中国是"竹子王国"，竹林面积、蓄积量及年产竹材量均居世界首位。但是竹产品贸易额仅占世界竹产品总贸易额的10%。要加强同世界各国、国际组织的交流合作，大力发展我国竹产业，全面提高我国竹业生产的集约化、规模化、国际化水平，推动竹产品全面打入国际市场，实现从资源大国向贸易强国转变。

6) 重视开发，进一步拓宽应用领域。应重视开发，努力开发新品种。拓宽竹子应用领域以不断提高资源利用效率和竹产品的竞争力与抗风险能力。通过科技更新传统工艺，大力发展竹制品深度加工，实现多层次、高效率发展。在食品、装饰品、工艺美术品、建材等行业开发具有特色的竹产品。此外，竹子具有良好的生态效应，大力发展竹林生态旅游有利于扩大竹业生产经营范围、提高竹产品的附加值，有利于竹产业结构的优化调整，使之逐步趋向于合理化、多样化。近几年国外对竹炭纳米管已有研究，国内尚无报道。

7) 加大投入，行业管理规范化。虽然中国是产竹大国但政府对竹林的生产扶持资金有限，投入的短缺在很大程度上影响了竹林的改造、加工、技改和产品的深度开发。政府对竹业的管理相对薄弱，对竹子的资源培育、保护、发展和利用缺乏统一规划与指导。所以政府应重视竹业的发展增加投入，颁布管理措施以加强管理，促使我国竹林培育和加工利用向规模化、规范化的方向发展。

8) 强化市场意识，积极开拓双市场。竹产业的发展必须强化市场意识，竹林的培育、竹加工产品的开发都必须以市场需要为导向。目前从事竹业的经销大户数量特别少，而且素质普遍较低，营销观念守旧，难以适应市场的需要。因此，必须建立先进的营销服务体系，拓宽外销市场，积极推进竹业产业化进程。在重视有形市场建设的同时，要特别重视无形市场的开发。

20.1.7 营销品牌战略

在竹企业的发展壮大中，竹产品的销售环节是非常重要的环节，必须采取灵活多变、多渠道的销售策略。利用不同质量产品的价格差搞促销，发挥行业优势搞联销，走出竹产区上门搞推销，请客到家看样定货搞展销，利用国内外市场之差搞竞销，利用地域之差搞倾销，通过多种形式扩大销售，减少销售中的中间环节，提高产品的市场占有率。目前，网上营销是一种新的有发展潜力的销售方式。做好网上服务工作要有良好商誉为支撑；能提供有特色的竹产品和服务；能吸引顾客注意力促进企业与顾客顺利进行双向交流。企业可以通过各种联机网络、电脑通信和数字交互式媒体技术来从事市场研究、广告宣传、销售及顾客服务等。网上营销具有营销成本低廉、消费者处于主动地位、无地域时间限制等特点。可以通过网上营销树立企业形象、打造产品的品牌、高效地实现产品、服务和信息一体化、节省开支从而进军国际市场。

20.1.8 竞争战略规划

竹业企业管理过去一直停留在以实物形态为核心的单一的产品生产、营销管理上，对资金管理与企业发展意义的认识淡薄，相当一部分竹业资产在低效、无效甚至负效运营，大量的存量资产难以流动重组，投资效益普遍低下。一方面负债沉重，经营举步维艰；另一方面大量的资产却又沉淀、闲置、流失。要改变不合理的竹产业结构，仅仅依赖于投资增量结构的调整，其难度很大。只有资产存量和投资增量联动，在用好投资增量的同时，大力推进资产存量的流动和重组，才是竹产业结构调整与优化的可行出路。通过有效的资本管理使大型竹业企业和集团能加快实现资本积聚与集中，进一步壮大；使中型林业企业能够逐步成为为大型竹业集团配套服务、从事专业化生产经营的企业群体；进一步放开搞活一般中小型竹业企业。通过资本管理，竹业生产要素在流动中向优势企业和优势部门集中，将有利于发挥现有存量资本效用。同时，通过资本管理，可以促使竹产业企业资产价值化、产权商品化，有利于培育自主经营、自负盈亏、自我约束、自我发展的竹企业，这也是建立竹产业现代企业制度的必由之路。

20.2 对中国竹材品牌的战略思考

20.2.1 竹材品牌的重要性

赢得竞争优势，夺取领先地位，获得更大效益，成为全球经济竞争的新景观。名牌像号角，激励着世界各国人民去争创；名牌像史诗，鞭策着世界500强再度辉煌；名牌像标尺，衡量着各国经济发展的时速。市场经济在一定程度上讲就是名牌经济，竞争的最终局面是名牌瓜分天下，精品扮演主角。无怪乎有人说：农业时代竞争土地，工业时代竞争机器，信息时代竞争品牌。名品精品是来之不易的国之瑰宝。它是企业形象的依托，它具有举世公认的经济价值。其产品特征是：品种适销对路，技术优良可靠，市场久畅不衰，企业服务周到。而且家喻户晓，信誉卓著。一个国家、地区拥有名牌产品的多少，可反映其综合经济实力和社会地位。例如"China"是中国的代名词。贵州茅台、景德镇瓷器——象征具有悠久历史的中国；松下、索尼——象征电子技术超群的日本；皮尔·卡丹——象征第一流服装的法兰西；奔驰、宝马——象征高精尖汽车的德意志；可口可乐、柯达——象征经济、技术现代化的美国。名牌是信誉，是瑰宝，是人类文明的精华，是一个国家和一个民族素质的体现。既是物质体现，又是文化水准的体现。因此，它往往成为一个国家和民族的骄傲。驰名商标比企业其他有形资产更加宝贵，它可以创造更多的价值。

首先，品牌是一个企业存在与发展的灵魂。众所周知，产品本身是没有生命力的，只有产品，没有品牌，或者是只有贴牌，没有品牌的企业更是没有生命力和延续性的。由此可见，品牌是一个企业的灵魂，是一个企业存在和延续的价值支柱。因此，只有重视品牌，构筑自身发展的灵魂，我国企业才能从目前的"世界工厂"转变为世界级公司。

其次，品牌代表着企业的竞争力。企业产品参与市场竞争有三个层次，第一层是价格竞争，第二层是质量竞争，第三层是品牌竞争。今天的竞争已经发展到了品牌的竞争。品牌意味着高附加值、高利润、高市场占有率。品牌意味着高质量、高品位，是消费者的首选。好的品牌可以为企业带来较高的销售额，可以花费很少的成本让自己的产品或服务更有竞争力。未来的企业和投资人都将把品牌视为企业最有价值的资产。拥有市场比拥有企业更重要，而拥有市场的唯一途径是拥有占据市场主导地位的品牌。由此可见，品牌及品牌战略已经成为企业构筑市场竞争力的关键。

再次，品牌意味着客户群。对于消费者来讲，有品牌的产品不仅在质量上能给予消费者以保证，更重要的是它能满足消费者在消费时的那种愉悦感，从心理上得到了更大的满足。品牌代表着一贯的承诺。品牌对于顾客不仅意味着他们消费的产品、享受的服务源自何处、出自谁手，而且与一定的质量水准、品牌信誉始终相连。一个品牌代表着一定的产品、服务质量，凝聚着企业的形象和顾客、公众和社会对它的评价，吸引着相对稳定的、忠诚的客户群。对于广大企业来说，品牌意味着客户忠诚，意味着稳定的客户群，意味着同一品牌覆盖之下的持久、恒定的利益。

最后，品牌是一种重要的无形资产，价值连城。企业开发一个品牌，建立一个品牌，推广一个品牌，需要投入一定的人、财、物并形成各项费用，这就构成了品牌的经济价值。另外，消费者在与其他产品比较的基础上，产生的在公众心目中的名气和声望，构成了品牌的无形价值。品牌价值的大小，取决于人民大众对这种品牌特征的看法和评价。因此品牌是企业最重要的资产之一。

品牌是一种长时间的积淀，从品牌身上你可以看出企业或产品的文化、传统、氛围，或者精神和理念。奔驰的稳重大方，高贵舒适，诺基亚的科技以人为本等，无不建立了消费者对这些品牌所有者所提供产品和服务的信心。因此，构建品牌战略，培育自身品牌对于广大中小型外贸企业来说意义重大。

20.2.2　竹材实施品牌战略的意义

1）品牌战略可以树立良好的企业形象。品牌战略与企业形象息息相关，知名品牌往往就是企业形象良好的具体证明。良好的企业形象是企业的一项重要无形资产，也是企业在市场竞争中取胜的有力武器。品牌战略有助于企业形象的改善，良好的企业形象也有助于品牌战略的实施，二者相互促进、相互保障。

2）品牌战略有助于提高经济效益。可以利用品牌无形资产的优势在投入阶段降低成本，如低价采购、低成本筹资等；在销售阶段利用品牌战略提高单价和销量，从而增加销售额和利润总额。这种潜在的品牌效应是企业经营过程中应当很好利用的有价值资源，其使用并不逊于有形资产的作用。

3）品牌战略可以提高员工向心力。品牌战略是企业文化的一部分，也是增强企业凝聚力的黏合剂。一个具有知品品牌的企业在内部组织管理中更容易统一意志，协调行动。企业员工的团队精神和对企业的忠诚度也可通过品牌战略而培养提高。品牌战略还可提高员工精神上的满足感和归属感，更能调动职工积极性，提高劳动生产率。

4）品牌战略可以促进产品销售。品牌战略作为一种促销手段可以让消费者日益认识到品牌的价值之所在，对品牌越来越情有独钟。

5）品牌战略是区域经济发展的龙头。品牌战略可以振兴一方经济发展，使地区优势得以发挥，并以品牌企业产品为核心，形成"互联网络"。借品牌产品的名气，提高地区知名度，树立地区形象，改善本地区内引外联的软环境，促进区域经济整体发展；对企业而言，可以形成品牌产品系列，促进相关产品的崛起。

随着竹材行业竞争的不断加剧，大型竹材机构间并购整合与资本运作日趋频繁，国内优秀的竹材企业越来越重视对行业市场的研究，特别是对当前市场环境和发展趋势变化的深入研究，以期提前占领市场，取得先发优势。

20.2.3 我国竹材企业的品牌战略及实施

进一步提升对竹材自主品牌建设的重视程度，实施品牌发展战略。一是强化品牌意识，形成企业内部全员、全过程、全方位推动品牌建设的良好氛围，并在资金投入、人力资源配置等方面加以落实。二是制定自主品牌发展战略，根据企业自身特点和经营目标，明确市场定位，选择个性化、差异化的品牌发展模式。三是增强品牌管理能力，鼓励企业设立品牌管理部门，建立切合实际的品牌管理机制，实施品牌化经营，培育品牌文化，实现品牌增值。四是探索建立知识产权全过程管理体系，实现知识产权科学布局和有效运用。五是完善品牌评价方法，建立竹材品牌价值测算指标体系，为提升品牌价值提供指导和支撑。六是积极开展品牌宣传推广工作，综合运用出版物、网络、移动终端等各类品牌传播渠道，有效提升竹材品牌知名度。

驰名商标犹如一个聚宝盆，将企业的智慧、效率、资金效益等聚集于一身。尽量将社会大众的期待需求、消费也都聚集于一身，并释放出强大的动力，推动企业和社会前进。

精品生命在质量，狠抓源头不放松。品质是一个品牌成功的首要保证，也是精品质量的生命线。品质就是市场，品质就是利润，品质就是信誉。一个真正的品牌不是靠政府的评比而来，也不是靠铺天盖地的广告制造出来，而是以自己的优秀质量在消费者的心目中逐步树立起来的。市场竞争靠产品，产品竞争靠名牌。如果说20世纪80年代的市场是杂牌和杂牌的混战，那么90年代则是品牌对杂牌的淘汰战。而今天的市场就是品牌与品牌的遭遇战，其惨烈程度可想而知。为实施竹品牌战略，保护民族精品应采取以下措施：

(1) 品牌意识，精心策划

树立竹品牌意识是创立品牌的首要任务。优良稳定的产品质量是名牌的标志。企业必须明确狠抓产品质量，在消费者心中树起品牌质量的丰碑，才是自己创立名牌的根本保证。品牌策划百年大计。品牌一旦形成，或许是永恒的魅力，或许是永久的缺憾。众所周知的金利来领带，人们未见其货就先闻"男人的世界"之声，在人们心中留下深深的烙印。以"松下"传真机为例，由于其故障率高，且售后服务不完善，使得"松下"这一著名商标在消费者心目中的形象受损，成为一大败笔。因此，品牌策划应顺应市场变化，不断创新，在技术、质量、市场等方面赋予名牌新内涵，才能永葆名牌的青春。

(2) 以人为本，标准作业

产品就是人品，质量等于生命。以人为本的观念已深入人心，人员质量是产品质量的前提。企业是人的企业，人是企业的灵魂。人世间万事万物，人才是最宝贵的。只要有了高素质的人，什么人间奇迹都能创造出来。企业在市场上的竞争，从表面上看是产品的竞争，而实际上是科技的竞争。归根结底是人才的竞争。因为科学技术是人发明创造的，先进的工艺也是人应用于生产的，高质量的产品也是由人开发、生产、制造出来的。实施标准化、精细化作业是创立名牌产品之根本。商品质量的好坏与作业标准密切相关。商品的标准是制造产品的依据，严格地实施标准才能保证产品具有高质量。标准化的基础在于企业。企业只有将标准化工作抓上去，搞好标准化工作，包括技术标准、管理标准系统建立起来，而且全面发挥标准化的作用，才能强化企业管理，提高企业管理水平，创造名牌精品。为此，抓好企业的整改工作，一是做好产品的抽检工作，强化技术措施，拓宽产品的抽检面。把好生产关和产品的出厂关，严禁不合格产品出厂，促使生产领域产品质量进一步提高。二是严格进行质检后处理工作。

(3) 政策导向，公德教育

政府应从政策上给竹品牌企业相应的政策扶持，宣传保护名牌产品。对生产者和经营者进行社会公德教育，使名牌观念深入人心。同仁堂创业于1669年，信奉的理念就是："炮制虽繁，必不敢省人工；品位虽贵，必不敢减物力。"做工精细，一丝不苟。经过三百多年苦心经营，久负胜誉。同仁堂在经营、管理、服务上形成了一整套独特的优良方式。相应地，宣传制售的药品也形成了四大特点：一是配方独特；二是选料上乘；三是工艺精湛；四是疗效显著。如今的同仁堂保持了自己的传统特点，还注重传统管理方法与现代科学管理相结合。使同仁堂从小生产向社会化大生产，从经验管理向科学现代化管理转变。通过教育使民众认识到保证产品质量，保护名牌精品就是敬业爱国，就是保护自己。同时要深入宣传《产品质量法》《消费者权益保护法》，要提高全民的质量意识，形成全社会打假防伪的意识，要充分调动全社会的力量联合打假，形成强大的社会合力。为此，一是要教育广大群众增强质量法律意识。从自身做起，不制假，不售假，不买假货。激发人们自觉地维护合法权益，形成强大的自我保护体系，使假冒伪劣无机可乘。二是要聘请义务监督员。采取走出去、请进来等方法，广泛听取人民群众的意见、建议和反映，形成全民打假的网络体系。三是要设立举报箱和举报电话。方便消费者投诉举报，及时受理制售假冒伪劣违法行为的案件，加大打击力度，依法捣毁制假售假的黑窝点。

（4）强化监督，法制保护

创名牌难，保名牌更难。因此，政府及社会有关部门必须依法行政，规范市场，强化监督，法制保护。

首先，建立名牌保护的法律体系，完善法律保护措施。名牌需要规范市场行为，加强法律保护，才能得到不断发展。目前，我国在对名牌保护的法律法规上，许多方面还不够完善。如对名牌商标的认识和保护，对名牌管理的法制化等问题急需制订，并与国际公约接轨。

其次，彻底消除地方保护主义。加强执法队伍内部建设，提高执法人员的业务素质和行政执法水平。一是要求各级领导必须树立正确的发展地方经济的指导思想。从本地的和长远的利益出发，狠抓产品质量的提高。政府部门及主要领导要对支持、纵容、包庇制售假冒伪劣产品的企业进行严肃查处。给执法人员撑腰做主，使执行部门和执法人员能理直气壮地打假，大胆地行使职权。真正使技术监督部门在社会上有为、有位、有威，提高技术监督部门打假的权威性。二是加强技术监督队伍建设，真正形成一支召之即来、来之能战、战之能胜的打假保真队伍。维护好社会经济秩序。三是在质量管理中，采取切实有效的措施，帮助指导企业推行全面质量管理。实行岗位责任制，把好工艺流程中的每道工序关和产品出厂关。四是对流通领域加强商品质量监督管理，督促经营部门自觉抵制假冒伪劣商品流入市场。五是加大产品质量检查力度，严厉查处、打击制售假冒伪劣产品的违法行为。使违法者无利可得，血本无还。

最后，要依法行政，严肃法纪，加强管理，严格执法。目前社会上自封名牌者有之，花钱买名牌者有之，乱封名牌者有之，广告吹嘘者有之，泡沫品牌有之，假冒名牌者更甚。尤其是假冒名牌产品泛滥成灾，不但损害了名牌产品生产企业的合法权益，而且危及民族工业的发展，动摇了华夏民族的诚信之基。有些地区造假已成一定的气候和规模，地方保护愈演愈烈。从商标印制到包装装潢，从装送发运到分销零售，组织严密，一条龙服务。既损害了名牌精品的声誉，又威胁到名牌产品企业的生存和发展。政府及有关部门必须采取有力措施，加大执法力度，严厉打击假冒伪劣产品，强化监督，才能有效地保护和促进我国名牌产品的顺利成长。实施名牌战略，保护民族精品，不仅仅是一个产品问题，而且还代表着国家的形象，涉及民族的自尊心和自信。有利于强化民族意识，增加民族的凝聚力。工厂创造产品，产品创造品牌，品牌沉淀文化，文化弘扬国粹，振奋民族精神。名牌是挡不住的诱惑，写不完的史诗。提高产品质量，保护民族精品是我们永恒的主题。

20.2.4　竹材品牌战略管理的策略

进行品牌战略管理，首先就是进行企业品牌的定位，即如何让自身与别的企业有差别，随着竞争的加剧，不同企业之间相互模仿和借鉴对方成功的做法，市场的同质化趋势日益明显，品牌成为企业引导顾客识别自己并使自己的产品与竞争对手区别开来的重要标志，它是比企业产品更重要和更持久的无形资产，也是企业的核心竞争力所在。品牌是一种错综复杂的象征，是商品属性、名称、包装、价格、历史、声誉、广告形式的整合。在当代社会中品牌及其意义可能更加具有象征性、感性、体验性，是无形的，即与品牌所代表的观念、精神有关，它表达的是企业的产品或服务与消费者之间的关系。战略品牌管理是对建立、维护和巩固品牌这一全过程的管理，其核心思想就是有效监控品牌与消费者的关系的发展，只有通过品牌管理才能实现品牌的愿景。

推动竹产业发展主要依靠科技创新以及竹产品自主研发。一是引导竹加工企业与科研机构密切合作，开展项目研究和科技成果对接，提升竹产业开发的科技含量；二是建立有效的人才机制，加快科技成果向现实生产力转化，做大、做活竹产业。

随着经济与收入的增长，加之对木制品出口退税政策的取消与消费理念的变化，在这两个木材产品的传统行业中，竹产品的市场份额上升空间巨大。由于加工技术粗糙难以完全达到对方标准，当前许多竹产品出口价格和数量都较低，因此，加速技术创新，提高此类产品的数量与质量可以令产业更上一层楼。由于竹子特殊的天然构造使得竹筷加工起来效率更高，损耗更是远远低于木筷加工，加之资源优势与出口单价上的优势，我国竹筷完全有能力弥补木筷的缺口甚至替代木筷。

要实施竹材新产品差异化战略，任何一个产品的创新首先必须依靠工艺创新去实现，只有不断地技术创新和整合才能保证一个新品的完好高效，低成本地落地。因此竹材企业要始终坚持工艺创新支持战略，包括支持供应商、协作商的技术创新，从而达到努力降低劳动强度，减少劳动人数，提高技术质量保证，进而推进产品质量的标准化和档次化。

20.3 竹产品品牌化绿色营销策略

绿色营销既是一种路径，更是一种发展理念，它是科学发展指导思想的必然结果。从"尊重自然、顺应自然、保护自然"的理念，到"绿色发展、低碳发展、循环发展"的路径。加快绿色竹产品的生产，建设绿色竹产品品牌，走精品化的竹业之路，已成为我国竹民大幅度增加收入和发展现代林业的必然选择。

20.3.1 绿色文化：竹产品品牌化营销的使命

绿色代表生命、健康和活力，是充满希望的颜色，绿色需求是人类社会发展的时代产物。国际上对"绿色"的理解通常包括生命、节能、环保三个方面。绿色代表着梦想，绿色充满着激情，绿色营销策略，就是指企业在营销过程中，充分体现环境意识和社会意识，从产品的设计、生产制造、废弃物的处理方式，直至产品消费过程中制定的有利于环境保护的市场营销组合策略。其重点是企业、市场与环境之间的关系，以达到企业利益、社会利益与环境利益的一致。绿色营销的三条宗旨是：节约材料耗费，保护资源；确保产品安全、卫生和方便，有利于人们的身心健康和生活品质提升；引导绿色消费，培养人们的绿色意识，优化人们的生存环境。在整个营销过程中，贯穿一种绿色理念，以"绿色、自然、和谐、健康"为主题，更是绿色品牌农产品营销的一种使命与哲学。

20.3.2 绿色产品：竹产品品牌化营销的基石

绿色营销的基础和关键是绿色产品。绿色产品指的是从产品的设计、制造、使用到回收处置的全过程中,对环境无害或危害极少,符合特定环保要求的产品。现在,许多国家都制定了"绿色标志"来确定"绿色产品"。绿色产品是绿色营销的基础,也是关键性的一环。我国绿色竹产品的开发具有很大的生产供应潜力。为满足国际国内双重营销需要,农业系统实施了生态农业计划,并率先实施了"绿色食品"工程。提出开发绿色食品,规范绿色食品的定义,制定了评定标准。从世界及我国已有农产品品牌的成功经验来看,做好农产品品牌必须靠大企业或龙头企业的拉动或推动,通过龙头企业,对外开拓市场,在市场上形成知名度、美誉度,对内全面管理生产流程,掌控产品质量,稳定绿色农产品的生产。

20.3.3　绿色价格:竹产品品牌化营销的磁场

绿色商品的定价,要以有利于增强商品的国际竞争力和提高商品的绿色形象度为基本指导思想,将生态环境价值观贯穿于绿色产品定价体系,加强生态环境成本核算,把绿色产品的生态环境成本计入总成本,在同类产品价格的基础上,确定一定的加价率,建树绿色产品优质高价的形象。制定绿色价格是指企业在制定价格时要树立"污染者付费""环境有偿使用""能源节约使用"等观念,把企业用于环境方面的支出计入成本,成为绿色价格构成的一部分。绿色价格意味着环境资源的开发利用不是免费的,产品的价格需要反映环境资源的价格。由于绿色产品在环保方面加大了投入,成本高于普通产品成本。以绿色食品为例,芬兰政府允许其价格比一般食品价格高出30%以上,日本允许高出20%左右。

在国内市场上,绿色产品的价格定位,则必须面向大众消费者,让更多的人能够接受它。尤其在产品开发和市场发育初期,更要突出价廉、质优、安全、精美等优势,才能吸引众多的消费者。这就要求在与同类产品的比价上,必须保持基本平衡。可灵活采用目标价格策略,因为绿色产品多数属于深加工产品,因此这种定价方法能很好地适应绿色产品的定位思想,同时给营销方带来最大限度的利润。可以充分利用绿色产品的价格工具,配合绿色促销活动,使消费者感到物有所值,物超所值,通过满足消费者绿色需求而提高经济效益。

20.3.4　绿色渠道:竹产品品牌化营销的桥梁

绿色营销能否成功实施,很大程度上取决于绿色营销渠道是否畅通。畅通的绿色渠道,既关系到绿色营销的成本,也关系到绿色竹产品在消费者心中的定位。因此，商家必须致力搞好绿色分销。实行绿色分销，一是要选择关心环保、服务社会，在消费者心中具有良好绿色信誉的中间商，以便借助该中间商本身的良好信誉，及时推出绿色农产品和维护绿色农产品的形象。二是要以回归自然的装饰为标志，来设立绿色农产品专营机构或建立绿色农产品专柜，推出系列绿色农产品，以产生群体效应，便于消费者识别和购买。三是要合理设置供应配送中心和简化供应配送系统及环节，尽量采用无铅油料、有污染控制装置、耗能少的运输工具。四是要建立全面覆盖的销售网络，既要注重在国内各大中城市设立窗口，开通绿色通道，不断提高市场占有率；又要注重在国外通过开辟运输航线，设立境外办事机构，开办直销窗口等途径，增强绿色农产品的市场辐射力。五是在选择经销商时，还应注意该经销商所经营的非绿色商品与绿色商品的相互补充性和非排斥、非竞争性，以便中间商能诚心推销绿色产品。

20.3.5　绿色促销——竹产品品牌化的营销路径

绿色促销就是绿色沟通，通过绿色沟通，进行绿色消费引导和消费刺激，以期和消费者建立联系，取得相互理解和信任，以引起消费者对绿色产品的需求及购买行为。从市场份额看，美国食品的90%，日本生鲜食品的50%~70%，英国生鲜果蔬的48%，法国蔬菜的55.7%和水果的59.5%都是经由超市销售给消费者的。

消费者对绿色产品的信任，需要通过商家提供令人满意的绿色产品以及彼此有效的沟通才能建立，商家要建立与消费者之间的沟通，促销是纽带、是桥梁。促销本身就是一种沟通，有着诱导需求、创造需求的功能。商家要注重把产品、企业与环境保护有机地联系起来进行促销。可通过举办绿色产品展销会、洽谈会等形式，来扩大绿色产品与消费者的接触面；可通过广泛宣传绿色产品保护环境、造福人类的内涵，以及所带来的生态环境效益等，来提高绿色产品的市场占有率；还可通过有影响力的宣传媒介和公关活动，宣传企业在保护生态环境方面的实际行动，来提高企业的知名度和美誉度，使企业在公众心目中树立起良好的绿色形象，以进一步激发消费者对绿色产品的消费欲望。绿色促销手段有很多，但由于绿色农产品的特殊性，其营销中应以某种促销手段为主，其他手段为辅，不可面面俱到。

1) 绿色广告。当前最受欢迎且效果明显的是广告，其中效果最好的又是电视广告。特别是公益广告和扶贫广告，对销售边远地区的绿色农产品可以起到积极作用。媒体所表达的内容以及形式要有利于宣传环境保护、维护生态平衡，像散发宣传单这类方式就不宜采用。在绿色农产品的促销活动中，应将产品信息传递与绿色教育融为一体。既要有无污染、无公害的绿色信息，又要有节省资源、保护环境的绿色知识。

2）公共宣传。充分运用公共策略和技巧，开展有效的绿色公关。运用知识营销举办竹产品栽培技术、绿色营销训练班来传播绿色营销知识，举办新闻发布会、开发生态旅游和田园旅游，也是绿色竹产品促销的可行办法。随着消费者对绿色产品认识的提高以及健康消费观念的增强，绿色品牌农产品以鲜明的形象和安全的品质越来越受到国内外市场的欢迎。要增加对品牌产品的宣传投入力度，塑造品牌形象。要善于利用各种媒体、展销会、招商会、博览会等多种促销手段，进行品牌的整合宣传，提升社会大众对品牌形象的认知度、美誉度和忠诚度，做大做强竹产品品牌。

20.3.6　绿色包装——竹产品品牌化的营销外衣

绿色包装是指以环境保护为首选目标的包装。改进农产品包装是提高农产品档次，开拓销售市场，提高农业经济效益的根本途径。实施绿色包装，首先，必须转变包装观念。要把以促销为主的包装观念转变为以保护生态环境为主的包装观念。要从追求精美、繁复的包装，转向追求简单、环保的包装。这样既可以减少资源消耗、保护环境，又能切实减轻消费者负担，维护消费者利益。其次，必须在包装设计中注入环保意识。要本着有利于环境保护、有利于资源节约的原则实施包装设计，要在包装文字中突出"保护生态环境""可回收使用"等环保宣传或正确处理废弃包装物的说明，力求通过包装外观，传播浓厚的绿色气息。最后，要尽量采用新型包装材料。要注意跟上当今世界绿色材料开发的步伐，尽可能选用可循环和再生利用的包装材料来取代传统的包装材料。

要避免过度包装，首先应从思想上提高认识，转变观念。建立朴素的包装理念，提倡适度的包装，建设节约型社会，社会、企业和个人都有责任，我们包装工作者更是义不容辞。个人要建立绿色消费观，提倡朴素消费观。例如，大连绿洲食品包装有限公司根据当前国际上纸包装广为流行的特点，开发了以纯天然纸浆为原料的"纸模餐具"。由于这种餐具的主要成分是天然植物纤维素，容易通过充分的信息传递，在谋求绿色产品与消费者绿色需求的协调中，来树立企业和企业产品的绿色形象，实现绿色产品市场份额的不断扩大。

此外,绿色销售服务是贯穿于绿色营销全过程的服务,是绿色商品市场交易的重要组成部分。它不仅对市场的高速有效运行有着积极的促进作用,而且对市场的持续健康发展有着良好的保障作用。

20.4 生态文化视角下的竹产业集群自主创新发展对策

20.4.1 中国竹业发展的问题分析

虽然中国的竹材加工产业 20 多年来有了很大发展,规模与水平居世界之首,2010 年全国以木竹产业为主的林业产业总产值达到 2 万亿元,进出口额达 900 亿美元,人造板、木竹藤家具和木地板等主要林产品产量稳居世界第一位。但产品应用领域狭窄,国内市场需求不旺、过多地依赖国际市场,影响并制约了中国竹产业的可持续发展。

(1) 各地区之间发展不平衡

企业规模不大、实力较弱、资源综合利用率低和产品附加值不高。目前,我国竹林单位面积产量和效益不高。各地区之间竹业经济发展不平衡。东部沿海省份竹产业比较发达而且经济实力雄厚,内陆省份虽然竹资源优势明显,但加工业发展滞后,竹业经济实力相对薄弱。东部地区的浙江、福建、广东等沿海省份继续保持良好的发展势头,三省竹林面积合计 3015 万亩,占全国竹林总面积的 41.5%,竹业总产值约 332 亿元,占全国竹业总产值的 55.5%。西部地区的广西、重庆、四川、海南、贵州、云南等省份竹资源发展呈后来居上之势,六省竹林面积合计 1497 万亩,占全国竹林面积的 20.6%,竹业总产值约 128 亿元,占全国竹业总产值的 21.4%。中部地区竹业发展潜力巨大,但优势没有充分发挥出来,湖南、江西、湖北、安徽、河南五省竹林面积 2630 万亩,占全国总面积的 36.2%,而竹业总产值只占全国竹业总产值的 22.9%。

(2) 竹种优势发挥不充分

中国毛竹的培育、经营历史悠久,面积大,开发利用水平高,而中国丰富的中小径竹、丛生竹种发展滞后,优势远未发挥出来。出现了毛竹加工产品雷同,恶性竞争,资源浪费,效益低下;而随着竹笋加工、竹浆造纸等竹加工业的发展,对中小径竹、丛生竹需求量猛增,却出现原料短缺的问题。加快发展具有区域特色的中小径竹、丛生竹的潜力巨大。

(3) 林地生产力不高

全国丰产竹林只占竹林总面积的 25% 左右,集约经营的竹林面积不大,低产、低质、低效竹林面积仍不少，提高竹林经营水平和效益的潜力巨大。同时，竹林纯林化的趋势日渐突出，生态平衡受到影响，病虫灾害呈加剧态势。喷灌、配方施肥等高效栽培技术应用不够，竹林道路等基础设施建设滞后，影响了竹林经济效益提高。

(4) 产业化程度较低

中国大部分竹业加工企业生产规模小，年产值1000万元以上的竹加工企业数只占竹业加工企业总数的8%左右；拥有自主知识产权的产品少，市场竞争力弱。尤其是龙头企业偏少，竹加工企业生产的加工产品类型较少，多为原竹利用，附加值低，产品档次低、初级产品多，具有明显优势的拳头产品和自主知识产权名牌产品少，严重制约产业纵深发展。

(5) 国内消费者认知度低

因深受国外消费者喜爱，我国竹产品过多依赖国际市场，而国内市场份额小、增长慢、需求不足，墙内开花墙外香。长期以来竹材企业都致力于国外市场的开发，对国内市场的开发力度不够，热衷于打价格战，缺乏品牌形象以及营销策划，大大阻碍了国内市场份额的扩大。例如安徽省竹加工产业目前仍是资源消耗型和劳动密集型格局，现有竹加工企业近2000家，无集团公司或企业联盟，龙头企业偏少，企业技术力量普遍较薄弱，设备陈旧，生产规模小，粗加工多，产品开发和市场开拓力度较小。

(6) 缺乏全国性竹产业发展战略规划，竹产业标准化体系建设起步较晚

对竹产品与木制产品等其他产品的竞争力等战略性和方向性问题研究不够。组织化程度不高。中国竹产业协会还处在初期培育阶段，农民合作经济组织发育和成长进程缓慢，大部分省区尚未成立竹产业协会，基层竹业协会少，加入的农户比例小，合作紧密性不强，为农民和企业提供技术、信息和产品销售服务等方面发挥的作用还很有限，而且服务内容主要局限于技术、信息等方面，提供生产、加工、销售、融资等深层次服务不够。

20.4.2 竹产业集群自主创新发展对策

目前，我国有较高经济利用价值的毛竹林约300万公顷，占世界毛竹总量的80%以上。大自然的赐予是竹产业发展的资源保障；数千年的竹子培植加工技术和历史悠久的竹文化是竹产业发展的不竭源泉；实施以竹代木、竹木并举战略，增强林业碳汇是竹产业发展的时代机遇。当前，我国应统筹规划，精心做好竹产业发展这篇大文章。鉴于此，提出如下对策：

(1) 加强行业发展规划和政策扶持

应该对竹产业发展有一个战略定位。从战略的高度，制订全国性竹产业发展规划，研究竹产业发展扶持政策。目前的情况是，缺乏全国性竹产业发展规划，竹产业标准化体系建设刚刚起步，对于竹材制品替代木材制品等战略性和方向性问题研究不够，消费者对竹材制品认知度有待提升。从资源培育、自主创新、产品开发、生态旅游、生态修复及发展低碳经济等方面科学规划我国竹产业发展，综合发挥竹林的经济、社会和生态效益。

(2) 积极开拓国内外市场

完善竹材产品标准体系，建议降低出口退税税率，将竹材产品纳入绿色建材范围，大力开拓竹材产品国内市场。抓好示范区建设，引领产业健康发展。优化资源配置、推动产业重组，完善销售网络，在全球竹产品市场上争取更大的话语权。在中西部地区要积极运用现有培育、生产技术，提高竹林产出和资源综合利用水平。围绕产业升级，向精深加工、全竹利用、高附加值方向发展。

(3) 加快自主创新与科技进步

我国被誉为"竹子王国"，竹产业科研水平居于世界领先地位，我国竹产业完全有条件、有能力而且也必须走自主创新的道路。这方面我们已经取得了不小的成就，竹板材、竹炭、竹饮料、竹纤维、竹编织等产品的推广，极大地拓展了竹产业的发展空间。说到底，科技进步是推动竹产业快速发展的最重要的推动力量。加强自主创新与团队建设，提高人员素质和科技水平，逐步建立以龙头企业为中心的技术创新体系。吸取教训，认真保护知识产权，重视品牌建设，逐渐改变贴牌出口的现状，力创知名品牌。

(4) 重视中小径竹、丛生竹的开发利用，促进竹产业协调发展

我国毛竹的培育、经营历史悠久，开发利用水平高，而丰富的中小径竹、丛生竹发展滞后，优势远未发挥出来。随着市场需求变化和笋、竹加工业的发展，中小径竹、丛生竹资源利用领域不断拓展。特别是西部地区，适生的优良中小径竹、丛生竹种类繁多，开发潜力巨大，应该大力发展。这也是西部地区竹产业发展的重点所在、特色所在。

(5) 挖掘文化内涵、提高产品附加值

在我国自古以来竹子以其独特的美学价值一直为人们所推崇，形成了独特的中国竹文化，成为我国传统文化的重要组成部分，在生态文明和现代森林文

化建设中起到很重要的作用。特别是随着改革开放的不断深入，竹子的生态效益、经济效益、社会效益、文化价值更是日益显现出来。劳动人民在长期生产实践和文化活动中，把竹子的生物形态特征总结升华成了一种做人的精神风貌，其内涵已形成中华民族品格、禀赋和美学精神的象征，如虚心、气节等，被列入人格道德的范畴，深入挖掘竹文化内涵是通过自主创新提高竹产品附加值、发展竹业经济的必由之路。

20.5 生态竹文化在企业落地生根路径探索

发展生态经济，企业是主体，低碳文化就是从人统治自然的文化过渡到人与自然和谐相处的文化。将低碳企业文化流程化、制度化，实现从理念到行动、从抽象到具体、从口头到书面的"落地"，使企业低碳理念外化于形、内化于心、固化于制，形成有生态特色的制度文化、行为文化、形象文化，实现文化融合，达到形的一致、心的一致、行的一致，真正实现在员工心中"生根"。在实践上推进企业变革和创新管理，推动企业形成清洁集约的生产方式，创造绿色产品，节约资源成本，提高综合效益，提升企业核心竞争力。

20.5.1 发展竹产业，是繁荣生态文化的需要

在当今世界，低碳运动已经成为一场涉及人类生产方式、生活方式和价值观念的全球性革命。生态文化就是从人统治自然的文化过渡到人与自然和谐相处的文化。这是人的价值观念根本的转变，这种转变解决以人类中心主义价值取向过渡到人与自然和谐发展的价值取向。2009年12月7日开幕的哥本哈根气候变化峰会有192个国家参加，被冠以"改变地球命运的会议"的称号，几乎吸引了全球的目光。世界各国对"温室效应"、生存环境恶化等问题日益关注。中国政府承诺延缓二氧化碳的排放，到2020年中国单位国内生产总值（GDP）二氧化碳排放比2005年下降40%~45%。随即一股强劲的"低碳"旋风开始席卷中国，以低能耗、低污染、低排放为特征的"低碳"理念迅速渗透到经济运行、城市发展和居民生活的方方面面。自工业革命以来，由于化石能源的大量使用等，地球上的碳排放不断增加，累积到现在，出现了气候变暖、土地沙化、水源枯竭、空气污染、物种减少等严重问题。人类的高碳生产方式和生活方式导致自然生产力与人类生产力的对立消长，使地球的自然生产力出现了走向衰竭的危险。为了保护地球，也为了人类自身的永续发展，我们必须改变价值观，尽快实行低碳生产方式和生活方式。传统工业化是灰色的，

低碳发展是绿色的,从高碳生产方式和生活方式转变到低碳生产方式和生活方式是一场由灰变绿的"颜色革命"。实现低碳发展,就是要把追求高碳 GDP 转变为追求绿色 GDP,把追求短期发展转变为追求可持续发展,把追求当代人的利益最大化转变为既追求当代人利益又不损害子孙后代利益。有了绿色追求,才会有低碳发展。要转变高碳的生产方式和生活方式,首先必须转变思维方式和价值观念。只有把低碳生产和低碳生活作为新文化、新生活去追求,人们才会积极主动地追求低碳发展。生态经济是可持续发展的经济,目的是在环境资源与经济发展之间建立起良性循环机制,这种良性循环机制的主体是企业,发展生态经济,企业是关键。用低碳的竹文化指导企业行为,就能推动企业形成清洁集约的生产方式,创造绿色产品,节约资源成本,提高综合效益。因此,企业要把竹文化融入文化管理,这不仅可扩大企业文化的外延,而且有利于企业树立良好形象。将生态文化流程化、制度化,实现从理念到行动、从抽象到具体、从口头到书面的"落地",使生态文化理念外化于形、内化于心、固化于制,形成有生态特色的制度文化、行为文化、形象文化,实现文化融合,达到形的一致、心的一致、行的一致,真正实现在员工心中"生根"。在实践上推进企业变革和创新管理,提升企业核心竞争力。

竹文化是一种生态文化。看到竹子,人们自然想到它那不畏逆境、不惧艰辛、中通外直、宁折不屈的品格,这是一种取之不尽的精神财富,也正是竹子特殊的审美价值所在。竹之劲节与中华民族的精神颇为相似:修道弘德,取义明理,和谐治理,抱团发展。暑往冬来,迎风斗寒,经霜雪而不凋,历四时而常茂,充分显示了竹子不畏困难、不惧压力的强大生命力。这是一种人们看不见而确实存在的品格。它不正是我们中华民族自强不息、不屈不挠、敢于创新的民族精神吗?

20.5.2 竹文化在企业落地生根路径探索

竹子能涵养水源,调节气候,净化空气,减弱噪声,保持水土,防止风害,改善人们的居住环境,已成为城乡绿荫主力军。弘扬竹子的生态文化,就是要善用竹的物质价值,汲取竹的精神价值,提升竹的生态价值,让竹子成为我们用之不尽的宝贵财富,使竹子的生态文化在人类文明的进程中不断发扬光大。弘扬竹的生态文化,汲取竹的精神价值,提升竹的生态价值,用生态致富理念促进竹产业集群的优化升级,提高竹产业核心竞争力,促进我国竹产业集群的可持续发展。对外,竹文化是公司的一面旗帜;对内,竹文化又是一种企业的向心力。一个企业真正有价值、有魅力、能够流传下来的东西，并不是产品而是它的企业文化。那么，企业如何加强竹文化建设，进而来推动各项管理工作迈上一个更高的境界呢？

（1）以文化人，内化于心

如果说市场是舞台，企业是演员，人才就是导演。企业是人的企业，企业文化归根结底是"人"的文化，竹文化建设重在塑魂。将外在的世界纳入人的内心，用生态理念来教化理想人格。企业的理念不能光写在纸上，必须内化于心，被广大员工接受、认同并成为他们自身思想、工作、生活的理念，这才是真正的企业文化。同时，企业文化在"人"的文化追求上，不仅把员工看作是"社会人"或"企业人"，更应把人看作"全面发展的人"，在其建设实践中努力追求人的全面发展，实现员工人生的最大价值。要对员工经常开展生态文化内容的培训，通过灌输与启发相结合的方式将低碳价值理念逐步渗透到员工的头脑中去。提高全体员工特别是企业管理者对生态本质以及生态责任的认识。一是把"精神人格化"。大庆石油人把大庆精神人格化，持续深入地开展"学铁人，立新功"的主题教育活动，强化了全体员工对企业精神的理解。二是把"理念故事化"。蒙牛集团通过非洲大草原"狮子与羚羊"的故事，生动地阐释了"物竞天择、适者生存"的竞争理念。三是把"案例规范化"。运用正反案例的"震撼效应"，加深行为规范的指引力度，使之入脑入心。一个人长期处于一种观念的熏陶下，潜移默化，内心深处就会认同这种观念。因此，要充分利用各种载体、各种渠道、各种形式大力宣传生态文化，营造一种浓厚的竹文化氛围。在这种氛围里，不求立竿见影之效，但求滴水穿石之功，久而久之，就会使员工产生自觉认同并形成习惯。开展生态文化建设之初，最重要的是深入基层、深入每位员工的内心，挖掘历史的沉淀，探寻原始的积累，帮助员工辨清是非，指导员工提高认识，协助员工在原始积累的基础上沿着优秀的生态文化方向逐步自我超越。

（2）塑造形象，外化于形

绿色经济要求企业文化与生态文化有机结合。企业文化主要研究人与人的关系，体现的是人与人的和谐发展；生态文化是研究解决人与自然关系问题的思想观点和心理的总和，体现的是人与自然的和谐发展。企业要实现可持续发展，人与人的和谐发展和人与自然的和谐发展同样重要。因此，企业要把生态文化融入企业文化，这不仅可扩大企业文化的外延，而且有利于企业树立良好形象。企业形象是指企业以其产品和服务、经济效益和社会效益给社会公众与企业员工所留下的印象。它具体包括两方面的内容。第一，企业的客观形象。即指企业在生产经营过程中展现出来的整体面貌和基本特征。第二，公众对企业的主观形象。即是指人们头脑中对企业的评价和认定。每一个企业在其特定的公众心目中，都有自己的形象。如顾客普遍认为IBM是电脑业的蓝色巨人，松下是生产高质量电子产品的企业，百事可乐则是年青一代的选择。

良好的企业形象意味着企业在社会公众心目中留下了长期的信誉，是吸引现在和将来顾客的重要因素，也是形成企业内部凝聚力的重要原因。因此，企业在设计自己的使命时，应把企业形象置于首位。一般地，企业形象定位可以通过企业识别系统（CIS）来体现，即通过理念识别（MI）、视觉识别（VI）、行为识别（BI）三个部分来体现。与此同时，在塑造企业形象时，由于行业不同，影响企业形象的主要因素不同，因此还要特别注意根据企业所处行业特征来开展形象工程。例如，在食品业，良好的企业形象在于"清洁卫生、安全、有信任感"；在精密仪器业，顾客可能对"可靠性、时代感、新产品研究开发能力"等方面的形象比较关注。

企业使命描述通过对于企业长期发展目标的说明，可以为各级管理人员超越局部利益与短期观念提供努力方向，促进企业员工各层次以及各代人之间形成共享的价值观，并逐步随着时间推移不断得到加强，以做到最终为企业外部环境中的个人与组织所认同、所接纳，从而为企业带来良好的社会形象。企业形象是社会公众与公司员工对公司整体状况的看法和评价，它是公司所有的内外行为在社会中长期作用的结果，对公司内部员工和公司各项事业有着持续的影响。以人为本的理念核心就是对人心和人性的管理。通过企业使命调动职工的积极性，使被管理者从心理和生理产生旺盛的精力，奋发的热情和自觉的行动，为实现企业的经营目标而做出不懈的努力，以至产生"未见其人，先得其心；未至其地，先有其民"效果，这才是企业使命管理艺术的最高境界。企业使命也能反映企业对社会问题的关心程度和承担社会责任的勇气，具有强烈的社会号召力，能引起广泛的社会共鸣，从而极大地提升企业形象。

（3）制度约束，固化于制

开风气之先，行教化于后。所谓制度化，就是要使生态文化充分体现在企业的各项规章制度之中，使生态理念体现在企业现实运行的各个环节中，使生态文化倡导的价值理念，通过制度的方式来统帅企业员工的思想。生态理念一旦被全体员工所认同，就会成为这个群体的规范。这个群体中的每一个成员，就会自觉地把它作为自己的奋斗目标和行为准则而身体力行，并逐渐养成习惯，形成风气。风俗是一种文化，风是一种景象，一种习俗，一种教化，一种态度，一种操守。现代管理界有三句名言："智力比知识重要；素质比智力重要；人的素质不如人的觉悟重要。""一个民族，没有科学技术，一打就垮；没有精神和文化，不打自垮。"红塔集团职能部门党委工作部确立了宣贯工作的"一二三四原则"，即以增强执行力为核心，有利于管理水平提升和品牌战略落实，统筹三个阶段（全面普及阶段、深化推进阶段、巩固提高阶段），最终实现企业文化"内化于心，外化于行，渗透于制，固化于物"，在企业文化建设的四个维度（精神文化、行为文化、制度文化、物质文化）上取得突破，使生态文化全方位渗透和固化到企业的经营管理工作中去。因此，要确保生态文化的有效性，实现生态文化的落地生根，就必须确保企业文化与实际工作紧密结合，在每项工程的部署中充分体现文化的内涵，在每个规划的形成中充分展现文化的精神，在每个活动的开展中切实履行生态文化的宗旨，让每位员工切实感受到生态文化在实际工作和生活中无处不在。同时，对于企业生态文化履行的效果，要定期进行评估，及时纠正履行中的偏差，发现文化体系中存在的不足，为企业生态文化的完善提高和持续改进奠定基础。所以，要真正实现企业文化的落地生根，就必须在过程管理中注入企业文化内涵，不断强化，逐步实现由规范向习惯的转变，同时，要时刻关注企业文化的成长，有计划、有目的地注重企业文化的全面清理、完善和改进，确保企业生态文化在持续改进中不断提升。

(4) 落地生根，实化于行

企业生态理念的设计或创新，并不意味着生态文化已经完成，如果没有渗透至企业组织之中，没有成为全体员工的共同价值追求，没有被员工所接收、理解、接受，那么，再好的生态文化也是一个空头设计，对企业的发展毫无意义。理念设计，重在创新；理念践行，贵在有恒。企业的领导层要对企业文化建设有科学的认识。在开展企业生态文化建设前，企业领导层要达成一个共识：生态文化建设的最终目标是通过企业文化建设来提升企业的管理水平，增强企业的核心竞争力。基于以上的认识，在竹文化的提炼上，领导层要将生态文化与企业的经济工作联系在一起，使生态文化理念与经营战略等相匹配。在竹文化落地的过程中，领导层要在企业价值观的塑造、企业考核标准的制定、企业各种准则的落实等方面，主动去实践、去传播，督导生态文化的落地。要有一整套辅助生态文化落地的应用体系。生态文化要想真正成功落地，必须要有一系列应用体系加以辅助，即要强化制度建设。制定和完善符合生态理念体系的各项管理制度、操作流程、工作职责，把生态文化的核心理念融入管理的各个环节。制度必须符合核心理念的要求，否则制度就会成为生态文化落地的绊脚石，企业生态文化建设就会游离于经营管理之外。在推动生态文化落地时，要根据企业的核心理念对制度进行逐一修订，讨论其实用性，适合的继续沿用，不适合的及时修正。企业还要细化行为准则。生态文化的落地是一个复杂而艰难的过程，它不仅要依靠企业的强制力，还要依靠领导的表率力、员工的自律力等力量。提高执行力，促使生态文化落地。生态文化建设并不是喊口号、做样子、发册子，而是要在行动上落实。企业要在组织体系的框架内，将企业生态愿景和价值观、战略目标关联起来，在关联的过程中不断检验、执行，最终将理念转化为企业的决策和行为。有些企业的生态文化建设之所以流于形式，一个重要原因就在于文化只存在于领导者的头脑中，只存在于口头表述中，没有得到员工的理解和认同，没有转化为企业行为和员工的日常行为。领导者应从自己的工作出发，改变观念和作风，从小事做起，从身边做起。领导者要不断提高执行力，把生态文化行为化，通过把生态文化转化为员工的行为规范，使生态文化成为员工行动的指南；把生态文化落实到日常的生产经营管理当中，通过生态文化建设优化组织流程，强化部门之间的合作意识，提升组织的运营效率和效益；把生态文化制度化，重新梳理企业的制度体系，把企业生态文化融入企业的各项制度，使价值理念渗透到生产、经营、管理、服务等各个环节中去。只有这些力量形成一股合力，才能使生态文化这颗希望之种成长为参天大树，实现竹业长青。

附 诸暨市农林品牌建设行动计划
（2019—2021年）

张国良

为深入推进诸暨市农林供给侧结构性改革，更好地发挥品牌引领作用，加快实现品牌富农、品牌兴企、品牌强市，推动现代农林建设迈上新台阶，着力打造具有诸暨特色的农林品牌，加快区域公用品牌创建，突出优势产业、地域特色、龙头带动，以优质特色品种为主攻方向，着力科技创新、文化创意、标准创设，对地域相近、生产相似、产品类同、品质相当的不同品牌进行整合，打造一批区域特征明显、资源禀赋独特、产业优势突出、具有文化内涵、省内影响力强、全国知名度高的农产品区域公用品牌。加快推进诸暨市农林品牌建设，促进农林增效和农民增收，结合诸暨实际，制订本建设行动计划。

一、指导思想

党的十九大报告指出："农业农村农民问题是关系国计民生的根本性问题，必须始终把解决好'三农'问题作为全党工作重中之重。"为了全面贯彻党的十九大精神，深入贯彻习近平新时代中国特色社会主义理论，深入践行"绿水青山就是金山银山"重要思想，牢固树立和贯彻落实新发展理念，以提高诸暨市农产品发展质量和效益为中心，将农林品牌提升战略放在更加突出的位置，以"品牌强农，质量兴农"为目标，推进农林品牌建设，打造生态产品、绿色产品，着力构建农林品牌发展与保护长效机制，以质量提升推动品牌建设，以农林品牌建设助推农林现代化发展，紧紧围绕推进农林供给侧结构性改革这条主线，充分发挥品牌引领作用，切实提高农林质量效益和竞争力，大力推进标准化生产、产业化经营、市场化运作，深入挖掘诸暨农林的核心价值和文化内涵，推动诸暨市农林品牌建设向高品质、高信誉、高知名度、高市场占有率的方向迈进。

专栏1　品牌态势：名牌瓜分天下，精品扮演主角

> 品牌象征着财富，标志着身份，证明着品质，沉淀着文化；精品引导时尚，激励创造，装点生活，超越国界。名牌精品是来之不易的国之瑰宝，它是企业形象的依托，它具有举世公认的经济价值。其产品特征是：品种适销对路，技术优良可靠，市场久畅不衰，企业服务周到，而且家喻户晓，信誉卓著。在经济新常态如何赢得竞争优势，夺取领先地位，获得更大效益，已成为全球经济竞争的新景观。无怪乎有人说，农林时代竞争土地，工业时代竞争机器，信息时代竞争品牌。市场经济在一定程度上讲就是名牌经济，竞争的最终局面是名牌瓜分天下，精品扮演主角。因此，只有树立品牌质量意识，用匠心精神，打造名牌精品，才能弘扬国粹，竞争致胜。

二、基本原则

（一）政府推动、企业为主。发挥政府引导和政府服务功能。引导和支持企业增强品牌意识，开展农林品牌建设，强化企业在品牌建设中的主体地位，更好地发挥政府的推动作用。加强政府引导，完善品牌发展政策体系，发挥政策导向作用，强化市场监管，创造有利于培育和发展品牌的社会环境。以企业为主体，通过商标注册、质量管理、品牌培育、文化挖掘和科技创新等手段，创建自主品牌，努力打造以品牌价值为核心的现代农林经营体系。

专栏2　品牌精髓：求真、至善、创新、臻美

> 成功的品牌是相似的，真、善、美既是人类社会永恒话题，又是多么令人向往的字眼！而"真"位居其首，它是道德的基石，科学的本质，真理的追求。在农林品牌运营过程中，真，即科学生产经营。要求农林企业在打造品牌过程中必须讲求"认真"二字，要"眼睛盯着市场，功夫下在现场"，为消费者生产和提供优质的产品和服务。"善"应该是更接近"顾客满意"这一终极目标。因为"善"更注重顾客的利益，更好地体现了顾客至上的营销理念。新、美现代的市场经济是一个生机勃勃、富有挑战性和创造性的领域，然而无论品牌经营发展到哪个阶段，被冠以何种形

态,"真、善、新、美"的经营理念是品牌中的常青因素,它将帮助品牌采摘到"顾客满意"这一胜利的果实,从而实现品牌成功的梦想。名牌精品应给消费者真的品质,善的经营,新的知觉,美的享受,这才是品牌成功之真谛。

(二)市场导向、质量为本。充分发挥市场主导作用。以市场为导向,主动适应市场化、信息化和消费升级的要求,进行有效的资源整合、品牌定位、形象塑造和传播推介。充分发挥市场机制的作用,主动适应市场和消费升级需求,坚持夯实质量基础与品牌质量升级相结合,提升品牌价值。

专栏3　历练品质：构筑品牌生命线

品质是一个品牌成功的首要保证,也是精品质量的生命线。品质就是市场,品质就是利润,品质就是信誉。一个真正的品牌不是靠政府的评比而来,也不是靠铺天盖地的广告制造出来,而是以自己的优秀质量在消费者的心目中逐步树立起来的。名牌精品是来之不易的国之瑰宝,它是企业形象的依托,它具有举世公认的经济价值。名牌精品是信誉,是瑰宝,是人类文明的精华。是一个国家和一个民族素质的体现,既是物质体现,又是文化水准的体现。驰名商标比企业其他有形资产更加宝贵,它可以创造更多的价值。一个品牌的建立不是一朝一夕的事,品牌形象的建立也同样经过了多年的积累与沉淀,逐步得到完善。以消费者需求为基础,从消费者对产品的接受到喜爱,再到对品牌的忠诚;从理性诉求上升到情感利益的满足;从物理属性提升到精神追求与塑造文化品牌的境界。

(三)创新引领、积极培育。增强自主创新能力,加大品牌培育力度,促进农林标准化生产和科技创新,不断提高农产品质量和技术水平,培育一批在全国有影响力的农林经营主体,提升品牌竞争力,扩大品牌影响力。

专栏4　创新引领：执着坚守,匠心升华

奥地利经济学家将企业家界定为创新者。企业家的本质就是创新。但如果没有善和道,创新一定走不远,或者很可能走向了歪门邪道。所以,道为本，善为基，创为要。犹太民族尤其是犹太人在商业上的成就毋庸赘言。很多商业词汇如"创新"都是源自犹太文化。全世界最富的100个富豪里应该有一半是犹太人。犹太人至今主导着全世界的金融、创新以及文化、传媒等。以色列在纳斯达克上市公司的市值超过了中国、日本、韩国、印度四个国家在纳斯达克上市公司的市值总和。以色列还是中国人争相朝拜的"创新国度"。中国决不缺少雄韬伟略的战略家，缺少的是精益求精的执行者；决不缺少各类管理制度，缺少的是对规章条款不折不扣的执行。有不少企业"企业形象轰轰烈烈、经营效益羞羞答答"，原因之一就是由于具体实施远大目标时，缺乏对细节的执著追求，加上执行的偏差，从而导致许多美好的计划到最后一个环节早就已经变得面目全非了。品牌和匠心是紧密联系的，重视品牌运营不能放弃细节，每个人都把细节做好，才是对品牌建设的最大支持。否则，细节失误，执行不力，就会导致品牌运营的面目全非。细节中的魔鬼可能将把品牌果实吞噬。从品牌形象的角度看，细节的意义远远大于创意，尤其是当一个品牌形象塑造方案在全国多个区域同时展开时，执行不力，细节失控，都可能对整体品牌形象形成一票否决。如果把企业比作一棵大树，基础是树根，管理是养分，战略是主干，品牌是果实，细节就是枝叶，放弃细节就等于打掉枝叶，没有光合作用，企业这棵大树再也无法结出品牌的果实。

（四）多方参与、协同推进。发挥政府部门、行业协会、科研院所、企业、媒体等各方面的作用，动员全社会、各方面积极参与和推动品牌建设，形成政府推动、企业为主、社会参与、媒体宣传、促进有力的农林品牌建设机制。充分发挥社会参与作用。凝聚社会共识，加强宣传引导，讲好诸暨农林品牌故事，培养消费者品牌情感，树立消费信心，发挥好行业协会桥梁作用，加强农林社会化服务组织能力建设，为农林品牌建设提供专业有效的服务。

专栏5　西子家珍：乡愁家珍在西子，品质生活总相宜

诸暨历史悠久、人文荟萃，是越国故都、西施故里，全国百强县市。浙江省首批科技强市，浙江省首批教育强市。福布斯中国大陆最佳商业城市。中国大陆最富裕的地区之一，是一座藏富于民的城市，绍兴地区最为

密集的工商业主体，现有工商企业 10 万余家、规上企业 3000 多家、上市企业 13 家，境内上市企业数量居全国县市区第三位、浙江省第一位。诸暨市气候适宜，生物资源丰富，品种繁多，加上地势起伏，山水相依。优越的自然环境条件，为诸暨农林发展提供了基础条件。

诸暨市位于浙江省中北部，北邻杭州，东接绍兴，南界义乌——金华，区域面积 2311 平方公里，全境处于浙东南、浙西北丘陵山区两大地貌单元的交接地带，由东部会稽山低山丘陵、西部龙门山低山丘陵、中部浦阳江河谷盆地和北部河网平原组成。四周群山环抱，地势由南向北渐次倾斜，形成北向开口通道式断陷盆地。境内东、西部为低山丘陵，富有林木、矿藏。东部会稽山脉，主峰东白山太白尖海拔 1194.6 米，为境内最高峰；西部龙门山脉，主峰三界尖海拔 1015.2 米，为境西部最高峰。中部为河谷盆地，多沃土良田，北部为河网平原，水资源充沛。

西子家珍，陶朱圣地，红樱绿茶，枫桥香榧。吴越贡品，品质生活，舍我其谁？吴越贡品口碑好，诸山暨水烟雨奇，乡愁家珍在西子，品质生活总相宜。

三、主要目标

到 2021 年，基本构建起以提升诸暨农林整体形象为目标，以农产品区域公用品牌、合作联创品牌和企业自主品牌为主体，以理念创新、模式创新、机制创新为动力的品牌培育、发展、宣传、保护体系，形成优势农产品品牌集群效应，创建农林品牌，提升农产品的知名度、美誉度与忠诚度。

（一）农林品牌培育取得显著成效

发展做大一批传统农林品牌，整合做强一批区域公用品牌，培育形成一批以品牌农产品生产为主的新型农林经营主体，品牌农林产值和市场占有率大幅提高。到 2021 年，培育 10 个农产品区域公用品牌，入选"中国农产品区域公用品牌价值排行榜"的农产品区域公用品牌达到 3 个，其中诸暨"绿剑"茶和"冠军香榧"品牌价值突破 8 亿元；新增 30 个省级以上农林品牌，新增农产品注册商标 60 件；组织参加各类农林展示展销活动 45 个。

（二）品牌农产品质量明显提高

以国家农产品质量安全市创建为抓手，大力开展农林标准化示范创建。不断完善农产品生产、加工、仓储、物流等基础设施，努力补齐农林品牌化发展的"短板"。到2021年，新增"三品一标"认证产地面积30万亩，新增无公害农产品200个，新增绿色食品50个，新增农产品地理标志产品4个，新增农产品政府质量奖产品12个；主要食用农产品"三品"认证率达到70%以上，农产品质量安全抽检总体合格率达到98.5%以上，农林标准化生产程度达到65%以上，规模生产者合格证覆盖率达到100%。

（三）品牌农产品效益不断增强

通过标准化生产、产业化经营、品牌化营销，提升品牌农产品的经济效益和社会效益，实现优势优质、优质优价。到2021年，新增市级农林龙头企业20家以上，新增市级示范性家庭农场100家以上，新增市级示范性农民专业合作社50家以上，新增上市、挂牌农林企业2~3家；实现农产品品牌对农林经济的贡献率达到60%以上，农产品电子商务销售额年均增幅20%以上。

四、重点任务

（一）树立诸暨农林整体品牌形象

诸暨市是传统农林大市，素有"诸暨湖田熟，天下一餐粥"和"鱼米之乡"等美誉。诸暨盛产茶叶、板栗、毛竹、香榧等农产品。诸暨香榧、名茶、花卉、出口蔬菜、草莓、银杏、食用笋、药材等十大块状特色农林基地规模面积达66万亩。努力将高水平的农林现代化发展优势转化为高质量的农林品牌形象优势，以"西子家珍"树立诸暨农林整体品牌形象，为打造长三角地区绿色农产品供应基地、都市型现代农林品质高地、休闲农林与乡村旅游首选之地提供品牌支撑。

专栏6　西子家珍，品牌支撑

浙江名牌农产品公布的名单，诸暨市喜盈天农林开发有限公司"喜盈天"猕猴桃榜上有名。诸暨市蓝绿农林科技有限公司的"十里坪"茶叶、诸暨市国伟禽业发展有限公司"国伟""绍鸭"通过浙江名牌农产品的复评。浙江蓝美科技有限公司的"蓝美"品牌被认定为浙江省知名商号。截至目前，诸暨市农产品已有诸暨市名牌农产品8个，浙江名牌农产品19个，浙江省知名商号1个，中国名牌4个，涵盖种植、加工和营销等果蔬产业。2013年诸暨被评为浙江省首个省农林标准化综合示范试点县（市），2015年创建为首批省农产品质量安全放心县（市）和省农产品质量安全可追溯县（市）之一，2016年度诸暨市农林行政执法大队被评为全国农林综合执法示范窗口，质量和品牌建设成效明显，为诸暨现代农林发展和转型升级增添活力与生命力。

（二）推进品牌农产品标准化生产

深刻把握"标准化+"新趋势，把农林标准化建设作为品牌建设的根本保障，全面提升农产品标准化水平。积极推广农产品产地环境质量评价和标准化生产技术，加强园艺作物标准园、水产健康养殖示范场、畜禽标准化养殖场建设。筹建农林领域市级专业标准化技术委员会，加大水产、茶叶、蔬菜、水果、畜禽、香榧等特色优势产业的地方标准制订力度，加大技术标准和操作规范推行力度，实行从田园到餐桌的全过程标准化管理。

（三）建立健全质量安全监管体系

切实加强农产品质量安全和食品安全监管，着力推进农产品质量安全监管体系、农产品质量安全追溯体系和信用体系建设，加快建立以食用农产品质量安全为核心内容的产地准出管理与市场准入管理衔接机制。建立健全农产品质量安全风险评估、监测预警和应急处置机制。切实强化农产品行政执法，加强农林投入品及农产品监督抽查和执法抽查力度，健全"检打联动"机制。扎实推进农产品政府质量奖评选活动，高标准评选一批质量过硬的农产品。

（四）加大农林品牌培育力度

突出优质、安全、绿色导向，大力发展无公害农产品、绿色食品、有机农产品和地理标志农产品，创建一批"三品一标"生产示范基地，增加优质安全农产品供给。以原产地保护、地理标志保护等为主要手段，发展壮大"冠军香榧""十里坪""绿剑"茶、"西子丽人"、"喜盈天"猕猴桃、"绿芽"高菜、"猴哥牌"翠冠梨、"短柄樱桃"等区域公用品牌。以"中国驰名商标""地理标志证明商标""中国名牌产品""浙江省著名商标""浙江名牌产品"

"浙江区域名牌""浙江名牌农产品"为善"区域品牌+企业品牌+优势产业+生产基地"的品牌培育机制,并逐步在农林全产业链、休闲农林与乡村旅游、农村电商中推广商标品牌应用。

专栏7 西子家珍身无价,诸暨瑰宝要光大

类别	著名农产品品牌
蔬菜类	"绿芽"高菜、"猴哥牌"翠冠梨
果品类	"喜盈天"猕猴桃、高粱酒
茶叶	"十里坪""绿剑"茶、"西子丽人"
禽畜类	"国伟"绍鸭、"马建芳"咸鸭蛋、"雪花"皮蛋、"天利"牌供港猪、"茂阳"牌活大猪
香榧类	"冠军""野珍""老何"

(五) 培育壮大品牌建设主体

积极引导农林龙头企业、农民专业合作社、家庭农场等新型农林经营主体更加重视品牌建设,主动适应市场化、信息化和消费升级的要求,以工匠精神保证农产品质量、效益和信誉。鼓励农林龙头企业整合资源,促进农民合作社规范化建设,推进家庭农场集群集聚,形成协同打造农林品牌建设的利益共同体。推动农林行业协会、农合联等开展行业自律,强化协作,推进联合联盟发展,引领带动新型农林经营主体打造品牌、推介品牌、经营品牌。大力培育新型职业农民、农创客、农村工匠等生力军,为品牌农林建设提供人力资源保障。

(六) 提升农林品牌文化软实力

诸暨市在农产品品牌建设中应该要多注重发掘农产品的文化价值。利用文化丰富产品的内涵,实现品牌与顾客的有效沟通和情感交流以达成独特的识别特性。深度挖掘农林品牌的文化价值,加快培育一批地方特色突出、形式类型多样、核心竞争力强的农林品牌。切实把珍珠文化、茶文化、竹文化、稻作文化等传统农耕文化全面注入现代农林发展,提升农林品牌文化软实力。加强重要农林遗产所在地的生态文化型农产品开发、休闲农林发展等商业经营活动以及科普宣传、教育培训等公益活动,加强重要农林文化遗产标识的合理使用,支持重要农林文化遗产所在地相关农产品申报无公害农产品、绿色食品、有机农产品和农产品地理标志等认证，促进遗产所在地农民就业增收。

（七）提高农林品牌科技含量

深化市校合作成果，加强农林科技创新能力建设，加快农林科技成果的品牌转化，尽快形成一批"西子"字头农林自主创新成果。加快现代种业的品牌化建设，着力培育一批具有核心竞争力的农林企业，以品牌种业形式走出去，不断提高"西子家珍"知名度和影响力。主动引导品牌化与电商化融合发展，充分利用大数据、云计算、移动互联等科技手段，在产品开发、创意设计、用户体验、市场营销等方面加强创新，满足多样化消费新需求。加强农林生产体系中的科技化建设。科技水平的提升的关键是科技型人才的培养。在加强农林生产体系中的科技化建设的过程中，企业和政府应该加大对农林类科技性人才的培养。同时要加大对农林科研的资金的投入，通过建立和强化高科技的生产、加工体系来提高农产品的科技含量。缩短与国外先进的农产品的生产加工体系之间的差距，提高中国农产品的优势。"冠军"香榧和"绿剑"品牌，注重产品研发和科技人才投入，使产品得到消费者认可，促进品牌的传播和推广。

创造新的科学技术并加大推广力度。提高农产品的品牌效应，应从源头着手。创造新的科技技术，促进农产品质量的提升。企业和政府应采取相应的措施，使农林理论知识能准确的运用到农林生产中。培养优质农林品种，学习国内外先进品种，引进优质品种，创造诸暨农林农产品品牌。同时要发展基层农林组织，如农村的经济合作社等。促进农户和企业的合作，充分发挥农林各参与主体之间的作用。

（八）创新农林品牌推介方式

以品牌为纽带对接产需，做大做强各类农林展示展销推介平台，做优做响"淘宝特色中国·西子家珍"等网上商城，通过设立专台、专柜、专栏，推介诸暨农林品牌。充分利用展销会、农博会、推介会、农事节庆、评奖评优活动以及"互联网+"等平台，加大农林品牌展示展销力度，增强品牌影响力，提升品牌美誉度。创新品牌营销模式，引导品牌创建主体大力发展新型营销模式，实现线上、线下结合，生产、经营、消费无缝对接，支持和鼓励品牌创建主体在国内大中城市或大型批发市场、超市等固定场所，建立直营店、专卖店、连锁店，进行专柜专销、直供直销，常年展示和销售诸暨品牌农产品。大力推广中央厨房产销新模式和生鲜农产品网上直销新模式。借助会展扩展品牌影响力会展因其能够提供产、销双方直接的交流接触机会，直接而直观地推动产品销售，为一个产品或品牌打开区域市场乃至整个国内市场、国际市场提供一个集展示、交流、销售的综合作用的平台。在相当一段时期里，各种会展深得中国企业的信赖，并获得了他们的热情参与。各类农林会展特别是农产品会展也是诸暨农产品加工企业产品品牌化运用最多、最广泛的品牌推广和营销传播形式。现在农产品会展已从过去单纯的平台作用，已经提升为十分富有影响力、被消费者青睐的会展形式。诸暨市农产品经营者要多方收集会展信息，充分准备相关资料参与会展。在参与会展过程中要充分展现品牌农产品的特色，通过会展扩展品牌影响力。

（九）拓宽农林品牌发展空间

强化诸暨作为接沪融杭、连接中部的长三角重要节点城市的区位优势，建立完善农产品销售渠道，扩大销售规模。支持和鼓励农林经营主体根据产品特性和消费群体、销售区域建立与产品档次相适应的流通业态和营销网络。网络营销是以互联网络为媒体，运用现代通信技术方式和方法完成产品的设计、生产、传输、销售等过程的全新营销模式。网络营销弥补了农产品供给的时空差异，使发生滞后的产品营销与其他种类的产品营销处于同一平台，是农产品经营组织生产的农产品品牌化至关重要的信息平台。实施网络营销与农产品品牌化十分契合的原因在于两者都是信息传输的过程，随着国内外信息网络的扩展，通过网络塑造品牌将成为青岛市农产品品牌化的新手段。诸暨市农产品生产经营者要充分利用这一全新的营销模式扩大产品的知名度。

（十）建立健全动态管理机制

研究制定诸暨农林品牌目录制度，明确纳入目录制度农林品牌的范围、对象、程序以及动态管理办法，从认证、评优、宣传、推介等方面优先进行政策扶持，定期发布，动态管理。农林、市场监管、质监等部门加强合作，建立健全农林品牌保护执法联动机制，加强对农林品牌保护和监管，严格按照相关法律法规规定，积极开展联合打假活动，形成企业自我保护、政府依法保护和司法维权保护三位一体的品牌保护机制。

要加强对农产品的产地管理，高起点、高标准规划建设农林标准化生产基地，加快产地认定，全面提升农产品生产基地管理水平。为了保证企业有稳定、优质的原材料来源必须加强对农户的信息引导、技术指导和资金支持。诸暨冠军香榧集团，树立质量标准，从加工生产源头，与农户开展合作，帮助榧农规范生产标准，指导食品安全生产。建立专业的香榧生产基地，加强对农产品基地的管理。诸暨市农产品基地管理，应根据诸暨山地特色，按照划区方式进行管理，产品生产基地实行农用生产资料种植准入制度、农用生产资料种植专供制度、生产基地建档立卡制度和生产基地农户互相监督制度。做到合理施用化肥、农药，基地"统一购买、统一使用"的管理模式。

品牌农产品的生产经营者除了配合政府部门打击假冒伪劣农产品以外还要积极的运用各种手段加强自我保护。首先要积极运用法律武器保护商标权利；其次将先进的科学技术运用防在伪识别上；再次要针对消费者开展各种品牌识假活动；最后要建立长效激励机制，引导社会公众参与打假。

五、保障措施

（一）加强领导，强化责任

加强组织领导，建立健全农林品牌建设工作领导机制，统筹协调推进农林品牌建设。充分认识农林品牌建设的重要性、紧迫性，把农林品牌建设作为推进农林供给侧结构性改革的重要内容，各区县要结合产业优势和产品特色做好实施方案和推进举措，形成特色鲜明、比较优势突出的品牌布局，各有关部门要在各自的职责范围内为农林品牌建设提供全方位支持与服务，做到全市上下联动，目标一致，行动统一。成立相应领导机构，落实推进品牌农林建设的主抓股站和人员。按照优势主导产业发展规划，做好农产品品牌发展规划和创建工作计划，制定目标任务，细化工作措施，分解落实工作责任，建立健全"政府推动、企业主体、科技带动、质量第一、市场拉动，以标准促生产、以品牌促营销、以营销兴产业、以产业促增收"的工作运行机制。

（二）加强服务，强化监管

品牌主体要强化自律意识，切实加强品牌质量保证与诚信体系建设，提高农产品质量和经营管理水平，依法经营品牌，自觉维护品牌形象。要大力保护企业自主创新和争创名牌积极性，为品牌发展营造优胜劣汰、公平竞争的县场环境。农林局要加大品牌建设工作的督查力度，年底进行考核评比。

（三）加强扶持，落实政策

加强政策支持，充分发挥财政支农资金的导向作用，市财政每年安排一定的专项资金用于农林品牌建设中的培育和保护工作，各区县要制定出台相应的扶持和奖励政策，确保农林品牌建设的经费保障。推动各区县、各部门整合政策资源，形成整体推进农林品牌建设的政策合力。同时，充分发挥财政资金的撬动作用，鼓励、引导企业和行业协会等加大对农林品牌建设的投入力度。

制定和落实品牌创建工作的各项政策，促进农林产品品牌创建工作深入开展。对新获得中国驰名商标的所有权人，由县政府每件给予30万元奖励；对新获得省级著名商标的所有权人，由市政府每件给予15万元奖励；对新获得地理标志证明商标的所有权人，由市政府每件给予10万元奖励。对培育扶持商标发展的有关部门由县政府给予必要的工作经费。对获得县知名商标、县知名品牌的民营企业，由市政府奖励2万~3万元；对建成国家级农林标准化示范区项目，由市政府予以表彰并奖励20万元；对建成省级农林标准化示范乡镇项目，由市政府奖励10万元；对建成市级农林标准化示范区项目，由市政府奖励2万~3万元。

（四）加强宣传，营造氛围

加强宣传引导，注重发挥市场、企业、社会在农林品牌建设中的重要作用，广泛开展多种形式的宣传推介活动，引导企业、社会积极参与农林品牌建设工作。发挥行业协会、农合联的组织、协调、服务功能，让行业协会、农合联成为推动农林品牌建设的重要力量。注重典型示范，总结推广好经验、好做法，营造农林品牌建设的良好氛围。充分利用电视、广播、报纸、网络等媒体，大力总结宣传推进农林品牌建设的好做法、好经验和成果，充分反映发展农林品牌促进产业增效、农民增收的成功典型，激发企业、业主、农户投入农林品牌发展的主动性、创造性，争取社会各界对发展品牌农林的广泛关注、认同和支持。鼓励龙头企业、专业合作社，通过新闻媒体，开展品牌农产品宣传活动，提高自身品牌农产品在市场和消费者中的形象、信誉和影响力，全面营造"宣传品牌、支持品牌、发展品牌、保护品牌"的良好氛围，提高诸暨市农产品品牌的知名度和影响力，助推农林大发展。

参考文献

[1] 胡冀贞. 中国竹文化及竹文化旅游研究的现状和展望[J]. 竹子研究汇刊,2002(3):67-71.

[2] 浙江安吉:大力推进竹产业绿色创新,走高质量发展之路[EB/OL]. 互联网,2019-12-09.

[3] 何明,廖国强. 中国竹文化[M]. 北京:人民出版社,2007.

[4] 李世东,颜容. 中国竹文化浅析[J]. 生态文化,2006(5):41-45.

[5] 关传友. 中国竹文化概览[J]. 竹子研究会刊,2001(3):48-51.

[6] 余谋昌. 生态文化:21世纪人类新文化[J]. 新视野,2003(4):64-67.

[7] 江泽慧. 以科学发展观为指导加快中国竹产业发展进程[J]. 绿色中国,2005(24):24-26.

[8] 亚洲竹业从"以竹代木"到"以竹胜木"[EB/OL]. 国家林业和草原局政府网,http://www.forestry.gov.cn/2007-12-26.

[9] 陈勇. 中国竹业产业化发展模式研究[J]. 世界林业研究,2003(5):50-54.

[10] 中国产业信息网,2019年11月29日.

[11] 张岩. 浅析生态意识对农业旅游发展的影响[J]. 商场现代化,2008(10):345-346.

[12] 杨敏. 也论乡村旅游与乡村生态旅游[J]. 昆明大学学报,2005(10).

[13] 立足优势,促进竹产业高质量发展[EB/OL]. 国家林业和草原局政府网,http://www.forestry.gov.cn/2018-07-09.

[14] 一根科技竹的精准扶贫之路——记浙江农林大学国家重点实验室竹子研究团队[Z]. 商讯,2019-12-06.

[15] 郁静娴. 浙江安吉一根翠竹撑起百亿产业[N]. 人民日报,2019-08-23.

[16]丽水市林业发展"十三五"规划,丽水市林业局,2016年8月:1-38.

[17]2018—2027年龙游县竹产业发展总体规划,浙江农林大学、龙游县人民政府,2017.12,1-43.

[18]王大洲.企业创新网络的进化与治理:一个文献综述[J].科研管理,2001(5):97-104.

[19]魏江,申军.产业集群学习模式和演进路径研究[J].研究与发展管理,2003(2):44-48.

[20]李勇刚.产业集群的技术创新机理研究[D].大连理工大学,2005.

[21]徐进.基于信用的产业集群优势研究[J].中国软科学,2003(8):110-112.

[22]魏江.产业集群——创新系统与技术学习[M].北京:科学出版社,2003.

[23]赵涛,牛旭东,艾宏图.产业集群创新系统的分析与建立——文献评述[J].中国地质大学学报,2005(3):69-72.

[24]黄坡,陈柳钦.产业集群与创业技术创新[J].武汉科技大学学报,2006(12):26-32.

[25]黄中伟.产业集群的网络创新机制和绩效——文献评述[J].经济地理,2007(1):47-51.

[26]刘德弟,宣裕方,李兰英.安吉县竹产业发展探讨[J].林业经济问题,2005(1):25-29.

[27]沈晓飞.我国安吉竹产业发展及优化分析[D].华东师范大学,2009.

[28]吴丹丹.浙江省竹产业发展与优化分析研究[D].广西大学,2008.

[29]陈留月.竹文化在室内环境设计中的应用——由浙江安吉民居中竹的生态应用得到的启示[D].南京林业大学,2008.

[30]张国良,张玉军.基于生态、经济与文化相协同的竹产业集群发展模式研究[J].科学管理研究,2013(1):61-65.

[31]徐恩波,刘卫锋."公司+农户"的理论基础及运行机制[J].中国农村经济,1995(11):64-65.

[32]王旭烽,任重.中国美丽乡村建设的深生态内涵:以安吉县报福镇为范例[J].浙江学刊,2013(1):6-8.

[33]张玉军.生态文化视角下安吉竹产业发展对策研究[D].浙江农林大

学,2013年.

[34]张国良. 基于生态文明的竹产业集群区域品牌建设发展路径研究[J]. 科学管理研究,2017(6):65-69.

[35]2019—2025年中国竹产业市场发展模式调研及投资趋势分析研究报告[Z]. 北京智研科信咨询有限公司,2019.

[36]Marshall. Principles of economics[M]. London:Macmillan,1920.

[37]Maillat D. Territorial dynamic[J]. Innovative Milieu and Regional Policy,1995(7):157-165.

[38]Hart S. "Innovation, competition and the structure of local production network[J]. Local Economy, 1998 (12):235-246.

[39]Capello R. Spatial transfer of knowledge in hi-tech milieux: Learning vbersus collective learning progress [J]. Regional Studies, 1999(33):352-365.

跋　企业集群与竹林模式

竹林簇团生,志超欲登云,强劲拔节立,韧承八面风。竹林模式与企业集群颇为相似,修道弘德,取义明理,和谐治理,抱团发展,凡此种种,都在向我们展示一种企业集群的精神境界。"未出土时便有节,及凌云处尚虚心"。竹子心虚骨坚,竿叶俱青,竿身挺拔,长势蓬勃,生命力极强,它心虚根底固,经霜不变色,坚节不挠物,竿直志不屈,具有不畏风寒强暴的品格和坚韧挺拔、高风亮节之精神。竹子尽管长年累月守着无边的寂寞与凄凉,一年四季经受着风霜雪雨的折磨,但它始终"咬定青山"、专心致志、无怨无悔。竹林在荒山野岭中默默生长,无论是峰峰岭岭,还是沟沟洼洼,她都能以坚忍不拔的毅力,在逆境中相依为命,顽强生存。

改革开放以来,各地中小企业产业集群从无到有、从小到大、从少到多,如雨后春笋般地发展起来了。中小企业产业集群是工业经济发展到一定阶段的必然产物,也是打造先进制造业基地,走工业强国之路的有效途径。尤其是在经济发达的长三角地区,显得更为突出,发展较快,已经形成了相当的规模和基础。以地处长三角腹地的湖州市为例,凡经济发展较快的地区,都是中小企业产业集聚发展较快的地方。目前分布在该市的各类产业集聚群有46个,销售收入844.89亿元,已经占到全市经济总量的一半以上,产业集群区涉及行业包括纺织、建材、轻工、机电、竹木制品和医药化工等。产业集群有利于形成地区性品牌效应。产业集群奠定了打造区域品牌的优势,同时,区域内那些已经具备了一定规模、实力和品牌的企业又能以自身品牌的影响增强区域品牌的知名效应。与单个企业、单个产品的品牌效应相比,地区的品牌效应更形象、更直接、影响力更大,因为它是众多企业品牌的集聚和提炼。"中国童装之都"的湖州织里童装、"木地板之都"的南浔木业、"中国竹乡"的安吉竹制品等,之所以有相当的知名度,主要得益于中小企业的云集、产业的集聚发展。这种产业集聚群所带来的知名品牌效应的影响力是单个中小企业根本无法达到的。

从现阶段来看，真正意义上的产业集群，大都具有地域化集聚、专业化分工、社会化协作三个基本特征与竹林模式酷似：

第一，地域化集聚。这是中小企业产业集群的最基本特征。因为在产业相对集中的地方，自然会形成地域优势，根据地域优势进行科学分工是工业化发展的规律。产业集群最显著的特征之一，是相当数量的中小企业在一定范围的区域内集中布局，由龙头企业带动，配套企业协作，构成自发性企业群落，通过衍生、扩张、拓展为更大范围、更大影响的区域布局，从而集约利用生产要素和释放规模效应。现阶段，在长三角及其周边地区，拥有两种典型的产业集群。一种是龙头企业带动式的产业集群。以大企业为核心，占有主动权，周围拥有大量的中小企业作为大企业的配套协作企业。以温州柳市的低压电器为典型。另一种是共生共长式的产业集群。集聚区内没有龙头大企业，基本上以本地中小企业为主，由于长时间相互合作，使这些企业具备了很强的地方性凝聚力。以湖州织里的童装产业比较典型。这种由于众多关联企业同在一地，模仿学习效应和竞争效应明显。众多同类产业、关联产业的中小企业在地域上的集聚，一方面带来了产品的集聚，形成生产规模效应；另一方面还带来了信息、资金、人才、物流的集聚，甚至竞争的集聚，形成了各具特色的专业市场，大大加快了企业技术创新的步伐。在20世纪80年代诺基亚人涉足移动通信，但到90年代初芬兰出现严重经济危机，诺基亚未能幸免遭到重创，公司股票市值缩水了50%。在此生死存亡关头，公司非但没有退却，反而毅然决定变卖其他产业，集中公司全部的资源专攻移动通信。坚韧执着的诺基亚成功了，如今诺基亚手机在世界市场占有率已达到35%。

看到竹子，人们自然想到它不畏逆境，不惧艰辛，中通外直，宁折不屈的品格，这是一种取之不尽的精神财富，也正是竹子特殊的审美价值所在。达尔文在研究生物进化过程时，有一句话，这句话后来被管理学、经济学方面的专家引用了。他说，"最后生存下来的，不是品种最优秀的种群，也不是智商最高的种群，而是那些积极应对变化的种群"。这种生物衍变的规律也适应于企业集群。"屈屈伸伸，雪压千屋犹奋直；潇潇洒洒，风来四面又何妨？"以竹拟人，大丈夫能屈能伸，有凌云壮志，且风承四面风，左右逢源，得心应手，潇洒自如。难怪白居易在《题李次云窗竹》中留下这样的佳句："千花百草凋零后，留向纷纷雪里看。"竹子心无杂念，甘于孤寂，它不求闻达于莽林，不慕热闹于山岭，千百年过去了，却终成这瀚海般的大气候，拥有永不消失的春天。"咬定青山不放松，立根原在破岩中。千磨万击还坚劲，任尔东西南北风"。这千古流传的佳句，可说把竹子坚贞不屈的精神品质写得淋漓尽致。这难道不也是当今企业集群应有的境界和品格吗？

第二，专业化分工。中小企业产业集群的生产经营具有很强的专业化特征。由专业化分工形成的社会化分工网络，促进了人员培训、销售网络、原材料供应的专业化。这种专业化和社会化的高度发展，就有可能形成地区性的新产品、新技术孵化器和区域品牌，各地最新的技术就会向该地区聚集，从而形成产业集群发展壮大的良性循环机制。竹子的地下茎既是养分的贮存和输导的主要器官，同时也具有强大的分生繁殖能力。竹类植物不仅具有根的向地性生长和秆的反向地性生长，而且还具有地下茎的横向地性生长。不论竹竿还是竹鞭，都在长度增加的同时，加大直径的粗度和竹壁的厚度，它们的长度增加与其体积增加基本上是成正比的。当毛竹还在笋期的时候，遇到雨就生长，但是等到长成成竹时，就有三五年不长了。三五年之后，竹子会突然发力，以惊人的速度生长，其成长速度大约每天两英尺。在夜深人静时，人还会听到竹子拔节的声音。竹子之所以有三五年不长，是因为那几年间，它的根部在地下发疯似的疯长而且长得既深且广。"深"指往地的深处长。如果遇到石头，竹根还可以不可思议地穿入坚如钢铁的石体，并在生长和壮大时常常把石头从中挣裂。"广"指竹根的根系最长可以铺几里，在方圆几平方公里的土地上，竹子可以轻而易举地获取自己需要的营养和雨水。无论在山上还是其他地方，我们很少看到竹子有枯死的，原因就在这里。这难道不是企业集群与团队合作精神的真实写照吗？

第三，社会化协作。随着产业集群发展，生产服务社会化程度不断提高，推动了服务性工种逐步从企业内部转移到企业外部，一批专司服务的机构就会出现，专业提供产前、产中、产后服务。同时，产业集群发展所集聚的人流、物流、资金流以及信息流，还会带动运输、仓储、电信、餐饮、旅馆、娱乐、教育、卫生、中介服务、金融保险、房地产等行业的发展。如湖州南浔的建材市场和织里的童装市场等，都是在装饰木制品和童装产业集群加快发展的环境。产业集群有利于中小企业形成团队合力。产业集群能够把具有产业关联的各类中小企业联结成较紧密的团队，而要保持该团队的发展前景就必须对每一生产环节的质量有着较高的要求，并统一改进工艺技术，不断加强研发力量的培育及对市场的开拓，从而汇集产业集聚区内所有企业的生产要素，如人才、资金等，形成加速发展的合力。产业集群的存在也促进中小企业间竞争意识的增强，其模仿效应会在企业间迅速传递，从而使整个行业受益，形成加速发展的趋势。竹类植物的营养器官有竿、枝、叶、箨、笋、地下茎（鞭、根），繁殖器官有花、果实、种子等。地表分散的竹秆，与地下的竹鞭连成一体，鞭生笋，笋成竹，竹养鞭，周而复始，繁衍发展，形成竹林。所以，一片竹林可看作为一株"竹树"，地下茎竹（鞭）是"竹树"的主竿；竹竿是"竹树"的主枝。竹类植物的竿、枝、鞭上有节。生长时每个节上具有居间分生组织。所以，竹竿高生长、竹鞭的长度生长十分迅速。

竹子轻盈细巧，四季常青，尽管有百般柔情，但从不哗众取宠，更不盛气凌人，虚心劲节，朴实无华才是它的品格。竹不开花，清淡高雅，一尘不染，它不图华丽、不求虚名的自然天性为世人所倾倒。清代诗人郑燮这样赞美道："一节复一节，千枝攒万叶；我自不开花，免撩蜂与蝶。"竹子刚劲清新，生机盎然，蓬勃向上。有人为"为企业森林模式叫好"，我们许多企业是大树模式，一个企业家就是一棵大树，而且大树周边没有小树，甚至连小草都不长。企业家的命运往往就是企业命运，大树一旦倒下，企业马上随之倒闭。而森林模式是大小树木一起成长，枝繁叶茂，共同发展。其实竹林模式更加优越，簇团而生，集群发展。当春风还没有融尽残冬的余寒，新笋就悄悄在地上萌发了，一场春雨过后，竹笋破土而出，直指云天，所谓"清明一尺，谷雨一丈"，便是对它青春活力和勃勃生机的写照。大地雨后春笋，企业人才济济，许多企业集群面对国际金融寒流，要抱团取暖，和衷共济，像竹林模式般地根系发达，生生不息，强劲拔节，茁壮成长。诗曰：茫茫竹海翠无边，竹我依依紧相连，生生不息根底深，和谐抱团图发展。